国語科教育学への道

大内善一

溪水社

まえがき

私が国語科教育学の研究を自覚的に始めたのは三十代半ばを過ぎてからであった。私は昭和五十七年に文部省内地研修員（現職のままで派遣）として東京学芸大学大学院教育学研究科に入学した。この時すでに教師として十三年目を迎えていた。大学院での二年間の研修は教育現場におけるこれまでの教師生活を振り返る上からも大変有意義なものであった。大学院で学びたいという夢は学部卒業以来ずっと抱き続けてきたものであっただけに、こうした機会を与えられたことは本当にありがたいことであった。修士論文の題目は「戦後作文教育史研究―昭和三五年までを中心に」（後に同題目で教育出版センターより出版）であった。爾来、私はこの二十年間ほどを専ら綴り方・作文教育の研究に取り組んできた。

私の国語科教育と綴り方・作文教育に関する一貫した研究テーマは教科内容論・教育内容論を巡る「形式か内容か」という二元的対立を統一止揚する理論の究明にあった。このテーマの追究は修士論文研究に取り組んで以来一貫している。本書全体を貫く中心的なテーマもこの形式・内容二元論を克服する理論の究明に向けて設定されている。本書からこうした問題意識を読み取っていただければ幸いである。

大学院を修了して現職に復帰してから二年後、私は秋田大学教育学部に奉職することになった。本書に収録した論考のほとんどは秋田大学在任中の十四年間に執筆したものである。本書の出版を心に決めたのも秋田での十四年間の歩みをこのような形で記録にとどめておきたいとの想いからであった。

秋田での十四年間の生活は充実した楽しいものであった。しかし、職場の秋田大学では教員養成のシステムを内側から創り出すための試行錯誤の毎日でもあった。赴任早々から大学院教育学研究科国語教育専修を発足させるための準備にも取りかからなければならなかった。教員養成の天王山でもある学部教育実習の改革に足かけ三年間取り組むことになった。私自身の授業としても学部教育実習のプレ実習として二年次学生を対象とした「国語科教育学実習」という科目を開講した。この科目は毎年集中講義の形で七月に秋田県内の公立小学校の教室をお借りして受講学生全員に授業実習をさせて戴くというものであった。大学院教育学研究科において十四条適用現職教員研修制度に係る問題点の改善にも取り組んだ。

秋田県教育委員会からは初任者研修協議会委員と教員の資質向上連絡協議会委員等を拝命し、秋田県教育のために微力を尽くさせて戴いたことを有り難いことと思っている。また、秋田市教育委員会の教科指導員として十年間ほど秋田市内の小・中学校をくまなく訪問させて戴いたことも貴重な得難い体験であり感謝を申し上げたい。

秋田大学での最後の二年間には就職委員会の仕事にも携わり、加えて折からの教育学部改革に係る学部組織の検討、カリキュラム作成、教科教育学講座（教官組織）・教科教育実践選修（学生組織）創設等の仕事が降り掛かった。多忙を極める毎日ではあったが、形骸化した教員養成のシステムを思い切って変革する好機でもあった。これまでの教科講座の教官は教科教育学担当教官といわゆる「教科専門」担当教官とがそれぞれ別々の課程に所属することになった。私たち教科教育学担当教官は学校教育課程に所属しその中で「教科教育学講座」を十四名の教官で構成した。「教科専門」教官は非教員養成課程である新課程に配属となった。

現在、日本教育大学協会全国研究部門では「教員養成コア科目群」の検討を進めている。私は秋田大学に赴任する早々、教科教育学を担当する教官が受け持っている「教科に関する科目」の科目名に違和感を感じた。「教科の指導法」とか「国語科指導法」「国語科教材研究」という科目名が「教科教育学」や「国語科教育学」――

当時は「教科教育」とか「国語科教育」と呼ばれて「学」の一字は付けられることがなかった——に対して学生たちにある種の誤解を植えつけていたからである。「教科の指導法」研究とか「教材研究」は決して次元の低い営みではない。しかし、このような名称は、学生たちにその指導法・指導技術が体験を通しての学びであって、学問的な裏づけを伴ったものではないとの誤解を植えつけている。

このような問題を解消するための手立ては至って単純である。教員養成学部の授業科目名として、免許法上の「教科の指導法」という用語や「国語科指導法」「教材研究」という名称を使用しないようにすればよい。「○○科指導法」や「○○科教材研究」は「教科教育学」における内容の一部なのである。したがって、これを授業科目名とするのは適切ではない。正式の授業科目名としては、例えば「国語科教育学概論」等とすべきである。そして、その中の一つの授業内容として「指導法」や「教材研究」あるいは「教科教育史」「教科授業研究」等が位置づけられるべきなのである。

こうした考え方に基づいて私は秋田大学に赴任した二年目に、それまで「小学校（中学校）国語科教育法」とか「教材研究」と呼ばれていた授業科目名を教科教育懇談会に図って「国語科教育学概論」「国語科教育学講義」「国語科教育学演習」といった名称に改めた。

日本教育大学協会では目下、「教科教育」といわゆる「教科専門」との関係をどう考えるか、両者の連携をどう図っていくかという問題について検討を行っている。私は「教科教育」に対して「教科専門」という用語を用いているところに様々な誤解が生じていると考えている。国語科の場合、免許法上に「教科専門」と見なされている科目は「国語学」や「国文学」「漢文学」等である。しかし、実際にこれらの科目は「教科」という概念に馴染むのだろうか。本来、「教科」という用語は学校教育課程上の概念である。「国語学」「国文学」「漢文学」という学問には「教科」という概念は見当たらないはずである。つまり、これらの学問の内容面だけを以てしては

「教科専門」とは言い得ないのである。「教科専門」という用語の正しい意味から判断すれば、文字通り「教科教育学」そのものが「教科」の「専門」なのである。

「教科教育学」がいわゆる「教科の指導法」すなわち「教科の方法学」を担当し、「教科専門」が「教科の内容学」を担当するものとする誤解は右のような事情から生じていると言わざるを得ない。「教科教育学」は先に述べたように、単なる「指導法」や「教材研究」のみを担当する科目ではない。〈内容〉あっての「指導法」であり「教材研究」なのであり、〈内容〉抜きの「指導法」等というものは有り得ないのである。

「教科教育学」が教科の方法学も内容学も切り離すことなく一体として担っていくべきなのである。したがって、「国立の教員養成系大学・学部の在り方に関する懇談会」が言うところの「教科教育」と「教科専門」という区別は全く必要がないということになる。「教科専門」という用語は最早必要がないのである。文字通りの〈教科専門〉は「教科教育学」担当教官が担っていけばよい。そして、これまで「教科専門」と呼ばれてきた科目には学校教育課程上の「教科」を支える〈教科教養〉としての役割を担っていってもらうのである。これまでのいわゆる「教科専門」である「国語学」や「国文学」「漢文学」担当の教官が教科教育学の研究者を養成する大学院等で学んで研究者となっているのではない以上、学校教育課程上の「教科」の「専門」(この「専門」は当然「教科の内容」と一体としての「教科の指導法」を含んでいる)を担うには荷が重いはずである。この「教科」の「専門」は昔のように片手間で担えるものではないのである。

今日、教員養成学部にとって本当に必要なのは、「教科教育学」とこれまで「教科専門」と呼ばれていた学問との連携等という甘い幻想を追いかけることではない。形ばかりの連携は教員養成への道に余計な迷路をつくることになる。そして、教員を志す学生をこの迷路に導いてしまうことにもなりかねない。むしろ、両者の役割を明確にしてそれぞれの役割をしっかりと担っていくことこそが教員養成学部の機能の強化につながると言えよう。

以上に述べてきた問題については稿を改めて然るべき場所でしっかりと論じるべきであろう。しかし、私は本書におけるこのような場でもこうした問題意識の一端を述べておくべきであろうと判断した。秋田大学在任中の十四年間もずっと「国語科教育学」という学問が教員養成学部の中でどのような役割を担っていくべきかに想いを巡らし、本書の書名にもこの名称を冠することにしたからである。

私にとっての国語科教育学研究は私自身も含めて教員養成に携わる者の意識変革とシステムの内側からの改革等と決して無縁のものではなかったと自覚している。当然、本書に収録した論考の全ては、以上に述べたような問題意識を抱きつつまとめてきたものである。本書からそうした問題意識の一端なりとも汲み取って戴ければ幸いである。

ただ、私にとって国語科教育学への道はまだ半ばである。本書の書名を『国語科教育学への道』と名づけた所以である。本書の内容に関して先学同友諸兄からの忌憚のないご批判とご教示とを賜ることができれば幸いである。

平成十六（二〇〇四）年一月三日

著　者

目次

国語科教育学への道

第Ⅰ部　表現教育史論・表現教育論

第一章　昭和戦前期綴り方教育の到達点と課題

一　本研究の目的

昭和期の綴り方・作文教育の歴史を辿る際に、避けては通れない大きな問題が横たわっている。戦前と戦後の綴り方・作文教育をどのような視点で連結していくかという問題である。

筆者はかつて、『戦後作文教育史研究』（昭和五十九年六月、教育出版センター）を著した。この昭和戦後期の作文教育史は、必然的に戦前の綴り方教育に遡って検討されなければならない。たとえ敗戦という大きな転換期を挟んではいても、戦後の作文教育が戦前の綴り方教育と何らの関わりも持たないということは歴史の必然としてあり得ないことだからである。

とはいえ、前掲の拙著の中でも詳細に論究したことであるが、戦前と戦後とでは教育制度・教育課程そのものが大きく様変わりしたために、戦前の綴り方教育と戦後の作文教育との間には種々の異同が生じた。そうした異同の中でも戦後の作文教育は、戦前の綴り方教育の豊かな遺産に学びその継承・発展に努めてきたのである。

そこで問題とすべきは、戦後の作文教育が戦前の綴り方教育のどの部分の成果を遺産として学び継承しようとしてきたのかという点である。戦前の綴り方教育の到達点として認識された部分が、戦後の作文教育の進路を決定する拠り所となったはずだからである。

では、戦後において戦前の綴り方教育の到達点は正しく把握されていたのであろうか。戦前と戦後とを結ぶ綴り方・作文教育の橋は正しく架けられていたのであろうか。この問題について検討することが本小論の目的である。

二　戦後期における国分一太郎の問題提起

国分一太郎は、戦前、山形の農村で八年間の教師生活の後、いわゆる「生活綴り方事件」(1)に連座して教壇を追われた人物である。戦後、国分は復員して児童向け雑誌『子供の広場』（昭和二十一年四月創刊）の編集同人に加わり、昭和二十六年には『新しい綴方教室』（日本評論社）を刊行して生活綴り方教育の復興に大きく貢献する。翌二十七年に起こったいわゆる「作文・生活綴り方教育論争」(2)の一方の旗頭ともなり、以後の生活綴り方運動の中心的指導者として活躍していくことになる。

この国分一太郎が戦後十年を経た昭和三十年の『作文と教育』八月号に「何が問題であったか、今もあるか?」という注目すべき論考を発表している。この中で国分は、戦後十年を通じて一貫して存在した作文教育上の根本問題を四つ取り出して考察を加えている。

これら四つの問題のうち、本小論に深く関わるのは第一と第二の問題である。第一が敗戦以前と敗戦以後の綴り方教育と作文教育との関係を「断絶」の姿で捉えるか、「継承」の立場に立つかという問題である。言うまでもなく、国分一太郎ら生活綴り方運動を推進してきた人々の立場は、「断絶」を主張するのではなく、「綴方教育遺産の摂取継承と、その発展によってこそ、今日の作文教育の建設が可能となる」（四十三頁）という考え方に立っている。第二は、その摂取継承していくべき内容に関わって、「コトバと精神（意識）」との関係を「分裂」と捉えるか「結合」と捉えるかという問題である。この問題は、言葉と心、「表現」と「生活」との統一・結合、すなわち文章表現指導と生活指導との統一・結合の立場か否かということである。第二の問題は、第一の問題と密接に関わっている。

さて、国分のこの論考の中で注目させられるのは、右の第一の問題に関して、国分が敗戦前の昭和十六年に施行された「国民学校令施行規則」の「教則」の条文に対する解釈を述べたくだりである。その「教則」の条文とは、「綴リ方ニ於テハ児童ノ生活ヲ中心トシテ事物現象ノ見方考ヘ方ニ付適正ナル指導ヲ為シ平明ニ表現スルノ能ヲ得シムルト共ニ創造力ヲ養フベシ」というものである。

国分は、この条文に盛られた国民学校時代の「綴方科」（これは国分の捉え方で、実際には国民科という得体の知れない教科の中の一科目としての「綴り方」という位置づけが正しい。国民学校時代以前の「綴り方科」よりも格は下がった形である。）の目的について、「その精神さえ改めれば、今もまったく正しい結論をうちだし」ていると判断を下している。そして、この目的が『赤い鳥』以来生活綴方までの民間的綴方教育運動の財産が、ここに結実したもの」と評価を加えている。

その上で国分は、戦後も「この国民学校令に結実しているものからこそ、学びとるべきものを学び、改めるべきものを改めればよかったのである」と述べ、この教則から学びとるべきもの三点と批判すべきもの一点とを挙げている。

この教則から学びとるべきものとは何か。(1)は生活中心ということである。(2)は、これから論ずる第二第三の問題とも関係が深いが、綴方教育では「事物の見方・考え方の指導」と「文章を平明にかく力を持たせるための指導」を統一的に考えるということである。(3)はこの綴方教育によって、創造的能動的な精神を養うということである。

つぎに、この教則を批判し、発展させるにはどうすればよかったのか？　あのなかの「適正ナル指導」の「適正」が、むかしは「皇国道」であったのを、平和、民主、自由、真理、真実、合理、社会正義、社会の歴史的発展などを大切にする精神におきかえる考え方と実践に進めばよかったのである。（四十五頁）

国分の国民学校国民科綴り方の「教則」に顕れた綴り方教育に関する考え方から学ぶべきものは学び批判すべきものは批判してこれを発展させるべきであるとした姿勢に異議を挟むものではない。むしろ、戦前までの教育の全てを否定し去ろうとする姿勢こそ批判されるべきである。

しかし、この「教則」の条文に関する国分一太郎の解釈・評価については疑義を抱かざるを得ない。勿論、国分が指摘した批判すべき点についてはは異論はない。疑義を抱かされたのは、学び取るべきものとして掲げられた一番目と二番目に関してである。

まず、一番目の「生活中心ということ」に関する評価であるが、この評価は果たして真に正しいものであったのであろうか。「教則」にうたわれている「児童ノ生活ヲ中心トシテ事物現象ノ見方考へ方」の指導に比重をおいた行き方は、果たして国民科綴り方に至るまでの戦前の綴り方教育の到達点を正しく踏まえたものなのであろうか。実は、後で詳しく考察を行うが、戦前の綴り方教育の到達点は、国分が捉えた地平とは別なところに存在したのである。

二番目の評価も一番目の評価と密接に関わっている。果たして「教則」の文言は、国分が評価したように、「事物の見方・考え方の指導」と「文章をかく力を持たせるための指導」とを統一的に位置づけていたのであろうか。どうしてもそうは読めないのである。「教則」の述べ方は、「事物現象ノ見方考へ方」の指導すなわち生活の指導と文章を「平明ニ表現スルノ能」の指導すなわち文章表現の指導とを単純に並記しているだけである。のみならず、「児童の生活」と「適正なる指導」といった、どのようにでも解釈可能な極めて曖昧な言葉を前面に掲げて、方向としては〈生活偏重〉という問題を引きずった形の文言になっていると判断せざるを得ない。

ここで問題としたいのは、「児童の生活」の実体のことである。この問題は、実は国分が批判した「適正なる指導」という文言を巡る問題に勝るとも劣らないぐらい深刻である。以下に、この問題について節を改めて考察を加えていくことにする。

三　国民学校国民科綴り方における「生活」観を巡る問題

国分一太郎が先の論考を発表したのは、戦前の昭和十年代に起こったいわゆる「生活教育論争」「生活綴り方論争」の戦後版とも言うべき「作文・生活綴り方教育論争」がなお進行中という時期であった。当然、この論考にはその論争の中心的争点であった「生活指導か文章表現指導か」という二者択一の問題を統一止揚していくべきであるとする国分の見解が示されている。それだけに、この論考に窺える国民科綴り方の「教則」に対する評価の仕方には慎重に考察を加えておくべきである。

さて、国分が一定の評価を下した「教則」の文言がいかに曖昧なものであるかは、綴り方に先立って述べられている「読ミ方」に関する条文と比較すると一層明らかとなる。「読ミ方」では、「児童ノ生活ニ即スル言語ヨリ始メ日常ノ言語ヲ基礎トスル口語文ニ進ミ、更ニ平易ナル文語文ニ及ブベク児童生活ノ表現ニ出発シテ（以下略）」とある。この中に「児童ノ生活」という言葉が二回使用されているが、これらの言葉は「児童ノ生活ニ即スル言語」と「児童生活ノ表現」というように、下に続いている「言語」と「表現」の方に重点が置かれ、その実体は概ね明確である。

これに対して、「綴リ方」の場合だけが、殊更に「児童ノ生活ヲ中心トシテ」という形で、「生活」が浮き上がってしまっている。因みに、文部省が昭和十六年五月に示した『「ヨミカタ一」教師用』の中の「総説二国民科国語指導の精神」の中には、「言語によって発表されたる思想、元来言語を通して考えられ、感じられた所産」であり、「我々は言語を通して思考し、感動して思想を構成する」のであると述べられていて、「思想と言語とが紙の表裏の如く一体不可分である」ことが指摘されている。

ところが、右の教師用書の「綴リ方」のどの部分を読んでも「読ミ方」の場合のようには、言語と思想・認識の一体観なるものは示されていない。次のような文言が記されているだけである。(3)

「綴り方」に於いては、児童生活そのものを適正に指導することが大切になつて来る。換言すればその生活に即して物の見方、考へ方を適正に指導することが大切なのである。この方面の指導が在来教育的に考慮されなかつたために、綴り方指導は或程度の発達を遂げながらも、不幸にして不健全な思想を醸成しないでもなかつた。殊に文学の自然主義的な傾向から、物の真を描かしめようとして道を逸脱し、生活の物的方面に捕はれて理想を失ひ、甚だしきは現実生活の欠陥にさへ児童の眼を向けさせようとした。

ここで指摘されている「児童生活」が、国分一太郎が先の論考の中で「生活中心」として評価したその「生活」と異質のものであることは一目瞭然である。ここで指摘されている「児童生活」とは「皇国民」としての児童の〈生活〉のことである。国分が指摘したような『赤い鳥』以来生活綴方までの民間的綴方教育運動」が培ってきた児童の〈生活〉とは似ても似つかぬものである。「その生活に即して物の見方、考へ方を適正に指導すること」とは実に巧みな文言である。これは国分が指摘した「民間的教育運動」が主張してきた考え方の見事な換骨奪胎ではないか。

「生活」という用語・概念がいかに危ういものであるかを示す事例はいくらでもある。田中豊太郎著『国民学校国民科　綴方精義』の中では、「児童の生活を中心として事物現象の見方考へ方を適正に指導するといふことが従来言はれてゐた生活の指導にあたる」と指摘されている。田中は、従来の綴り方指導が「常にありのままに書け、正直に書け、真実を書けと奨励して」きたことは「指導上極めて必要なこと」としつつも、「それが不健全なる芽生えを助長する如きものであつては教育とは言へない」と主張する。そして、「皇国民の錬成たる教育においてはその萌芽に対して厳粛なる批判の眼をもつて、伸ばすべきは伸ばし、摘むべきは摘み、刈取るべきは刈取るといふ考へを持たなければならない[4]」と断じている。ここに田中の「生活」観は明らかである。

緒方明吉著『国民学校私の国民科綴方の研究授業』の中では、「自然主義的に物の『真』を『ありのまま』に暴露させることは『適正ナル指導』ではない」とし、「『適正ナル指導』とは生活事象の凡てを皇国民としての見方、考へ方に導かうとするのであり、それはとりも直さず国民科綴り方としての見方、考へ方として価値づけられなければならない」と主張されている。緒方は、「綴り方に於ける生活指導」とは「当然皇国民錬成のための生活指導[5]」となると断じている。

今田甚左衛門著『国民科綴方の新経営』の中では、「綴方が国語から分離せずに、国民科に残されたのは、やはり綴方が生活指導上、なくてはならぬ一分科であることを認められたからである」と捉え、「綴方が単なる文章の技術を指導するものであるならば、当然国語から分離して、表現を錬成し、情操の陶冶を図る芸能科の中に加えらるべきである」と指摘されている。今田は、国民学校国民科綴り方の目的が「時局相応の生活態度[6]」に導き、皇国の道に帰一せしめるところにあると考えている。

いずれの考え方にも、国分一太郎が評価したような「『事物の見方・考え方の指導』と『文章を平明にかく力を持たせるための指導』を統一的に考える」などという姿勢は窺えない。それどころか、これらの考え方からは、生活指導優位の考え方がそのまま皇国民の錬成という国民学校の根本理念と見事に癒着しているという事実を読み取らざるを得ないのである。

国民科綴り方でいう「児童の生活」の正体がどのようなものであるかを証明する事例をもう一つだけ見ておこう。昭和十七年一月に『日本教育』誌上で「国民学校の綴方教育」という座談会が行われている。この時、全国の生活綴り方教師は例の「生活綴り方事件」によってほとんど検挙されていた。しかし、この座談会に出席していた東京在住の生活綴り方教師は全て検挙を免れている。なお、この座談会の進行役は、文部省国民教育研究所の石田加都雄という人物である。この座談会のねらいは、国民学校以前の綴り方教育における生活主義ないしは生活教育としての綴り方における「生活」観と国民学校国民科綴り方における「生活」観との違いを峻別させるところにあったと判断される。この記録は、綴り方教育における文部省側の「生活」観への関心の強さを物語る資料として極めて重要である。

この座談会の記録には、例えば「国民学校の生活観について」とか、「思想に浮動して教育に根がなかつた」「生活主義の無軌道性を衝く」「生活綴方はわが民族性を看過した」などといった小見出しが付せられている。矛先は明らかにかつての生活綴り方教育の在り方に向かっている。

この座談会の中で、文部省側の伏見猛弥は、「論理的に考へた場合には生活と云ふものはどう云ふ風にでも捉へられる」と述べ、「問題は今迄の生活と云ふものが、どう云ふ子供の生活を所謂生活に根差したと言はれるか。生活が何であるかと云ふ事が最初の前提になると思ふ」と、綴り方教育における「生活」観の問題を指摘している。伏見は、明らかに生活綴り方教師の「生活」観を鋭く問い糺しているのである。伏見のこうした問いに対して、当時生活綴り方教師であった滑川道夫は、次のように答えている。(7)

是は私自身の反省にもなるのでありますが、兎に角現実に対して真実と云ふことを言つたのです。現実と区別される、有りの儘の横の生活と云ふものと区別される真実の生活……。現実の生活を有りの儘に幾ら描いたつて教育的意味がないのじやないかと云ふようなことで、有りの儘と云ふことを越へて生活の真実を描く、其の場合の生活と云ふものも今から見れば是は反省されなければならない。併し児童としての兎に角あるべき生活と云ふものを目指してそれを表現させようさう云ふ考へ方、従つて其の真実に向つて表現を通して生活を高めようと云ふやうな考へ方なんでありますが、其の生活の真実は何かと言へば、是は日本人としての正しい生き方以外にはない訳ですが、その当時の主張の仕方としては非常に生温い事で、皇国民としての生活と云ふやうなことを明確に言ひ得なかつた。

右の一節が示唆するように、この座談会は、国民学校以前の綴り方教育における「生活」観とりわけ生活綴り方教育における「生活」観を、国民学校国民科綴り方の「生活」観に照らして前者を否定せしめていくという意図を秘めた性格のものであった。したがって、右の一節のみならず、この会に出席していた生活綴り方教師の発言には、一種痛ましさすら感じさせるものがある。

右の事例は、国民科綴り方の「教則」に示された「児童ノ生活ヲ中心トシテ」という文言が従来の綴り方教育における「生活」観を逆手に取る形で皇国民錬成のための生活教育の思想に組み替えられていくという事実を如実に物語っている。

こうした歴史的背景をしかと踏まえておく必要がある。そうすれば、国分一太郎が戦後十年を経て評価を下した国民学校国民科綴り方の「教則」がうたった「生活」概念は、国分が批判した「適正ナル指導」の内実と同様にその実体は甚だ危ういものであったと理解されるはずである。さらに、国民科綴り方における「生活」指導は、国分が評価したように、「文章を平明にかく力を持たせる」という文章表現指導と「統一的」に考えられていたわけでは決してなかった。むしろ、国民科綴り方からは、皇国民としての児童を錬成するために「生活」を鍛えるという意味で生活偏重であったという事実が浮かび上がってくるのである。

なお、国分一太郎は、国民学校時代の国民科綴り方の「教則」の問題について、右に検討してきたような考え方を、例えば「生活綴方への理解のために」[8]や「生活綴方の十年」[9]などの論考において繰り返し論じている。国分のこうした考え方が戦後の昭和二十年代から三十年代の綴り方・作文教育界に与えた影響の大きさを想像することができよう。

四　戦前期生活主義綴り方教育への反省

戦後の生活綴り方運動がこれまで見てきたような国分一太郎の考え方に象徴されるような形で敗戦前の国民学校国民科綴り方における「生活」観及び「生活」指導を一つの到達点と見なして、これを継承していこうとしてきたとすれば、これはなかなか厄介な問題となる。国民学校の綴り方教育は、前節で見てきたように、生活教育に偏向する生活主義綴り方教育の「生活」観を逆手に取る形でその「教則」にも「児童ノ生活ヲ中心トシテ」と位置づけていた。しかも、その正体は皇国民錬成のための生活教育以外の何物でもなかったからである。

加えて、もう一つの歴史的な厳然たる事実を見過ごすわけにはいかないのである。実際には、戦前期の綴り方教育の到達点は、国分一太郎が国民学校国民科綴り方にまで継承されていたと評価を下した生活主義の綴り方教育にあったのではなかった。実は、戦前期の生活主義の綴り方教育は、国民学校時代に突入する以前に各方面からの厳しい批判にさらされて否定されていたのである。以下、この歴史的な事実について詳しく見ていくことにする。

戦前期の昭和十年代に入ると、いわゆる「生活教育論争」の一環として生活主義綴り方教育すなわち生活綴り方教育の在り方が、民間教育運動に参加する教育学者や心理学者、言語学者、教育実践家などの間で活発に論じられている。最も早い時期では、文章心理学者である波多野完治から次のような批判が出されている。(10)

今までの綴方教育者は、人格教育を綴方の目的とした点で正しかつたが、然しこれが、あくまでも言葉を通して行はれるものであることを忘れた。綴方は、言葉の表現性の教育を通して、人格訓練がなされるべきであるのにこの方面は少しも考へなかつた。（中　略）

今までの綴方は、言葉からはなれて空中をとんで居たから行きつまつたのである。綴方は人格教科であるが、然しこれはあくまでも言葉を通して行はれる人格教科である。このことを忘れて、綴方教育は成立しない。文体教育は表現自体の教育である。

波多野は、言葉が人格形成に重大な関係を持っているという考え方を表明し、言葉と思想とを結びつける「文体教育こそ綴方教育の最も重要な核心である」とする立場から、従来の綴り方教育が「言葉の表現性の教育」を忘れていたことを鋭く批判したのである。

さて、注目すべきは、この波多野と同様の問題意識に立って従来の綴り方教育に対する反省を行っている生活綴り方教師がいたことである。その人物とは、他ならぬ国分一太郎である。国分は、昭和十一年の時点で次のように述べている。(11)

久しい間、私達は、綴方に重荷をしよわせて、生活探究とか、現実格闘とかと要求してゐた。しかしこのやうな事は、生活教育の全場面がうけもつべきであつて、綴方のみがやつきとなつても駄目なものだ。

文字でかくことの指導——それには文字でかくことを、かく必要を機会を、もつともつと多く、教室の中や、家の生活の中につくらねばならぬ。他の学科でもせねばならぬ。学級新聞も日記も、子供の豆手帳も、報告記も生きてはたらかねばならぬ。自然観察もいいことだ。提案もよい。文字による文化交通——わかりやすい日本語易い日本語でかくことの能力、これこそ現在の日本人の必ずほしい文化技術だ。百姓のための文化雑誌はそれからだ。

国分自身が反省をし自己批判をしていたのは、言うまでもなく生活教育に偏向していたいわゆる生活主義の綴り方教育の在り方だったのである。国分は、自分たちが背負っていた綴り方教育の生活指導的側面にわたる守備範囲を縮小して、文章表現指導を中心に取り組んでいくべきことを決意したのである。国分のこの反省は、戦前期の綴り方教育の到達点を考える上から極めて重要な事実である。

綴り方教育とりわけ生活主義の綴り方教育の行き方に対してのこのような批判や反省に続いて、この後、教育科学研究会のメンバーからの生活主義の綴り方教育に対する批判が相次いで行われた。中でも、当時この研究会の機関誌『教育』の編集を担当していた留岡清男による次のような批判が飛び出して、綴り方教育界に大きな反響を呼び起こした[12]。

今夏札幌第一中学校に於て開催された北海道綴方教育連盟の座談会に出席したことである。同連盟の人々は、生活主義の教育を標榜し、これを綴方によつて果させようとしてゐる。座談会では、綴方による生活指導の可能性が強調されたが、理屈を言へば、何も綴方科ばかりでない、どんな教科だつて生活指導が出来ない筈はなく、またそれを当然なすべきであらう。併し、問題は綴方による生活指導を強調する論者が、一体生活指導を実際どんな風に実施してゐるか、そしてどんな効果をあげてゐるか、といふことが問はれるのである。強調論者の実施の方法をきいてみると、児童に実際の生活の記録を書かせ、偽らざる生活の感想を綴らせる、すると、なかなか佳い作品が出来る、之を読んできかせると、生徒同志が又感銘をうける、といふのである。そしてそれだけなのである。私はいづれそれ位のことだらうと予想してゐたから、別に驚きもしなかつたが、そんな生活主義の教育は、教育社会でこそ通ずるかも知れないが、恐らく教育社会以外の如何なる社会に於ても絶対に通ずることはないだらうし、それどころか、却つて徒に軽蔑の対象とされるに過ぎないだらう。このやうな生活主義の綴方教育は、畢境、綴方教師の鑑賞に始まつて感傷に終るに過ぎないといふ以外に、最早何も言ふべきことはないのである。

この批判に対する生活綴り方教師達の反発は大きく、綴り方教育を巡る生活教育の論争が活発に繰り広げられていくことになる。『生活学校』という雑誌では、昭和十三年一月号から同年八月号までをこの論争に関わる特集とし、岩波の『教育』誌でも五月号に「生活教育」の特集を組んで「生活教育座談会」を行っている。この座談会の出席者は、石山脩平、黒瀧成至、滑川道夫、百田宗治、山田清人、吉田瑞穂、佐々木昂、鈴木道太、城戸幡太郎、留岡清男、菅忠道などである。また、百田宗治の主宰する『綴方学校』という雑誌でも、この年の十二月号で「生活綴方の新開拓・新定位」という特集を組んで、生活綴り方教師達の自己批判論文を掲載している。

これらの論議の中で、山田清人は、この論争の一つの帰結の方向として、「東北の、綴方をはみ出た生活教育も、さうでない綴方教育も、指導技術の科学的考察を完全に忘れてゐたのである[13]」と、従来の綴り方教育全般を顧みる反省を行っている。また、滑川道夫も「表現指導は同時に生活指導になる」と、両者の「二元的対峙」を批判し、「表現を変容することは生活を変容することである」[14]と、表現指導と生活指導との一元的指導という考え方を表明している。

このように、従来の生活主義綴り方が内外から厳しい批判・自己批判にさらされていた時に、多くの綴り方教師の支持を受けて登場した綴り方教育実践があった。千葉県の女教師平野婦美子の「綴る生活」指導の実践であった。平野は、国分一太郎ら生活綴り方教師と書簡などを通して少なからぬ関わりを持っていた。平野自身、「私の知つてゐる友人達（寒川道夫氏（新潟）、国分一太郎氏（山形）、松本瀧朗氏（長崎））などが、農村児童大衆の表現技術の乏しさを（正直にいへば良心的になつて）表明し、最も基礎的な表現技術の指導に力を注ぎ直さうといひ出されたのである」と、彼らとの関わりを述懐している。そして、彼らの主張である「『綴る力』をさづけることそのことが、人間として社会生活をしてゆくための重要な生活指導だといふ理論に、私は同感したのだつた」[15]と述べている。

平野婦美子によって切り拓かれた綴り方教育実践のこの方向こそが昭和戦前期の綴り方教育実践の到達点と呼ぶに相応しいものである。以下に、この事実を明らかにしていくことにする。

五　戦前期綴り方教育の到達点――平野婦美子著『綴る生活の指導法』の登場――

平野婦美子著『綴る生活の指導法』（昭和十四年十一月、厚生閣）の実践は、はじめ百田宗治が主宰していた『綴方学校』誌に昭和十三年十月号まで計十二回にわたって連載された。これらの論考と、その他に千葉春雄が主宰していた『教育・国語教育』誌に発表した論考とを合わせて刊行したのが『綴る生活の指導法』であった。

国分一太郎ら生活綴り方教師の少なからぬ影響の下で行われた平野のこの実践に対して、やはり生活綴り方教師であった山田清人も前掲の論考の中で、その実践記録の叙述形態の先進性について評価を下している。

さて、平野の「綴る生活の指導」実践の根底には、平野自身の次のような問題意識があった。(16)

ところが今までの綴方の仕事を考えてみよう。思想発表の本能欲は、食欲を満たす様に強力に、文表現の技術を獲得してゐたであらうか。子供の生活の必要に依つてどんなに活発に書く生活が行はれてきたであらうか。文表現が子供文化の中にどれ程役立ち、生活を進めてゐたであらうか。と考へると全く赤面の至りである。今までの綴方の問題も、結局は作品が云々されて来た。その作品も、多分に文学的にほひ深き教師に依つて、夫々の独善的な好みのものがかゝれ、或は××作品と銘うつて出で、ジャーナリズムの間に花を咲かせもした。

平野は、「子供の生活の必要に依」って綴り方として最低限の「文表現の技術」の獲得を目指すべきであると考えたのである。平野は、『綴る生活の指導法』の〈序〉の中で、この実践書の性格について「高度な文学的綴方書でもなく、重荷を負ひ過ぎた生活主義綴方書でもありません」と述べ、「極く平凡な、誰でもがやれる、又やらねばならぬ綴る生活の指導法のほんの一端を書いたものです」と記している。

平野が考えた「綴る生活」指導の全体像は、この実践書の〈目次〉の部分から窺うことができる。次のようなものである。

基礎的指導

1　原稿用紙の使方
2　書く必要の前に立たせる
3　言葉の写し方指導
4　綴方時間以外の綴る機会について
　　修身　算術　読方
5　綴る機会を多くする学級施設
　　学級新聞　学級ポスト　各部のたより　学級日誌　お話の原稿　子供図書館　壁新聞　自治会の問
　　題　案内状や代筆　その他

初歩的指導

1　「綴る生活」の喜びを
2　子供の文章表現の形態
　　子供随筆　子供の論文　子供の詩・子供の文　子供日記　子供用向文
3　誰にもわかる文の指導
　　言語表現から文表現へ　綴る前の手続き　言葉の使方になれさせる
4　書きたくてたまらない事をはっきり書く指導
　　綴方メモ　綴る前の話合ひ　皆でかこんで　四百字綴方

私の学級の綴る生活報告

1　豆手帳
2　手　紙

3　文の紹介
4　子供随筆
綴る生活をめぐる教室経営
1　親愛感を醸す教室の空気
2　教室の文化施設
学級図書館　学級博物館　学習用具の備付　美術の壁　子供郵便局　遊び場として　いこひ場として　学級家族の室として
綴る基本的能力の養成
1　洞察力　把握力　批判力　想像力・観察力　言語構成力　書写力
2　主観を表現する訓練
3　主観を交換し合ふ
4　生活経験を豊富にする
5　言語力養成について
6　話合ひ
7　書写力
文集編集いろいろ
綴る生活の指導一覧表

以上の〈目次〉によって明らかなように、文章表現のための基礎的・初歩的指導を大切にし、綴る機会を多くするために「学級新聞」や「学級ポスト」などの学級施設を整えることに意を用いている。「書く必要に立たせる指導」では、学校から自分の家までの道順を先生に分かりやすく説明する文章、家族の人たちの仕事や様子を先生に書いて報告する文章などを書かせている。学級での誕生会の時に「私の小さい時」という題で話をすることにして、「老人や両親、兄姉から聞いたこと」をメモに書かせる際に、「――お母さんの話では……したそうです。」「――おぢいさんにきいた……だといひました。」といった形で、表現技術を具体的に指導している点にも注目させられる。

平野の綴り方実践の特質を整理してみよう。

まず、自分の思ったこと・見たこと・聞いたことなどを人に分かるように書ける技術を獲得させようとしていたこと。また、子どもたちを書く必要の前に立たせようとしていたこと。そのために、子どもの生活の必要に根ざした実用的な機能の文章、例えば、備忘録としてのメモや、手紙、日記、紹介文、解説文、案内文、記録文などの文章を積極的に書かせようとしていたこと。さらに、綴り方の時間に獲得した書く技術の定着を図るために、あらゆる機会と場を捉えて書かせようとしたこと。そのために、学級経営によって教室の文化施設を整備し、綴る生活のための土台づくりに取り組んだこと。以上のような特質を挙げることができる。

なお、平野の実践は昭和十二年六月に千葉県市川尋常高等小学校において、同校や国語教育学会及び教育科学研究会言語教育部会との共催で行われた「綴方教室公開研究教授」[17]の際に参会者三百名の前で公開されている。このような平野婦美子の実践については当時の多くの人々が高い評価を与えている。そのいくつかを以下に見ておこう。

平野の実践については、『綴る生活の指導法』が刊行される以前から『綴方学校』での連載や右の公開研究会での授業を通して広く知られるところとなっていた。昭和十一年の『工程』（『綴方学校』誌の前身に当たる雑誌）九月号の「文集展望」で百田宗治が平野が編集した文集『太陽の子供』を取り上げて、「低学年児童への愛の情熱が茲までの高まりを見せてゐるのは類例のないところと思ふ。形式の上にも一年一学期の文集への出発の仕方として範とすべきところが多い[18]」と評価している。さらに、同前誌の翌十二年の十一月号では、『太陽の子供』の続編について、「ナイーブに、家庭的にあの自由な教室で導かれてゐた子供達がいつの間にか今度の学級日記に見られるやうな生活をし、こんな風に記述出来るまでに進んで来たかと思ふと驚異の外はない。この歩み方が高学年になつてどんな姿を見せてくるかに期待する[19]」とも評価している。

そして、平野の実践が『綴方学校』に連載され始めてから同誌の「編集後記」（昭和十四年四月号）には、「平野さんの今度の仕事（本誌連載）は全国的に大きい反響を喚んでゐる。これは是非一冊の本に纏めるつもりで筆者も編集者の力瘤を入れてゐる」と記されている。同誌の読者の一人多田公之助は同年の五月号で「平野さんのあの道は、これから後、大勢の人が歩くことによつてふみかためねばならぬ砂利道の新道のやうなものだらう[20]」と評価している。

以上の評価から窺えるように、平野婦美子の「綴る生活」の指導は、当時の綴り方教師（もちろん、この中には生活綴り方教師も含まれる）から多大の共感を呼び、以後の綴り方教育の良き指針として迎えられたのである。このような事実から判断するに、平野のこの「綴る生活」の指導実践こそは、戦前期の綴り方教育が紆余曲折を経て辿り着いた一つの到達点であると見なすことができるのである。

しかし、平野のこうした綴り方教育の実践が当時の現場にしっかりと根を下ろす前に、やがて昭和十六年からあの国民学校時代へと突入していってしまったのである。加えて、不運にも平野は、昭和十五年に起こった「生活綴り方事件」に連座する形で、辛うじて逮捕こそ免れたものの、行政処分として依願退職をせざるを得ない事態に追い込まれている。理由は、生活綴り方教師たちと書簡を通した関わりがあったという単純なものであった。

因みに、この間の事情については、国分一太郎著『小学校教師たちの有罪』（昭和五十八年九月、みすず書房）が詳しく語っている。

六　戦前期綴り方教育から戦後作文教育への橋渡し

平野婦美子著『綴る生活の指導法』は、敗戦後まもない昭和二十二年十一月にその書名を『新しい学級経営綴る生活』（牧書店）と改めて訂正再刊されている。内容は、戦前のものとほとんど変わってはいない。したがって、改めてその内容について言及することは避ける。ここで問題としたいことは、なぜ平野の戦前の著書『綴る生活の指導法』が敗戦後のこの時期に再刊されたのかということである。

このことについて平野自身は、〈序〉の中で「戦時中は文を綴る生活指導などはことさらになをざりにされ、相も変わらず、児童の綴る力は貧弱である」と指摘し、「新しい文化国家を建設せねばならぬ時に何とかして文字や言語を自由につかいこなし、らくらくと文を綴ることが出来るようにしたい」との願いから前著を訂正再刊することになったと述べている。刊行後、半年ほどで再版され、二年も経たないうちに三版が刊行されているので、戦後の新教育の方向が定まらない時でもあっただけに相当多くの人に読まれたものと推測できる。

この再刊本には、興味深いことに当時文部事務官であった井坂行男による〈序〉が付けられている。

新しいことばの教育は、それと並んで、否それにも増して、あらゆる生活の場に適応する話しかたと綴りかた—— Oral Expression and Written Expression ——の指導に重点が置かれねばならないであろう。それこそ、最も多くの人が、日常生活の実際の場でりっぱに生活して行くための要請である。ことばの持つ社会的意義はこの点で更に検討され、ことばの教育改善のためになお努力がかさねられるべきであろう。表現活動の重要性は単にことばの教育に限定されるものではない。それは民主的社会に生きる有能な人間をつくるために、言い換えれば、民主的性格を育成するためにもっと広い観点から考えられなければならない。

井坂のこの〈序〉からも平野の再刊本が戦後の教育界にどのような要請から迎えられていたかが窺えよう。平野が国民学校に突入する以前に実施した「綴る生活の指導」「綴る基本的な能力の養成」の方法が求められていたのである。

平野自身も「戦時中は文を綴る生活指導などはことさらなをざりにされ」と指摘しているように、国民学校時代はまさに皇国民の錬成のための生活指導に躍起だったのである。平野たちが国民学校時代に切り拓いた〈文章表現指導〉への一里塚は、平野自身が「生活綴り方事件」に連座せしめられ依願退職に追い込まれることによって一度は潰え去ってしまったわけである。

しかし、平野が提起した戦前綴り方教育への指針は国民学校時代にはひとたび断絶させられたものの、敗戦後、平野自身の名誉回復と共に見事に復活を遂げたのである。この復活が戦後の綴り方教育の中では、最も早い時期のものであり、それは昭和二十六年に復興した生活綴り方教育に先んじている事実に注目しておかなければならない。

ところで、平野婦美子が昭和十四年に提起した『綴る生活の指導法』の実践を典型とする戦前期綴り方教育の到達点をしっかりと継承していると目される資料が存在する。昭和二十二年に発表された『学習指導要領国語科編（試案）』である。これはアメリカの「コース・オブ・スタディ」などを参考にしながら急場しのぎに作られたものであると見なされている。その内容は、アメリカの言語技術主義的な影響が濃いと言われてきている。果たしてそう言い切ってよいものか。その内容を今一度戦前の国民学校以前の綴り方教育の到達点、すなわち平野が提起した綴り方教育実践の内容と精細につき合わせて検討される必要があろう。参考までに、この昭和二十二年版『学習指導要領国語科編（試案）』の「第二節　作文」に示された内容を掲げてみる。[21]

㈦　次のような書く機会をとらえて指導する。

1　児童の日常生活から生ずる必要な通信。

(1)　学芸会・運動会・展覧会・映画会などの学校行事に、両親や友人を招待する手紙。

(2)　教室のもよおしものについて、他の学級への招待状や、招待状の返事の手紙。

(3)　転校していった先生や、友だちへの手紙。

(4)　病気で欠席している先生や友だちへの手紙。

(5)　見学や調査をするときに、許可を求める手紙。（社会科の学習ではしばしば必要になる）

(6)　見学や調査のあとでのお礼の手紙。

(7)　児童作品や学校の情報を交換するための他校への手紙。

(8)　夏休み・冬休みなどに、校長や受持先生へ状況を知らせる手紙。

2　必要と興味のあることがらについて。

(1)　児童の見たり、聞いたりした興味のある話題。

(2)　子ども会の規約。

(3)　学校新聞・学級新聞。

(4)　個人の生活日記や学級日記。

(5)　飼育日記・観察日記（うさぎ・にわとり・かいこ・魚、そのほか動植物の観察・飼育・栽培）
(6)　見まちがいをしないための道しるべ。
(7)　工作で作る経過の記録。
(8)　会合に出て発表する話の大要。
(9)　おもしろい本についての読後の感想。

3　次のような興味ある必要なノート・発表文・広告文。
(1)　児童図書・詩歌について図示するポスター。
(2)　会合の通知・ひろいもの・なくしものの通知。

4　次のような創作活動。
(1)　物語・詩。
(2)　童話や簡単な子どもしばいの脚本。
(3)　なぞなぞ・笑い話。
(4)　逸話。

ここに見られる作文指導の内容は、先に見た平野婦美子による戦前の『綴る生活の指導法』の実践に極めて近い。それは子どもの生活の必要に根ざした機能を持つ通信の文章を書かせている点などに顕著に窺える。

以上の事実から見て、生活綴り方教育が復興を成し遂げたと目される昭和二十六年以前の綴り方・作文教育状況は、国民学校時代に突入する以前に平野婦美子が提起した綴り方教育実践への指針を戦前期の到達点として踏まえていたものと判断されるのである。

七　生活綴り方教育復興の中で亡失された戦前期綴り方教育の到達点

そこで問題とすべきは、昭和二十六年以降の生活綴り方復興という現象の持つ意味である。あの大規模な生活綴り方復興という現象は果たして戦前期綴り方教育の到達点を正しく継承するものであったのかどうかという問題である。

この問題に関してここでは改めて、その生活綴り方の復興に貢献した一人であった国分一太郎の考え方に焦点を絞って考察を加えていくことにする。なお、繰り返しになるが、国分は第三節に引用した昭和十一年執筆の論考「自己に鞭打つの書―綴方教育の反省」の中で、それ以前の生活教育に偏った綴り方教育に対してかなり深刻な自己批判を行っていた。そして、生活綴り方教師であった国分のそうした自己批判が平野婦美子の『綴る生活の指導法』の実践にも少なからぬ影響を与えていたことは、すでに考察してきたところでもある。

ここで対象とする資料は、昭和二十六年の生活綴り方復興のための前進譜ともなった国分の著書『新しい綴方教室』である。国分はこの著書の中で次のように述べている。[22]

「女教師の記録」をかいて有名になった平野婦美子さんの『綴る生活の指導法』（戦後は『綴る生活』として再刊）などは、そのあらわれであった。当時は新潟のいなかにいた寒川道夫君も、「教育・国語教育」という雑誌に、「かく生活」という論文をかいた。わたくしなども、第一書房からでた国語教育の講座や、「綴方生活」「教育・国語教育」などに、「太政官布告」の「村に不学の人なく」を引用したりして、「ひとりもかけない子のいない教室」をつくろうと提唱した。また百田宗治の発行する「綴方学校」に、中華民国の小学校における非常にたくみで、地味な「作文指導法」をホンヤク紹介したりした。こうして、そのころ、生活綴方や生活詩運動の指導的ジャーナリストになっていた詩人・百田宗治なども、「ひとりもかけない子のいない綴方教室」を強調する人になったのだった。波多野完治氏なども、そういう考え方と実践に、理論的根拠を与えてくれたりした。「生活学校」という雑誌によっていた人たちも、国語・国字の改良運動などのたちばから、平易な文章を、おもいのままかける子どもや青年をつくる、単純な綴方指導に移りかわれと勧告していた。同時に、岩波書店の雑誌「教育」による人々、さらに「教育科学研究会」をつくった人々からも、「生活綴方」一点ばりの生活教育実践に対する批判として、「綴方の正常化」＝「文章表現技術の最低限度の充足のための綴方指導への復帰」の勧告があった。

　だから、敗戦後の今日、ようやく綴方復興のきざしが見えると同時に、綴方＝作文教育を、ごく普通の文筆活動の指導、あるいは社会生活と学習の必要にともなうより多角的な文章表現技術の指導に定位させようとする、思慮深い人々の意見には、なんの反対もなく、同意できるわけである。

　それでは、なぜ、わたくしは、この本の前半をついやして、いわゆる「生活綴方」の復興や、その前進のために、多くの筆を走らせたのであろうか。それについては、その場所で、わたくしの思うところを、くわしくかいたので省略する。ただここに、その真意をまとめていえば、ものごとを具体的につかんで、具体的にかくような文章表現、つまり、ほんとうのことをありのままにかく、ありのままのことから、あるべきものをつかんでそれをえがきだす、あるいは、具体的なものごとに、知識の光をふりかけた、じぶんの思想をかくというような文章表現能力が、基礎としてできていなければ、どんな文章表現技術を、テクニックとして教えこんでも、ほんとうに力あるもの、生活の役にたつものとはならないだろう。こう考えからであった。

国分一太郎のこの文言は、生活綴り方教育が生活指導ばかりではなく「言語教育・国語教育」としての文章表現指導もきちんと行っていることの弁明として述べられている。右の引用部分では省略したが、この前に国分は、戦前の綴り方教育が戦時体制での皇国民錬成を目的とした「日本精神」の鼓舞、「国語の純化の名目」や「慰問文かき」などに悪用された事実について述べている。そして、生活綴り方の生活教育的な側面がこのように国民学校国民科綴り方においては生活鍛錬教育のために悪用されていくことへの「最後の抵抗」として、「ひとりもかけない子のいない綴方教室」づくり、そのための「地味な『作文指導法』」の究明、「文章表現技術の最低限度の充足のための綴方指導への復帰」が進められていったのである。

国分自身の右のような証言からも、戦後の国分たちが一応は国民学校時代に突入する以前までに切り拓かれていた平野婦美子に代表される戦前綴り方教育の到達点を認識している様子が窺えるのである。しかし一方、右の国分の文言中、最後の段落で述べられていることは昭和十年以前の、つまり国分たち生活綴り方教師によって反省がなされる以前の生活主義の綴り方教育への回帰願望なのである。

それでは、昭和十一年に国分が執筆した綴り方教育への深刻な自己批判としての「自己に鞭打つの書」は一体なんだったのであろうか。なぜ平野たちが切り拓いた「書く生活の指導」の実践への回帰・継承であってはいけなかったのか。平野たちが切り拓いた地平は、国分が批判するような「文章表現技術を、テクニックとして教え」こもうとするものではなかったはずである。

右に引用した国分の文言の中にも感じられることではあるが、国分の著書『新しい綴方教室』の全編には昭和十年以前の生活主義への郷愁が立ちこめている。確かに、内容的に見れば平野たちが切り拓いた綴り方教育の成果や戦後の作文教育の成果の一端も取り入れられてはいる。しかし、国分の主要な思いは平野の実践に象徴される「ひとりもかけない子のいない綴方教室」づくり、「地味な『作文指導法』」には向かっていなかった。やはり、戦前に留岡清男たちによって批判されたあの生活教育を中心とした綴り方教育の復興に向かっていたのである。

八　考察のまとめ

戦後の綴り方教育の復興には瞠目させられるものがあった。戦前の綴り方教育実践の証である寒川道夫編『大関松三郎詩集　山芋』の刊行、新生作文教育を象徴する無着成恭編『山びこ学校』の登場、そして国分一太郎著『新しい綴方教室』の刊行、と昭和二十年代後半は綴方ブームに湧いた。戦前の綴り方教育へのノスタルジーはいやが上にも高められた。加えて、昭和二十六年前後に高まった戦後の新教育による作文指導への批判なども戦前綴り方教育へのノスタルジーをかき立てることに拍車をかけたのである。

こうした戦前期綴り方教育へのノスタルジーと生活綴り方教育の華々しい復興という現象が戦前期の綴り方教育の到達点を亡失せしめたのではないかと考えられる。生活綴り方教育の一大ヒット作とされた『山びこ学校』にも仔細に見ていけば文章表現指導は存在したのである。しかし、山形県の一山村の中学生たちのこの生活記録文集が刊行された当時、多くの人々の目は、山村の中学生たちの生活と指導者の八方破れとも見える生活教育の方に奪われてしまったのである。いつの時代でも、人々の耳目を奪うのはその華々しい結果である。その結果が生み出された背後にあるささやかな営みには目を向けようとはしない。『山びこ学校』の生活記録に現れた子どもたちの生活と人間形成、生活形成というスローガンに当時の教育界も感化されてしまったのである。その実践の背後にあった文章表現指導に目を向ける人はほとんどいなかったのである。

このようにして、戦後の華々しい生活綴り方復興という現象は戦前の綴り方教育の到達点を亡失せしめてしまった。その結果、戦前と戦後とを結ぶ綴り方・作文教育の橋は、国分一太郎が昭和三十年に表明したような形で架け間違えられてしまったのである。

注

(1) 国分一太郎と「生活綴り方事件」との関わりについては、国分一太郎著『小学校教師たちの有罪—回想・生活綴方事件—』(一九八四年九月、みすず書房)に詳細に語られている。
(2) 「作文・生活綴り方教育論争」については、拙著『戦後作文教育史研究』(一九八四年六月、教育出版センター)及び『戦後作文・生活綴り方教育論争』(一九九三年九月、明治図書)を参照せられたい。
(3) 文部省編『「ヨミカタ 一」教師用』昭和十六年五月。
(4) 田中豊太郎著『国民学校国民科綴方精義』昭和十七年三月、教育科学社、四十七頁、一一一頁、一一三頁からの引用。
(5) 緒方明吉著『国民学校私の国民科綴方の研究授業』昭和十七年二月、晃文社、六十二〜六十三頁。
(6) 今田甚左衛門著『国民科綴方の新経営』昭和十五年五月、啓文社、七十七頁。
(7) 座談会「国民学校の綴方教育」(『日本教育』昭和十七年一月、七十二頁)。
(8) 国分一太郎「生活綴方への理解のために」(『明治図書講座国語教育5作文教育』昭和三十年十一月)。
(9) 国分一太郎「生活綴方の十年」(『教育』昭和三十年十一月号)。
(10) 波多野完治「表現学と綴方教育」(『教材集録』昭和十年六月号、後に、波多野完治著『児童生活と学習心理』昭和十一年十月、賢文館に収録、二七五〜二七六頁)。
(11) 国分一太郎「自己に鞭打つの書—綴方教育の反省」(『教育・国語教育』昭和十一年十二月号、一三六〜一三七頁)。
(12) 留岡清男「酪聯と酪農義塾」(『教育』昭和十二年十月号、六十頁)。
(13) 山田清人「実践人への新らしき課題—『生活教育』論争の帰結?—」(『教育』昭和十三年十二月号、四十七頁)。
(14) 滑川道夫「生活綴方の問題史的検討」(『教育』昭和十三年五月号、五十八頁)。
(15) 平野婦美子著『綴る生活の指導法』昭和十四年十一月、厚生閣、十六頁。
(16) 平野婦美子「最低の綴方教育」(『教育・国語教育』昭和十三年一月号、六十五頁)。
(17) 「綴方教室公開研究教授」(『教育』昭和十二年十二月号)。

（18）百田宗治「文集展望」（『工程』昭和十一年九月号、四十四頁）。
（19）百田宗治「文集点検」（『工程』昭和十二年十一月号、五十四頁）。
（20）百田宗治「編集後記」（『綴方学校』昭和十四年四月号、七十二頁）。
（21）『昭和二十二年度（試案）学習指導要領国語科編』昭和十二年十二月、中等学校教科書株式会社、三十～三十一頁。
（22）国分一太郎著『新しい綴方教室』増補版、昭和二十七年四月、新評論社、三〇一～三〇二頁。

第二章　田中豊太郎の綴り方教育論における「表現」概念に関する考察

一　本研究の目的

「表現」という用語は、綴り方・作文教育において極めて多義的に用いられてきている。狭義には、文・文章の書き表し方という形式的側面を意味することもあれば、広義には、綴り方・作文自体ないしは綴り方・作文教育の全体を意味することもある。そこには絶えず用語としての曖昧さがつきまとい、綴り方・作文教育の歴史上、しばしば重大な問題を引き起こしている。本小論は、この「表現」という用語の概念に関わる問題についての考察の一端である。

考察の直接の対象となるのは、田中豊太郎（明治二十八年〜昭和五十二年）の綴り方教育論において展開された「表現」概念の内容・方向の変遷である。時期は、田中豊太郎が東京高等師範学校附属小学校の訓導として赴任してからの大正十年から昭和十六年までのほぼ二十年間に及ぶ。この間に公にされた綴り方教育論関係の著書・論文（本小論の末尾に掲げた【考察対象文献一覧】を参照）を考察の対象として取り上げる。これらの文献を辿ることによって、この二十年間に及ぶ歴史的文脈の中で、田中が「表現」という用語の概念をどのように意識し考えてきたのかについて検討を加えていくことにする。

二　「表現」概念を巡る問題の所在

ほぼ二十年間に及ぶ田中豊太郎の綴り方教育論をなぜ「表現」という窓から考察していこうとするのか。まず、その理由について少し言及しておかなければならない。

理由の第一は、冒頭に述べたように、「表現」という用語の概念を明確にしていくことが今日の作文教育における緊要な課題と考えられるからである。綴り方・作文教育研究の中では、「表現」概念と並んでその重要性が論議されてきた「生活」概念に関する究明の方が飛躍的に進んでいる。その成果を例えば、中内敏夫の『生活綴方成立史研究』（昭和四十五年十一月、明治図書）、滑川道夫の『日本作文綴方教育史』（「明治篇」昭和五十二年八月、「大正篇」昭和五十三年十一月、「昭和篇Ⅰ」昭和五十八年二月、国土社）に見ることができる。これに比して、「表現」概念の究明は大きく立ち遅れていると言える。第二に、「生活」概念と「表現」概念とはどのような関係に置かれてきたのか、対立するものなのか、あるいは、一方が一方に従属するものなのか、果たして両者は一元化できるものなのかという問題が存在する。そして、この第二の問題と関わって、第三には、綴り方・作文教育において、いわゆる「生活の指導」というものに対して「表現」の指導というものがどのような位置でどのように考えられてきたのかという問題がある。第四に、今日「理解」「表現」という場合の「表現」概念の曖昧さの問題がある。「表現教育」「表現指導」「表現力」といった用語の概念も曖昧である。

問題の所在は広範で根深い。こうした問題を少しずつ解明していくために、綴方・作文教育の歴史的文脈の中で実態的側面からの検討を加えていこうとするものである。検討の直接の対象に選んだ田中豊太郎という人物は、綴方教育界においてちょうど「生活の表現」「生活の指導」ということが唱道され始めた大正十年頃に、東京高等師範学校附属小学校で綴り方教育に打ち込み始めている。以後、田中は「生活の指導」と「表現の指導」との一元化を図ろうとする努力を持続的に行っていくことになる。一方、綴り方教育界においては、昭和十年代に綴り方教育における「生活教育」の在り方を巡っての大きな論争が起こっている。いわゆる「生活教育論争」である。[1]

こうした情勢の中で田中は、「穏健な探究のなかに、たえず進歩を求めて、生活に即した綴り方教育実践の系統化・体系化に努力した」[2]と評価され、その人となりについては、「少しも指導者ぶらないで同志・友人として接するので地方の若い教師から慕われ、田中ファンは非常に多い」[3]と紹介されるだけの影響力を持つ存在であった。こうした人物が、その綴り方教育実践・研究の営みの中で、「表現」という用語をどのように意識し考察してきたかを探ることにも相応の意義があろうと考えたのである。

ところで、これまで、田中豊太郎も含めた高等師範系の教師の綴り方教育論を巡って、次のような評価が存在した。すなわち、広島高等師範学校附属小学校訓導であった田上新吉の『生命の綴方教授』（大正十年）にあらわれた「生活の表現」「生活指導」論、及び大正十二年五月に開催された全国訓導綴り方協議会以降、全国に広まっていった生活重視の綴り方教育論はいわゆる「生活主義の綴方教育」[4]の流れに組み入れられている。

こうした綴り方教育思潮の特質を示す言葉に、滑川道夫によって初めて用いられたとされている「表現のための生活指導論」[5]という標語がある。生活経験を豊かにすることによって表現活動を活発にするという考え方である。こうした「生活」概念は、やがて昭和四、五年頃に東北地方から発生した「現実的な生活性」とは質を異にするものとして峻別されている。[6]

この「現実的な生活性」を旗印とする綴り方教育は、やがてこれまでの「表現のための生活指導」から「生活のための表現指導」、すなわち生産的生活を高めるための生活技術としての表現技術を身につけさせなければならないとする主張のもとに、綴り方を中心とする一層広範な生活教育運動へと突き進んでいくことになる。[7]

このような生活教育の一環としての綴り方教育思潮に照らして田中豊太郎の綴り方教育論を見ていけば、確かにそこには「生活」概念の著しい違い、例えば生産生活に対する消費生活、あるいは、厳しい現実生活に対する普通の子どもの生活といった違いを認めることは容易なことである。このような「生活」観の相違は、「価値」観、「世界」観の違いから生まれてくるものである。したがって、綴り方教育の歴史的な展開を「生活」観という窓の方に傾斜をかけて見ていくこと自体に問題が生じてくる。綴り方教育における「生活」概念は、「表現」概念との拮抗関係を抜きにしては問題にすることができないと考えられるからである。

三　「表現」における「観照作用」への着眼と「生活」概念の限定

田中豊太郎の綴り方教育論の出発点は、田中が大正十三年に刊行した『生活創造綴り方の教育』にあると見ることができる。この中で田中は、「生活創造と表現」との関わりについて次のように述べている。[8]

○人間は、体験によつて生長するものである。
○その体験は、有意的、有目的活動でなく、哲学以前のものであるが故に内省によつて始めて自分自らが自証することが出来る。
○内省によつて自証してはじめて、その体験は真実、自己のものとなり、体験は完成する。＝生活創造
○表現するためには――完全なる表現をするためには、――深く内省しなければならない。
○表現は内省する態度の洗練である。

○故に表現は、生活創造の武器たる内省的態度を洗練し、人間の生長を促進するものである。

ここで田中は、「体験」「内省的態度」「表現」の三者を循環的に捉えている。そして、「表現」というものを「内省的態度の洗練」と見なす。つまり、「表現」が「内省的態度」の洗練を媒介として生活形成、人間形成に機能していくものであると規定しているのである。

田中は、この書の別な所で右の「内省的態度」を「観照的態度」と言い換えて次のように述べている。(9)

観照生活は芸術制作の根源を養ふ生活である。綴方制作の根源を培ふ生活である。そして又、観照生活の深化は、綴文能力の発達と言ひ得る。何故なれば綴文能力として、最も大切な感受力は、観照生活の深化につれて鋭敏に自然界人事界に向つて働き、今まで見えなかつたもの、感じなかつたものを感ずる様になり、彼の洞察力は、観照眼の発達につれて、其のものの本体にまで立ち入つて、其の真相を知り、其の物の新意義を発見する様になり、かうした新体験は驚異となつて、心の中に躍り立ち表現欲を旺盛ならしめるからである。

田中はここで、「観照生活の深化」が「綴文能力の発達」を促すと考えている。

田中は、この「綴文能力」(10)については「人格」「感受力」「洞察力」「構成的想像力」「表現力」などを含めた広い意味での表現能力と考えていたと見ることができる。要するに田中は、この時点で「綴り方に於ける生活指導」を「綴文能力の発達」を促す「観照生活」の指導にあると考えていたのである。この事実は、田中が綴り方教育における「生活」概念を観照的態度の洗練としての「表現」概念が包み込む関係にあると理解していたことを示している。

ここに見られる「観照」という作用について田中は、「自己を見つめる作用」であるとし、表現の貧弱さを克服する手立てもこの「観照」の問題によって解決できるとしている。[11]つまり、この場合の「観照作用」なるものは広い意味での〈表現作用〉の一種と考えられるもので、綴り方教育における「生活」と「表現」とを結びつけていく鍵概念とも見なすことができる。以後の田中の綴り方教育論に頻繁に登場してくる用語である。田中の初期の綴り方教育論の中に、なお観念的、哲学的なレベルのものとはいえ、こうした考え方が示されていたことは注目しておいてよいだろう。

このような考え方に通じていくことであるが、田中はすでに大正十五年の時点で、「綴り方に於ける生活指導」は「綴ることに関る生活の指導」であって、「綴らせるといふこと」がすでに「生活の指導」であり、それは「綴る生活」の指導でもあると述べている。[12]つまり、綴り方教育における「生活」概念を限定的に捉えていたのである。

なお、田中の右の「生活」観とも関わることであるが、田中がかなり早い時期から綴り方教育における「生活」と「表現」の意味するところについて重大な関心を抱いていたことを証明する一文がある。次の一文である。[13]

第一、綴り方は子供の生活の表現であるとか、生命の表現であるとか言つてゐるが、その意味の本当のものは如何なるものであるのかさへ、はつきりと捉へられてゐるか否かを疑はなければならないものがまだまだ大分ある様に思ふ。これが指導者の頭に、否指導者の腹に、しつかりとわかつて居れば、綴り方指導の実際上のことも、さうそれた方面に迎ふ筈はないと思ふのである。こゝに「子供の文を如何に見るべきかの」問題が起つて来るのである。即ち指導者の綴方観、もつと狭く、もつと実際に即して、子供の文に対しての文章観の問題である。この問題の究明は、「生活」といふ意味の如何なるものかを捉へ、更に「表現」といふ真の本質を考へ、なほ更に「子供の」といふ意味から「子供の生活」「子供の表現」の特質を知らなければならないと思ふ。

ここで田中は、綴り方教育上の用語の問題に鋭く言及している。「子供の生活の表現」とか「生命の表現」と言われてきたその意味するところの本質的な究明を訴えている。そして、綴り方教育における「生活」と「表現」という用語の本質を明らかにしていくべきことを主張しているのである。

大正末から昭和初めのこの時期に、「綴る生活」とか「綴方生活」(14)という用語が極めて自覚的に用いられている点に注目しておきたい。なぜなら、生活綴り方運動の母胎となっていく雑誌『綴方生活』が創刊されるのは昭和四年十月のことであり、これより二年早い時点で田中の論考に「綴方生活」という用語が出現しているのである。綴り方教育における「生活」・「表現」という両概念を結びつける上で、この「綴方生活」という用語は極めて重要なものと見なすことができる。

四　「生活」と「表現」の一元化への試み

「生活」と「表現」という両概念を一元化していこうとする試みは、田中豊太郎の綴り方教育論の中で一貫して続けられていくことになる。その典型的な試みを次に掲げる一節に見ることができる。(15)

生活の綴り方化とはそもそも何を意味してゐるかといへば、言ふまでもなく、生活を表現させて、綴り方作品を産み出させることである。こゝに表現指導が必要なのである。また、綴り方を生活化するには何を意味してゐるかと言へば、綴り方作品即ち表現を読んで、表現の中に生動してゐる作者の生活を見させ、それに力を得、暗示を受け、心の目を開かせて、次の瞬間から営む生活の中に、何等かの力添へをさせることである。こゝでも表現の指導を受けるのである。

　つまり、生活の綴り方化、綴り方の生活化の中に、生活指導も、表現指導も内在してゐるのである。

ここで田中は、「生活の綴り方化[16]」を「表現の指導」に見立て、「綴り方の生活化」を「生活の指導」に見立てている。これは、〈生活→綴り方→生活〉という循環的な考え方を示したもので、「生活の指導」と「表現の指導」との相即不離の関係を強調したものである。

併せて見ておけば、昭和五年の『綴方教育の理論と実際』という著書の中では、「表現指導＝生活の綴り方化」と規定され、この中に「創作欲」（＝表現意欲）の喚起から「題材を取ることの指導」（＝取材指導）までを含め、さらに狭い意味の「表現」概念と考えられる「表現法」の指導をも包み込んでいるのである[17]。

ここに掲げられている「題材を取ることの指導」は「綴方教育といふ事業の大半」を占めるものであると考えられている。この考え方は、要するに、「子供に作品を産出させる仕事」も「子供の生活を創造する仕事」も共に「生活を観照する様な態度を取らせることによつて伸展していく」ものであり、綴り方教育の二大方面である「表現の指導」も「生活の指導」も、この「題材の取り方の指導によつて奥深く結ばれるものである[18]」という考え方に基づいて出てきているものである。

この考え方によれば、先に見た昭和五年に刊行された『綴方教育の理論と実際』において使用されている「表現指導」という用語は「題材を取ることの指導」を含むのであるから、必然的に狭義の「生活の指導」を包み込んでいるものと理解することができる。こうした事実を踏まえていくと、田中の言う「生活の綴り方化」という用語からは、自ずと「表現」概念の広がりが看取されるのである。

次に、「綴り方の生活化」という考え方についても見ておこう。田中は、「綴り方の生活化」のことを「綴り方の態度を、日常生活中に浸潤させること」であると定義している。そしてこれは、実際的な綴り方的訓練である「鑑賞的な態度、思索的な態度、研究的な態度、生活を観照する態度」を植えつけていくことを通して図られていくと述べている。[19] このことからも分かるように、「綴り方的訓練」の中味がかなり広範囲なものとなっていて、ここにも「綴り方生活の指導」に通じる考え方が看取されるのである。

昭和六年に刊行された『綴り方教育の分野と新使命』という著書では、書名も示しているように、綴り方教育の分野が極めて広範囲に及ぶものであることを確認しつつ、その分野を表現の素地的な能力であるところの「文字の記述力」「語句を使駆する力」「文章記載法」「表現手法」「文体」などの形式的側面から、より高次な内容的分野としての「表現慾」「文章観」「生活観」までを段階的に辿って検討している。[20] ここにも自ずと、「表現」概念の段階的な把握に伴うより広範な捉え方が看取されるのである。

また、昭和七年に刊行された『綴方指導系統案と其実践』という著書においても、「表現」という用語が独立して用いられており、その意味する範囲は「表現慾・創作慾」「題材に対する選択」「構想力」「記述力」「推敲力」などを含む幅広いものである。一方、「表現の指導」という用語の場合は、「表現の手法」「材料を選ぶこと」「活きた言葉を選ぶこと」「事件の叙写」「説明」「記述」などのいわゆる表現技術的側面を指し示している。ここでは、明らかに「表現」と「表現の指導」という用語とを広狭両面からの概念として使い分けていることが分かる。[21]

五　「表現」概念の広がり

ところで、昭和十年頃になると、田中豊太郎の綴方教育観及び「表現」概念の捉え方を知る上から極めて重要な論文がいくつか発表されている。その一つに「尋四以後の綴方生活の発達」という論文がある。この中で、田中は「綴方生活」という用語を「子供の生活内容及びそれを想化する作用、それを表現する構想及び記述」[22]というように規定している。ところどころに「表現機構」「表現の動機」「表現慾」といった用語が見受けられる。

また、この頃田中は、高学年児童に見られる「綴り方の渋滞、行きづまり」という現象を「綴り方生活の萎縮」というように、広く子どもの生活経験、文章観に結びつけて検討している。この行き詰まりを打開するために、洞察力や思索、内省の態度を養って「理知的な見方」を高め、広く「社会事象への着眼」に導くべきことを提唱している。つまり、「見方の指導」の一環として「取材方面の開拓」の指導を提唱したのである。[23]こうした考え方は、「題材の取り方の指導」の重要性を強調してきたこれまでの方向に一貫していて、しかも田中の綴り方教育論における広義の「表現指導」の中核的な部分を成しているとも考えられる。

さらに、昭和十年十一月に「綴り方教育に於ける表現指導」という論文が発表されている。本小論の上からは、田中の数多くの論文の中でも群を抜いて重要なものと思われる。田中はこの中で改めて綴り方教育独自の任務が「表現の指導」にあることを強調している。以下、少し長くなるが引用する。[24]

綴り方教育独自の任務は、表現の指導にある。

生活第一、表現第二といふ言葉は、綴り方なり文章が余りに技巧に馳つて、空虚な内容を言葉のあやをもつて飾り立てすることを戒めたもので、綴り方教育に対する極めてよい標語であるが、この薬が利き過ぎて、表現のことなどはどうでもよい、文の内容をなしてゐる生活――殊に素材の生活が善ければよいといふ様に解して、綴り方作品の取扱の時にも、文の形式方面のことには触れないで、文の内容の詮議をする、その内容といふのも素材生活の善悪を、道徳的に批判するといふ様になつてしまつては、綴り方教育といふものゝ存在の必要さへも疑ふことになる。

生活第一、表現第二といふ場合の生活は、単なる素材生活を意味するものではなくて、その実は、表現といふ言葉を広く解するならば、表現といふ作用の中に包括せられることになり、少なくとも、表現に一連続に連るものである。（中　略）

綴り方は見方の指導であるといふ。これは素材生活に対していふ言葉であると共に、題材化するための生活の見方といふことを含んでゐるのである。素材生活における見方と、題材生活、綴方生活における見方とは一連続の仕事で、それ程ハツキリと区別することは出来ないが、素材生活における見方は、直接現実的な生の生活を営む時に物事をよく観察するとか、研究するとか、実験するといふ様なことであり、また味はつて眺めるといふことであり、考へてみるといふことであるが、題材生活、綴方生活においての見方は、今述べてゐる観照といふことであつて、これが実生活から綴り方生活に入る門戸である。

当時、綴り方教育界では、菊池寛の「文芸は経国の大事、生活第一、芸術第二」という言葉を綴り方に結びつけて、「綴り方は教育の大事、生活第一、表現第二」[25]という考え方が広く浸透していたようである。田中は、こうした考え方によって綴り方作品の取扱いの際に、「表現」面の指導がないがしろにされて、「素材生活」つまり「実際の生の生活の道徳的側面」を詮議するだけに終わっていることに疑義を投げかけている。「生活第一、表現第二」という標語は、確かに空虚な内容を言葉の綾で飾り立てる行き方に対しては警告的な意義をもっていたが、本来、こうした二つの分け方自体に問題があるとも指摘している。田中は、綴り方教育における「生活」は、単なる素材生活、つまり現実の生の生活を意味するものでなく、「表現という作用」の中に包括されていくものであり、「表現」に一連続に連なっていくものであると主張しているのである。

要するに、綴り方教育における「生活」とは、全面的な生活ではなく、「題材生活」「綴り方生活」という限定されたものであり、それ故、こうした意味での「生活」概念は、広い意味での「表現」概念に含まれていくという考え方を明らかにしていると考えられるのである。この際、こうした「題材生活」「綴り方生活」において、「素材生活」つまり現実の生の生活を題材化していく姿勢として、「観照的態度」というものがあると述べている。そして、こうした方面の指導が「見方の指導」であり、これが素材生活と綴り方生活とを結びつけていくものであるというのである。

因みに、田中のこうした考え方に概ね重なる考え方を、当時広島高等師範学校訓導であった田上新吉の主張にも見ることができる。田上は、「綴り方教育に於いて指導の対象となるべき生活は、文の創作を目標として営まるゝ特殊の生活であらねばならぬ」と断言し、このような生活を便宜上「綴り方生活」ないしは「第二次の生活」と呼ぶことにしていると述べている。つまり、実際の生活を「一般の生活」ないしは「第一次の生活」と呼んで、これと区別したのである。(26)

ともあれ、以後、田中の以上のような考え方は基本的に変わることはなかった。昭和十一年に発表した論文の中で田中は次のように主張している。(27)

　綴り方教育は子供の日常営んでゐる実生活を対象とし、また他の教科で授けたこと、訓練されたこと、それ等総てを対象とするものであるから、生活なり他教科の教育を統合する様にも考へられるけれども、それは文を綴るといふ一角度からの統合であつて、私は寧ろ綴り方が他教科の恩恵を蒙つてゐるのであると見るのである。さうして綴り方教育はその独自の目的であるところの文を綴ること、といふことに範囲を狭めて考へ、しかも日常の子供の実生活や、他教科の教育に根本的な脈絡を通じて、綴り方教育によつて人間教育の一面を担当しようと考へるのである。

綴り方教育が「文を綴ること」の指導、すなわち「取材指導」「見方の指導」も含めた広い意味での〈表現指導〉を通して、子どもの実生活や他教科の指導とも根本的に結びつき、これをもって「人間教育の一面」を担当していくべきことを主張しているのである。

ここに至って、田中の綴り方教育論における「表現」概念は、いわゆる「生活」概念と一連続に連なる形で一元化を成し遂げていると判断することができる。そして、この内実は「綴り方生活」という用語において象徴的に示されていると考えることができるのである。

なお、昭和十六年に刊行された『綴り方教育の指導過程』という著書では、田中のこうした考え方を一層分かりやすく具体的に提示している。ここではすでに、綴り方指導のポイントを以前のように「生活の指導」「表現の指導」と言い換え、これら両面の指導を「綴り方生活の過程の指導」としてひとつながりに捉えている。明らかに、綴り方教育における「表現」概念が、いわゆる「生活の指導」を含めた広い意味での「表現指導」として把握されているのである。(28)

この時点で、田中豊太郎の綴り方教育論における「表現」概念は、なお十分に自覚的とは言えない面を残しつつも、「綴り方生活の指導」という、より広義の内容と方向とを含み込むようになったと考えることができるのである。

六　考察のまとめ

ここで、これまでのまとめをしておこう。

田中豊太郎の綴り方教育論の発展・深化の過程を辿ってくると、確かにそこには、最初に見ておいたような生活教育運動に結びついていく意味での「生活」観、いわゆる「現実的な生活性」は存在しなかったと言える。田中の場合、その「生活」概念は、自らの綴り方教育論の出発点において明確な限定がなされていたのであった。それは、綴り方教育における「生活」というものを、生の生活としての「現実生活」「素材生活」と峻別して、「観照生活」あるいは「綴ることにかかわる生活」、つまり「綴り方生活」というように把握していたのである。

田中は、この限定された「生活」概念、つまり「生活の指導」をいかにして「表現の指導」、つまり「表現」概念と一体化させていくかということを一貫して追究している。その過程で考えたのが、「生活の綴り方化」「綴り方の生活化」という循環的な図式であり、実際の指導過程での「題材の取り方の指導」の重視という方向であった。また、その際には、「観照」という表現作用を重視したのである。

こうして、田中は次第に「表現」ないしは「表現の指導」という概念の中に、限定された「生活」概念、すなわち「題材化するための生活」といった「生活」を含めていくようになる。このような行き方は、領域概念としての「生活」という用語を避けて、機能概念としての「見方」という用語を用いて、「生活の指導」という用語を次第に「見方の指導」という用語に言い換えてきているところにも如実にあらわれていると言える。

要するに、田中豊太郎の綴り方教育論には、その発展・深化の過程において、いわゆる「生活」概念を「題材生活」という概念に置き換え、この中の「題材の取り方の指導」ないしは「見方の指導」を広い意味での〈表現指導〉、すなわち「綴り方生活の過程の指導」に包み込んで、いわゆる「生活」と「表現」との一元化を図っていったと考えられるのである。

そして、こうした道筋には明らかに、綴り方教育史上、「生活表現の指導」「生活指導」ということが主張され出す以前に存在していた狭義の「表現」概念――表現技法や表現手法などの指導――を超えたより広義の「表現」概念への発展的展開があったと見なすことができる。

その内実は、広く「観照的態度」(＝物事を深く見つめる態度)や表現意欲などを含めた〈表現態度〉、〈児童の文章観〉、そして、人格、感受力、洞察力、内省力、想像力、記述力などを含めたところの〈綴り方(＝作文)能力〉などに及ぶものである。田中は、こうした要素の指導を広い意味での〈表現指導〉と呼び、さらに「綴り方生活の過程の指導」と言い換えていったのである。

この「綴り方生活」(〈表現生活〉と言い換えてもよい)の指導という方向にこれからの作文教育の進むべき道を見出していくことができないものであろうか。

注

(1)「生活教育論争」については、久木幸男他編『日本教育論争史録第二巻〈近代編〉(下)』(昭和五十五年七月、第一法規)や滑川道夫編『国語教育史資料第三巻〈運動・論争史〉』(昭和五十六年四月、東京法令)の「第六章生活綴方論争」などを参照せられたい。

(2)倉沢栄吉他著『近代国語教育のあゆみ1』(昭和四十三年十一月、新光閣)の中の滑川道夫稿「綴り方教育の開拓的努力―田中豊太郎の人と業績―」九十二頁。

(3)西原慶一著『日本児童文章史』昭和二十七年十二月、東海出版社、七一八頁。

（4）「生活主義の綴方」という言葉は、滑川道夫著『表現理解国語教育新論』（『実践国語教育』臨時増刊第五巻第五号、昭和十三年五月、啓文社、一九八頁）に見える。飛田多喜雄著『国語教育方法論史』（昭和四十年三月、明治図書）では「生活主義の綴方と指導過程」（一三九～一五一頁）として詳しく論述されている。
（5）滑川道夫「生活綴方の発展」（『生活綴方と作文教育　教育建設第三号』昭和二十七年六月、金子書房、三十五頁）。
（6）前掲書、注（2）、八十九頁。
（7）前掲書、注（5）、三十八～四十一頁。
（8）文献㈡（注末の【考察対象文献一覧】参照）、三十頁。
（9）文献㈡、二五〇～二五一頁。
（10）文献㈡、二二六～二二七頁。
（11）田中豊太郎「綴方指導の一努力点」（『教育研究』第三六四号、昭和五年十一月、五十二頁）。
（12）田中「綴方に於ける生活指導の意義」（『教育研究』第三〇六号、大正十五年九月、一〇三頁）。
（13）田中「綴方教育上の研究問題」（『教育研究』第三二六号、昭和二年十二月、五十二頁）。
（14）田中「綴り方に於ける鑑賞及び文話」（『教育研究』第三一七号、昭和二年八月、二二四頁）。
（15）田中「生活の綴り方化」（『教育研究』第三四〇号、昭和四年四月、一〇二頁）。
（16）芦田恵之助も「生活の綴り方化」ということを述べている。この場合は、「綴らんとする心がうちに醒めて来たら環境のすべてが指導の働きを生じて、教師をまたない指導が随時随所に行はるゝことゝなる」という意味で用いている（『尋常小学綴方教授書巻四』大正十年二月、育英書院、六頁、『芦田恵之助国語教育全集6』昭和六十二年、明治図書、所収）。
（17）文献㈢、二八〇～三〇八頁。
（18）田中「綴方題材論」（『教育研究』第三四七号、昭和四年九月、六十九～七十頁）。
（19）田中「綴方をより生活的ならしめる」（『教育研究』第三七四号、昭和六年七月、二一三頁）。
（20）文献㈤、〈目次〉から。
（21）文献㈥、四五〇～四五八頁。
（22）田中「尋四以後の綴方生活の発達」（『教育研究』第四二九号、昭和十年一月、一一七頁）。
（23）田中「高学年に於ける理知的文の指導」（『教育研究』第四三六号、昭和十年七月、四十三頁）。

(24) 田中「綴り方教育に於ける表現指導」(『教育研究』第四四一号、昭和十年十一月、三十五〜三十七頁)。
(25) 丸山林平著『生活表現と綴方指導』大正十三年三月、目黒書店、三十三頁。丸山は、この書の中で「表現」に〈あらはしかた〉とルビを付けている。
(26) 田上新吉「将来の綴り方教育を語る」(飯田恒作他共著『今後の綴方教育』昭和八年二月、南光社、三三三〜三三四頁)。
(27) 田中「綴り方指導過程の問題検討」(『教育研究』第四四七号、昭和十一年四月、七十五頁)。
(28) 文献[九]、二十五〜二十六頁。

【考察対象文献一覧】——田中豊太郎の綴り方教育論関係の著書・論文(全て昭和戦前期までのもの)——

《著　書》

[一]丸山林平との共著『綴方教授の実際的新主張』大正十年四月、大日本学術会、[二]『生活創造綴方の教育』大正十三年九月、目黒書店、[三]『綴方教育の理論と実際』昭和五年五月、明治図書、[四]丸山林平との共著『綴方教授の実際的新主張』(改訂増補版)昭和六年七月、日東書院、[五]『綴方教授の分野と新使命』昭和六年九月、郁文書院、[六]『綴方指導系統案と其実践』昭和七年五月、賢文館、[七]『小学教育大講座①綴方教育』昭和十二年五月、非凡閣、[八]『綴方の研究授業』昭和十四年六月、賢文館、[九]『綴方教育体系第四巻綴方教育の指導過程』昭和十六年三月、晃文社、[一〇]『国民学校国民科綴方精義』昭和十七年三月、教育科学社。

《論　文》

東京高等師範学校附属小学校初等教育研究会編『教育研究』誌に発表された綴り方教育関係の全論文八十一編。その他の雑誌に掲載された綴り方教育関係の論文十六編。

第三章　綴り方教育史における文章表現指導論の系譜
――菊池知勇の初期綴り方教育論を中心に――

一　本研究の目的

昭和期の綴り方・作文教育の歴史を紐解いてみると、そこにその指導内容を巡って「内容か形式か」という二元的な対立論争が生起している。この二元的な対立の軸は今日においても変わらない。昭和の戦後期には、この二元的な対立が表面化して「生活指導か表現指導か」[1]という論争が起こっている。そして、これとよく似た論争が昭和の戦前期にも起こっているのである。これらの論争はいずれも最終的な決着を見ているわけではない。今日、綴り方・作文教育において「生活指導」と「表現指導」とは矛盾・対立するものではなく、統一的なものであるという考え方が容認されてきている。しかし一方に、この考え方は「内容」重視の立場か「形式」重視の立場かで、常に二極に引き裂かれる緊張を内包していると言える。「内容か形式か」の対立・矛盾の構図は消え去ってはいないのである。

筆者の主要な研究課題は右のような対立・矛盾の構図を昭和期の綴り方・作文教育の歴史の中から明らかにしていくところにある。なお、従来の綴り方・作文教育史研究では、この問題に関して「生活綴り方」運動論の立場からの考察や「生活綴り方」成立史という史観からの考察に傾斜している。こうした方面の研究の意義を決して否定するものではない。しかし、筆者はこれまで、綴り方・作文教育の歴史を、その教育内容であるところの

「内容」面と「形式」面とを統一・止揚する視点で捉えようとしてきた。したがって、本小論では、従来「内容」面に偏って捉えられてきた綴り方・作文教育史を文章表現指導の面から捉え直していきたいと考えている。

本小論で取り上げる対象は、大正から昭和戦前期にかけて活躍した菊池知勇という人物の綴り方教育論・綴り方教育運動にある。とりわけ中心となる対象は、菊池の初期綴り方教育論である。そして、本小論の目的は、菊池の初期綴り方教育論がその後の菊池の綴り方教育論・綴り方教育運動に現れた文章表現指導の発展深化の位相とどのように関わっているかを明らかにすることである。

二　菊池知勇という人物

菊池知勇は、明治二十二（一八八九）年に岩手県に生まれている。岩手師範の三年頃から短歌を創り始めている。菊池は、昭和二年に短歌誌『ぬはり』を創刊して昭和四十七年に没するまで主宰を続けている。明治四十三年に岩手師範を卒業し盛岡市城南小学校訓導に就任する。菊池は大正六年まで城南小に勤め、この年に上京して本所牛島小学校訓導を経て、大正八年四月に慶應義塾幼稚舎に就職する。当時の慶應義塾幼稚舎は自由主義の大本山と目されていた。この幼稚舎の新主任が欧米の教育史を研究して帰朝したばかりの小林澄兄であった。菊池は、この小林澄兄の「強力な支持のもと」で「思ふままの研究活動が出来、主任交代の後も居据り、六年ずつ四まはり担任、最後の一年を加へてつひに二十五年[2]」勤めることになる。

菊池は慶應義塾幼稚舎に在職したこの二十五年間に綴り方教育の方面に膨大な仕事を成し遂げている。その業績の一端は一部の教育史家によっても明らかにされている。しかし、これらの業績につながる原型が実は菊池の岩手県盛岡市の城南小学校在職時代にあることを本格的に考察した研究はない。この事実に間接的に言及した文献はあるが、実証的に考察されたものではない。

　菊池知勇の綴り方教育論及び綴り方教育運動研究のほとんどは上京後の二十五年間の仕事に基づいてなされている。しかも、これらの考察の大半は前述したように「生活綴り方」運動論の立場や「生活綴り方」成立史という史観からの考察に傾斜している。そのために、菊池の綴り方教育論及び綴り方教育運動の特質・意義が不当に過小評価されるという傾向があったのではないかと考える。

　そこで、本小論では盛岡市城南小学校在職時代に現れた菊池の初期綴り方教育論の考察を通して、上京後の菊池の綴り方教育論及び綴り方教育運動の特質・意義を再評価しようとするものである。

　その前に、以下、慶應義塾幼稚舎時代の菊池の綴り方教育方面の仕事を概観しておくことにする。

　大正八年四月から一年生を担任し、大正十四年までの六年間に綴り方の実践記録として「一年生の実績を巻一とし、二年生の一学期の実績を巻二とし、それを『綴り方』と名づけて金港堂から出版」し、「以後学期毎に一巻ずつ重ねて、巻七を出したとき、他の学年学級と合同して『知恵』（菊判八十頁）という月刊雑誌の形[3]」にして出版刊行している。また、これらの綴り方の単行本と並行して『ぼくらのうた』という三十二頁の学級詩集も月刊で刊行している。

　なお、この頃菊池は、『赤い鳥』の主宰者鈴木三重吉や北原白秋に会い、何冊かの学級詩集『ぼくらのうた』を見せて、当時の子どもが作っていた童謡を批判している。『赤い鳥』の童謡教育への批判を行ったのである。

　大正十五年四月には、日本最初の綴り方教育研究誌『綴方教育』（菊判二〇〇頁）を菊池知勇主幹、日本綴方教育研究会編集として文録社から刊行する。この雑誌は、昭和十六年三月号まで通巻一八六号まで刊行される。昭和十六年四月号から『子供と文章』（菊判二〇〇頁、文録社）と改題して刊行するが、戦時下で強制廃刊となる。なお、『綴方教育』刊行の一ヶ月後の六月号より、児童用綴り方学習誌『綴方研究』の「小学校低学年用」「同高学年用」「高等科用」(各三十二頁、文録社)の三種も刊行されている。これらの学習誌のすべての指導語は菊池一人によって書き続けられている。昭和九年四月号より『綴方研究』三種を合併して『佳い綴り方』と改題して刊行する。昭和七年三月号で廃刊となる。

昭和元年一月号から昭和三年三月号まで、各学年二十二回にわたって「新時代の綴方教科書」という連載を『綴方教育』誌上で行う。この連載は、後に『児童文章学』全六巻(昭和四年四月、文録社)と改題出版される。「生活培育綴方六カ年系統建設に成る児童文発達体系指導書兼綴方教科書」[4]という性格を有する著作である。

昭和三年四月号から昭和四年三月号まで、十回にわたって「綴方練習教材の研究」という連載を『綴方教育』誌上で行う。

昭和四年四月号から昭和七年三月号まで、三十一回にわたって「佳い綴り方と拙い綴り方」という連載を『綴方教育』誌上で行う。

昭和七年四月号から昭和八年三月号まで、十一回にわたって「児童作品の鑑識と指導」という連載を『綴方教育』誌上で行う。

昭和九年四月号から昭和十二年三月号まで、「児童言語考」の連載を『綴方教育』誌上で行う。この連載は、後に『児童言語学』(昭和十二年六月、文録社)と改題出版される。「二十年に亙る児童語研究を組織化した独自創始の言語学。綴方表現指導の基本書」[5]である。

昭和十一年には『日本児童詩の研究と鑑賞』を文録社から刊行する。「小学年全学年の各週に精選した作例を配当して鑑賞指導した詩教育の参考書」[6]である。

なお、以上に掲げた連載及び著作の他に、菊池は『綴方教育』誌上に大正十五年から昭和十六年までの間に百四編に及ぶ膨大な「綴方教育編」を発表している。これらの論考は、戦争のため単行本にまとめられる機会を逸している。雑誌掲載論文の形でしか目にすることはできない。

また、菊池は主宰誌『綴方教育』傘下の精鋭の教師を募って、数次にわたる綴り方教育実践に関する組織的研究を行っている。そして、その成果を単行本として刊行している。『綴方教授細目の新建設』(昭和九年九月、文録社)、『地方生活暦と綴方題材』(昭和十年十月、文録社)、『綴方教育の組織的施設経営』(昭和十一年二月、文録社)等である。菊池はこれらの綴り方教育研究活動の他にも、『小学詩歌読本』全八巻(昭和三年、文録社)、『童詩読本』一巻(大正十五年、文録社)、『児童万葉集』(大正十五年、文録社)等、児童の学習生活を高めるための読み物を数多く刊行している。

以上が、慶應義塾幼稚舎時代の菊池知勇の綴り方教育方面の仕事である。続いて、これらの仕事の原型が岩手県盛岡市の城南小学校在職時代における菊池の初期綴り方教育論にあったことを明らかにしていくことにする。しかしその前に、右に概観してきたこれらの菊池の綴り方教育方面の仕事が従来の研究によってどのように評価されてきているのかを見ておくことにする。

三　菊池知勇の綴り方教育論・綴り方教育運動に関する先行研究

菊池知勇の慶應義塾幼稚舎時代における綴り方教育方面の仕事に関する先行研究には、国分一太郎、峰地光重、中内敏夫、滑川道夫らによるものがある。これらの研究の中で、とりわけ精細な研究は、中内敏夫、滑川道夫によるものである。ただ、これらの先行研究は、程度の差こそあれ、概ね「生活綴り方」運動論の立場からの考察か、ないしは「生活綴り方」成立史という史観からの考察という性格を持つものである。こうした性格を念頭に置きながら、以下これらの先行研究を見ておくことにする。

昭和戦前期から山形の小学校で綴り方教育に携わってきて、戦後には生活綴り方教育の復興と前進に理論的なリーダーとして貢献した国分一太郎は、菊池が主宰した『綴方教育』誌の果たした役割について次のように言及している(7)。

大正十四年四月慶応義塾幼稚舎の菊池知勇によってわが国ではじめて創刊された『綴方教育』は文部省→高等師範附属→地方附属の線に沿い、それに甘い文芸趣味を適度に加味して、穏健な綴方教育者を吸収していた。その精神的基調は「生の哲学」であり、教育的スローガンは「生命の深化」「よい文を書かせるための生活指導」であった。すなわち、ここには、時代の動きが地方の公立小学校に勤務する良心的教師にめざめさせた「現実」重視、社会意識の観念は見いだせなかったのである。

国分のこの言及は、「生活綴方のあゆみ」を回想した中に紹介された印象批判的なものである。菊池の『綴方教育』誌に対する「『現実』重視、社会意識の観念は見いだせなかった」とする批評が国分の立場を明らかにしているだけである。実証的な考察でないために、『綴方教育』誌が全国的な規模において果たした役割を判断できる文献とは到底見なせない。

国分と同様に昭和戦前期から綴り方教育に携わり、戦後も生活綴り方運動の推進役を務めた峰地光重は、『綴方教育』誌について次のように言及している(8)。

結論的にいうと、雑誌「綴方教育」は「赤い鳥」のごとく文芸をその正面におくというほどではなかったが、文芸主義的綴方に未練をもちながら一方では、綴方と生活とのかかわり合いの、新しい分野を模索していた、といえる。したがって、ひとしく表現技術の面を丹念に研究した、といってもそこには「生活綴方」への前駆的な足ぶみが見られるのである。

峰地の考察は、国分の印象批評と異なり、『綴方教育』誌に発表された連載論文の内容や特集テーマの傾向等に触れながら、その特質を実証的に明らかにしている。したがって、右の言及は国分と同様に「生活綴方運動とその足跡」を回想した内容ではあるが、『綴方教育』誌が「表現技術の面」の指導を切り拓いていったという事実を認め、「赤い鳥綴方」から「生活綴方」への「橋渡し的存在」であった点を評価している。

さて、『綴方教育』誌によった菊池の綴り方教育運動を文章表現指導運動として位置づけ、これに一定の評価を与えたのは教育史研究者の中内敏夫である。中内はこの運動の意義について次のように言及している。(9)

じつは、この運動は『赤い鳥』運動における子どもの文章表現指導の側面が、全国の公立小学校の現場に定着していくばあいに、これに方法上の指導技術を供給するという役割を演じているのである。実際、三重吉は、わずかに関係しただけであるが、白秋は、かなり深くこの運動に関係し、初期の一時期には、会が選出していた子どもむけの作品雑誌『綴方研究』の児童詩の選評の仕事までしているのである。（中　略）先に述べたように、三重吉が、『赤い鳥』文章表現指導運動を組織していくにあたって、範文と標語は示したけれども綴方指導の具体的な手順や領域については、前期においてはとくに言及しなかったことによって、それぞれの主宰者の主観的意図如何に関係なく、結果的にみてこの結合関係が促進されることになった。もっとも、両者の関係は、『赤い鳥』文章表現指導運動の教育現場における下請けしごとを日本綴方教育研究会（菊池が主宰していた研究会……大内注）がおこなったという一方的な関係ではない。そういう側面があると同時に、関係が生ずることによって『赤い鳥』文章表現指導運動の方が変質せしめられたという側面もあるのである。

中内は、右の文言からも分かるように、『綴方教育』誌によった菊池の綴り方教育運動の特質を、『赤い鳥』の文章表現指導に対して「方法上の指導技術を供給するという役割」を演じたと積極的に評価している。

さらに中内は、『綴方教育』誌通巻一八六号全体に掲載された記事の傾向や菊池個人の著書の性格等を概観して、次のような意義づけを行っている。[10]

『綴方教育』誌は、こうして、一方では、『赤い鳥』運動が文章表現指導として深まれば深まるほどいよいよ必要が痛感されるようになってきた子どもの文章表現の実際の指導過程に発生する諸問題をとりあげ、そうすることによって、現場教師から、「『綴方教育』ほど、内容の充実してゐる雑誌は他にはないと思ひます。どの記事もどの記事も直接教授に役立つものや、私たちの文や詩を見る眼をこやしてくれるものばかり」（通信欄、『綴方教育』昭和四年一月号……中内注）と「歓迎」される実績を築いていったのであった。

この文言によっても、中内が『綴方教育』誌の同時代の文章表現指導史に果たした役割に対して相応の評価を下していることは注目しておいてよい。しかし、中内の考察はさらに続いて、この後は「生活綴方成立史」という観点からの考察へと進められていく。中内の研究課題は、「〈書くこと〉による教育の系譜[11]」を辿るところにあったわけである。その意味では、当然のことながら、中内の立場も菊池の『綴方教育』誌によった綴り方教育運動を「〈書くこと〉本位の立場」に限定して捉えていこうとするものではない。したがって、中内の立場からは、この運動に対する評価の仕方も「それは、あくまで、各教科に分化しておこなわれる近代社会の〈よむこと〉本位の教育方法のなかの一分化としての国語科文章表現指導の領域の枠内での改革であったに止まるのである[12]」ということになる。

しかし、筆者は本小論において、まさしくこの「〈書くこと〉本位の立場」に軸足を置いて昭和期の綴り方・作文教育史を捉え直そうとする立場を取っている。「〈書くこと〉による教育の系譜」を決して頭から否定しようとするものではない。しかし、従来、昭和期の綴り方・作文教育史はあまりにもこの「〈書くこと〉による教育の系譜」の方にのみ力点が置かれてきた。「〈書くこと〉本位の立場」を矮小化しあまりにも軽視し過ぎてきた。本小論では、そうした傾向に疑義を呈し菊池知勇の綴り方教育論及び綴り方教育運動の特質・意義を再評価していこうとするものである。

続いてもう一つの先行研究を見ておこう。

菊池知勇の綴り方教育論及び綴り方教育運動をわが国の作文・教育史の上に包括的に位置づける試みを行ったのは、作文・綴り方教育史研究者の滑川道夫である。滑川は菊池の業績を四点にわたって整理している。「1　最初の綴方教育専門誌を創刊して、綴方教育の普及振興に貢献した」こと、「2　児童言語、児童文章の考察の面から、綴方教育研究への道をひらいた」こと、「3　児童詩教育の開発」をしたこと、「4　綴方教育研究への関心を高めた」ことの四点である。

滑川が指摘している1、3、4の業績については、概ね先に見た峰地光重や中内敏夫の考察に重なるところが多い。歴史的な位置づけも「『生活綴方』以前の『生活の表現』時代の探求者として位置づけられる」とし、「高師附小系譜の綴方教育実践と共に『赤い鳥綴方』から『生活綴方』への橋渡し的な実践指導を開拓したと見られる」と行っている。ただし、この「『赤い鳥綴方』から『生活綴方』への橋渡し的な実践指導を開拓した」とする判断は、必ずしも実証的な考察に基づいてなされているわけではない。この部分については、実は先の中内敏夫が綿密な実証的考察を行っている。滑川がこの中内による考察を踏まえた形跡が窺えないのは遺憾である。

さて、滑川の四点にわたる意義づけの中で筆者が注目したのは次の部分である。(13)

2　児童言語、児童文章の考察の面から、綴方教育研究への道をひらいた。かれが連載してのちに単行本にまとめられた「新時代の綴方教科書」（改題出版「児童文章学」昭和4）「児童言語考」（改題出版「児童言語学」昭和12）主著は、このアプローチにしたがったものである。それを裏付ける「綴方教育論」（大正15～昭和16）の論考は、戦争のため未完に終わった。生活と綴方のかかわりあいに関心を示していたが、表現的側面を主体に「子どものことば」を契機に探求していった労作が、この主著に結晶している。

在岩手時代（二十三歳）に、佐々政一博士の修辞学講演を聴いて痛憤して「言葉の遊戯を排す」を発表して、若きエネルギーを爆発させたことは前述したが、この二冊の主著は、くしくも、児童修辞学建設の趣きをもっている。かれが否定した古い修辞学を、生活の表現として児童作品を材料に分析考察を加えて、新時代の修辞学（レトリック）、というよりも、綴り方修辞学の建設を志向したのではなかったろうか。

滑川のこの文言の中に、菊池が在岩手時代に修辞学者佐々政一博士の修辞学講演を聴いて痛憤し「言葉の遊戯を排す」という論文を書いて若きエネルギーを爆発させたとある。菊池のこの論文の中では、実は佐々政一による旧修辞学の立場からの作文教授論に対する徹底した批判が加えられている。滑川の右の文言の中で、筆者が最も注目した箇所も、実は、若き日の菊池のこの旧修辞学批判が契機となって「新時代の修辞学（レトリック）、というよりも、綴り方修辞学の建設を志向」することになったのではないかと指摘した部分なのである。

滑川が指摘するように、菊池の中に「児童修辞学」ないしは「綴り方修辞学」なるものの建設を志向する意図があったとすれば、これは綴り方・作文教育史の中でも刮目すべき事件である。少なくともそれは、わが国の綴り方・作文教育史における文章表現指導論の系譜の中では特筆すべき出来事となるからである。

とはいうものの、滑川は、菊池のこのような志向をその主著である『児童文章学』全六巻と『児童言語学』一巻とから捉えたのであって、菊池が在岩手時代に『岩手毎日新聞』に寄稿した「言葉の遊戯を排す」という論文を直接検討して考察したわけではないのである。滑川が菊池に「言葉の遊戯を排す」という論文があることを知ったのは、実は昭和三十一年に菊池と滑川との間に行われた座談会を通してであった。この座談会の内容は、昭和三十一年の『作文と教育』誌十一月号と十二月号とに「『綴方教育』と『佳い綴り方』」上・下として連続掲載されている。この座談会の内容は、菊池の綴り方教育論及び綴り方教育運動の全体像を知る上から貴重な資料となる。ただそれは、菊池本人の証言であるので、その内容に対する最終判断は直接文献に当たって確認を行うべきである。

残念なことに滑川は、菊池のこの「言葉の遊戯を排す」という論文を直接手にして検討を加えているわけではない。そのため、当然のことながら滑川は、青年教師時代のこの菊池の論文と先に掲げた菊池の主著との関連を実証的に考察してはいないのである。この論文は、青年教師時代のものとはいえ、『岩手毎日新聞』第一面に計十八回にわたって連続掲載された異色のものである。この論文を手にして見れば、それが決して無視することのできない極めて重要な論文であることが理解されるはずである。加えて滑川は、戦争によって単行本としての刊行が未刊に終わった菊池の「綴方教育論」も実証的に分析検討しているわけではない。菊池のこの「綴方教育論」は実は菊池の『児童文章学』と『児童言語学』とを実践の現場に降ろしていくための実践的理論であった。そして、ここにこそ菊池の「綴り方修辞学」建設への志向は躍如としているのである。当然、菊池の「綴方教育論」

をも詳細に検討を加えなければ、その「綴り方修辞学」建設への志向の全貌を明らかにすることも難しいと言える。

ところで、菊池が在岩手時代に書いた「言葉の遊戯を排す」という論文は、中内敏夫によっても検討されていない。中内自身、「さしあたりそこまでさかのぼる必要はない」と判断しているのである。また中内も菊池の「綴方教育論」の実際を実証的に検討しているわけではない。中内が検討している部分は、主に児童詩教育に関する実践理論の部分であって、「綴方教育論」の部分には直接言及していない。この点も含めて、これまでの先行研究では、菊池の綴り方教育論及び綴り方教育運動における文章表現指導論の特質・意義の考察は、必ずしも十分なものであったとは言い難いのである。

四　旧修辞学に基づいた作文教授法批判

ここで、改めて問題の所在を確認しておこう。

菊池知勇の主著と目される『児童文章学』全六巻と『児童言語学』について、滑川道夫は「児童修辞学建設の趣きをもっている」とし、「綴り方修辞学の建設を志向したのではなかったろうか」と指摘している。ところが、菊池は大正三年の在岩手時代（滑川道夫は二十三歳と記していたが、二十五歳が正しいようである。）に、盛岡で東京高等師範学校教授佐々政一博士の「作文教授法原理」の講習を一週間にわたって聴いて痛憤し、「言葉の遊戯を排す」という長論文を書いて『岩手毎日新聞』に寄稿している。菊池のこの論文は、旧修辞学に基づいた佐々の作文教授法を「一語一句の末までも破砕し尽くした」ものである。その全文が『岩手毎日新聞』に十八回（大正三年九月十九日～十月七日）にわたって断続的に掲載されている。

ここで問題とすべきは、菊池が綴り方教師としての始発の時期に完膚無きまでに批判し尽くしたその修辞学を、性格こそ「児童修辞学」ないしは「綴り方修辞学」と異にするものの、何故に後年の自らの綴り方教育論の支柱に据えたのかということである。この問題を解明することは、従来考えられていた菊池知勇綴り方教育論の特質・意義を、あるいは別の視点を軸として捉えることに導くかもしれないのである。つまり、従来の菊池知勇綴り方教育論の特質・意義を、『現実』重視、社会意識の観念は見いだせなかった」とか、「『生活綴方』への前駆的な足ぶみが見られる」とか、「『赤い鳥綴方』から『生活綴方』への橋渡し的な実践指導を開拓した」といった「生活綴り方」運動論ないしは「生活綴り方」成立史論という史観からではなく、文章表現指導論史という史観から捉え直すことを可能にするのではないかと考えるのである。

さて、問題の菊池知勇の論文であるが、『岩手毎日新聞』に発表された時は、「菊池野菊」というペンネームが使用されている。計十八回に及ぶこの論文「言葉の遊戯を排す」の構成と発表の日付は次の通りである。

一、緒論（上）……………		大正三年九月十九日
一、緒論（下）……………	同	九月二十日
二、綴方の教育上の意義に就て（上）……………	同	九月二十一日
二、綴方の教育上の意義に就て（下）……………	同	九月二十二日
三、『嘘をつくな』といふこと……………	同	九月二十三日
四、指導に就て……………	同	九月二十四日
五、修辞法と文法　六、推敲に就て（上）……………	同	九月二十六日
六、推敲に就て（下）……………	同	九月二十七日

七、添削に就て　八、正しき文章に就て（上）……………………同　九月二十八日
八、正しき文章に就て（下）……………………同　九月二十九日
九、語句の選択に就て（上）……………………同　九月三十日
九、語句の選択に就て（中）……………………同　十月　一日
九、語句の選択に就て（下の一）……………………同　十月　二日
九、語句の選択に就て（下の二）……………………同　十月　三日
一〇、語句の多少（上）……………………同　十月　四日
一〇、語句の多少（下）　一一、語句の配置
一二、文の構造に就て　一三、段の構造に就て……………………同　十月　五日
一四、一篇の文章に就て……………………同　十月　六日
一五、文体各論から　一六、結論……………………同　十月　七日

以上が菊池による旧修辞学に基づいた佐々政一の作文教授法批判の構成である。各項目が佐々の講演した内容の項目に該当するものと見なしてよいだろう。菊池はこれらの項目の一つ一つについて徹底した批判を展開している。その一端を以下に引用してみよう。

五、修辞法と文法

氏の修辞法が不徹底で、徒に綴方を束縛する道具たるに過ぎないことをもう少し確実にしておく必要がある。一体氏の講演中外来の原語ばかりもつて来るのを見ると実に氏の修辞法が横に書いたものを縦に直した

に過ぎないところが多いやうにおもはれた。それにしては実に彼の地に於て死灰の如くなつたものを知らずに輸入したのではあるまいかと思ふふしの多いのにおどろく。
○真の文章とは自分の全生命の代表者として発した言葉をいふ。その全生命の代表者たらしむべく自分の要求（内容）に近づける努力が修辞である。だから言葉と自分の生命との間に寸毫も間隙あることを許さない。人の使い古した言葉を捻つて来て綴り合せたり、他人の拵へた型にあてはめて見たり、美しい文字を弄んだりすることは僕等から見れば無意味な遊戯である。つまらない努力である。

なかなか手厳しい批判である。同時に、菊池の「修辞」に対する考え方は誠に適切であると言うことができる。菊池の批判の一々を読むと、佐々の考え方が明治期に盛んに移入された旧修辞学そのものであったことが理解される。菊池はこの長論文の結論を次のように結んでいる。

一六、結　論

○以上で僕のいはんとすることは大体つきた。否まだまだあるのだが奈何せんとてもそんなことをしてる余裕がない。
○要するに氏の所謂文章は人生のための文章でなくて文章のための文章である。氏の修辞法は思想表現のための修辞法でなくて修辞のための修辞法である。氏の教授法は児童に思想表現術を自得せしめることでなくて、教室に於て教師の命ずるまゝに文を作る練習をすることである。
一言にしていへば内容を表現することでなくて形式の論理的遊戯をすることである。
○氏の作文教授法を解剖してその出所を検ずれば、自己の中心から発した議論でなくて内外いろいろの思想のしかもその結論の色板並べに他ならない。『うそをつくな』とは附焼刃らしいがいかに。
○氏は教授として現に東京高等師範の予科担任をしてゐるさうだ。奈何せん高等の予備と小学校との懸隔は五歩十歩でないことを。『一度も小学校の児童に教へたことがない』と自白する先生をわざわざこの盛岡に招いて綴方教授法をきかうといふ教育会もあまり聡明だとはいはれまい。『木によつて魚をもとめる』といふ警句がある。
○時代は進みつゝある。物質に精神に異常な進歩をいそいでをる。しかるにわが教育事業にたづさはつてゐる人々の多数がなお昔の夢をみてゐるとはまたどうしたことであらう。一切の事象が根本から簡明され、改良されてゐるにもかゝはらず、わが教育界では因習久しき概念に囚はれつゝ而もなほ研究の美名のもとにひたすら形式に追い込まんとしてゐる。若しこれについて意見でも発表したものがあつたら一も二もなく危険視され、邪道視され、つひに無意味な踏襲を強いられてゐる。だから少数の自覚した人があつても、権力のもとに閉塞して殆んどその力を展ぶるに処がない。そのためか否か往々にして新らしい時代に生まれて来た人間の手を切り、足を断ち、眼を蔽ひ、耳を塞ぎ、もつて旧思想の型におしこめやうとする奇怪な現象をさへ見受ける。われらはその可なる所以を知らない。
○現代は真に生きなければならない時だ。われらは久しく着せられた形式の悪臭に堪へられなくなつた。この垢ついた衣服を脱ぎ捨てゝかゞやく生命の進展をはからなければならない。
○翻つて綴方教授界の全野を見渡すに草蓬々として多くは未開拓地である。起たう！　形式の遊戯から覚醒した人々よ。わが綴方の振興は君等の力に須つこと急である。
われらはこれから不自由なく自己の思想を発表し得る国民をわれらの力によつてつくり出さねばならないのだ。

○今は空論の時ではない。われ等は先づわれ自身を修養しなければならない。而してこれをわれらの愛児に及ぼさなければならぬ。（原文に付されたルビは全て省略とした。……大内注）

菊池知勇がこの論文を書いた大正三年という時期は、なお明治期以来の旧修辞学的作文教授法が根強く残っていたものと見られる。この時期、樋口勘次郎の「自由発表主義」の影響下に書かれたと目されている芦田恵之助の『綴り方教授』（大正二年三月、香芸館出版部）が刊行されている。しかし、この書でも後に綴り方教育界に注目される「随意選題」論はまだ「着想の過程」[14]にあったとされている。

こうした時期であったことを踏まえれば、菊池のこの論文が当地の学校教育現場に与えた衝撃の大きさは想像に難くない。当地の教育界を名指しで批判し、さらに日本の教育界に潜む無意味な因習と綴り方教育界の不毛な状況に対して完膚無き批判を展開しているわけであるから、当然その反響は絶大なるものがあったと予想できるのである。この論文の当地での反響について、菊池は後年、「県下の若い教師達から激励の手紙が僕の学校に集まり、県学務課では連日対策が協議され、県下の学校の話題はこれで持ち切りという大変なことになってしまいました[15]」と述懐している。

さて、菊池がこのように若干二十五歳の若さで堂々と旧修辞学的作文教授法の批判が行えたのにはそれなりの裏づけがある。ここに至るまでには、菊池の三年間に及ぶ綴り方教育に関する徹底した研究の歩みがあったのである。菊池は、明治四十三年に盛岡市城南小学校訓導に就任して堀合兵司校長に仕える。就任後、菊池はこの校長よりいきなり綴り方研究主任を命ぜられる。一年間熟慮の後、菊池は「日本の綴方革命を決意、校内の統一活動の埒外に立って自由研究すべく校長の容認を得、綴方の徹底研究に着手、三年後に革新綴方を発表、それをもって県下の旧綴方破砕の烽火[16]」とした。まず、「研究第一学年は眼を世上の綴方に向けて失敗」に終わる。第二学年は「眼を過去の文章教養に向け」て、「修辞学の研究へと脱線し」たが、「これも暗中模索の一形態に過ぎなかった」と悟る。遂に校長との約束の三年目となって「今まで眠っていた眼があ」き、「文は自分の心を書くのだが、よい文を書くために書くものではない、生きていく必要から、自分を生かす必要から書くものだ、何かの動機によって動き出した心、書きたいこころ、書かずにいられないほど盛り上がり、燃え上った心を書くのだ、書こうとする動機こそは文の主体なのだ、動機をつくり上げている主題こそは文の本体なのだ」と悟り、「表現の動機、表現の意欲、表現の目的をもつ心！　それを確実にとらえることだ」[17]ということに気づいていく。

菊池のこのような綴り方教育研究の道程があったからこそ、前述したような旧修辞学的作文教授法に対する堂々たる批判がなし得たのである。また、その道程は、この後の菊池の綴り方教育論の建設に向けた礎ともなり得たと考えることができるのである。

五　旧修辞学的作文教授法批判の意義

菊池知勇の書いたこの論文が岩手県下の教育・綴り方教育現場に与えた影響については以上に見てきた通りである。菊池の論文が掲載されたのは、地方紙の『岩手毎日新聞』であったから、その影響はもとより県内だけに止まるものであった。しかし、この論文は結果として意外なところに重大な影響を及ぼすことになる。それは、他ならぬ菊池知勇その人のその後の綴り方教育論形成史に及ぼした影響である。以下、この問題についての考察を加える。

菊池の「言葉の遊戯を排す」という論文の連載が終了したほぼ一週間後に、『岩手毎日新聞』では、計三回にわたって第一面のトップに菊池の立場を擁護する社説を掲載している。菊池論文に対する県下の教育界の騒然たる反響への対処であった。この社説は「作文教授法上の問題」（論者は王十生。恐らく論説員のペンネームであろう。）と題するものであった。この社説の全体の構成と発表の日付は次の通りである。

▽「学問」の新立脚・旧学問と新学問……………………大正三年十月二三日
▽旧学問と新学問（続）・「嘘をつくな」と云ふ事…………同　十月二四日
▽発生的研究の必要……………………………………同　十月二五日

右の社説の中で、筆者が特に注目した部分を以下に摘記する。

「学問」の新立脚

「言葉の遊戯を排す」に於て氏が極力佐々博士の作文教授法原理に反抗する所以のものは、要するに一般の事物の抽象分析総合反復等の作用を手段として一ツの体系に纏めやう、事物全般に捗つて共通且つ必要な一つの型を鋳造して来やうとする従来の所謂「学問」といふものゝ根本精神に正面に反抗して従来の所謂学問は吾人の目の前の「生命の事実」を解き知らせるには余りに迂遠である。否却つてその「生命」といふ最根本の事実を取り逃がすおそれがある。換言すれば「生命」といふ最根源の事実を捉む網は学問ではない。然るに従来の学問は所謂学問のための学問で徒に概念の積み重ねに耽り、専ら型といふものに捉はれてしまつて肝心の先づ何よりも痛切な「生命の事実」を忘れて来た。斯様な学問の精神では到底駄目である。今日の吾々は在来の学問といふ被服をば全々脱ぎすてゝ飽くまでも生命の事実より発足せる学問、現実生活に即した学問を建設しなければならんといふ極めて重大なる問題に迄言及して在来の学問万能科学万能の精神に反抗し、新文明の曙光を仰がうじやないかといふ根本精神を取り入れて極めて熱心に説伏せんとして居らるゝ心意気をば誠にうれしく思ふ者であつて、沈滞せる教育界の黎明期も近づいて来た。吾々は暁告ぐる先駆者として雄々しく躍り出た年若き小学校教師菊池氏の名を永久に忘れてはならん。

右の文言は、菊池の立場を強力に擁護する内容を持つと同時に菊池の心意気に対する最大級の讃辞である。続いてもう一箇所筆者の注意を惹いた部分を摘記する。

旧学問と新学問

吾々の思想の蔭には「伝統」といふものが待つて居る。例へば吾々は先天的に人間といふ一種の型にたよらなければならんやうに我々の思想もやはり一種の型を脱する訳にはゆかん。菊池氏が佐々博士の説に正しく反抗して居るとはいふものゝ是を他面から見ると氏の議論の骨子材料は佐々博士に依つて與へられた処が少くない。氏は博士に反抗し乍ら博士の説を取り入れて居る。氏は博士によつて芽をふいたといつても差支へない。氏の論はこの意味に於て旧い佐々博士に負う処決して少くない。何れの時代にあつても新しいにしろ旧いにしろ「拠り所」といふものがなければならん。余は旧い学者を尊敬するの念も又斯の理由からである。なにしろ現代の新人がこの温故知新の精神を一層深く知解して頂きたいものである。

筆者が「作文教授法上の問題」という社説の中で特に注目したのは右の部分であった。それは、右の文言の中に菊池知勇の後年の綴り方教育論の形成されていく契機が潜んでいると考えられるからである。菊池は「言葉の遊戯を排す」という論文で形式的な旧修辞学の有り様を完膚無きまでに批判した。しかし、菊池は後にこの修辞学を性格こそ異にするものの、滑川道夫が命名したように「児童修辞学」ないしは「綴り方修辞学」という方向で自らの綴り方教育論の支柱に据えていくことになる。つまり、端的に言えばその修辞学の内実をこそ異にするものの、それらは文章表現指導という側面においては同一線上にある問題なのである。この問題について、以下に若干の考察を加えておく。

社説「作文教授法上の問題」の中の「旧学問と新学問」という一節で、論者は、「菊池氏が佐々博士の説に正しく反抗して居るとはいふものゝ是を他面から見ると氏の議論の骨子材料は佐々博士に依つて與へられた処が少くない」とし、さらに「氏は博士によつて芽をふいたといつても差支へない」とまで指摘している。

この指摘に見られる、旧説を批判的に検討して新説を立てるという「温故知新」の考え方は、言わば学問研究上の常識である。実は菊池の場合も、後年のその綴り方教育研究の道程を辿ってみると、まさにこの方式に沿った形で、児童の「生命の事実」（＝児童の綴り方作品とその生成過程）に分析検討を加えるという方法により形式的な旧修辞学からの超克を目指していったと判断されるのである。

この社説の中には、菊池の後年の綴り方教育研究の方向を決定づけたと思われる契機がもう一点潜んでいる。それは三回目の社説に窺える。三回目の「発生的研究の必要」という一節の中で、論者は「児童を取扱ふ上に特に注意しなければならんことは発生的に見るといふことで、一概に大人の頭で児童の心理を測度してはいかん」と述べて、綴り方教授研究の際に児童の実態を発生的に捉えていくことの必要性を強調している。

そして、社説論者のこの指摘に符合するように、菊池は後年、小学校六カ年間の児童文の発達の体系を『児童文章学』全六巻にまとめ、さらに二十年にわたる児童語研究の成果を『児童言語学』全一巻にまとめて世に問うているのである。

以上が菊池による旧修辞学的作文教授法批判の意義である。菊池が発表した「言葉の遊戯を排す」という長論文は、これに呼応して書かれた『岩手毎日新聞』の社説によって、結果的に菊池自身のその後の綴り方教育論とりわけ文章表現指導論の形成に少なからぬ影響を及ぼしているのである。

六　菊池知勇綴り方教育論の展開と成熟

菊池知勇のいわゆる「児童修辞学」ないし「綴り方修辞学」の集大成が、滑川道夫が指摘するように菊池の主著『児童文章学』全六巻（昭和四年）と『児童言語学』全一巻（昭和十二年）にあるということに少しも異論はない。滑川はこれらの業績について、『日本作文綴方教育史2大正篇』『同3昭和篇』の中で詳細に考察を加えている。ただし、滑川はこれらの菊池の後年の仕事に密接に関わっている菊池の初期の綴り方教育論「言葉の遊戯を排す」に関する考察は行っていない。また、菊池の『児童言語学』についての考察も直接にはなされていない。

加えて滑川は、戦争によって単行本としての刊行が未刊に終わった菊池の「綴方教育論」を実証的に検討しているわけではない。ところが、菊池のこの「綴方教育論」は実は、菊池の主著『児童文章学』と『児童言語学』とを実践の現場に降ろしていくための実践的理論であった。そしてここにこそ、菊池の「綴り方修辞学」建設への志向は躍如としているのである。したがって、菊池の後年の「綴方教育論」の検討は欠かすことができない。これらの仕事は三者が一体となって菊池の「綴り方修辞学」と文章表現指導論とを構成しているのである。以下、この点を明らかにするために、菊池の後年の綴り方教育論の展開と成熟の過程を辿ってみることにする。

菊池が盛岡を離れて慶應義塾幼稚舎に在職するようになってからの綴り方教育論の展開と成熟の過程は、菊池が主宰した『綴方教育』誌を舞台にした膨大な仕事によって跡づけられる。本節では、それらの膨大な仕事の中から、三方面の仕事を選んでその特質と意義とを明らかにしておく。

(1)　「綴方練習教材の研究」

菊池知勇のこの研究は、『綴方教育』誌に昭和三年四月号から同四年三月号まで十回にわたって連載された。その内容の一端を示せば次のようなものとなる。(18)

書き分け練習（その一）

第一　会話の書き分け

会話の詞を、地の文から切り離して書くことは、一寸考へれば何でもないことのやうですが、幼い児童には、むづかしいことのやうです。たゞ、詞の部分だけを「　」でくゝつて、地の文から切り離して書くといふだけのことがなかなかうまくいかないで、地の文まで括弧に入れてしまつて見たり、言葉の中途で括弧をつかつて見たりするのが、三年生あたりにも見うけるものです。

その指導は、或る特殊な児童に力を注いで、個別的に行ふべきことはいふまでもありませんが、たまには、一つの材料について、共通に指導して、力強く打ちこむことが必要です。

練習材料　その一

お母様「やかましい。春雄もねなさいといひました。」

推敲練習

この文の中の会話の言葉は「やかましい。春雄もねなさい」といふところだけです。「といひました」といふところは、「やかましい春雄もねなさい」といふ言葉を説明してゐるのです。そこで、「といひました」

まで「　」の中に入れてしまふのはまちがつてゐます。「　」の中にはいるべきところは、「やかましい。春雄もねなさい」だけです。で次のやうになります。

お母様「やかましい。春雄もねなさい」といひました。（以下略）

右の「書き分け（その一）」の教材は、「第一　会話の書き分け」として「練習教材」が〈その一〉から〈その四〉まで提示されている。「書き分け練習教材」としては「第二　文段の書き分け」が他の号で提示されている。さらに、「漢字使用練習」「テニヲハ練習」「命題の練習」（＝文の題のこと……大内注）「文体の練習」「文脈の練習」「語脈の練習」「着想練習」（＝「心持を暗示して文題を考えさせる練習」）「構想練習」（＝「前後で括る文」「前だけで括った文」「後で括った文」「書きならべる」）「終始の練習」の教材等が提示されている。

それぞれの教材の構成は、最初に掲げたように、始めに指導上の一般的な心構えが述べられ、続いていくつかの練習材料が提示され、練習の手順と方法及びそのポイントが詳しく述べられている。

従来、このような綴り方の練習学習のための教材を、練習のための具体的な手順と方法とを提示する形で開発提供した先例はなかったのではないかと判断される。現場の実際上の要求に応えようとした貴重な試みであると言える。

(2)　「佳い綴り方と拙い綴り方」

菊池知勇のこの研究は、『綴方教育』誌に昭和四年四月号から同七年三月号まで三十一回にわたって連載された。その内容の一端を示せば次のようなものとなる。[19]

科学的生活の基礎をなす観察

作品

かへる　（尋二児童作）

きのふ、きうりながしからかへるときどぶのはたを通つていきをりました。するとかへるがきゆうに「があがあ」となき出しました。

どこでなくのかとおもつて、なくところをみつけて見たらくさのかげでないてゐました。

のどのところがふくれたりひつこんだりしました。

かへるは手と足をぎやうぎよくそろへてゐました。

私はなんだかこはくなつたので、そこにあつた石をなげました。

石をなげてもにげないでないてゐました。

こんどはずなをなげたらずながかへるのせなかにあたりました。あたつてもやつぱりにげないでゐました。

石をみつけてひろつてきてみたら、もうかへるはにげてゐませんでした。

批評

△取材　みちばたで泣いてゐる蛙をよく観察して、その生活の一場面をとらへたものであつて、綴り方といへば芸術的なものに限られたやうに考へられがちの時にあたり、最も好ましい取材の一つです。しかもその観察が尋二としてはなかなか確実で、蛙の性質は勿論のこと、その蛙の心の動きまでも立派にとらへてをります。その点で、作者は単に科学的にいい生活をしてゐるだけではなくて、芸術的にも、なかなかいい生活をしてゐるのです。その生活をとらへたこの文の取材は当然ほめられていい筈です。

△表現　いかにも尋二らしい幼い驚きの眼をみはつてゐる子供の姿を、その表現の上に見ます。この幼さ

で、筆がぴつたりと、感動の中心に触れて行つてることがこの文を、このやうな素直な、そして味のある文にしてゐるのは、作品の心が、本当に純真で、本当に自由だからです。

利用

△目的　児童に近いいろいろの動物に対する観察眼を啓培するに最もよい材料で、且つ取材指導の好資料です。

△利用上の注意　尋一、二、三の児童に読ませて、それぞれ効果をあげ得るでせう。（上段に付けられていた解説は省略した……大内注）

右の「科学的生活の基礎をなす観察」は、綴り方作品鑑賞指導のための参考事例である。こうした事例がほとんど毎月三十一回にわたって連載されていたのである。その性格は、明らかに綴り方指導のための教材としての役割・機能を有している。

毎号に取り上げられている事例は、三編から多いときには六編に上る。因みに、上の事例を取り上げた号では、他に「科学的説明」の二編が取り上げられている。他の号では「着想に成功し表現に失敗した文」「精細で自然な客観的表現」「前後転倒の結構と中心をとらへた取材と表現」「会話中に物語りをとり入れる」「心のおどろきを一つだけとらへた文」等の事例が取り上げられている。

それぞれの教材の構成は、右に取り上げた事例のように、最初に作品が提示され、その後に作品についての批評が「取材」面と「表現」面とからなされており、最後にこの作品の利用の仕方が簡単に紹介されるという構成となっている。

児童作品の中の主に文章表現技術面の長所と短所とを具体的に分析・批評することで、実際に指導する際の教材としての事例を豊富に提供したものとして注目すべき試みであったと言える。

(3)　「児童作品の鑑識と指導」

菊池知勇のこの研究は、『綴方教育』誌に昭和七年四月号から同八年三月号まで計十一回にわたって連載された。その内容の一端を示せば次のようなものとなる。[20]

科学的生活と表現

にはとり　（青森県浅瀬石校　尋四　森貞一郎）

にはとりは卵から生まれます。

たまごの中には、あかことしろこがあります。

あかこのそばに、にはとりになる、白いのがあります。それを我々は目とよんでゐます。

めんどりが、おこつてしにかかると卵をだかせます。

めんどりはぐつすりと卵をだいて、うごきません。

二三日に一度ばかりしか出ません。出る時にはげーげーとないてはねをひろげて、はしります。

外に出て少し物をたべるとすぐ又箱に入つて卵をあたゝめます。

長い間外に出ると卵がつめたくなるので、くわんにもぎと水を入れておきます。

卵はよけいにだかせるとくさつたりします。

めんどりは毛をひろげて、頭をむねの所にさして、ゐる時もあります。

卵をだいている時はあまり物をたべないのでやせて骨からになつてしまひます。

二十日ぐらいたつとたまごの中でひよこになつてピヨピヨとなきます。
卵をとつて見ると、卵にあなをあけてそのあなの所にくちばしを出してゐます。
少しあると卵が二ツにわれます。
卵から生まれたひよこは足も体も小さく毛もきれいで大へんかはいらしくあります。
小さい中は親鳥のつばさの中に入つたり出たりしてかはいらしい声でいつもピイヨピイヨとないてゐます。

（中　略）

×

鶏が卵からかへつてひよことなり成長して親鳥になるまでの詳細な観察を一般的に説明した文です。これは、何かの本で読んだことや、人の話を聞いたことを、そのまゝ書きつらねた皮相の文とはちがつて、生きた卵、その卵が親鳥にあたゝめられるところ、ひなにかへされるところ、ひよこになつたところ、ひなの生活、成長、親鳥となるまでを、毎日毎日細密に観察して、その観察を集積し、一つの系統だつた知識とまでしたものであつて、これを綴り方生活として見て、最上の生活をしてゐるばかりでなく、一般科学の学習としても、最上の学習をしてゐるといふことができます。

したがつて、この綴り方生活をかういふ一般的説明文として取材することは単に一般的綴り方としても最も望ましいことであるばかりでなく、科学的表現の欠如してゐる現代の綴り方学習を刺激する上でも賛美していゝことです。

なほもつとこまかにその学ぶべき点を列挙していけば

1、物の形態的事実を細密に観察してゐるばかりでなく、生活事実の微にわたつて注意を怠らないこと、

2、観察に秩序があり、系統があること、

3、観察の順序にしたがつて、極めて忠実に表現されてゐること。

4、卵から親鳥までの表現の分類的な区別を設けずに羅列して行つたところがこの年輩の児童の実力にふさはしく、同時に事実にぴつたりとあてはまつて、大人の概念的学習と明瞭に区別されること。

5、青森地方特有の方言をすてて、全然標準語を使用したことは、このやうな科学的表現として適当してゐること。

6、徹頭徹尾「われます」「見まわります」といふやうな説明語によつたことはかういふ知識の表現に最も適当してゐること。若し、まだ一般的知識とならず、単にある時のある事実の叙述といふにとゞまるのであつたならば「われました」「見まわりました」と過去をあらはす叙述語で書くべきですけれど、その文の内容はすでにそこを通りこしてゐるのです。

たゞをしいことはこれだけよく出来た科学的表現の文の末尾に「今私の家には六羽あります」の一句がついてゐることです。これは、この科学的説明文の筋の中にはいるべきものではありません。今にはとりが卵からかへつてひなとなり成長して親鳥となるまでの生活を順を追ふて説明したこの文に、自分の家の鶏の数がどうしたつてはいるべき筋合いでないのです。蛇足ならばまだしも、これは、とんでもない邪魔者です。

右に掲げた「科学的生活と表現」は、先に述べたように、一年間十一回にわたって連載された「児童作品の鑑識と指導」の中の一事例である。この連載は、毎回、散文編と童詩編とに分けて行われている。「よき題材と表現とをもとめる人々のために」という副題が付けられていて、内容的には、先の「佳い綴り方と拙い綴り方」と同様の趣旨である。今回、これに「童詩」が加わったものと見ることができる。その性格は、先の「佳い綴り方と拙い綴り方」に比べて教材としての機能を後退させ、綴り方指導のための参考書としての役割を持たせている。

毎号に取り上げられている事例は、「散文」編だけでも十五から十六編に上る。因みに、右の事例を取り上げた号では、他に「ひよこの生活本能をとらへる」「自己憎悪を忘れる」「自然の順序を忘れる」「景物のために本筋を忘れる」「よく見るといふこと」「雨の風景の観察」「空想の表現」「爆笑的話題とその表現」「焦点のない風景」「単純な生活率直な表現」「雑草の如き成長と繁茂」「引用以上の引用」「醜い感情の自覚」等が取り上げられている。

他の号での特徴的な事例では、「正しい取材の指導資料」「型にはまりかけた文」「統一のない生活」「実感でないもの」「構成を欠いた風景」「忠実な描写と会話」「固まり過ぎた取材と表現」「巧み過ぎた技巧」「表現形式の不統一」「生活といふことの理解不足」「叙述をまじへた説明のうまさ」「心の見つめ方不足」等がある。

これらの事例には、「よい生活、よい題材、よい表現、この三つがそろつた時に、綴方は申分のないよいものとなります」という菊池の言葉に象徴されるように、生活事実の注意深い観察とその忠実な表現に基本を置いた指導の在り方が窺える。

先の「佳い綴り方と拙い綴り方」と比べてみると、教材としての機能を後退させた分、題材の捉えさせ方、表現面での工夫のさせ方に指導者の創意工夫を期待した綴り方指導参考書としての役割を持つものとなっている。とはいえ、「徹頭徹尾『われます』『見まはります』といふやうな説明語によつたことはかういふ知識の表現に最も適してゐること」という言葉に象徴されるように、その姿勢は、絶えず綴り方の題材・内容と切り結ぶところでの文章表現技術の指導を目指すものであったと判断される。しかも、こうした姿勢は実は、菊池知勇の文章表現指導に一貫したものであった。それは、綴り方の練習学習に対する考え方を別にすれば、先の「佳い綴り方と拙い綴り方」における指導事例からも明確に読み取れるものである。

七　考察のまとめ

従来の菊池知勇の綴り方教育論及び綴り方教育運動に関する研究は、いずれも上京後の慶應義塾幼稚舎時代に於ける仕事のみを対象としたものであった。しかも、その考察の枠組みは「生活綴方」運動論の立場か「生活綴方」成立史という史観の上に設定されたものであった。確かに、それらの考察の一部には、菊池の綴り方教育論及び綴り方教育運動が同時代の文章表現指導に果たした役割を相応に評価している部分もある。しかし、つまるところ、それも「〈書くこと〉による教育の系譜」を辿るところに焦点が結ばれていく。「〈書くこと〉本位の立場」は、これに従属するか二義的な位置でしか捉えられてはいない。文章表現指導の立場から菊池の綴り方教育論及び綴り方教育運動の特質・意義を捉えていこうとするものではなかったのである。

右のような「〈書くこと〉による教育の系譜」を辿ることを中心として「〈書くこと〉本位の立場」を二義的な位置でしか捉えない綴り方・作文教育史研究からは、ともすると作文教育における「生活指導」優位の立場が生み出されてくる。しかも、「文章表現指導」が「生活指導」と矛盾・対立するものであるかのような考え方も生み出されてくる。昭和戦前期に引き起こされた「生活教育論争」、戦後期の昭和二十年代半ばより三十年代の初めまで繰り広げられた「作文・生活綴り方教育論争」等がそのことを証明している。今更言うまでもなく、文章表現指導は単なる形式主義の指導ではなく、「生活指導」と矛盾・対立するものでもない。両者が矛盾・対立をきたすのは、方法論ないしは指導技術の未熟に由来するのである。そうした現状を明らかにし、その問題を克服するためにも、従来の綴り方・教育史研究を文章表現指導論の成立と展開の系譜から洗い直していく必要がある。

本小論では、このような問題意識に立って、菊池知勇の綴り方教育論及び綴り方教育運動の特質・意義を菊池の初期の綴り方教育論に照明をあてることによって再評価した。菊池は昭和戦前期の岩手在住の城南小学校時代に「日本綴方革命を決意」して「校内の統一活動の埒外に立って自由研究すべく校長の容認を得、綴方の徹底研究に着手」したと戦後期になってから述懐している。菊池のこの綴り方教育研究への志とその綴り方教育論とは、大正三年の『岩手毎日新聞』に発表された「言葉の遊戯を排す」という長論文に如実に現れていたのである。しかも、菊池はこの二十代半ばに発表した徹底した旧修辞学批判に自ら責任を負って、上京の後に児童の「生命の事実」（＝児童の綴り方作品とその生成過程）に基づいた、「思想表現のための」真の修辞学の建設（＝「綴り方修辞学」）を目指していったのである。

したがって、菊池の綴り方教育論及び綴り方教育運動は、単に「『生活綴方』への前駆的な足ぶみが見られる」とか「『赤い鳥綴方』から『生活綴方』への橋渡し的な実践指導を開拓した」といった評価によって矮小化されるべきではない。菊池の、旧修辞学に基づいた作文教授法に対する批判とその後の綴り方教育論の展開と成熟の過程は、我が国の綴り方・作文教育史における文章表現指導論の系譜の中では特筆すべき意義を有していると言えるのである。

注

（1）昭和戦後期の「生活指導か表現指導か」を主な争点とする「作文・生活綴り方教育論争」については、拙著『戦後作文教育史研究』（昭和五十九年六月、教育出版センター）及び『戦後作文・生活綴り方教育論争』（平成五年九月、明治図書）で詳細に考察を行っている。

（2）『菊池知勇全歌集』昭和六十年、ぬはり社、二九七～二九八頁。

（3）対談（菊池知勇と滑川道夫）「『綴方教育』と『佳い綴り方』（下）」（『作文と教育』昭和三十一年十二月号、十五頁）。

（4）前掲書、注（2）、二九九頁。
（5）前掲書、注（2）、二九九頁。
（6）前掲書、注（2）、二九九頁。
（7）国分一太郎著『生活綴方ノートⅡ』昭和三十年五月、新評論社、一一四頁。
（8）今井誉次郎・峰地光重著『学習指導のあゆみ作文教育』昭和三十二年五月、東洋館出版社、八十二頁。
（9）中内敏夫著『生活綴方成立史研究』昭和四十五年十一月、明治図書、四四八～四四九頁。
（10）同前書、注（9）、四六〇頁。
（11）同前書、注（9）、四四七頁。
（12）同前書、注（9）、四四七頁。
（13）滑川道夫著『日本作文綴方教育史2大正篇』昭和五十三年十一月、国土社、六五三～六五四頁。
（14）同前書、注（13）、三十九頁。
（15）対談（菊池知勇と滑川道夫）「『綴方教育』と『佳い綴り方』（上）」（『作文と教育』昭和三十一年十一月号、四十四頁）。
（16）前掲書、注（2）、二九七頁。
（17）前掲書、注（15）、四十～四十二頁。
（18）菊池知勇「綴方練習教材の研究」（『綴方教育』昭和三年六月号、一〇四～一〇五頁）。
（19）菊池知勇「佳い綴り方と拙い綴り方」（『綴方教育』昭和六年十二月号、一〇二～一〇四頁）。
（20）菊池知勇「児童作品の鑑識と指導」（『綴方教育』昭和七年六月号、一一〇～一一三頁）。

第四章　秋田の『赤い鳥』綴り方教育
――高橋忠一編『落した銭』『夏みかん』の考察を中心に――

一　本研究の目的

児童雑誌『赤い鳥』は大正七年七月、夏目漱石門下の文壇中堅作家鈴木三重吉によって創刊された。この雑誌が果たした児童芸術運動、芸術教育運動、文章表現指導運動としての役割については、先学による様々な研究が存在する。本小論では、これらの研究を踏まえ、この雑誌による鈴木三重吉の文章表現指導運動と秋田県の綴り方教育との関連について考察を加えていくことにする。

秋田県では、昭和五年に綴り方教育研究雑誌『北方教育』によった「北方教育」運動が興っている。この事実は秋田県内はもとより広く全国に知られているところである。しかし、秋田県には、この「北方教育」運動より以前の大正七年に興った『赤い鳥』綴り方教育運動の影響がある。この事実は県内においてさえ意外に知られていない。「北方教育」運動が何かと取り沙汰されるほどには、秋田の『赤い鳥』綴り方教育が取り上げられないのはやや片手落ちの感を否めない。こうした現象は、『赤い鳥』綴り方教育が「北方教育」や生活綴り方教育と対立的な関係にあり、しかも後者が前者の限界を批判的に克服していったとする評価がほぼ定説になってしまっている点と無関係ではない。そこで本小論では、秋田県における『赤い鳥』綴り方教育の実体の検討と併せて、改めて鈴木三重吉によって推し進められた文章表現指導運動の意義を明らかにすることを目的としている。

二　秋田県における『赤い鳥』綴り方教育の概況

秋田県の『赤い鳥』綴り方教育は主として北秋田郡を中心に展開されている。それは『赤い鳥』に入選した秋田県の学童の綴り方作品の総数七十四編のうち、七十三編までが北秋田郡のものであったことからも理解できる。他の一編は川辺郡のものである。北秋田郡の入選校と入選作品の内訳は次の通りである。

・大館女子小学校（四十八編）
・花岡小学校（十五編）
・東館小学校（六編）
・七座小学校（二編）
・大館女子職業学校（二編）

なお、『赤い鳥』入選作品の都道府県別調査には、木下紀美子による詳細な研究がある。[1]また、羽田貴史・須田均による調査研究でも秋田県を含む東北六県の綴り方入選作品数が報告されている。[2]この羽田貴史による調査では、秋田県の綴り方入選作品数が七十三編と数えられている。これには一編の見落としがある。筆者の調査によっても木下紀美子の調査報告による七十四編が正しいことが確認されている。なお、参考までに記しておけば、『赤い鳥』には入選綴り方の他に、児童詩（童謡・自由詩）が多数掲載されていた。『赤い鳥』創刊の当初は「児童詩」とは呼ばれていなかったが、学童が投稿してくる「童謡」の中からその選者であった北原白秋が見出したものが今日いわゆる「児童詩」と称されるものとなっていったのである。その児童詩（童謡・自由詩）の入選作品数は一五六編の多数に上っている。しかも、これらの作品の投稿者は秋田県のほぼ全域にまたがっていることも注目しておくべき事実である。綴り方の入選作品数は北秋田郡に偏っているものの、児童詩の入選作品が秋田県内の全域にまたがっている事実は、秋田県における『赤い鳥』の読者が県内全域にまたがって存在したことを裏づけているからである。

さて、秋田県内の学童の『赤い鳥』綴り方入選作品の数は、前記の木下紀美子の調査によれば、東京一八六編、北海道の一〇六編に続いて全国第三位となる。この秋田県全体の綴り方入選作品のうち、五十編は大館女子小学校（うち二編は併設されていた女子職業学校の作品）学童の作品であった。この大館女子小学校で『赤い鳥』綴り方教育を熱心に推進していたのが同校の訓導であった高橋忠一という人物である。

高橋忠一は、大正十年に大館女子小学校（現在の大館市立城南小学校）に赴任し、昭和十六年に綴子小学校長として転任するまで二十年余にわたって、大館女子小学校で『赤い鳥』綴り方教育の実践に熱心に取り組んでいる。大館市史編纂委員会編『大館市史』第三巻下には、高橋忠一の人物・経歴について次のように記されている。[3]

明治二九年一〇月五日、大館町谷地町に生まれる。父は昭和六年から町長をつとめ書家としても名のある運蔵（天行）、同家は郷校「博文書院」に貢献の大きかった専右衛門通英以来の素封の家柄で、松園・松坪・天行と代々「文」の血筋にある。

しかし、忠一は大館女子小学校に併設された女子職業学校の助教諭を兼務し、同校バスケット部を全国水準にまで育てあげたスポーツ人としてむしろ知られている。女子小でも高等科が昭和三、四、七年に、尋常科が同一一年に全県優勝しているのも、まったく忠一の指導による。また、大正一三年に大館高等女学校が、第一回全県軟式テニス大会で優勝したのも、実は忠一のコーチによる。

忠一は大中から札幌師範学校に学び、二年間北海道で教員生活を送ったのち、大正八年釈迦内小へ赴任、そして同一〇年から大館女子小。綴子小校長は一年間ほどで、県視学との意見対立が退職の原因といわれる。その後は、書記兼書道教師として大中に勤め、戦後は大館桂高校にも勤務したが、むしろバスケットボールの指導に情熱を注ぎ、食糧難の時代に明大・早大などの合宿に自宅を開放したり、自費でコーチを招くなど、地元のバスケットボール界の向上のため尽瘁した。昭和四四年に県協会から功労章が贈られた。同七年一月十五日没。

以上は、高橋の人物・経歴について述べられた部分である。『大館市史』ではさらに高橋と『赤い鳥』綴り方教育との関わりについて簡単に触れられている。しかし、その内容はわずかな紹介にとどまっている。

高橋忠一は、昭和八年に鈴木三重吉を大館に招いて講演会を催している。この時に三重吉が大館の教育者達と親しく交わった様子が、高橋家に保存されている九月二十四日消印の三重吉からの礼状に窺える。また、この時には大館女子小学校の『赤い鳥』綴り方作品入選者である学童達も集まって三重吉と共に撮った写真が昭和九年の『赤い鳥』一月号に掲載されている。なお、高橋家には、他に十二通ほどの三重吉からの書簡が保存されている。これらの書簡にも三重吉と忠一との交流の一端が窺えて興味深いものがある。

高橋忠一には、自らが指導して『赤い鳥』に入選させた学童の作品をまとめた二冊の文集がある。共に公刊されたものである。一冊は前期『赤い鳥』入選作品をまとめた『落した銭』(昭和五年十月、立馬会刊)、もう一冊は後期『赤い鳥』入選作品をまとめた『夏みかん』(昭和十年二月、文園社刊)である。本小論では、高橋忠一の編になるこの二冊の文集の間に見られる発展の位相の検討を通して、高橋忠一の綴り方教育観と『赤い鳥』の主宰者鈴木三重吉による文章表現指導運動との関わりについて考察を加えていくことにする。

なお、この問題について考察を加えていく前に、鈴木三重吉による『赤い鳥』の綴り方教育運動が従来どのように評価されてきたのかについて若干の整理を行っておくことにする。特にここでは、『赤い鳥』綴り方教育の前期から後期への発展の位相に関する先行研究に焦点をあてて見ておくことにする。

三　『赤い鳥』綴り方教育の前期から後期への発展の位相

『赤い鳥』は大正七年七月に創刊され、昭和四年一月号を発刊した後、財政難を理由に休刊を余儀なくされる。しかし、同六年一月になってから復刊し、同十一年八月の三重吉の死まで続き、同年十月に三重吉追悼号を発刊してその歴史を閉じている。これまでの研究では、『赤い鳥』の運動をこの休刊期を挟んで前期と後期とに分けることが大方の定石となっている。本小論で検討を加える高橋忠一の編になる文集『落した銭』と『夏みかん』もそれぞれこの前期と後期とに発刊されている。そこで、本小論でも従来からの区分に従って先行する研究について整理を行っていくことにする。その後で高橋忠一の綴り方教育観と二冊の文集の間にある発展の位相の検討を行うことにする。

以下に取り上げる先行研究は、峰地光重と中内敏夫、滑川道夫によるものである。

この三者に共通する指摘は、前期の『赤い鳥』綴り方作品に対する三重吉の選評が、筆者である子どもの現実の生活に対する認識の傾向、さらには生活の問題そのものには向けられないで、あくまでも文章表現能力の進歩発展にのみ向けられていたこと、三重吉の言葉で言えば「叙写の能力」の優劣如何に限定されていたということである。つまり、選評指導の対象が「表現指導」のみであって、「生活指導」の方面にはほとんど触れられていないという点にある。また、右の三者は、前期末から後期にかけての『赤い鳥』の綴り方には次第に自然主義的・現実主義的なリアリスティックな作品が登場してきたとも指摘している。

しかし、このような綴り方作品の登場とこれに対する三重吉の選評姿勢に関する評価には、三者の間にも微妙なズレが存在する。まずこの点について簡単に見ておくことにしよう。

峰地光重の場合には、前期『赤い鳥』における三重吉の選評に対して、そこに「生活的向上の示唆がない」とし「問題的発展がない」と批判している。そして、前期末から後期にかけての三重吉の選評姿勢については次のように言及している。(4)

あの明るい華奢な、唯美主義的な「赤い鳥」といえども、この暗い世相（昭和初期……大内注）の外に、超然と立つことはできなかった。現実をふまえ家庭の暗さをにじませた子どもの作品が、続々と「赤い鳥」に投稿されて集まった。（中　略）がん固一徹な三重吉といえども、子どもの作品のこうした傾向の前には、目をつぶって見ないでいるわけにはいかなかった。やがて三重吉は、子どもの綴方作品の中から、リアリスチックな傾向のものをも、ひろいはじめたのである。かくてかれは、浪漫主義的、唯美主義的な立場から、よんどころなく現実主義的、自然主義的立場に立たざるを得なくなった。

峰地はこのように述べて、その後に青森県の学童の書いた「烏賊ほし」という作品を掲げ、これを「現実的自然主義的作品」と捉え、この作品に対する三重吉の選評については次のように言明している。(5)

ここで注意しなければならぬことは「烏賊ほし」の指導評の中に生活指導的な言葉のあらわれていることである。「人間は、ぐんぐん働くのが一とうです。その点で、この作の表面に一とうに活動していられる関下さんのお母さんは、えらいものです。人間の仕事は、みんなこうした緊張から出来上るのです。」というのが、それである。

これらの文言を読むと、三重吉が子どもの綴り方からあたかも意図的に「リアリスチックな傾向」の作品を取り上げていったかのように思われる。また、「烏賊ほし」の作品を通して三重吉があたかも生活指導の一端を行っているかのようにも思われてくる。果たしてそうか。そうではなかったのである。三重吉は決して意図的に「リアリスチックな傾向」の作品を取り上げたのでもなければ、それらの作品をもって生活指導を行おうなどと考えていたのでもない。

右の問題について、中内敏夫の場合は次のような考察を加えている。[6]

三重吉の「評」が筆者である子どもの認識の当否や思想傾向さらには生活の問題ではなく、もっぱらその文章表現の能力、三重吉のことばでいえば、「叙写の腕」の優劣如何に限定されている点に注意したい。『赤い鳥』でよく使われた評語には、ここにも出ている「いきいき」、「まざまざ」、「陰影的」、「印象的」、「敏感な叙写」、「簡素な叙写」などがある。（中　略）右に例としてあげた二つの作品は、筆者である子どもの認識の水準、思想傾向、生活状態などどの側面においても異質であるけれども、筆者の「叙写」の能力を除くこれらのいかなる主体的条件も、この時期の三重吉の関心をもつところではなかったのである。

このことは、逆にみれば、三重吉が、文章表現指導は文章を書く能力の指導にその役割を限定されるべきものであって、子どもの知育や徳育さらには生活指導にまで手を出すべきではないと考えていたことを示している。

要するに中内は、三重吉が子どもの認識・思想の傾向や生活問題には触れないで、専ら「叙写の腕」の優劣如何にのみ限定している点に、三重吉の積極的な意志が介在していたと捉えているのである。中内はまた次のようにも述べている。[7]

『赤い鳥』綴方の「自然主義リアリズム」的な側面は、三重吉における『赤い鳥』綴方の特徴ではなく、初期においては、そのたんなる読者であったが、後期になるとその創作現場のトゥレーガーとなり、寄稿者になっていった生活綴方の教師が、そこからひきだし、つけ加えたその特徴というべきものであると考えざるをえない。

この部分は、後期『赤い鳥』の状況についての考察である。この中内の指摘通り、後期の『赤い鳥』綴り方に出現した「自然主義リアリズム」的な側面は、後に生活主義の綴り方教育を担っていく教師達によってつけ加えられていったと見るべきである。峰地が指摘したように、三重吉が意図的に「リアリスチックな傾向」の作品を取り上げたり、それらの作品を以て生活指導を行おうとしたのではないのである。峰地の考え方には他ならぬ生活綴り方教師であった彼の三重吉に対する期待願望が潜んでいる。その期待願望と生活主義の綴り方を『赤い鳥』綴り方よりも優位と見なす考え方が峰地をしてこのような考え方に導いたのである。

なお、この問題について滑川道夫の場合には次のような見解に立っている。前期の「第三期（大正十年七月号から）」に関する見解である。[8]

すさまじいケンカも、活写されていることが一義的にもとめられている。そのケンカを作者がどう考えているかという考え方の問題は選評指導にいまだあらわれてこない。作者が綴方を書くことによる人間的成長とのつながりを意識することは、ほとんどない。そこに表現指導のみが、選評指導の対象となっていて、生活指導の側面には、触れないという限界がある。この時期の三重吉にしてみれば、それは、教師のしごとであり「赤い鳥綴方」にそれをとりいれることは、道徳性や教訓性にかかわってくるから文芸としての綴方に負数を与えることになると理解していたのであろう。それは、むしろ創刊当時の意図からして必然的な成りゆきでもあったろう。この時期において、文芸主義的リアリズムを確立したものと見ることができる。

滑川の場合も、三重吉が「生活指導の側面」に触れなかったことには三重吉の積極的な意志が働いていると捉えている点では先の中内敏夫の場合と同じ見解に立っている。しかし、両者には別な面において明確な見解の相違がある。中内の場合は、三重吉が「文章表現指導運動は文章を書く能力の指導にその役割を限定させるべきものであって、子どもの知育や徳育さらには生活問題の指導にまで手を出すべきでないと考えていた」と捉えている。これに対して、滑川の場合は、三重吉が「生活指導の側面」を「教師のしごとであり『赤い鳥綴方』にそれをとりいれることは、道徳性や教訓性にかかわってくるから文芸としての綴方に負数を与えることになると理解していたのであろう」と解釈している。

要するに、中内の場合は、三重吉がその指導を「文章表現の能力」すなわち『叙写の腕』の優劣如何」に意図的に「限定」していたと捉えているのである。それに対して、滑川の場合はその「限定」の理由を「文芸としての綴方に負数を与えることになる」と三重吉が判断していたからではないかと捉え、しかも「生活指導の側面」に触れなかったことを「限界」であるとも判断しているのである。つまり、滑川のこの判断には、先の峰地光重の場合と同様に、「現実主義的、自然主義的立場」に立つ生活主義の綴り方教育を優位と見なす綴り方教育観が含まれているのである。それはまた、生活綴り方教師であった滑川からすれば当然の判断であったと言えるかも知れない。

三重吉の『赤い鳥』綴り方教育運動を、中内敏夫のように「文章表現指導運動」と見なして、三重吉が意図的に「文章表現の能力」すなわち「『叙写の腕』の優劣如何」という面に「限定」して指導を行っていったと判断するか、滑川道夫のように、「生活指導の側面」には触れようとしなかった三重吉の選評指導の姿勢を「限界」と判断するかは極めて重要な問題なのである。そして、本小論の目的もまさにこの問題について考察を加えるところにある。

四　高橋忠一の綴り方教育観の一端

さてここで、高橋忠一の編になる二冊の文集『落した銭』と『夏みかん』についての考察に入る前に、忠一の綴り方教育観の一端を探っておくことにする。

高橋忠一には、残念ながら彼自身の綴り方の理論をまとめた著書はない。これは理論よりも実践を重んじた忠一の綴り方教師としての一面を物語る事実とも見なすことができる。調査した範囲では、ただ一編だけ「創作主義ノ綴方」と題する論考が存在する。この論考は高橋家に残されていたもので、筆者が調査訪問に伺った折に見せて頂いたものである。謄写印刷されたもので十一頁綴じの論考である。執筆年月日が記されていないのでいつ頃まとめられたものかは不明である。内容から推して、第五節の「綴方教授史」の中に大正十三年に刊行された佐久田昌教・四元尚孝共著『芸術活動としての綴方原理』(宝文館) が取り上げられているところを見ると、少なくとも大正末年から昭和初頭にかけてまとめられたものと推測される。

タイトルに掲げられた「創作主義」という言葉とその内容から推しても、大正十四年に刊行された守屋貫秀著『創作・鑑賞を中心とした新綴方教育』(三友社) の影響も窺える。守屋のこの書における中心主張は「綴方教育が、従来よりも、より多く芸術的の意味をもたなければならぬ」ということであった。因みに忠一の論考は、次のような柱から成っている。

一　生活とはなにか／二　芸術／三　芸術と教育／四　文学と思潮／五　綴方教授史／六　綴方教授／七　創作と指導／八　鑑賞／九　其の他の問題

このうち、「三　芸術と教育」には次のように述べられている。(9)

吾々の日常生活にあつては環境があまりに不純物の雰囲気の中にあつて純粋に自己を表現することが妨害されてゐる。あまりに創造的でない。芸術的でない。吾等はこのやうな雰囲気にあつて自己を純粋に且つ緊張した態度で表現させ、また創造する態度に向はせることを教育の仕事と考へる。故に芸術的たらしめることを教育の分野とも考へらる。

忠一は「六　綴方教授」の中でも、綴方教授を単なる「国語科」として「語句指導の応用修練」と考えてはならないとし、「綴る」ことは「創ること」「創作すること」でなければならないと述べている。これらによって忠一が綴り方教育を芸術教育の一分野と見なしていたことは明白である。

忠一は綴り方の実際の指導に当たっては、「無指導の指導」という方法を取るべきであると主張し、「創作品に対して児童の表現せんとすることが充分で無いと思はるゝ時にのみ暗示し、或は教師の考へを述べて児童に相談する」ことにとどめるべきであると述べている。この言葉からも忠一の綴り方教育に対するかなり強固な信念が窺える。

なお忠一は、第一文集『落した銭』の序文の中でも、綴り方との出会いと自らの綴り方教育観について次のように述べている。(10)

綴方に興味を持つたのは大正十年であつた、雑誌「赤い鳥」の綴方に刺激されてからである。師範の本科二部で綴方の教模法の講義を聞いたが、それは、私に何物もたらさなかつた。大正六年札幌師範の二部を卒業させて貰ふたが、実は、今頃まで教員する気は全然なかつたが「赤い鳥」で見た綴方は、ほんとうに血の迸るやうに活々したものであつたので、それ以来もう少し教員をして見やうとして現在に至つたのである。その頃まで私は児童を人形と思つてゐたかも知れない。

その後、一年間、鑑賞用として「赤い鳥」の綴方のみを用ひた。本文集の「袋はり」と「雀」とはその所産で、大正十一年の春の作品であつたが、二年ばかり机に蔵つてゐたのを、学級のレベルを見る為に、赤い鳥社に送つたものであつた。それが幸いに推奨或は佳作として入選したものである。本文集の一「蛙とり」から以下の諸編は、大正十三年から受持つた級の作品で、十二年当時は尋四であつた。尋四時代は準備時代であつて、最初「赤い鳥」に送つたのは「蛙とり」で、それが幸に入選し、翌五月「あひる」が推奨になつたので、自分としては充分に自信がついたわけであつた。

綴方は、児童の生活の表現でなければならぬといふなんてことは、今更、強調する必要もあるまいし、同時に生活の指導を目的とせねばならぬといふことも、云ふ迄もあるまい。そは当然過ぎる程、当然のことである。この作品を読まるゝ方は、この点に留意して戴きたい。

本文集の対話は方言で表現されてゐる。之は、実際、あつた事実だから訂正されない。その儘表現されなければならぬ。又、他の文にも、時によると方言で表現されてゐる箇所もある。標準語を生活内容に取り入れる事の出来ない児童にあつては、之もある点で許容しなくてはならない。それを、言語教育云々、国語教育云々と真向から反対される人もないではないが、その人たちは、国語教育、或は、言語教育のため児童が生きてゐるものと、本末を転倒して考へてゐる連中である。

この文言からも、忠一と『赤い鳥』との出会いがどれ程大きいものであったかが窺える。また、「綴方は、児童の生活の表現でなければならぬなんてことは、今更、強調する必要もあるまいし、同時に生活の指導を目的とせねばならぬといふことも、云ふ迄もあるまい」といった言葉にも、忠一の綴り方教育に対する並々ならぬ信念が躍動している。この第一文集『落した銭』が刊行された昭和五年には、秋田に『北方教育』誌が創刊されている。その前年の昭和四年には、生活綴り方教育運動の機関誌となる『綴方生活』が創刊されている。右の言葉は明らかにこれらの生活教育を旗印に掲げた生活主義の綴り方教育思潮を睨んでの発言となっている。

忠一の第二文集『夏みかん』の序文にも右のような新興の綴り方教育思潮に対する挑戦的な言辞が見える。次のように述べられている。[11]

綴方に興味を持つて、これに没頭してから十年になる。この間、綴方の主義、思潮は、多人数によつて多種多様に論議され、全く、応接に遑のない程であつた。

そして、その論者たちによつて提示される児童文は、その論旨を裏切るやうなものばかりで、果たして、論者たちには綴方がわかつてゐるのかと疑つたことが何度あつたかわからぬ。たゞ、昭和二年四月に出版された、北海道の大野校の文集「村の子供」は、その主義、主張は読まなくとも、私はその優れてゐる点に無条件で敬意を表した。と同時に、他日、それに劣らぬものをとひそかに心に期した次第であつた。いま、その宿望が叶つて、こゝに「夏みかん」を世に出すことが出来た。勿論、その編数は僅かに二十二編であり、量に於ては、些かもの足りないとは思ふけれど、質に於ては、決して、これ迄の児童文集の如何なるものにも劣りはしないと自負して出版したものである。

忠一は当時、声高に主張されていた生活主義の綴り方の行き方や、喧しく多種多様に論議されていた主義主張に対しては、理論が先行し過ぎていると鋭く批判している。そして、理論よりは実際の児童の綴り方作品の出来映えで勝負をしようとしていた様子が如実に窺える。因みに、北海道の大野校の文集『村の子供』とは、三重吉がこの序文で「特に私の考へによく共鳴し、正しく熱心に実地の指導に当たつてゐる教育界の闘士の一人」と讃えている木村文助の編著になる文集のことである。

忠一のこのような姿勢は、忠一自身の綴り方教育観を理解する上からばかりでなく、『赤い鳥』の文章表現指導運動の意義を理解する上からも極めて重要である。そこで以下に、忠一の編になる二つの文集の分析・考察を行っていくことにする。

五　『落した銭』『夏みかん』所収の全作品と題材の傾向

まず、高橋忠一の編になる第一文集『落した銭』と第二文集『夏みかん』に収録されている綴り方の全作品を以下に列挙してみよう。これらの作品は全て『赤い鳥』に掲載されたものばかりである。記載の項目は、上から順に〈作品名〉〈作者名〉〈作者の学年〉〈『赤い鳥』掲載年月号〉である。なお、一部の作者名が『赤い鳥』掲載時と異なっているのは、内容が家庭生活の悲惨を描いたものであるため、『赤い鳥』に掲載の際には指導者であった忠一が作者の本名を匿したものと判断される。

□　第一文集『落した銭』昭和五年十月二十一日発行、立馬会刊、B六判、八十八頁。

番	作品名	作者	学年	『赤い鳥』掲載年月
①	袋はり（賞）	北林たま	高一	大正十三年七月号
②	雀（佳作）	奥山ふみ	高一	大正十三年十月号
③	蛙とり（佳作）	杉山ひろ	尋四	大正十四年一月号
④	弟の怪我（推奨）	杉山ひろ	尋五	大正十四年十二月号
⑤	あひる（推奨）	下総いね	尋四	大正十四年四月号
⑥	ねずみ（推奨）	下総いね	尋五	大正十五年三月号
⑦	にらめやつこ（佳作）	下総いね	尋六	大正十五年九月号
⑧	落した銭（推奨）	杉山きみ	尋五	大正十四年七月号
⑨	向うの家（推奨）	伊藤たき	尋五	大正十四年八月号
⑩	怪我（推奨）	伊藤たき	尋五	大正十四年九月号
⑪	おとしあな（佳作）	伊藤たき	尋五	大正十五年七月号
⑫	喧嘩（推奨）	伊藤たき	尋六	昭和二年二月号
⑬	すまふ（推奨）	菅原たつ	尋五	大正十五年五月号

⑭	お婆さん（佳作）	菅原たつ	高一	昭和三年四月号
⑮	お父さん（佳作）	山谷みゑ	尋六	大正十五年十月号
⑯	前の家のお母さん（推奨）	能登谷きゑ	尋六	大正十五年十一月号
⑰	支那人（推奨）	伊勢谷きよ	尋六	大正十五年十二月号
⑱	もぐらもち（佳作）	酒井光子	尋六	昭和二年一月号
⑲	乞食（推奨）	金谷操	尋六	昭和二年三月号
⑳	山がら（佳作）	近江きよ	高一	昭和二年九月号
○	朝鮮あめ（佳作）	達子ふみ	高一	昭和二年十一月号
○	弟の死んだ晩（佳作）	達子ふみ	高一	昭和二年二月号
○	三人の顔（佳作）	齋藤さだ	高一	昭和三年一月号
○	お爺さん（佳作）	佐竹時子	女子職業学校本科一年	昭和三年二月号
○	兜森の子守（佳作）	齋藤さだ	高一	昭和三年七月号
○	葬式（佳作）	石田てい	高二	昭和三年九月号
○	お霜の家（佳作）	若松きみ	高二	昭和三年十月号

□　第二文集『夏みかん』昭和十年二月十一日発行、文園社、B六判、一四三頁。

番	作品名	作者	学年	『赤い鳥』掲載年月
①	支那手品（佳作）	西村ヒデ	高二	昭和六年二月号

②	妹の死（特選）	田中しげ	高二	昭和六年四月号
③	拾つた銭（佳作）	竹村てつ	高二	昭和六年九月号
④	桜桃売り（佳作）	村上きりの	高二	昭和六年十月号
⑤	支那人（佳作）	後藤よし子	高一	昭和六年十二月号
⑥	ズック靴（特選）	桜庭イワ	高一	昭和七年五月号
⑦	お客様（佳作）	佐藤さだ	高一	昭和七年七月号
⑧	お祖母さん（佳作）	小畑アヤ	高二	昭和七年九月号
⑨	吉田先生（佳作）	後藤よし子	高二	昭和七年十一月号
⑩	父の仕事（特選）	伊藤スエ	高二	昭和八年三月号
⑪	富山の薬屋（佳作）	桜庭イワ	高二	昭和八年四月号
⑫	勤め（佳作）	桜庭イワ	高二	昭和八年六月号
⑬	つけ火（佳作）	中山秀子	尋六	昭和八年八月号
⑭	本屋のお姉さん（佳作）	成田まつ子	尋五	昭和八年十月号
⑮	写真屋ごっこ（佳作）	成田まつ子	尋五	昭和八年十一月号
⑯	笹館のおばあさん（佳作）	戸田ふじゑ	尋五	昭和九年三月号
⑰	もとゐた弟子（佳作）	成田まつ子	尋五	昭和九年七月号
⑱	活動（特選）	桜庭イワ	高二	昭和九年八月号
⑲	私の足（佳作）	大元シマ	高二	昭和九年九月号

⑳	テキ屋（佳作）	長崎キミ	高二	昭和九年十月号
㉑	夏みかん（佳作）	成田まつ子	尋六	昭和九年十一月号
㉒	カナリヤ（佳作）	八木橋みさ	尋六	昭和九年十二月号

第一文集の『落した銭』の⑮「お父さん」の作者は、『赤い鳥』掲載時には「宮本みどり」となっている。家出をしているお父さんのことを書いた作品なので、指導者が意図的に仮名としたものであろう。同⑯「前の家のお母さん」も『赤い鳥』掲載時には「伊勢谷きよ」となっている。これは次の作品の作者の実名であるから、文集編纂時の単純ミスと思われる。『夏みかん』の⑥「ズック靴」と⑫「勤め」の作者も『赤い鳥』では「佐倉葉子」となっているが、これも家庭の窮状を描いた作品なので指導者が意図的に仮名を用いたものと推測される。

さて、二つの文集を概観してみよう。まず、【作者の所属学年】については次のような具合である。

『落した銭』では二十七名中、尋常四年から尋常六年までの学童は累計で十六名。高等科一年から二年までの学童（一名は職業学校本科一年）は累計で十一名である。

『夏みかん』では二十二名中、尋常五年から六年までの学童は七名。高等科一年から二年までの学童は累計で十五名である。

次に、【入選回数の多い作者】について見てみよう。

『落した銭』では、最多が「伊藤たき」の四回、次が「下総いね」の三回。二回が「杉山ひろ」「菅原たつ」「齋藤さだ」の三名。他は一回ずつとなっている。推奨作は総計で十一編である。

『夏みかん』では、「桜庭イワ」と「成田まつ子」の両名がそれぞれ四回。「後藤よし子」が二回。他は一回ずつとなっている。特選作は総計で四編である。

また、【題材の傾向】を整理してみると、次のような傾向となっている。

題材の種類	『落した銭』		『夏みかん』	
家　庭	十五編	五十五％	十三編	五十九％
学　校	〇編	〇％	二編	九％
社　会	十一編	四十一％	七編	三十二％
自　然	一編	四％	〇編	〇％

題材の傾向としては、二つの文集の間に特に顕著な変化が現れているということはない。どちらの文集にも家庭生活や社会生活の一端が描き出されている。後期の『夏みかん』になって殊更に社会生活から題材を採った作品が多くなったということもない。

六　表現上の特色に関する考察

では、二冊の文集の間には、表現上どのような発展の位相が見られるであろうか。実際の綴り方作品やこれに対する三重吉の選評等を通して、この問題について考察を加えていくことにする。

(1)　『落した銭』の場合

鈴木三重吉の『赤い鳥』による綴り方教育運動は主に選評指導によって現場の綴り方教育者との交流を行っていく。その交流によって三重吉の文章表現指導は大きな成果を生み出していく。その一つの例を会話の表現の重視と方言指導に見ることができる。三重吉は児童の真実を効果的に表現させるために会話や方言の自由な使用を認めた。初期の『赤い鳥』綴り方全体に言えることであるが、初期の作品には方言に注解がついていなかった。そのため、内容の読解に支障をきたしていた。そこで、三重吉の指導によって大正十四年末から方言への注解が付けられるようになる。指導者高橋忠一も三重吉の意向を受けて、学童の作品に注解を付けて投稿していくようになる。忠一と三重吉との相互交渉の一端が窺える点である。

ここで、『落した銭』の中の作品を見てみよう。(12)

喧　嘩（推奨）　　　　　尋六　伊藤　たき

昨夜、私が十時頃床に入ると、間もなく外でがや〳〵人が騒いだ。私はだまつて聞いてゐると、由蔵に似た声の人が、「なにツ、この野郎、おれア《おれが》買つて飲ませたの《か》、わからねアかア《わからないのか》。わからねあごつたら、勝負つけら《つけよう》」と大声でどなつてゐた。私は何だらうと思つてゐたら、叔母さんが「何だか由ぢよの《ぞうの》やうだなア」と言つて、起きて外に出て行つた。私も起きて行くと、男の人や女の人が洋三の家にたかつてゐた。そばに行つて見ると、やつぱ由蔵であつた。そして由蔵と、もう一人、どこのか、知らない人と二人で、とつくみあつてゐた。由蔵は「んが《おまへは》、本当にわからねアがツ」と言つたら、一人の人は「うん、わかつた、由ぢよ、んが《おまへが》、おれの命、とる気か。取る気だら《なら》取れ」と言つた。由蔵は「うん、したら《そんなら》勝負《を》つける」と言つて、はんてんや、シヤツや、ジヤケツをぬいで裸になつた。一人の人も裸になつた。由蔵が「来い」と言つて、その人を横にたなつて《だきあげて》、石から《ざりのたくさんあるところ》にどんと投げた。その人は、しばらく起きれないでゐたら、由蔵はその人の頭をぢば〳〵《がんがん》とたゝいた。見てゐた人たちが「やめれ《ろ》〳〵」と言つて、手を引つぱつても聞かないで、引つぱられた手をとつて《ふりはなして》、たゝいてゐた。私は、みんなでとめてければ《くれれば》いゝやつなア《のになア》と思つて、わく〳〵してゐると、男の人たちが三人して「やめれ、〳〵」と言つて由蔵のところ《を》を、家につれて行かうとして手を引つぱつた。（以下略）（昭和二年二月号掲載）

実際にはこの倍の長さの作品である。物事の観察が精細で徹底していて写生的な手法によって叙述されている。すでに、この時期の作品には作者の主観を極力排除していく文体が作られつつある。この作品のように、『落した銭』の中にも社会や家庭の一断面を描いた深刻な内容の作品が決して少なくない。例えば、「向こうの家」とか「お父さん」「前の家のお母さん」「乞食」「弟の死んだ晩」「葬式」「お霜の家」等である。こうした作品を読むと、指導者が作者である子どもたちに極力主観を抑制して書くように指導している様子が窺えるのである。事実をありありと描くことによって、逆に生活や人生の悲惨がリアルに迫ってくるのである。三重吉は、能登谷きゑ（尋六）の「前の家のお母さん」（推奨）という作品に対して次のような選評を加えている。(13)

耳どほい方言が多くて読みづらいですが、よくかみしめて味ふと、一つの人間的証券として非常に意味ぶかい作で、実感味がじり〳〵とせまつて来るところにこの上ない価を誇つてゐます。何のたくみもない、単素な記叙のうちに、前の家のをばさんの人物風貌はもとより、二人の子をかゝへた生活の苦労、それにつれてのいろ〳〵の感情や悲痛な心の動きがまざ〳〵と躍りうごいてゐるではありませんか。お母さんのつらさもしらないで何かといへば、おはしをねだつて買ひ食ひをする、むしろがんぜない、二人のうす汚い子供も目に見るやうです。をばさんが、しまひに、いよ〳〵いきつまつて、〇〇〇の番人のところへ、よその人に相手の危険さを警戒されたにもかゝはらず、不安をおさへて、一おうよめ入つて見やうとする、その心持や、いよ〳〵いくきになつて、泣き〳〵能登谷さんのお母さんにわかれをするあたりの気持なぞにたいしては、おもはず涙ぐましくなつて来ます。いたましい人間苦の、きはどい一例をつかんで、じり〳〵とつきつけて見せる意味において、ふかみのある、すぐれた作品です。能登谷さんが、たゞ事実そのものを、客観的に直写するにとゞめて、気の毒だの、いた〳〵しいだのといふ、自分の感情を、表面に全ぜん挿入してゐない点が、かへつて全篇の充実と弾圧とを増してゐることに注意したいものです。

右の三重吉の選評の中に「たゞ事実そのものを、客観的に直写するにとゞめて、気の毒だの、いた〴〵しいだのといふ、自分の感情を、表面に全ぜん挿入してゐない点が、かへつて全篇の充実と弾圧とをましてゐることに注意したいものです」という言葉がある。三重吉の文章表現指導の真骨頂が躍如としている言葉である。自分の感情を抑制したこのような客観的な表現がいかに難しいものであるかは言をまたない。しかし、それを三重吉は子どもたちや指導者たちに要求し続けていく。それは『赤い鳥』の綴り方の作者である子どもたちによって見事に実現されていく。そして、それはまた子どもたちであるが故に可能な作業でもあったのである。

なお、『落した銭』の中には、社会の一断面を描いた作品でも、例えば「支那人」といった作品では、描き方にユーモアが溢れ明るい色調の作品となっている。他にも「袋はり」「雀」「ねずみ」「すまふ」「三人の顔」等、ユーモアに溢れた伸びやかな作品も決して少なくない。

(2)　『夏みかん』の場合

第一文集『落した銭』と比べると、全体として後期の第二文集『夏みかん』では作品の長編化が顕著な変化である。これは三重吉が『赤い鳥』の中心を児童芸術運動からより一層文章表現指導運動へと傾斜を深めていったことの必然的な結果であった。それと内容面では、生活の窮状や人生の悲惨を描いた作品、例えば「支那手品」「妹の死」「桜桃売り」「ズック靴」「父の仕事」「笹館のおばあさん」「活動」「私の足」等といった作品が少し目立ってきている。

確かにこうした作品に昭和初期の暗い世相が反映されていたと言えよう。しかし、そこに峰地光重や滑川道夫等が指摘するような三重吉の現実主義的・自然主義的対応が意図的になされていったわけでは決してない。『夏みかん』にも、銭湯に出かけて行ってなかなか帰って来ない母を「お客さん」が来ていると嘘をついて早く帰らせようと悪戯をする様子がユーモアたっぷりに描かれている「お客様」という作品、滑稽な身なりをするお祖母さんの身なりや人となりをユーモアに溢れた筆致で描き出した「お祖母さん」という作品、弟の夏みかんを作者が黙って食べてしまったことから起こる些細な騒動を楽しく描いた「夏みかん」といった作品等が少なくないからである。

次の作品は、汽車の中で桜桃を売って車掌に咎められたおばあさんのことを描いたものである。社会風俗の一端を仔細に観察して精細に描き出した中編の作品である[14]。

桜桃売り（佳作）　　　　　　　　　　　　高二　村上　きりの

私が、弘前へ汽車で通学してゐた時でした。帰りに、私と山田さんと有馬さんと、てるさんと秋枝さんと、五人同じ列車に乗つて、ほかの人たちは前の列車に乗りました。私たちは五人、洗面所の近くの席に座つてゐると、五十近い津軽の女の人が、箱を背負つて、汗をふき〳〵乗つて来て、洗面所の中に入つて、箱から桜桃を籠へ移してゐました。

すると、男の乗客たちが、三四人洗面所に行つたので、見てゐると、桜桃を買ふ《ひ》に行つたのでした。女の人は売らないやうにしてゐたが、男の人たちがあんまり言ふので、女の人は仕方なしに売りました。すると、秋枝さんが「あ《お》え《や》、汽車の中で桜桃だのりんごだの売つてら《ゐる》のを《のを》見らえれば《られれば》、定期《定期券》まで取られるやずなア《とりあげられるがなぁ》」と言つたので、私たちは「あえ、したかたね《こまったね》アでア。もしか、車掌に見つけられたら、どうするべ《しょう》」と言つてゐるうちに、買ふ《ひ》に行つた人たちは、もう自分の席に座つて、呑気さうに桜桃を食べてゐました。

後から後からとお客さんが買ふに来て、「こゝさ《ここへ》、三十銭」「こっちに二十銭」と言つてゐました。女の人が「車掌が来いば《くれば》、威されるはんで《から》、売りひん《ません》」と言つて、品物をしまひました。かうしてお客さんがせがんでゐるところに《へ》、車掌が廻つて来ました。

私は「はツ」と思つて、胸をどきん〳〵させて見てゐると、お客さんは笑ひながら、自分の席へもどつて行きました。

車掌は妙な顔《うさんくさいといふかほ》をして、女の人を見てゐたが、後の方へ行つてしまひました。すると、又、お客さんが立つて来て「売つてくれ」とせめました。女の人は「自分のどごさ《ところへ》座つてゐひ《ゐなさい》。今持つて行くはんで《から》」と言つても、お客さんは、女の人の前に立つてゐました。

女はとう〳〵箱の中から桜桃を出したら、男の人たちは「おれに三十銭」「わさ《わたしへ》五十銭」と銭を出して箱の上におきました。女の人は秤を出してはかつてゐました。知らない中に、そこへ、又、車掌が来ました。「汽車の中で桜桃だの、菓子だの売つてはならない」と言ふと女は手を合わせて「今度から売らねアはんで《ないから》、許してけひ」と拝んでゐました。（昭和六年十月号掲載）

この後もさらに、桜桃売りは続いて、結局この女の人が途中の駅で車掌に降ろされてしまうまで、周囲の人々の言動や心理の動き等を交えて、桜桃売りの様子がリアルに描き出されていく。会話を駆使して言動や心理を描き出していく手法は前期の『赤い鳥』の場合と同様である。

さてここでも、右の作品とは別の「お祖母さん」という作品に対する三重吉の選評を見ておくことにする。この「お祖母さん」という作品の内容については先に簡単に紹介した通りである。三重吉の選評は次のようなものである。[15]

この作品を一例として、綴方の取材について話しておきます。「雀の巣」（昭和七年九月号、赤い鳥入選作）のやうな作例は、時間的につゞいてゐる事実、事件を、活動の映画のやうに、進行的に映したもので、私はかういふのを直面的事実の展開叙写と呼んでゐます。それに反して「お祖母さん」のやうな作例は、時間的にかけはなれてゐる、いろ

〳〵な場合のおばあさんの所為、慣行なぞをとり合せて、おばあさんの全貌をゑがいたもので、展開叙写に対して総合叙写と私は名づけてゐます。綴方をのび〳〵とかくには第一に取材が問題であるのはいふまでもありません。よく低年級の子なぞが「うちの猫」だとか「うちの弟」だとかいふ総合叙写でかゝねばならないものをかきます。又、そんなものを課題にしてかゝせる人がありますがかういふ取材では、低年の人はなほさらのこと、上年級の子にも中々うまくかけるものではありません。いろ〳〵の場合の猫や弟を観察したり説明したりして、まとめ上げなければならないので、叙述がむづかしく、従つて結局浅い、短い、白地図みたいな外線的な叙写に終りがちです。直面的事実の、展開叙写によるのが一とう利得です。これなら、らくにすら〳〵かき写せるはずです。「お祖母さん」は、たま〳〵総合叙写に成功しためづらしい作例です。それが成功した原因は、全体的にいへば総合でも一つ〳〵の部節を見ると、その大部分が直面的事実の展開である点、換言せば、展開的に写した部節を並列した総合だからです。だから、おばあさんなるものが活きて浮んでゐるので、これが単なる説明や報告に近い簡単な展開の集まりでは決して躍動的に現はれて来ません。これは重要な問題です。多くの方々が、手近にごろ〳〵ある、下手な総合叙写の作品をとつて「お祖母さん」と比較してごらん下さることを要望します。

右の三重吉の選評は、この前半部分に倍ほどの内容が述べられている。その選評はあくまでも子どもの作品の具体的な表現の事実を踏まえながらの実証的な内容になっている。右の選評の中では、「展開叙写」と「総合叙写」との違いについて触れ、「総合叙写」の難しさと「展開叙写」の有利さとを現場の指導者にも分かりやすく解説している。因みに、右に引用した部分は、明らかに現場の教師向けに書かれた内容である。この「お祖母さん」という綴り方を書いた作者や子ども向けの選評は、この前半部分に嚙み砕いて分かりやすく述べられている。

このように、三重吉は綴り方の作者である子どもたちばかりでなく、それを指導している現場の教師たちに向けても意図的に選評を書き記していたのである。これによって三重吉の文章観と綴り方教育観とが、『赤い鳥』に関わっていた現場の教師たちに深く浸透していくことになった。『落した銭』及び『夏みかん』の文集の編者である高橋忠一と三重吉との間にもそのような師承関係を通して、三重吉の文章観や綴り方教育観が浸透していった様を見ることができるのである。

七　高橋忠一の綴り方教育観と三重吉の選評姿勢――考察のまとめに代えて――

先に、前期の『赤い鳥』における三重吉の選評姿勢に対して「生活的向上がない」とか「問題的発展がない」といった批判があったことについて触れておいた。そして、後期には『赤い鳥』に出現してきた「現実的自然主義的作品」を三重吉が意図的に取り上げていったかのような指摘があることにも触れておいた。確かに、高橋忠一の編に成る後期の文集『夏みかん』には、子どもの現実生活に対する三重吉の次のような指導的な言葉が見える。[16]

おばあさんが握飯を半分にわると、中には味噌が少しはいつてゐるだけだつたといふのもしみじみとあはれです。お母さんが見かねてタコの足を切つてたべさせてやられるところも、しんみりとしてゐます。お婆さんが野菜を三十銭の売上げだけしか背負つてこられないそれもいゝが、みんな売るのは骨だと言ひ、いつかも稲が流れたので、何日も商ひを休んだら食ふにこまつたといふところも気の毒で、こんな人のことを考へると、おたがひに、よけいなぜいたくをしてはすまないと反省させられます。

このような箇所が三重吉の選評の所々に見受けられる。しかし、これはもとより殊更に生活指導を意図してのものというよりは、むしろ作品の内容に触発されて自然に思わず出てきた言葉であると理解すべきものであろう。三重吉のこのような子どもたちの生活面に関わる選評の内容は、「こんな人のことを考へると、おたがひに、よけいなぜいたくをしてはすまないと反省させられます」とか、他の例で見ても、例えば「世の中には、もつと〳〵不幸な人もどつさりゐます」と、あくまでもストイックな姿勢を堅持したものとなっている。生活指導の目的から意図的に「リアリスチックな傾向」の作品を取り上げたわけではないのである。

三重吉自身は、一貫して「情景が目のまへに見えるよう」に「活き活き」とした「叙写」の表現を求めて粘り強く執拗に選評を書き続けたのである。つまり、三重吉の中には当初より「生活問題の指導」や「作者の主体的感情・思想」等を直接表面に出すことを意識して抑制していこうとする姿勢があった。そのことは、先に見た『赤い鳥』前期の文集であった『落した銭』の中の「前の家のお母さん」という作品に添えた選評にも明確に窺えたところである。三重吉は、この選評で「いたましい人間苦の、きはどい一例をつかんで、じり〳〵とつきつけて見せる意味において、ふかみのある、すぐれた作品です」という評価を行っている。また、「たゞ事実そのものを、客観的に直写するにとゞめて、気の毒だの、いた〳〵しいだのといふ、自分の感情を、表面には全ぜん挿入してゐない点が、かへつて全篇の充実と弾圧とをましてゐることに注意したいものです」とも述べている。

要するに三重吉は、このような「叙写の腕」の優劣如何という一点にのみ指導の重点を絞って、子どもの作品の具体的な表現の事実を執拗に取り上げて徹底指導を繰り返していくことに『赤い鳥』の文章表現指導の目的を定めていたのである。そして、そうすることが「生活問題の指導」や「作者の主体的感情・思想」等に関して云々していくよりもはるかに「綴方を書くことによる人間的成長」に寄与していくことになると確信していたに違いない。

高橋忠一は、前期の文集『落した銭』の序文の中で、「綴方は、児童の表現でなければならぬといふなんてことは、今更、強調する必要もあるまいし、同時に生活の指導を目的とせねばならぬといふことも、云ふ迄もあるまい。それは当然過ぎる程、当然のことである」と述べていた。この忠一の言葉には、言外に三重吉の右のような文章観や綴り方教育観を熟知していたが故の確信に満ちた綴り方教育観が語られている。

忠一の第二文集『夏みかん』には、三重吉の序文の他に、小砂丘忠義の跋文が添えられている。小砂丘は「生活教育」重視のスローガンを掲げた『綴方生活』誌の編集主幹であった。その小砂丘の跋文が添えられたのは、忠一が彼と個人的に面識があったからという理由からではなく、出版の労を取ってくれた秋田県出身の滑川道夫との関係からであったようである。

ところで小砂丘は、『夏みかん』の作品について、「本集の作品はすべて純情的な、内省的な、一片の邪心のない、しかも作篇としては精細をきわめた叙述描写をもつ芸術作品である」としながら、一方で「それら各作品に共通して、現実の社会に生活する人のもつべき心がまへとして、次の世代に邁進せんとする積極的な意欲がやや稀薄ではないか」と疑義を呈している。そして、小砂丘のこうした考え方がその後の『赤い鳥』綴り方教育一般に対する批判の常識となっている。

しかし、三重吉の『赤い鳥』綴り方教育運動における文章観や綴方教育観は、先に見てきたように「叙写の腕」の優劣如何という一点に指導の目的を絞った文章表現指導を通して学童の「人間的成長」を促していこうとするものであった。秋田の『赤い鳥』綴り方教育の実践者となった高橋忠一も、三重吉の文章観や綴り方教育観を忠実に受け止めて『赤い鳥』綴り方教育の旗手の一人となっていったのである。

注

（1）木下紀美子「雑誌『赤い鳥』入選綴り方作品の基礎研究」「同（その2）」（『広島大学教育学部紀要』第十九集、昭和四十五年一月、同第二十集、昭和四十六年一月）。

（2）羽田貴史・須田均「福島県綴り方教育研究ノート——『赤い鳥』綴り方運動の展開——」（『福島大学教育実践研究紀要』第十四号、昭和六十三年十一月）。

（3）大館市史編纂委員会編『大館市史』第三巻下、昭和六十一年九月、三一一～三一二頁。
（4）今井誉次郎・峰地光重共著『学習指導のあゆみ 作文教育』昭和三十二年五月、東洋館出版社、五十二頁。
（5）同前書、注（4）、五十七頁。
（6）中内敏夫著『生活綴方成立史研究』昭和四十五年十一月、明治図書、四〇三～四〇四頁。
（7）同前書、注（6）、三九〇頁。
（8）滑川道夫著『日本作文綴方教育史2大正篇』昭和五十三年十一月、国土社、三四八頁。
（9）高橋忠一「創作主義ノ綴方」（謄写版印刷）印刷年月日不明、四頁。
（10）高橋忠一編『落した銭』昭和五年十月、立馬会、「序文」から。
（11）高橋忠一編『夏みかん』昭和十年二月、文園社、「序文」から。
（12）前掲書、注（10）、三十七～三十八頁。
（13）前掲書、注（10）、五十四～五十五頁。
（14）前掲書、注（11）、二十三～二十四頁。
（15）前掲書、注（11）、四十六～四十七頁。
（16）前掲書、注（11）、一〇一頁。

第五章　波多野完治「文章心理学」の研究
——作文教育の理論的基礎——

一　本研究の目的

本小論は、作文教育の理論的基礎を国語科教育学の関連諸科学から摂取し組織していくことを目的としている。対象とする科学は波多野完治が構築してきた「文章心理学」である。この「文章心理学」という学問体系の生成・発展の過程を概観し、この中で一貫して基本概念となり、独創的な理論となってきた「緊張体系」論に焦点を絞って考察を加え、そこから作文教育の理論的基礎としての意義と価値とを取り出していこうとするものである。

波多野完治が心理学者・文章心理学者として数々の業績を生み出してきたことは周知の事実である。また波多野には、国語教育をその心理学的立場から積極的に援助するという独自の活動があったことも広く知られているところである。そうした一連の援助活動における波多野の面目は、国語教育に科学的な精神を通していこうとするところにあったと言ってよいだろう。本小論は、こうした波多野の意図するところを「文章心理学」という独自の学問体系の中から汲み取っていこうとする試みである。

二　「文章心理学」の生成

波多野完治の文章心理学が生成をみて既に半世紀余が経過した。以来、波多野は文章心理学の深化、発展のためにたゆみない研究を続けてきた。その成果は『文章心理学大系』全六巻に整序されている。この中の第一巻目にあたる『文章心理学〈新稿〉』には、昭和十年に刊行された初版から計四種類の版がある。[1] そして、この初版の原型に当たるものを昭和八年十二月に明治書院の国語科学講座「国語表現学」の項目の一つとしてまとめられた波多野完治著『国語文章論』に求めることができる。

そこで以下、この『国語文章論』を主たるテキストとしながら、まずこれと『文章心理学』の初版から〈新稿〉版までの四つの版の内容項目の異同について考察を加え、その発展、深化の様相を見ていくことにしたい。

その前に、「文章心理学」が生成する歴史的背景を見ておこう。この理論が生成する当時の文章研究の興隆という状況について、波多野は「レトリックの再生」[2]（『思想』昭和九年九月号）という論考の中で二つの理由をもって説明している。一つは、当時にあって「思想と文章との一致そのものが既に大きな困難を伴ふものであること」が理解され出した」という点、もう一つは「心理小説の勃興」ということの関係、つまり「従来の言語が心理を表現するやうには洗練されて来なかつた」[3]ということの自覚、この二つである。

こうした客観情勢の中で、たまたま波多野が城戸幡太郎の勧めにより、明治書院企画の「国語科学講座」で『国語文章論』を担当することになったことが、結果的には「文章心理学」の成立につながっていったと言えるようである。なお、「文章心理学」という用語の命名については、五十嵐力が使用したものによると波多野自らが述懐している。ただ、両者の間にその意味や意図するところの隔たりがあったであろうことは想像に難くない。この間の事情については、文章心理学大系4『最近の文章心理学』の中の「文章心理学の三十年」という回想文に詳しく語られている。

こうして、「文章心理学」の原型となった『国語文章論』が成立したわけである。この『国語文章論』における課題は、国語表現学シリーズの他の項目との関係から、主として「国語の審美性或は印象性の問題の心理学的解明」ということであった。これを波多野は、端的に「文章の修辞機構の心理学的解明」(4)という言葉で表している。

次に、波多野が「文章」「修辞」「心理学」の三者の概念をどのようなものとして把握していたかについて見ておこう。波多野が「文章」というものをスタイルすなわち文体、表現者の表現技法として考えていたことは明らかである。この波多野の「文章論」については、後年、時枝誠記が取り上げて、「文章全体が、それ自身一体なるものとして把握されて」いるのではなく、「語彙や文の集積」としてみているという点で、いわゆる「文体論」の立場に近いものであると指摘している。時枝は、自らが考えている「それ自身全体としての文章の性格を明らかにする文章論」と波多野の「文章論」とを区別して一線を画したのである。(5)

また、時枝は「正しい文章」「良い文章」すなわち文章における文法性と修辞性という問題については、これを「客観的に見て正しい文章とか、良い文章とか言ふものはないのであつて、場面々々の表現的価値に応じて、文章の評価を行はなければならない」と述べている。この点について波多野は、「小学校及び中学校の作文指導で「始めは客観的に達意の文章を、次には客観的に美しい文章をかかせようとするならそれは根本的に誤つた考へである」とも述べている。波多野は、こうした誤りが生じるのは、「言語が場面に制約せられて居るものである事、従つて、正しい文章とか美しい文章とか言ふのは本質的な区別でなく、目的に応じた区別で、本来は一つのものである事を忘れて居るからである」と指摘している。(6)作文指導の上からも見過ごすことのできない重要な指摘である。

なお、「修辞技法」というものについては、これを単なるテクニックと見てしまうのでなく、「その技法の発生の地盤においてはさうではなくて、言葉を表現的ならしめようとして見、これらの技法を言葉の発せられる具体的環境において考察す[7]」べきであるとしている。要するに、その修辞技法がどんな修辞効果を有するか、どんな場面で成立するかを解明していくという方向で問題にしていくべきであるというのである。

三つ目の「心理学」については、従来の連想心理学が著しく個人主義的で「全てを個人の内面の『経験』から説明」しようとするために、「修辞学においても技法の社会的効果を考へず、これをもつぱら個人的感覚によつて説明しようとした[8]」ために、修辞法の真の効果を見落としてしまっていたとして、これを全面的に排除しようとする態度を打ち出している。

以上が、波多野の「文章」「修辞」「心理学」の概念に関する当時の認識の一端であったわけである。こうした認識を出発点としながら、波多野は「文章の修辞手法の心理学的解明」という課題に向かっていったのである。

続いて波多野は、文章論と心理学との結びつきを歴史的に辿って、従来の心理学が修辞学あるいは文章論において決して正しい位置を得ていなかったことを明らかにしている。そして、波多野は「修辞心理学」の正しい発展の方向について、「言語の社会的機能に関してはディルケム派の社会学に影響された言語心理学及びアメリカのシカゴ学派に属する社会心理学の言語理論を採り、言語の表現機構に関してはゲシタルトの構想を具体的に展開して行くより外に道はない様に思ふ[9]」と述べている。

以上の考え方から、波多野が文章のどのような部分をどんな位相から考察していこうとしていたのかがよく理解されると思う。こうした考え方は、ほぼそのまま『文章心理学』初版に組み込まれているのである。このことは、後半で論究していく「緊張体系」論についても全く同様である。本小論で『国語文章論』を主たるテキストに据えた所以である。

三　「文章心理学」の展開

このような経緯を経て生成した「文章心理学」は、当時にあって文章を心理学的に研究するということ自体が極めて独創的でもあったために、この研究が『文章心理学—日本語の表現価値—』として刊行されてみると非常な反響をみたのである。波多野完治もこの反響に応えて、さらに広範な研究を進めていくことになる。

この中心は何と言っても、四つの版を持つ『文章心理学』であるが、研究の深化・発展に伴ってその内容は、部分部分が文章心理学大系全六巻の他の巻に分散されて収録されてきている。そこで、その生成発展の様相を知るためには、文章心理学の原型となった『国語文章論』と『文章心理学』の〈初版〉〈改訂増補版〉〈新版〉〈新稿版〉の四種類の版、さらに文章心理学大系全六巻中の〈新稿〉版を除く他五巻のそれぞれとを逐一つき合わせてみることが必要となる。

この作業を綿密に行ってみると、まず『国語文章論』の全ての内容がほぼそのままの形で『文章心理学』の昭和二十四年〈新版〉までの三つの版の第二章、第三章、第四章に組み込まれていることが判明する。一部分、項目名等は変わっていても、内容は基本的にほぼ変化していないのである。

そこで特に吟味しなければならないのは、当然のことであるが、最も新しい『文章心理学〈新稿〉』版（昭和四十年九月）ということになる。やはり、この版にかなりの大きな異同が見られるのである。この〈新稿〉版では、『文章心理学』新版（昭和二十四年三月）まであった第三章「文章心理学の基礎理論」と第四章「言語的表現手段の心理的価値」がそのまま外されている。その分、他の部分も全面的に書き替えられて、内容的には一層深化・拡充されている。そして、この外された部分は、実は文章心理学大系2『文章心理学の理論』の方にほぼそのままの形で組み込まれているのである。

したがって、最新の〈新稿〉版に基づいて文章心理学のより原理的な部分を吟味検討していこうとする場合は、「序編　文章心理学への招待」と「第一編　文章心理学の課題と歴史」とを吟味することは言うまでもないが、さらに文章心理学大系2の方の「第三編　文章表現の心理学」を是非とも見ていかなければならないと判断される。

なぜこのような異同が起こったかと言えば、「文章心理学」の基礎理論としていた部分の歴史的進展と、これに対する波多野自身のより幅広い受容の姿勢があったからであると理解しておいてよいだろう。因みに、戦前の『文章心理学』〈初版〉と〈改訂増補版〉では、従来の修辞学（旧修辞学）を全面的に否定し、連想心理学を徹底的に排除して、一方でゲシュタルト理論を全面的に受容し、さらにフランスの社会学的心理学の知見をも取り入れてその基礎理論として援用していたのである。

ところが、戦後になると、新しいレトリック理論の勃興という思潮を踏まえて旧修辞学をも積極的に見直していこうとする姿勢を強く持つに至っている。また新たに、フロイト主義ないし精神分析の手法を援用する一方、連想心理学の意義も再評価していこうとする姿勢を打ち出してきているのである。さらに、新しい基礎理論として、ウィナー（Norbert Wiener）のサイバネテックスの方法のうち、コミュニケーションと情報に関する理論を援用して、文章心理学をコミュニケーション科学の一部として認識していくに至っている。併せて新しいレトリック理論の重要性ということも一層強調していくことなる。

ただ、ここで注目しておくべきことは、次節の「緊張体系」論のところでも見ていくが、初期文章心理学においては、確かにその初版の中にも「旧修辞学の解体」という項目を設定して、表面的には旧修辞学を全面的に否定するという方向を打ち出していたが、その拠るべき中味の大半は他ならぬ修辞学の内容であるという関係である。このことは、文章心理学の原型版である『国語文章論』が「文章の修辞技法の心理学的解明」という課題を掲げていたことからして当然のことであろう。しかし、ここでより重要なことは、波多野がこの作業を通して従来の修辞技法の中に、文章表現上の新しい意義を見出していこうとしていたという事実である。つまり、一九六〇年代にニューレトリック運動が起こって、レトリック理論の再検討が叫ばれてくるはるか以前に、波多野は独自の立場から修辞学の再生ということを企図していたという事実を見逃してはなるまいと思うのである。

なお、「文章心理学」の戦前から戦後にかけての発展・深化の様相を把握していくための時期区分については、波多野自身が行ったもの[10]があるので、ここでは特に論及しないでおくことにしたい。

以上で、文章心理学の生成・発展の過程についての考察は終えようと思うが、このようにして次第にその学問体系を発展させてきたものであるだけに、その研究上の課題もいくつかの部門から規定されるようになってきている。波多野はこれを次のような四つの課題に整理して提示している。[11]

(1)　文章をかく場合の「手法」の心理学的根拠を明らかにする。
(2)　個々の文章ジャンルや作家の文章類型の心理学的基礎をしらべる。
(3)　文章のうつりかわりを心理学的に説明する。
(4)　文章に上達するのにはどういうふうにすればよいかを心理学の立場から研究する。

これらのうち、ここではひとまず作文教育の理論的基礎として直接的に意義ある部門として、(1)と(2)とを押さえていきたいということだけを確認しておくにとどめる。ただ、これらの(1)から(4)までの課題のうち、(4)については「文章の学習心理学」[12]として、これから本格的に研究されていかなければならないのではないかと思われる。そしてこれは、やはり作文教育の側からも取り組んでいかなければならない課題となるのではないかと思われる。

ともあれ、本小論では、波多野が当初より取り組んできた(1)番目の課題に限定して、その中の基礎理論として最も中核的な「緊張体系」論について考察を進めていくことにする。

四　「文章心理学」の中核的理論としての「緊張体系」論に関する考察

「緊張体系」という用語は心理学用語であり、波多野完治自らも述べているように、ゲシュタルト心理学者でグループ・ダイナミックスの創始者となったクルト・レヴィン（Kurt Lewin）が用いた基本的な概念の一つである。[13]近代心理学では、「具体的環境（作者の側から見たもの）を、作者の緊張体系と言つて居る」[14]ということで、波多野はこれを文章心理学の中の最も基本的な概念として用いている。この概念は、文章の〈内容〉面と〈形式〉面とを一元的に捉えていくことを可能とするもので、その意味でも極めて注目すべき用語と判断される。波多野は『文章心理学』初版の中で次のように述べている。[15]

文章には文章の意味の持つ緊張体系と、それ以外の文章の言語的構造から来る緊張体系との二つが重ね合さる可能性があり、これが適当に、上手に重なり合へば、非常に大きな緊張体系の成立を期し得るのである。それは意味としての緊張体系と言語構造としての緊張体系との和ではない。むしろ「積」であり、非常に大きな効果である。

右の文言は、文章における〈内容〉面と〈形式〉面とが共々一定のバランスを保っていかないと望ましい表現効果は得られないということを意味している。こうした点から、この「緊張体系」という概念は、作文教育における文章表現指導の基本原理として援用していけるものと判断される。

波多野は『国語文章論』(以下の引用は特に断りがなければこの書からのものとする)の中で、「緊張体系」とは「我々の外に成立する雰囲気[16]」のことであるとも述べている。そこで、我々が感じている緊張体系の場面を言語によって再現するのは、極めて困難なことであるが、これを何とか果たそうとしてきたところに修辞の技法の真の発生の根拠があるというのである。このことから、波多野は逆に緊張体系再現の可能性を修辞の技法に探っていくことができるのではないかと考えたのである。

波多野はまず、緊張体系再現の方向を大きく二つの面から考えている。一つは、原緊張体系をそのままできるだけ忠実に映し出す方向である。例としては、「顔」を「美しい顔」として形容する場合のような「品質形容詞」による表現、もう少し高度な技法としては、「全体場面を言語的に出来るだけ忠実に活写し、再現する事によって、原緊張体系を浮び上ら」せる「描写」の手法、また「現写法」(=歴史的現在の手法……大内注)、さらには「叙述 Description に属する一切の文章[17]」を挙げている。

二つ目は、原緊張体系をそのままの形でなく、言葉の形に翻訳して表明しようとする方向である。つまり、「言葉のつくり出す緊張体系を原緊張体系に似通わせて、これによつて所期の目的を達しようとするもの」である。例として次のように述べている。[18]

　文章家は、場面が切迫した場面であつたりきぜわしない場面であつたりすると、文章を程よく区切り、句の呼吸を早くする。又懐古的な、反省的な、ゆるやかな場面であると、句を長くとり、文章を長くする。前者の場合には措辞にも注意をして、短い、はつきりした、簡潔な語を使用する様にするし、後者の場合には長い、大まかな、大語を使用する。

さらに波多野は、これらの二つの方向の中間に、これら二つの方向を総合したような方向を想定している。それは、「比喩（或は詞姿）」という修辞技法による緊張体系の再現という方向である。波多野は、「隠喩」「直喩」「声喩」「提喩」等の比喩について、これらが「原緊張体系を再現するのでなく、そのねらふ所は全く、原緊張体系と似た緊張体系を言語的につくり出す点にあり、この点で、第二の方向に近づいて居る様に見えるが、又一方から考へると、それは出来るだけ原緊張体系を、内容的に結びつける事によつて、特殊の効果をねらふのであり、この点では叙述の一種（第一の方向）とも言へるであらう[19]」という捉え方をしている。これらの技法における表現効果の大きさ、特殊性という点から、緊張体系再現の方法としては特別の位置を与えたものと見なすことができよう。因みに、波多野は「比喩」という修辞技法について、次のような極めて注目すべき見解を提起している。[20]

比喩は言ひうるならば言語の本質的機能の一つでさへあり、単なる芸術的なテクニックではない。比喩を連想によつて説明し、これを個人的・技巧的と見なす事はこの点を見おとす事になる。

修辞の技法を、思想と切りはなさないで考へようとすれば、比喩は、新しい考への発見と見なされなければならない。従来普通人には思つても見なかつた二つの事物が、ある角度から見ると全く同一の緊張体系を有する事が出来るのである。すぐれた比喩は全てかかる性質をもつて居る。二つの事物の有する緊張体系が、本来同一の姿態を有するのでなければ、比喩は生れないと同時に（比喩の先験的基礎）、又、これを比喩として現実化した作者はこの事によつて、我々に新しい物の見方を啓示した事になるのである。よい比喩はいつも新しい物の見方の創造である。

「比喩」という修辞技法の持っている創造的機能[21]を見事に抽出した見解であり、しかも極めて独創的な見解であったと判断されるのである。

さらに波多野は、緊張体系再現の方法として、個々の具体的な修辞技法についての吟味を行っているが、この段階では、紙幅の制限もあったとはいえ、なお議論の域を出ないものであったようである。個々の修辞技法についての精細な論究については、波多野自身の以後の研究の深化にまたなければならなかったわけである。

以上、文章心理学の生成と発展の過程を概観し、この中の「緊張体系」という基本的でかつ中核的な概念について考察を加えてきた。最後に、これらの考察を通して浮かび上がってきた、文章心理学の、作文教育の理論的基礎としての意義と今後の研究課題について触れておくことにする。

五　作文教育の理論的基礎としての「文章心理学」の意義と今後の課題

まず第一に、全体として見たときに、この文章心理学大系は、成立の当初より一貫してその基本テーマを文章と人格との相関を問うところに置いてきた。この点が、文章表現を通しての人間形成を根本に据えている作文教育の目的と軌を一にしていると考えられる。

二つ目には、これは波多野完治の文体論的立場からすれば極めて当然のことでもあるのだが、例えばシャルル・バイイ（Charles Bally）の「日常の会話でも我々は唯意味をつたえる以上に、いつも何程か表現的価値をのぞむ[22]」という考え方等を受けて、文章の評価というものを正しい文章とか良い文章とかいう面に分離して行うことを非として、その場面場面の表現的価値に応じて行っていくべきであるという立場を明らかにしている点である。こうした立場は、ともすると言葉を文法的・論理的に抽象化して捉えようとする傾向のある作文教育においても、言葉をもっと具体的に全体的に見ていくべきであるという反省を迫るものとなろう。作文評価の根本的態度として極めて重要な意義を有していると言えよう。

三つ目には、先に論述しておいたところであるが、「緊張体系」という用語の概念が波多野の言うところの「生の感情」と「形式感情」、すなわち文章表現における〈内容〉面と〈形式〉面とを同一の次元で捉えていくことを可能にしているという点である。そして、これら両面からの緊張体系の再現に関して、これらがうまく重なり合った時に、非常に大きな表現効果が生み出されることを明らかにしている点にも大きな意義を認めることができよう。

四つ目には、波多野が「緊張体系」という基本概念を核に据えながら、デュルケーム派の社会学に影響された言語心理学及びアメリカのシカゴ学派に属する社会心理学の言語理論を援用しつつ、修辞技法というものが単に言語上のテクニックなどの問題でなく、その中には、新しいものの見方の創造という意義が存在するということを明らかにした点である。また、修辞技法というものが、主観的にはどんなに優れた言い回しでも、これが集合表象に合わなければ、文章としての役に立たないということ。つまり、修辞は社会的な効果を抜きにしては考えることができないという考え方に基づいて、それが個人的体験を社会化するという手段によって個人の心性を社会的ならしめることに役立つという知見を明らかにした点である。

五つ目には、これも全体的な文章心理学の課題の一つに据えられている知見であるが、文章における自己のスタイルを学習によって習得していくことが可能であると主張し、従来の「文章読本」の類のものとは異なる科学的な裏づけを持った文章の学習心理学としての方向を強く打ち出している点である。この方面での研究は、先にも述べておいたように、これまでの文章心理学体系の中でも最も手薄な、しかも困難な部門のようであるが、むしろこの方面こそは、作文教育学の根本課題とすべきではないかと思われる。

以上が、作文教育の理論的基礎としての文章心理学の意義の一端である。続いて、この学問体系を作文教育の理論的基礎として受容していくための今後の研究課題について触れておこう。

本小論では、「緊張体系」論に中心をおいて考察を加えたのであるが、「文章心理学」の骨格を成す理論としては、「一　社会心理学（社会学的心理学）」「二　実験心理学（ゲシュタルト心理学）と連想心理学」「三　精神分析学」「四　サイバネテックス」の四つの基礎理論と、文章心理学生成の時点からその土台となってきた修辞学理論、新しいレトリック理論等がある。これらのうち、①新しいレトリック理論、②ウィナーのサイバネテックスのコミュニケーションと情報に関する理論とについては、これらを波多野完治がどのように受容してきたか、という面からの考察が是非とも必要ではないかと思っている。因みに、新しいレトリック理論の受容の仕方に関する研究については、拙稿[23]があるので併せて参照願えれば幸いである。

注

（1）本研究に際して拠り所とした基本テキストは波多野完治の執筆になる次の書である。
・『国語文章論』（国語科学講座Ⅸ国語表現学）昭和八年十二月、明治書院。
・『文章心理学―日本語の表現価値―』初版、昭和十年十月、三省堂。
・『文章心理学』改訂増補版、昭和十二年八月、三省堂。
・『文章心理学』新版、昭和二十四年三月、新潮社。
・文章心理学大系1『文章心理学〈新稿〉』昭和四十年九月、大日本図書。

（2）「レトリックの再生」（『思想』昭和九年九月号）という論文は、『文章心理学』初版と、文章心理学大系4『最近の文章心理学』（昭和四十年四月、大日本図書）とに所収。

（3）「レトリックの再生」（『思想』昭和九年九月号、三十二～三十七頁）。

（4）『国語文章論』（国語科学講座Ⅸ国語表現学）昭和八年十二月、明治書院、四頁。

（5）時枝誠記「文章研究の要請と課題」（『国語学』第十五輯、昭和二十八年十二月、八～十頁）。

(6) 前掲書、注(4)、八頁。
(7) 前掲書、注(4)、十頁。
(8) 前掲書、注(4)、十四頁。
(9) 前掲書、注(4)三十〜三十一頁。
(10) 文章心理学大系4『最近の文章心理学』(昭和四十年四月、大日本図書)の中の「文章心理学の三十年」二九四〜三〇六頁。
(11) 文章心理学大系3『現代文章心理学』昭和四十一年四月、大日本図書、三〜六頁(項目のみ引用)。
(12) この方面に関する波多野完治自身の研究に、『実用文の書き方―文章心理学的発想法―』(昭和三十七年六月、光文社)、『新文章入門―心理学的上達法―』(昭和四十年五月、講談社)がある。
(13)『文章心理学〈新稿〉』の十三頁に紹介されているレヴィンの原著名は Dynamic of Personality, 1935 である。
(14)『文章心理学―日本語の表現価値―』初版、三十三頁。
(15) 同前書、四十九頁。
(16) 前掲書、注(4)、三十七頁。
(17) 前掲書、注(4)、四十五頁。
(18) 前掲書、注(4)、四十六頁。
(19) 前掲書、注(4)、四十六〜四十七頁。
(20) 前掲書、注(4)、四十九〜五十頁。
(21) 佐藤信夫がその著書『レトリック感覚』(昭和五十三年九月、講談社)の中で、「発見的認識の造形」と定義した「レトリックの第三の役わり」(十五頁)も波多野完治のこの考え方と重なっていると見てよいだろう。
(22) 前掲書、注(4)、十頁。
(23) 拙稿「作文教育の基礎理論研究―新しいレトリック理論の受容―」(『茨城大学教育学部附属中学校研究紀要』第十三集、昭和六十年三月)、「新しいレトリック理論の作文教育への受容」(『解釈』第三七四集、昭和六十一年五月)。※前者の論考は、本書第Ⅰ部第八章に収録してある。

第六章　波多野完治の綴り方・作文教育論

一　本研究の目的

心理学者・文章心理学者としての波多野完治が、その心理学的な立場から国語教育への積極的な援助活動を展開してきていることは広く知られているところである。それらの援助活動の意義の一端については筆者も前章での考察の他にいくつかの考察を行っている。(1)

本章では、そうした一連の援助活動の中でも、特に昭和戦前期より途絶えることなく続けられてきた綴り方・作文教育の方面での援助活動に目を向けてその足跡を辿り、波多野完治の綴り方・作文教育論の特質と意義について考察を加えていくことにする。

二　昭和戦前期の展開

(1)　綴り方教育史の研究方法に関する考察

波多野完治が綴り方教育に関する発言を始めたのは、昭和七、八年頃からである。この時期は波多野が文章心理学的研究を始めた頃に重なっている。そのせいか波多野は、従来の児童言語のレベルより行う綴り方研究から文章レベルでの綴り方心理の研究方向を暗に打ち出している。「児童言語の研究」は、「それが単語の研究から出発する限り、遂に綴方の研究にまで発展し得ない[2]」と、従来の綴り方心理の研究の貧弱さを批判したのである。しかし、この時点での文章心理学的研究はまだ直接的に綴り方教育に結びつけられていたわけではない。

波多野の文章心理学的研究は、当初、文章の審美性、印象性の問題、すなわち文章の修辞機構の心理的解明を目指していた。[3]これが綴り方・作文教育論と直接交叉する形で言及されるようになるのは、一部分の知見を除いては戦後期の昭和三十年代末からである。それで当初は、むしろ児童心理学的立場から綴り方と児童心性との関渉という問題の立て方を行っている。そうした方面からの成果は、戦前期においては『児童生活と学習心理』（昭和十一年十月、賢文館）、『児童社会心理学』（昭和十三年三月、同文館）、『児童心性論』（昭和十五年四月、賢文館）等の著書において系統立てて明らかにされている。

さて、波多野が国語教育に科学的精神を通していくべきことを絶えず主張してきたことはよく知られている。綴り方教育に関しても手始めに、自らその歴史的研究の方法に関する考察を行っているのは意義深いことであった。

波多野は、「国語教育問題史（綴方）」という論考の中で次のように述べている。[4]

一、この三つの歴史区画は、唯一つの点をのぞいては一致点がなく、三人三様の区画をとつて居ること。（三浦喜雄・木村文助・田上新吉による綴り方教育史区分のこと……大内注）

かやうに区画が決定的でないことは綴方教育史の研究が進歩して居ないためもあるが、主なる理由は綴方教育が、教科書改訂といふやうな画期的事件をかいて居るため、区画がつけにくいことに帰せられる。

二、唯一の一致点は大正五年前後であつて、この点は綴り方教育の真実の大転向点をなして居るために、何人によつても指摘されるのである。従つて綴り方教育史を考へるものはこの前後の「問題」の究明に出来るだけ力をつくさねばならない。
三、綴り方教育思潮は当時の社会思潮との関連が他の教材《ママ》よりも密接であつて、従つて、社会事情の究明と共にでなければ綴方教育の全面的理解は得られない。
四、綴方教育思想を支へたものは当時の文芸思想であるが、大正五年の転機においては、児童観における変革が重要なる要因をなして居る。従つて我々はこの二つの函数の合成的結果としてのみ、正しい綴り方教育思想を考へることが出来る。

ここで波多野は、従来の綴り方教育史研究においては、その時々の児童観の影響が顧慮されていない点を指摘し、また、綴り方教育思潮については、当時の社会思潮との関連を捉え、社会事情の究明を図っていくべきことを主張しているのである。

(2)　綴り方科の性格の究明

そして波多野は、右のような方法観に基づいて、芦田・友納論争、いわゆる「随意選題論争」の考察を行っている。波多野は、この論争がなぜ日本全国の綴り方教育界を二分するような大論争に発展したのかを、まず当時の自由主義教育思潮と機能主義心理学との交渉から解き明かそうとしている。すなわち、大正五、六年頃を中心に教育界を席巻した自由教育の思想が英米を中心とした機能主義心理学と相まって、「児童の自発性」を尊重し児童の創意を絶対視するという風潮を産み出し、随意選題（＝「自由選題」）の発生地盤になったとするのである。しかし、教育の有する根本的性格、すなわち「同一化的方向」（＝社会化の方向）は、こうした自由教育思想の有する「社会の分化的方向」（＝個性化の方向）と矛盾することになる。この矛盾の狭間で苦しんだのが随意選題の人々であり、それ故かかる熱狂的な論争に発展したと分析したのである。

続いて波多野は、以上のような問題がなぜ綴り方科において発現したのかということについて論及し次のように述べている。(5)

綴方は一方において他人にわからせることを必要とし、この点で、社会のもつて居る格式を児童に一つ一つおぼえ込ますことが要求されるが、他方において、子供たちは自分の持つて居るものを社会に放出するのであつて、この点で社会の分化的欲求をこの教科で錬磨せねばならなくなつて居る。綴方では自分を出すことが出来なくてはならない。社会的にあたへられる綴方の格式ばかりをおぼえても、これによつて、自己の個性的特徴をかたることが出来なければ何にもならない。

更に進んで、綴方は自己個性的特徴を表現する許りでなく、かゝる表現の練習を通じて、自分の個性をつくることをやらなければならない。子供の個性は生《ナマ》の個性であるが、綴方教科はこの生の個性を、綴る過程を通じて、成長させることを任務とするのである。綴り方が単なる国語の一分科である限り、それはかやうな作用は無視してもよいが、綴方が修身のおぎなひをつける人生科であるといふ自覚をもつならば、それは、どうしても、社会の分化的方向と、同一化的方向との矛盾に目をつけ、それを何とか解決しなければならなくなる。従つて自由選題と、非自由選題との論争は、綴方が自己の職分に忠実であらうとする限りどうしても当面しなければならない内面的矛盾なのである。

ここで波多野は、綴り方科においては、「社会の分化的方向と、同一化的方向とが、丁度同じ程度に要求され」ているというわけである。なぜなら、綴り方科では、一方で「社会のもつて居る格式を児童に一つ一つおぼえ込ますことが要求」され、他方では「子供たちは自分の持つて居るものを社会に放出する」ので、この点で社会の分化的欲求を錬磨しなければならなくなっているというのである。なお、このような要求は、他の教科、例えば修身や国語科では社会の抵抗が大きすぎ、図画では抵抗が小さすぎて起こらないのだという。

さらに波多野は、この論争の経過の考察において、まず友納友次郎の「練習目的論」の中に、社会学者のデュルケームの考えに極めて近いものが偶然的に存在することを明らかにし、教育一般の中での考え方それ自体としては、基本的に友納のそれに同意している。要するに、友納の「練習目的論」はデュルケームの主張する「社会が子供に向つて要求する最小限の要求[6]」、すなわち「教育の同一化的方向」に極めて近いというわけである。

しかし波多野は、もう一方で、綴り方教育に特有の問題、すなわち綴る過程を通じて子どもの生の個性を成長させるという「社会の分化的方向」という要求も踏まえたところで、随意選題が主張されるようになったことの必然性をも認めたのである。そこで波多野は、この論争の根底にあったのが教育思想上の二つの流れの対立であって、友納が主張したような方法上の問題ではなかったと結論づけたのである。

この考察において波多野は、デュルケームの教育説である「教育の本質を社会化におく」とする考え方を援用しながら友納の「練習目的論」の中にそうした方向を見出したのであるが、一方で綴り方科の持つ「下からの統制」「児童自体からの統制」という特異な性格を踏まえて、〈個性の問題〉を重視した芦田恵之助の「随意選題」の行き方にもその必然性を認め、方法論の上からは暗にこの二つの行き方を統一止揚していくべきことを示唆したものと思われる。「随意選題論争」の考察に基づいた綴り方科の性格に関する実に卓越した知見が示されていると言える。

綴り方科に対する波多野のこのような考え方は、以後の波多野の綴方教育に関する考え方の基本方向を暗示しているように判断される。因みに、この後で波多野は次のような考え方を提起していくのである[7]。

今までの綴方教育者は、人格教育を綴方の目的とした点で非常に正しかつたが、然しこれが、あくまでも言葉を通して行はれるものであることを忘れた。（中　略）

昔の綴方では修辞学をよく引合いに出したものであつた。言葉のあやを教へるためである。然し、綴方が人格教育である限り、単なる言葉のあやなどでは、教へたつて無意味であるし、むしろ有害であらう。綴方教育で必要なのは、言葉のあやが、いかなる思想の相違から出て来るかを教へる点にある。外形的な言葉の美醜でなく、その奥にある思想の色あひを含めた教育である。

かような教育をドイツやフランスでは最近やり始めた。これを「文体教育」といふ。文体教育こそ綴方教育の最も重要な核心であると思ふ。今までの綴方は、言葉からはなれた空中をとんで居たから行きつまつたのである。綴方は人格教科であるが、然しこれはあくまでも言葉を通して行はれる人格教科である。このことを忘れて、綴方教育は成立しない。文体教育は表現自体の教育である。

波多野は、綴り方教育が「言葉を通して行はれる人格教科」であるとして、「文体教育としての綴り方教育」という方向を明確に打ち出しているのである。ここにはすでに、波多野の文章心理学的研究の成果が端的に現れていると判断される。そして、この後で綴り方教育の目的を巡って展開されたいわゆる「生活教育論争」の争点とも関わる重要な知見が示されているとも見なすことができる。

(3)　「生活教育論争」への関わり

昭和十年代には、綴り方教育が生活教育の中心教科であるか否かを巡っていわゆる「生活教育論争」が起こっている。論争の直接の引き金は、当時、教育科学研究会のメンバーの一人であった留岡清男の「生活主義の綴方教育は、畢竟、綴方教師の鑑賞に始まつて感傷に終るに過ぎない」[8]という、綴り方教育に対する痛烈な批判にあった。

波多野は、この論争に関わって昭和十三年に「生産主義教育論の生産性」という論考を発表している。その中で波多野はこの論争の本質部分に触れながら、次のように述べている。[9]

二つの生活主義（以前の「生活表現や、生活指導の綴方」と、今日の「生産主義の生活教育」……大内注）は、その社会的地盤を全くことにして居るのである。前の生活主義は消費層に基礎をおいたものであるのに対し、最近の生活主義は、生産階級に基礎をおいて居る。この二つの生活教育は同じ言葉でありながら、クソとミソ程にちがふといへよう。（中　略）

実を言へば、生産教育の主張者たちが、半分生産者の立場にありながら目的論において「生の原理」をすてきれずに居ることは、彼等が、生産者としての農民児童に接触しながらも、本質において、小市民であることを示すもので、これは教員自体の社会的制約とも言ふべく、やむを得ないことでもあるのである。このやうな障害を克服して、生産教育の真の整合性を得るには唯一つ、教育の背後を、乃至教育をフィグールとして、そのグルントを見ることによつてのみ可能なのである。即ち教育の範囲のみにとぢこもらず、児童のみに目を限定せず、子供の親を、又学校教育のその先を見ることが必要なのである。

ここで波多野は、「生活教育論争」で問題となっていた「生活主義の教育」をその五、六年前まで主張されていた「生活指導乃至生活表現の教育」と峻別すべきことを主張したのである。つまり、前者が「下からの教育思想」であり、「生産主義の教育」であるのに対して、後者が「生の哲学」の影響下に提唱された「消費生活の教育」であることを明らかにした。そして波多野は、留岡清男の考え方が「生産者の立場に立つ教育目的論」であると指摘し、彼による批判が「生活主義の教育」に対する内部批判であることを明らかにしている。要するに波多野は、綴り方教育における「生活」観の違いがこの「生活教育論争」の根底にあることを明らかにしたのであった。

(4)　児童心性の立場に立つ綴り方観と綴り方教育観の展開

波多野は昭和十五年に、『児童心性論』という書を著し、その中で「社会学的な立場の児童心性論」に拠りつつ、「児童自体からの統制」という意味で児童の個性を尊重しつつも、それが「一定の社会的考え方の定理のワクの中」[10]に入れられて初めて、本当に役立つようになるものであるといった考え方を明らかにしている。

こうした考え方は、波多野の教育観の根幹ともなっていたようである。その背景には、児童心理ないしは児童観に関する考察についてエンジェルやデューイ等の「機能心理学」やマクドゥーガル、ゴールトン派の心理学等との関渉があり、加えるにデュルケーム学派の社会学的教育観からの影響が認められる。殊に、デュルケームの教育説からの影響は極めて顕著なものがある。その考え方は、波多野の教育観ないしは綴り方教育観の根幹を成していくものであり、随意選題論争に現れた綴り方科の持つ矛盾的性格もこの教育観によって統一止揚され得ると考えたと言ってもよい。

なお、『児童心性論』という著書の中には、「児童の性格類型と文章」との関係や「児童の綴る時間」の問題等について触れていて、文章心理学理論の若干の適用も見られる。しかし、やはりこれを綴り方教育に積極的に適用していこうとする姿勢はまだ出てきていなかったと見てよい。

三　昭和戦後期の展開

(1)　子どもの感情の〈真の解放〉を図る綴り方教育の提唱

昭和戦後期における波多野完治の綴り方・作文教育論も基本的には、戦前期からの発展の上に展開されてきているると見てよい。ただ、波多野の場合、敗戦後に生まれた社会的・精神的な解放状況の中で、ともすれば安易に考えられることの多かった精神の解放という意味を踏まえて、子どもの感情の〈真の解放〉を図る綴り方教育の在り方について考察している点に注目しておくべきであろう。

波多野は、昭和二十八年に滑川道夫との共著で刊行した『作文教育新論』の巻頭論文において、次のように述べている。[11]

山本映佑に発し、山びこ学校の生徒諸君において見事に結実したようなつづり方は昔なかった。それは現実把握の深さと、それにもとづく「批判」のするどさとである。彼等は現実をみるのに決して昔の子どものように甘くない。そして、そこから大人の世界を冷静にするどく批判している。こういうつづり方は、豊田正子にもなかった。豊田正子はただ現実を子どもの目を通してスドウシ式にうつしただけだった。そのすどうしのうつし自体が、当時にあっては一つの大きな批判であったわけだが、今日の子どもは子どもの立場から一つの批判をしている。

しかし文章そのものはまだ昔の子どもにおよばない。どこからこの劣勢が来るのかわたしにはわからない。批判力がでてきた、というあたかもその事が、文章力の完成をさまたげているのかもしれない。しかしともかく、文章力と、内容とを、わけることができるのはこの点からもあきらかである。
真のつづり方が、文章力と、内容との渾然たる完成に目標がある以上教師はこの点に特別な指導上の工夫をせねばならぬ。

ここで波多野は、戦後の綴り方が現実把握の深さとそれに基づく「批判」の鋭さを備えているにもかかわらず、文章そのものはまだ昔の子どもに及ばないと指摘し、その原因が現実や社会を容易に批判できるようになったというそのことの中にあるのかもしれないと論及している。つまり、安易な精神の解放の上に立つだけでは、決してよい綴り方を産み出していくことはできないと警告し、文章力と内容とを共に大切にしてその統一を求めていかなければ、子どもの感情の〈真の解放〉も図れないのだと訴えていると理解できる。

波多野はまた、戦後の社会状況に対するこのような認識に基づいて、なお封建的要素の残っている社会にあっては、「自己と対決する」という「書く作業」を通して、子ども一人一人の「自我を確立させる」ということも大切であるという主張も行っている。[12]

以上のような主張の背景には、当時作文教育界を賑わしていた表現指導か生活指導かという、いわゆる「作文・生活綴り方教育論争[13]」への思念があったと思われる。すなわち、この論争の対立点を止揚する方向を、戦前の綴り方科が志向していた人格教育という方向に結びつけながら、文章表現力の育成に基づく子どもの感情の〈真の解放〉と、もう一つ、書く作業を通しての「自我の確立」との二つに求めていたと判断されるのである。

(2)　作文過程の組織的把握に関する方向づけ——「第二信号系理論」の導入——

昭和三十年代に入ると、戦後から波多野の新しい研究分野となっていた視聴覚教育との交渉から、いわゆるパヴロフの「第二信号系理論」の導入という方向が生じてくる。波多野はこの頃、「生活・コトバ・作文」という論考の中で次のように述べている[14]。

言語がなくても、ある程度まで本質の認識はとらえられるが、言語なくしては、高度の認識は不可能なことはたしかである。

第一信号を感性的認識、第二信号を、観念的・理性的認識といえる。感性的認識が基礎である。ただし、理性的認識も、感性的把握を強化するはたらきをする。第二信号は、第一信号がなければ成立しないが、いったん成立した第二信号は、第一信号がなくても、これをもちつづけることができる。

完全な認識とは、現象の認識と本質の認識とのほかに、さらにこの二つの認識体系の交渉、弁証法がつかまれることが大切である。現象の認識は、本質の認識をみちびくものであり、本質の認識は、現象の認識の把握へつながるものでなければならない。本質と現象の間を、たえず結びつけていくものでなければならない。これは、今日の作文教育でいう、ガイネンくだきということである。内容のないことばは現象・本質の両方の認識でない。ガイネンくだきということは、生きた理性的認識である。死んだコトバをおぼえたということだけでは、理性的認識ではない。

今まで、理性的認識は不要であり、現象の認識だけでよいのだ、と考えられてきたかの傾向がある。青年期の作文指導の場合、現象の認識と同時に、抽象的な認識をも含まなくてはならない。

ここで波多野は、生活そのものであるところの「第一信号」を「感性的認識」、「コトバ」そのものである「第二信号」を「理性的認識」として、両者の弁証法的な交渉の中から作文が生産されてくることが望ましいと述べているのである。

なお波多野は、「視聴覚教育と作文」という論考の中では、「事物の本質」と「コトバ」との関連を図り、「コトバ」を真に身についたものとするための方法という点で、視聴覚教育と作文教育との間にも共通する面があるとしている。[15] つまり、視聴覚的方法が「概念」や「抽象」というものを「具体化」して教える工夫だとすれば、作文教育もまた、自分の使うことばを、いわゆる「コトバ主義」としてではなく、現実の事物や生活経験に照らして本当に身についたものにするための作業であるという点で、結局この両者が同じものを目指しているということを明らかにしたのである。

さらに、「概念くだきから新しい概念つくりへ」という論考の中では、戦後の生活綴り方運動に対する内在的批判を行っている。つまり、従来、自己を見つめるとか、自己と物事との間の対決を専ら感性的な方面でのみ処理していて、もっと理性的な方面からもぎりぎりまで深く掘り下げていくという努力が足りなかったのではないかという問題提起を行ったのであった。[16]

以上見てきたように、昭和三十年代前半において波多野は、戦後国語教育・作文教育等への反省に立ちながら、戦後の国語教育がことばの通信的機能面にのみ心を奪われ、ことばの持っている思考・思想形成という機能への注意が足りなかったのではないかという点を指摘している。そして、作文教育においてもこのような問題意識に基づいて、従来の感性的認識を主とした生活綴り方教育の方向と理性的認識を主とする文章表現能力育成の方向とを統一していこうとする提言を行っていたと判断できる。

この時期の波多野の提言の中には、視聴覚教育理論や第二信号系理論からの援用と、戦後の新しい社会情勢に対する認識に基づく新たな方向づけとが存在すると見なすことができる。それは要するに、知識・概念とことば、それに経験・生活事象との三者の相互関連を図ったところの「作文過程」なるものを組織的に把握していくべきであるとする方向づけである。こうした方向づけは、この時期においてもなお明確な結論を見出し得ていなかった、いわゆる「作文・生活綴り方教育論争」に対する一つの解答であったとも考えられるのである。

(3)「作文教育の現代化」への方向づけ――新しいレトリック理論の導入――

これまで見てきた戦後期の波多野完治の作文教育に対する援助活動を第一番目のものとすれば、二番目に特筆すべきは、昭和三十年代の終わり頃から文章心理学研究の一環として、新しいレトリック理論への関心を強く持ち始め、これを作文教育と結びつけて考察し始めた点にある。当然のことながら、この頃からは、従来、綴り方・作文教育関係の発言の表面には現れることの少なかった文章心理学理論が新しいレトリック理論を含めた形で、特に作文教育と結びつけて論じられるようになっている。

ところで、波多野がレトリック理論へ関心を持ち始めたのは、つとに波多野が文章心理学研究に手を染め始めた昭和十年前後からであった。それをニューレトリック運動の影響によって前向きに摂取し始めていくのは昭和三十年代の終わり頃からであると思われる。「レトリックの復権」[17]という注目すべき論考が発表されたのもこの頃である。以後、波多野は「近代レトリックの前史」[18]「表現学と修辞学」[19]「文章心理学と修辞心理学」[20]といった論考を相次いで発表し、また、文章心理学大系の第四巻『最近の文章心理学』や第一巻『文章心理学〈新稿〉』等も刊行して、これらの中で新しいレトリック理論の紹介を詳細に行い考察を加えている。そして、この時期から作文教育に関する発言の中に、頻繁に新しいレトリック理論からの援用が見られるようになっている。

例えば、「新しいレトリック」を「作文教育の現代化」という路線に重ねて次のように考察を巡らせている。[21]

作文は「思考」と「言語」との密着の訓練になる。そのかぎりで、作文は生活にむすびついていなくてはならない。そうでないと、単なる言語だけのあそび、すなわち「唯言語主義」を生み出すからである。しかし、子どもの「思考」を言語と密着させながら訓練することが国語教育の目的の一つであるなら、生活とむすびつくことだけを考えるべきではあるまい。言語によって「抽象的」な思考ができるようにすることがたいせつであり、そのためには「思想文」が訓練されなくてはならない。（中　略）

現代化の特色は、書かせるよりも、むしろ「評価」にある。

「評価」の中心は「ホメル」ことにおくべきである。なるべくほめる。よいところをみつけてほめる。（中略）

文末の「評語」。これが大切だ。ここでは、生徒の人格的表現という観点に立って批評をするようにし、このつぎに書く際の注意に重きをおく。（中　略）

作文教育の現代化は「新しいレトリック」という科学によってはじめて可能になったのである。（中　略）

(1)　説得ではなく、同一化を目標にする。今日では、言語活動の目的は、相手を自分のおもいどおりにすることではなく、相手が自分と同一になることである。つまり、「協力」「協働」が最終の目標なのだ。

（中　略）

(2)　スタイルは美化ではなく、真実の表現である。

昔のレトリックではスタイルは、普通以上の上手ないいまわしであった。カザリがスタイルの本質であった。いまのレトリックではスタイルはそういうものではなく、

(a)　作者の人格

(b)　事態の言語化

という二つの要因であろう。

ここで波多野は、レトリックのいわゆる「説得の技術」というものを単なる説得ではなくして、読者との同一化を目標にするという観点で問題にし、さらに文章のスタイルというものを美化とか飾りといった意味合いでなく、「作者の人格」の表現、「事態の言語化」といった要因からの「真実の表現」という位相で捉え直している。

また波多野は、新しいレトリック理論の立場に立って、古代ギリシア以来のレトリック五部門のうち、第一番目の **"inventio"**（＝創構）というところに着目し、これを「アイディアをみつけだす」問題として「表現以前の能力の開発」ということについて論じている点は極めて注目すべきことである。(22)

さらに、この **"inventio"** の部門を芦田恵之助の異色の児童書『綴方十二ヶ月』の内容と重ね合わせて、この中の五つの文話全体が **"inventio"** 部門の「テーマのせんたくと視点の設定」という役割を持っていることを端的に指摘している。(23)

以上のような考え方は、作文教育における題材への目のつけどころ、より確かなテーマの設定といった問題を、新しいレトリック理論を媒介として再認識すべきであると訴えたもので注目すべき知見であると言える。

(4)　心理発達段階に即した作文教授過程の定式化への方向づけ

戦後期、波多野完治の作文教育に対する援助活動として三番目に特筆すべきは、子どもの心理的発達段階を踏まえて、作文指導過程の定式化を図っていくべきであるとする提言である。波多野は、「日本作文の会」が昭和四十一年四月に発表した「生活綴方教育の定式と実践」を批判的に検討しながら次のように述べている。(24)

つまり、この「指導の定式」は「発達の定式」をふまえ、むしろ「発達の定式」そのものとみるとき、たいへんよく出来ているのである。

これが注目すべき第一の理由である。

第二に、この「指導の定式」または「発達の定式」は、「意味スルモノ」と「意味サレルモノ」との双方を考慮し、とくに「意味スルモノ」の主役である子供を考慮に入れているので、言語学的にもたいへん興味あるものになっている。

波多野は、この「指導の定式」が子どもの「発達の定式」を踏まえていて、むしろこれを「発達の定式」そのものであると見るときに、大変よくできているものであると評価している。さらに、この定式がソシュール言語理論の、いわゆる「能記」と「所記」、すなわち「意味スルモノ」と「意味サレルモノ」の双方を考慮していて、特に「意味スルモノ」の主役である子どもを考慮に入れている点を評価したのである。

要するに波多野は、この五段階の定式の妥当性を逐一分析・考察しているのであるが、結論的には、最後の第五段階に関して次のような修正意見を述べている。(25)

わたしの修正意見は、第五段階を、

「第一段階から第四段階までの文形およびその他（詩、アジビラ、私用記事など）のなかから、自分に適した文章をえらび、そのうちの一つまたは二つを他人にすぐれた形で表現できるように指導。」

ということになろう。

このことは、原案のように、第五段階で、「全ての文形」に対してかけるように指導するということではなく、自分に適した一つまたは二つの文形を指導することに、目標をかえることを意味する。

わたしの意見は、生徒はすべての文形に習熟する必要はない。むしろ、一つまたは二つの文形を、充分にかけるように指導するのがよい、ということだ。生徒はすべての文形を「読める」ように教育されるべきだ。しかし、第一から第四まで、四つの文形のみんなを上手にかけるように教育することはどんな教師もできぬのではないか。

（中　略）

だから、四つの文のどれもかきこなす「総合」をねらうべきではなく、一つの文章種類において全体を包含する総合をねらうべきものであろう。

第五段階においては、全ての文形に習熟させる必要はないのであって、一つまたは二つの文形について十分に指導する中で、第一から第四段階までの文形を含めて総合的に指導していけばよいと提言したのである。そして、この提言は、大部後のことになるが、昭和五十七年に改訂公表された「指導段階の定式」において考慮されていることが窺えるのである。

四　考察のまとめ

以上、昭和戦前期から戦後期にかけての波多野完治の綴方・作文教育に関する援助活動と見なせる主な提言を辿ってみた。最後に、これらの提言の意義に関して整理をしておこう。

まず、戦前期においては、綴り方教育史の研究に関して、当時の文芸思潮を踏まえて行っていくべきであるとの方法観を鮮明に提示し、こうした方法観に基づいて、自らも随意選題論争の教育史的意義を明らかにしたのである。そして、このような研究に基づいて、以後の綴り方教育の進むべき方向として、児童心理の立場を踏まえつつ、文体教育としての綴り方教育と、社会的地盤に立つ綴り方教育とを整然と打ち出したのである。

また、戦後期にあっては、視聴覚教育理論や第二信号系理論、新しいレトリック理論、コミュニケーション理論等を援用しながら、一方では戦後の新しい社会情勢に関しても深い洞察を加えつつ、経験と言語と概念との三層間における一般化・具体化というサイクルの中で、感性的認識と理性的認識の両面の指導を目指すことで、かつて人格教科として存在した綴り方科としての本分を戦後の作文教育においても全うさせていこうと努力してきたのである。

こうした方向づけは、昭和二十年代中頃からの、いわゆる「作文・生活綴り方教育論争」における、文章表現指導か生活指導かという争点をより高次のレベルから統一止揚するものであったとも言えよう。

一方、昭和三十年代の終わり頃から積極的に受容を始めたと思われる新しいレトリック理論は、文章心理学理論に一層の厚みを加えてきた。そして、これらが共に国語教育における読みの基礎理論であると同時に、作文教育における、表現以前から表現以後にまで及ぶ包括的で、体系的な理論的基礎たり得るものとなってきたと言ってよい。

波多野完治の綴り方・作文教育に対する時宜を得た的確な援助活動は、そのひろやかな卓越した識見と柔軟な姿勢から生み出された、まことに貴重な業績であり、今日なお作文教育に対して適切な進路を指し示していると考えられる。

注
（1）拙稿「波多野完治の国語教育論—第二信号系理論の援用—」（『学芸国語教育研究』第二号、昭和六十二年十月）、「波多野完治の国語教育論㈡—児童心理学理論の援用—」（『学芸国語教育研究』第三号、昭和六十三年五月）、「比較国語教育論の生成と展開—波多野完治の国語教育論㈢—」（『学芸国語教育研究』第四号、昭和六十三年二月）。

（2）「綴方教育の心理学的批判」（『教育・国語教育』昭和七年九月号）。
（3）『国語文章論』（国語科学講座Ⅸ国語表現学）昭和八年十二月、明治書院、四頁。
（4）「国語教育問題史（綴方）」（『教育』昭和九年九月号、三十六頁）。
（5）「自由選題論争の歴史性」（『教育』昭和十年二月号、三十五〜三十六頁）。
（6）同前誌、注（5）、四十六頁。
（7）「表現学と綴方教育」（『教材集録』昭和十年六月号、波多野完治著『児童生活と学習心理』昭和十一年十月、賢文館、所収、二七五〜二七六頁）。
（8）留岡清男「酪聯と酪農義塾」（『教育』昭和十二年十月号、六十頁）。
（9）「生産主義教育論の生産性」（『教育』昭和十三年五月号、二十四〜二十八頁）。
（10）『児童心性論』昭和十五年四月、賢文館、九十頁。
（11）「綴方の心理学」（『教育』昭和二十七年七月号、波多野完治・滑川道夫共著『作文教育新論』昭和二十八年一月、牧書店、所収、十二〜十三頁）。
（12）「現代の作文教育」（『作文教育講座1作文教育の理論』昭和二十九年十一月、河出書房、六頁）。
（13）拙著『戦後作文教育史研究』昭和五十九年六月、教育出版センター、参照。
（14）「生活・コトバ・作文」（『作文と教育』昭和三十年五月号、四頁）。
（15）「視聴覚教育と作文」（波多野完治他編『作文教育講座6現代教育と作文』昭和三十年七月、河出書房、一二〇〜一二四頁）。
（16）「概念くだきから新しい概念つくりへ」（『作文と教育』昭和三十一年九月号、二十六〜二十七頁）。
（17）「レトリックの復権」（『文学』昭和三十三年八月号）。
（18）「近代レトリックの前史」（表現学会編『表現研究』第二号、昭和四十年四月）。
（19）「表現学と修辞学」（表現学会編『表現研究』第六号、昭和四十二年九月）。
（20）「文章心理学と修辞心理学」（日本文体論協会編『文体論研究』第五号、昭和三十九年十一月）。
（21）「国語教育の現代化」（『教育学全集5言語と思考』昭和四十三年三月、小学館）。
（22）「表現以前の能力をどう開発するか」（『国文学』臨時増刊、昭和四十三年十二月、五十七〜五十八頁）。

(23)「芦田恵之助の綴り方理論の心理学」(『小六教育技術』昭和四十六年六・七月号、『綴方十二ヶ月〈復刻版〉』別冊、古田拡・野地潤家共編『綴方十二ヶ月の意義と価値』昭和四十六年八月、文化評論出版、所収、三十五頁)。
(24)「作文教授過程の定式化について㈠」(『作文と教育』昭和四十七年十一月号、十頁)。
(25)「作文教授過程の定式化について㈡」(『作文と教育』昭和四十七年十二月号、十九頁)。

第七章　時枝誠記の作文教育論

一　本研究の目的

国語学者時枝誠記が国語教育に深い関わりを持ち、この方面に極めて大きな貢献を果したことは広く知られている。それだけに時枝の国語教育論や読みの理論に関する研究も少なくない。しかし、残念なことにこれらの研究の中に時枝の作文教育に関する考え方や主張に関わる研究を見ることはほとんどない。[1]『時枝誠記国語教育論集』全二巻（昭和五十九年四月、明治図書）の中でも作文教育論関係の論考の重要なものはほとんど欠落してしまっている。[2]したがって、この論集からでは時枝の作文教育論の骨格を把握することができない。

時枝の作文教育論には、主に昭和三十年代当時の作文教育思潮に深く関わると思われる面があり、また、作文教育の本質的な課題を鋭く照射している面もあって、今日、十分検討に値するものがあると考えられる。そこで、本小論では、以下に時枝の作文教育論に関する考え方や主張について、その骨格と意義とを明らかにしていくことにする。

二　言語過程説に基づく国語教育観

時枝誠記の作文教育論は、その国語教育観に深く関わっている。その国語教育観とは、言うまでもなくその独自の言語観である言語過程説に基づいている。それは、時枝自らも述べているように、「言語過程説の理論の国語教育への応用」として築かれたものというより、「言語過程説の理論の追及発展として成立した」ものである。[3]

そこで、ここではまずこの言語過程説の特質について概略見ておくことにする。時枝は「心的過程としての言語本質観」[4]という論文において、ソシュール（F. de Saussure）の言語理論における自然科学的な言語構成観を批判した。そして、「言語の具体的な姿」を「精神、生理、物理に互る処の心的過程としての人間の行為」として把握するところから出発した。すなわち、言語を「精神的実体」としてでなく、「人間行為の一形式」として把握したのである。[5]

また、時枝は言語が「主体（話手）」「場面（聴手及びその他）」「素材（事物）」の三者の制約の下に成立するとした。[6]この考え方にしたがって、言語がそれ自体で主体の価値意識の対象であり、主体の技術的行為の所産であるとして、これらの価値や技術を抜きにしては言語というものを考えることはできないとした。さらに、聴き手を中心とする場面が主体の言語表現を制約する一方で、主体の表現態度が逆に場面を変化させるものであると捉え、また、言語は事物の模写ではなく、言語主体の、素材に対する意味作用の表現であると考えたのであった。

時枝が言語の成立条件をこのように考えたということは、言語の事象というものを、これを取り巻く人間的事実との関連において把握しようとしたことになるわけで、ここに言語過程説が国語教育の実践に連結されていく必然があったと言えるわけである。

こうして時枝は、言語過程説が「国語に対する知的認識の体系」であると同時に、「言語の実践体系」をも示すことになるとして、そこから「言語行為の主体」「言語の表現形式」「言語行為の技術」という三者を分析していく。[7]そして、これらが国語教育における読解や作文の方法を規定していくものと捉えていくことになるのである。

以上のような言語観に基づいて、時枝はやがて、国語教育の目標を「国語の認識を確立することではなくして、国語の実践の確立を目指すこと」、すなわち「国語の主体的立場の完成」を目指すところにおいていくことになる。(8) 時枝は国語教育の性格・特質に関して次のように述べている。(9)

国語教育の教育内容を、児童生徒の言語的実践行為即ち表現行為と理解行為であるとする時、国語を教育するといふことは、児童生徒に、そのやうな実践行為を遂行する、態度、技術、方法、総じて言語行為の能力を身につけさすことである。

ところで、ここで注意しておかなければならないことがある。それは、時枝が様々な目的に応じて行う言語行為に必要な〈技術〉というものについては、これを道具を運用するといった意味での技術というものでなく、「表現行為、理解行為という、自己の行為そのものを調整するところの技術である」(10) と述べている点である。つまり、時枝は、言語過程説によって、ソシュール等の言語構成観が言語の意味内容と対立させて、言語から極力排除しようとした〈技術〉の概念を新たに引き出したわけである。

そして、これを単に物を操作するという意味でなく、自分自身を調整するという意味で、その人格に根ざしているものと捉えて重視したのである。よって、時枝はここに国語教育における人間形成の契機というものも、国語教材の思想内容にあるとするのでなく、読むこと・書くことの訓練そのものにあると考えたのである。こうした考えに基づいて、時枝は国語教育の目標を「技術の教育」すなわち「かた」の教育であるとしたのである。

以上が、時枝の言語過程説に基づく国語教育観である。続いて、時枝の作文教育論について考察を進めていくことにする。

三　言語過程説に基づく作文教育論

時枝誠記は、まず、作文教育の性格・特質を「読み方教育が、表現の媒材を手がかりとして、作者なり筆者なりの思想を理解しようとする態度、方法、技術の教育であるのに対して、作文教育は、表現することによって、自己を相手にわからせようとする態度、方法、技術の教育」であると捉えている。そして、当面する作文教育の不振という事態について、その原因を「作文教育の方法に困難があること」にもよるが、同時に「読解作業とは異なる表現ということ自身に存する大きな困難さ」に基づくものであると述べている[11]。

そこで時枝は、作文教育の課題を作文教育に関する面と、文章を作る実践に関する面との二つの方向において設定している。後者については、『文章研究序説』（昭和三十五年九月、山田書院）にまとめられていく文章表現原理の研究によって見ることができる。これについては、後から考察を加えることにして、まず前者の作文教育の方法についての時枝の考え方について見ていくことにする。

(1)　作文教育の方法に関する提言

時枝誠記は、作文教育の方法に関して、従来のような教師の過重な負担を軽くするために、講読の場合と同様に学校教育という制約と条件とを考慮することが大切であるとして、「作文科の単元学習」という方法を提唱している。これは、作文制作活動を分析して各活動についての重点的な訓練を行い、従来のような作文の機会はこうした分析的な基礎訓練の実演のために設けるべきであるとしたのである。作文の実演も「朋友間の手紙の交換や、宿題の報告や、試験問題の作成や、自治活動の掲示等」においてなされるべきであるとした。また、作文の教室は、生徒の作品に対する「個人的な添削や批評に不当な努力を傾けることから解放されなければならない」とも述べている。[12] そして例えば、次のような基礎訓練を行っていくところと心得るべきであると主張している。[13]

三、作文科の単元
一、記載の文字とその用法に関する訓練。
二、文法上の用法に関する訓練。
三、表現の相手を確認すること。
四、時間的に推移する事柄を記述する訓練。
五、空間的な事柄を記述する訓練。
六、心の中の事を記述する訓練。
七、題材を切取ることの訓練。
八、記述をどこから始めるかについて考へること。

ところで時枝は、作文教育における「かた」の教育、すなわち「表現の方法」の教育という考え方については、従来の事柄優先、題材・内容優先の作文指導の行き方を修正する意図を抱いていたと見ることができる。そこで時枝は、指導者が子どもの目を「書き方」の方に向けさせていくために、敢えて「かた」の教育を強く打ち出す必要があるのだと主張する。したがって、時枝は「かた」の教育と「こと」の教育とを対立させて捉えていたのではなく、あくまでも戦前からの題材・内容主義の綴り方教育や、戦後の縄のれん式と揶揄された経験主義国語教育等を批判する立場から、「かた」の教育を強く打ち出していったものと理解することができる。[14]

時枝は、「作文教育の意義目的」を「社会生活における実用に応ずるところ」と「人間が自己をどのようにして表現するかの態度、技能を教育するという任務」とにあるとした。[15] そして、後者の自己表現というものを適正に行わしめるための方法に関して次のように述べている。[16]

作文教育が、上のような意義（「適正な自己表現の教育」……大内注）を発揮するために必要なことは、学校で自己表現の方法を教え、またそのような能力を身につけさすことである。今まで作文教育では、〝思ったこと見たことをありのままに書く〟ということを唯一のモットーとして教えて来た。このような指導は、模範例文をなぞることを作文の方法と考えていたことに対する批判と見れば、一応その意味はわかるが、実はこのような指導は、作文の方法を教えたことには少しもならないのであって、悪くいえば、無責任な突っぱなしに過ぎないのである。このような突っぱなされた生徒の唯一のたよりどころは、異常な経験と題材とを持ち合わせることである。書きたいという興奮に駆《か》られるような題材にぶつかったとき、自然に作文ができるので、日常平凡な経験を文章に表現するなどとはとうてい考えられない。かつて〝ドロンコ天国〟という一少女の生活記録が評判になったとき、〝うちのかあちゃんはチンドン屋じゃないから、ぼくはあんな作文は書けない〝。とひがんだ子どもがいたという話を聞いたが、教師も生徒も、異常経験、異常興奮あるいは霊感というようなものにたより過ぎ、それが作文の唯一の原動力であるかのような錯覚にとらわれていはしないか。これを裏返せば、作文教育の眼目が、表現の方法の教育にあることが、見落とされていることを意味するのである。

〝思うまま見たままを書く〝といっても、思うまま見たままという意識状態は、一般には混沌《こんとん》としたものであって、それがそのまま文章に表現されることは不可能である。もつれた糸屑《くず》のような混沌を糸巻にとるには、まず最初に緒（いとぐち）を見出す方法が教えられなければならない。もし子どもたちが、混沌からたいせつな糸口を見出す方法が教えられたとしたならば、それは子どもにとって何ものにも代えられないよろこびであるに違いないのである。

時枝は、ここで従来の指導が「異常経験、異常興奮あるいは霊感というような」特殊な題材・内容に頼り過ぎてきたことを批判している。そして、今後は学習者が「もつれた糸屑《くず》のような混沌を糸巻にと」れるような「緒（いとぐち）を見出す方法」を教えていかなければならないと主張している。

さらに時枝は、作文の授業形態についても、近代の学校制度に合わせて作文の処理等を従来のように自宅にまで持ち込むことを防止するような、作文が教室内で処理されるような形態を工夫するべきであると主張している。[17]具体的には「教室の全員が、構想の仕事を負担」するような指導の工夫、教師対一生徒の個人教授の集合でなく、「生徒相互の交渉」という面を生かした授業形態を作り出す必要を提唱したのである。[18]

以上が、時枝が掲げた作文教育の二つの課題のうち、作文教育の方法に関する見解である。続いて、二つ目の課題であった文章を作る実践に関する面、すなわち文章表現原理の研究ということについて、時枝の研究成果に即して見ていくことにする。

(2) 作文教育の基礎研究——文章表現原理の研究——

時枝誠記が国語学において文章論という領域を初めて提唱したのが、『日本文法口語篇』であることはよく知られている。この書の中で時枝は次のように述べている。[19]

文章を対象として研究することは、一個の教材をそれ自身一の統一体として取扱はねばならない国語教育の方面から、現実の問題として強く要請されてゐることである。それは、国語教育の当面の問題は、語でもなく、また文でもなく、実に統一体としての文章（音声言語の場合も含めて）であるからである。国語教育に於いては、問題は文章の理解と表現との実践、訓練にあることは勿論であるが、そのやうな教育活動の根底に、文章学の確固たる裏付なくしては、その教育的指導を完全に果すことが出来ない訳である。

ここで時枝が、文章研究の要請が国語教育の方面からの現実的な問題として強く出てきていることを指摘している点は注目させられることである。国語学者であった時枝の国語教育との関わり方が生半可なものでなかったことを裏づける事実である。時枝はまた、文章すなわち「書きことば」について、「思想伝達の相手を、目の前にしない表現行為であり、また特定の読み手を予想するのでなく読み手一般を相手にするものである」という特質を指摘して、この特質に応じるために、それなりの表現技術と書き言葉の機能的な意味を明らかにしておくべきことも主張している。[20]

こうした問題意識に基づいて時枝は、まず「文章表現と素材との関係」について大変興味深い考察を行っている。時枝は、「表現と素材との間には、相互に対者を、選択する関係が認められる」としている。そこで、時枝に拠れば、言語表現は線条的に展開して、継時的全体を形作ることを根本的な性格としているので、この性格に近い性質をもった素材を表現することは、素材の時間的な連続性をそのまま言語表現の線条的展開に乗せていけばよいので比較的容易であるということになる。

ところが、どこが始めとも終わりともつかないような同時的存在の事物を文章に表現していくのは、非常な困難が伴うとする。それはこうした素材を文章に表現するには、「素材に対して何らかの操作を加へ、初めと終わり、基本と末節といふやうな、ある序列をその中に見出すことが必要になつて来る」からであるというわけである。つまり、素材より表現に至る中間に「素材の改編、組み替へ」という作業を差しはさまなければならなくなるからであるというのである。

そこで時枝は、この改編・組み替えの仕方について、次のような四つの場合を提示している。[21]

㈠　継時性素材といへども、それがそのまま文章表現に乗せられることは稀で、何等かの意味で、首尾本末が設けられる。（中　略）

㈡　静止してゐる事物を、時間的推移のものに置きかへて叙述する方法。（中　略）

㈢　静止してゐる事物を、これを見る者の視点の移動において捉へることによつて、継時性素材に置きかへて叙述する方法。

㈣　素材の論理的構造の分析に基づいて、その論理的構造を、線条的序列に置きかへて文章表現に乗せる方法。

このような「同時的秩序を持つた、静止的素材」を「継時的線条的な文章表現に乗せ」るための素材の改編・組み替えという方法は、作文教育の方法論を本質的に考察していこうとする試みとなっている。従来の作文教育の指導過程・方法論において、「取材→構想→記述……」と考えられてきた〈取材〉〈構想〉過程の部分に対して表現機構的側面から本質的に掘り下げて考察を加えたのであった。文章表現の困難さ、すなわち作文指導の困難さを取り除いていくためには、まず取材・構想という指導過程をこのようなレベルにまで掘り下げて、その上での指導の手立てというものが考えられていかなければならないということを端的に示した知見と言えよう。

なお時枝は、ここで「静止性（同時性）の素材が、文章表現に形象される」には、「素材そのものの論理的構造が明かにされることと、それを線条的に排列する作業とを必要とする」と述べ、「素材の論理的構造の認識のためには、素材的事物に対する深い本質的洞察を必要とする」と指摘している。このことは、表現主体の素材・題材を見る眼と心、すなわち認識面に表現面が密接に関連していることを表明する考え方でもあると理解すること
ができる。このことから、作文指導では、表現主体の心の向きを整えてやること、すなわち認識面の指導の大切なことが理解されるのである。

さらに時枝は、このような研究の成果をまとめた『文章研究序説』において、「文章の表現形式の特異性」について考察を行っている。それらは、すでに見てきたところの文章の「時間性（線条性、継時性）」、「文章における冒頭」の果たす役割の分析、そして、「文章における展開」という特質の把握ということ等である。(22)こうした文章表現の特質を踏まえていくことが、読み方教育のみならず、表現の方法の教育にも必要であるという主張につながっていくのである。

ところで、この文章表現原理の研究の中で、作文教育にとって極めて重要な部分がもう一つある。それは、言語の場面と文章との関係という問題である。時枝は、「言語における場面的対象の中心は、聞手であり、読手であり、総じて表現の相手である」と捉え、「言語において、場面を考へることの最も重要な意義」を「言語が、主体とその相手との間に、種々な人間関係を構成する機能」に認めている。(23)そしてここから時枝は、文章表現を相手との関係において様々に類別する一つの基準を求めていくことが可能になると主張したのであった。

以上のような文章表現原理に関する考察に基づいて、時枝は作文指導の内容に関して、いくつかの重要な見解を提起したのである。その一つは、文章が時間的継起的な形式において成立するものであるところから、それが「表現される素材や材料の組み合わせや構成によって成立するものでなく、表現の出発点である『冒頭』や『書

き出し』の展開において成立するものである」という考え方に基づいて、冒頭をどのように置き、書き出しをどのように始めるかという作文の方法が考えられてくるとしたことである。

さらにいま一つは、児童生徒に表現の相手をどのように意識させるか、相手との間にどのような関係を構成させるか、要するに表現における姿勢の指導というものが考えられてくるとしたことである。この考え方は、時枝の「言語過程説」において、表現の相手を「場面」という概念で包み、この場面と表現者との関係の多様性から、様々な文章の種類が規定されてくるという事実を踏まえて導き出されたものである。時枝は次のように述べている。[24]

表現者が、相手をただ自分の思想の同調者の位置に立たせようとするか、相手を行動に駆り立てようとするか、あるいは、相手を意識せず、表現者がただ表現の満足を求めて表現しようとするか等々によって、学習指導要領の中に示されている通信文、記録文、説明文、報告文、論説文、感想文、感動文、等の言語活動諸領域が分かれる。

なお時枝は、この文言に続いて、学習指導要領（昭和三十三年版）に示されている右の「言語活動諸領域」を「ただ基礎技能を指導する場として、位置付けているに過ぎない」と指摘し、これらを「単に学習の場と見るべきでなく、作文教育の内容と見なければならないもの」であると主張している。

以上が、時枝誠記の作文教育に関する考察と主張の骨子である。

次に、これらの見解と主張点の意義に関して簡潔に整理をしておくことにする。

四　時枝誠記の作文教育論の意義

時枝誠記の国語教育・作文教育論全体を通しての特徴的意義は、国語・作文教育における人間形成・人格修養の契機というものを、国語教材や作文題材の思想内容にあるとするのでなく、読むこと・書くことの訓練そのものにあるとした点にある。そして、この訓練の中心に据えたのが「技術」である。しかも、この際の技術とは単に道具を操作する、使いこなすといった意味でのそれではなく、表現行為・理解行為といった自己の行為そのものを調整するという、人格に深く根差したところのものであった。そこで、当然国語教育・作文教育の目標も、「技術の教育」すなわち「かた」(=表現の方法)の教育であると規定したのである。

ただ、この場合時枝は、「かた」の教育に対して、「こと」の教育を全面的に否定し去ったわけではない。従来の事柄優先、題材・内容優先の、あるいは戦後の経験主義国語・作文教育の方向を修正しようとする意図から、敢えて「こと」と「かた」とを対立的に取り上げたと理解することができる。ともすれば、事柄・内容の方にのみ向きがちな学習者の目を読み方、書き方という「かた」の方に向けさせていくために、敢えて「かた」の教育を強く押し出したのだと理解することができるのである。

なお、時枝の作文教育の方法に関する提言の中では、作文指導の授業形態の問題と絡ませて、作文処理の効率的な方法の工夫について、従来に例を見ない大胆な改革案を提起していることも傾聴に値するであろう。

時枝の作文教育論で、二つ目に特筆される点は、作文教育の基礎研究に位置づけられる文章表現原理の研究である。

この中で最も重要な意義は、文章表現と素材との間には、相互に対者を選択し合う関係があることを指摘して、素材を表現に乗せていくためには、素材に対して何等かの改編・組み替えという操作を加えていかなければならないことを明らかにしたことである。このような本質的原理は、必然的に表現主体の素材を見る眼と心の養い、すなわち認識的能力の育成という考え方に通じていく。素材的事物・事象の本質を見抜く力を養っておけば、その素材が例え、時枝が言うところの異常体験や異常興奮をもたらすものでなくとも、そこに一定の表現に値する価値を見出していくことが可能となる。その意味で、素材から表現に至る手続きの中間に、素材の改編や組み替えという操作を加える必要性を指摘したことは、表現以前の能力である認識的能力を文章表現力と有機的に結びつける手掛かりを示したということになるのである。

また、文章における冒頭の果たす役割の分析的研究は、読みの理論においてだけでなしに、作文の「書き出し」文の指導にも重要な手掛かりを与えることとなった。さらに、文章における場面論は、作文指導における「相手意識」の指導と「文種別指導」の重要性を原理的に明らかにしたことになる。

時枝の文章研究は、時枝自ら『日本文法口語篇』で述べたような国語教育の根底に据えられるべき「文章学」という体系性を備えたものとは成り得なかった。しかし、これまで見てきたような点において、作文指導における極めて重要な原理的部分を解明し得たことは意義深いことであったと言えるのである。

以上が、時枝誠記の作文教育論の意義である。

時枝が作文教育に関しても熱心に発言するようになった昭和二十年代末から三十年代にかけては、文章表現指導、表現の方法の指導という面に関して必ずしも行き届いた指導が行われていたわけではない。やがて、昭和三十年代に入ってようやく系統的・分析的作文指導ということが叫ばれるようになってくる。時枝もそうした動向に棹さしていったわけである。

時枝の作文教育実践の原理は、今後の広い意味での表現教育の発展に果たす役割として極めて注目すべきものがあると言える。時枝の作文教育論が十分に吟味され活用されていかなければならないのは、むしろこれからではないかと思われる。

注

（1）時枝誠記の作文教育論についての先行研究としては、管見では『近代国語教育のあゆみⅠ』（昭和四十三年十一月、新光閣）の中の「人と業績」（増淵恒吉稿）において若干の考察が加えられているのを見るだけである。

（2）時枝誠記の作文教育論として特に重要なものは次のような論文である。

・「作文教育の方法について」（『実践国語』昭和二十九年一月号）。

・「文章表現と素材との関係」（『教育科学国語教育』昭和三十四年八月号）。

・「人間形成のための作文教育」（『中等教育資料』昭和三十七年七月号）。

・「言語過程節に基づく作文教育観」（『教室の窓』第十二巻第四号、昭和三十八年四月）。

これらの論文が一編も『論集』の中に入っていないのは極めて遺憾なことと言わなければならない。

（3）時枝誠記著『改稿国語教育の方法』昭和三十八年六月、有精堂、〈はしがき〉四頁。

※以下の著書・論文で著者名が記していないものは、全て時枝誠記の執筆になるものである。

（4）「心的過程としての言語本質観」㈠・㈡（『文学』昭和十二年六月号、七月号、『国語学原論』昭和十六年十二月、岩波書店、所収）。

（5）「言語の存在条件―主体、場面、素材」（『文学』昭和十六年一月、二頁、『国語学原論』所収）。

（6）同前誌、注（5）、四頁。

（7）前掲書、注（3）、十三～十四頁。

（8）「国語科学習指導要領試案」（『新しい教室』第三巻第三号、昭和二十三年二月、四十五頁、『時枝誠記国語教育論集Ⅰ』昭和五十九年四月、明治図書、所収）。

（9）前掲書、注（3）、六十頁。

（10）前掲書、注（3）、六十五頁。

(11)「言語過程説に基づく作文教育観」(『教室の窓』第十二巻第四号、昭和三十八年四月、二～三頁)。
(12)『国語問題と国語教育』(昭和二十四年十一月、中等学校教科書株式会社)の中の「八　国語科学習指導要領試案(作文編)」(二二七～二二八頁)から。※この部分は、『時枝誠記国語教育論集Ⅱ』に収録された『国語問題と国語教育』(昭和二十四年に出版されたものでなく、昭和三十六年十月に出版された増訂版からの収録だったためであろう)の中からは削除されていて見ることができない。
(13)同前書、注(12)、二二九～二三〇頁。
(14)「かた」と「こと」の教育に関する時枝誠記の考え方を知るのには次の文献が参考になる。
・「時枝誠記の人と業績」の中の座談会「経験主義批判をめぐって」(昭和四十年九月十一日付、倉沢栄吉他著『近代国語教育のあゆみⅠ』昭和四十三年十一月、新光閣、所収)。
(15)前掲誌、注(11)、三頁。
(16)「人間形成のための作文教育」(『中等教育資料』一三四号、昭和三十七年七月、三十三頁)。
(17)作文処理を効率的に行うための工夫・手立てについては、昭和三十年に、中学生を対象とした大村はまによる「能率的処理方法」(波多野完治他編『作文教育講座4作文指導の方法㈢』昭和三十年三月、河出書房)の実践事例がある。
(18)「作文教育の方法について」(『実践国語』昭和二十九年一月号、二十八頁)。
(19)『日本文法口語篇』昭和二十五年九月、岩波書店、二十一頁。
(20)「かきことば」(『国語教育講座』第一巻「言語生活　中」昭和二十六年九月、刀江書院、七頁)。
(21)「文章表現と素材との関係」(『教育科学国語教育』昭和三十四年八月号、八～九頁、『文章研究序説』昭和三十五年九月、山田書院、所収)。
(22)『文章研究序説』昭和三十五年九月、山田書院、〈目次〉から。
(23)同前書、注(22)、一七八頁。
(24)前掲誌、注(11)、七頁。

第八章　新しいレトリック理論の作文教育への受容

一　本研究の目的

日本では、国語教育の基礎学として国文学と国語学は考えられるが、外国のような修辞学（レトリック）の講座がない。表現というものが本格的に講説されていない。そういうところに、一方で文学的な作文能力になり、他方で形式面・言語面を主とする文章表現力になる根本原因があるように思う(1)。

輿水実の指摘である。この文言には我が国における作文教育のひずみの一端、すなわち従来の文章表現能力育成に関わる根本問題が鋭くえぐり出されている。文章表現を表現効果という面から見れば、そこに理論的・客観的な文脈と共に情的・主観的な文脈の存在を認めることができる。また、文章表現は書き手と読み手との間の説得し納得するという相互の意思の交流関係によってそこに人格的・社会的意味を生じてくると言える。文学と言語の中間の谷間に位置していると思われるレトリックが新しい意味から見直されてきている背景には、表現というものに対するこのような認識があるからであろう。

ところでレトリック理論は、歴史的に作文教育と深く関わってきている。それは明治期に我が国に輸入され、「修辞学」「美辞学」「文章組立法」等と呼ばれて、当時の作文教育に大きな影響を及ぼしている。しかし、これらも大正期に入ると火が消えたように衰微してしまったと言われている。その受容と展開、衰退への過程に関しては滑川道夫の『日本作文綴方教育史1明治篇』に詳しく論及されている。この中で滑川は、文章研究の一般理論としてのレトリックは衰退したが、その影響は大正期綴り方教育の中に沈潜して長く存続していったと指摘している。(2)その影響の功罪については別途綿密な考証を必要とするところであろう。

本小論で考察を加えていこうとしているのは言うまでもなく昭和期に入って興隆してきた新生レトリックである。その実体は文体論的展開からコンポジション的展開まで極めて多彩である。フランスを中心に生成した文体論もアメリカを中心に生成したコンポジション理論も全て新生レトリック理論の母胎である古典修辞学から派生した理論であったからである。そしてその影響は、近年国語教育・作文教育界にも徐々に及んできている。大いに結構なことであるが、ここに一つの懸念が生じる。かつて、いわゆる旧修辞学が陥ったような「言葉のデカダンス」(3)を招くかもしれないという懸念である。今日なお生成・発展の途上にある新生レトリックが教育のプロセスの中に組み入れられたために「(1)俗流化・(2)卑小化・(3)形式化(4)」されてはならないのである。

したがって、この新生レトリック理論を国語教育・作文教育の方面で受容していくには、当然のことながらいわゆる古典修辞学の歴史や旧修辞学の問題点等をつき合わせつつその効用を検討していかなければならない。その作業の一端はすでに諸家によって行われてきている。そこで以下に、これらの中の代表的な成果を紹介しつつ、新生レトリック理論の特質と意義とを見定めていこうと思う。

二　構想力の論理としてのレトリック――三木清の場合――

三木清が昭和十三年に発表した「解釈学と修辞学」という論文は、修辞学の論理を哲学的立場から独自に考察して、そこに新たな意味を付与しレトリック復権への先駆けを成したものと見なすことができる。この中で三木は、古代ギリシアに生まれ発展してきた修辞学の意義を検証しつつ、そこにレトリックの今日的な意義を見出そうと努めている。

まず、プラトンによる修辞学批判を辿りつつ、修辞学が一方では弁証論に、他方では心理学に基礎をおくことによって「説得の技術」としての目的を達することができるという考えを導き出している。つまり修辞学を「心理と論理との統一として、言ひ換へれば主観的なものと客観的なものとの統一として技術に属する」[5]というわけである。

続いて三木は、修辞学をより積極的に評価し発展させたアリストテレスの考え方を辿りつつ、彼が現実の言葉を「一、話す人、二、それに就いて話されるもの、三、聴く人」の三要素に「構造附けられた一全体である」と捉えたと指摘する。そして修辞学では、聴き手を説得しその信を得るための根拠として、彼が「一、話し手のエートス（性格）」「二、聴き手のパトス」「三、ロゴスそのもの」[6]の三つを区別しているとも指摘した。

三木はアリストテレスのこのような考え方から、修辞学がパトス（情念）論と密接に関係し、さらに「聴く人のパトスによつて規定されるのみでなく、他方話す人自身のパトスによつて規定される」として、これが「何よりも話す人の人間、性格、即ち主体的なものを現はす」（一四七頁）という考えを導き出している。そして「論理的思考」が真理性に関わるのに対して、「修辞学的思考」は真実性に関わると捉え、それ故に表現は「主体的真実性」に関わるというのである。そこで三木は、修辞学を「抽象的な論理でなくて人間的な論理であり、それは心理と論理との統一であるやうに論理と倫理との統一である」と捉えていくのである。

ところで、三木は修辞学の論理は「関係の論理」であるとし、「人と人との関係の上に立つものとして根源的に社会的である」とも述べている。そこで、修辞学には「真実性」という「倫理的証明」が含まれてくると言う。つまり、「その思考が性格的（ex homine）であつて、彼の人間の真実を現はしてゐるとき、ひとは説得される」（一五三頁）というわけである。では一体、こうした「修辞学的思考の客観性」の根拠はどこにあるというのか。これについて三木は、「聴く者がただ聴く者でなくまた語り得る者であり、そして逆に語る者がただ語る者でなくまた聴き得る者であるといふところに存してゐる」と述べている。ここに修辞学の論理の「弁証法」たるゆえんもあるというのである。

以上見てきたところに基づいて結論的に言えば、三木は修辞学の中から心理と論理、論理と倫理、パトスとロゴス、主観的なものと客観的なもの、といった矛盾する性質を結合統一し得るところの「構想力の論理」を取り出し、これによって修辞学が復権すべき正当性を論証してみせたと理解できるのである。

三木のこの論文が我が国の新生レトリックの発展に及ぼした影響は極めて大きい。次に見ていく波多野完治のレトリック理論にもその影響を認めることができる。

三　「コミュニケーション」の科学としてのレトリック――波多野完治の場合――

文章心理学者であった波多野完治は、数多くの論文、著書の中で繰り返しレトリックの発展と衰退、そして復活という歴史的展開を克明に紹介し、その現代的意義について言及してきている。これら一連のレトリック理論を系統的に集大成したのが『現代レトリック―文章心理学大系6』（昭和四十八年五月、大日本図書）である。この書のプロローグ「文章心理学と現代レトリック」で波多野は、フランスにおける一九六〇年代以降の新しいレトリックの動向について簡単に触れた後で、その特色について「旧修辞学をいちおうはしりぞけながらも、その目的すなわち、よりよいコミュニケーションのための科学ないし技術としての、その意義を再評価し、新しいレトリックのなかに、旧修辞学の達成をある程度までとり入れようとしていることである」[7]と述べている。

また波多野は、二つ目の特色に「レトリックの範囲が回復された」ことを挙げている。その範囲とはローマ帝政期に近いキケロの頃に定められた次のような五分科である。(8)

㈠ inventio　構想
㈡ dispositio　配置
㈢ elocutio（stylus）　修辞
㈣ memoria　記憶
㈤ actio　所作

これらのうち、十九世紀初頭から㈤や㈣が脱落し、続いて㈠と㈡とが脱落して、残るは㈢の「修辞」一つとなってしまい、つまり最も狭い意味でのレトリックだけが残りこれがやがて「文体論」というものになっていったと見ている。

ところが、復興レトリックでは、旧来の「五分科」の領域が再び回復されたというわけである。こうした形勢によって、新しいレトリックでは「第一の『構想』すなわち、内容をどうするかが、第二、第三ときりはなせないたいせつなものになってきたのだ」と説明し、「どういう内容をどういうふうに表現するかがたいせつなのであって、内容からきりはなされた『配置論』や『表現論』すなわち『文体論』はこんにち意味をなさない(9)」と結論づけている。

ところで、波多野が初めてレトリックへの関心を公にしたのは、文献の上では昭和八年に刊行された『国語文章論』（『国語科学講座』昭和八年十二月、明治書院）であり、翌年には「レトリックの再生」という論文を発表している。この論文で波多野は、当時の文章研究興隆の背景に言及する目的から「言語のメカニズムに関する正しい見解を基礎とした、新しい技術科学[10]」としてのレトリックの再生という見解を披瀝している。すなわち波多野は、近年の文章研究に対する要請の背景として二つの理由を挙げた。

その一つは「思想と文章とを一致させる」ことの困難の自覚、言わば文章における内容と形式との統一の難しさに対する自覚にあるとする。つまり、社会意識が多様化してきたことに伴い、本来が社会意識の所産である言葉では「個人意識の社会的側面だけ」しか伝えることができなくて、「個人意識の真に個人的な部分、個人がこれこそ他人につたへて、理解してもらひたいと思ふ部分は言葉を欠いて居り、他人につたへることが出来ない」という事態が生じてきたというわけである。こうした事態に伴って「自己の思想を言語的に他人に伝へる方法を発見しなければならなく」なったというのである。第二の理由としては、「心理小説の勃興」に見られるような「言語的叙述の新しい領域が開けて来た」ことを挙げている[11]。

この論文を発表した当時の波多野のこうした問題意識は、この後に進められていく文章心理学理論の構築への礎ともなっていくものであり、極めて重要な示唆を含んでいる。また波多野のレトリック理論に対する関心の様相を探る上でも重要な部分を含んでいると言える。とりわけ、レトリックの再生を思想と文章、すなわち文章における内容と形式との統一という課題と関連させて捉えている点に注目させられるのである。

そして波多野のこうした志向は、第二次大戦後ヨーロッパやアメリカで興ったレトリックの新しい形での復興状態を概観した「レトリックの復権―心理学と修辞学」という論文で一層明確にされている。

この中では、新しいレトリックの興隆した理由を三つの事態から説明している。その第一の理由を、かつて修辞学にとって代わって発展してきた「文体論」がテキスト分析の科学となってしまい、作者及び読者を忘れあるいは退けてこの両者の交流の模様を明らかにすることができていないという点にあるとした。二つ目には、近代の「コミュニケーション」手段の増加という点を挙げている。従来はほとんど顧みられることのなかった非言語的・映像的メッセージによる「コミュニケーション」の有効性を研究する方向を提示したのである。三つ目は、先の論文「レトリックの再生」でも提示された近代の人間心理の不合理をそのままに表現し伝えなければならなくなったという事態の出現という点が挙げられている。

以上のような新しい事態が「一旦みすてた言語の表現可能性への再探究」という行き方をもたらし、「コミュニケーションの根本的な事態としての人間のかかわりあいの状態[12]」を踏まえた「新しいレトリック」への模索を生み出したというのである。

なお波多野は、こうして復興したレトリックの特徴については、自ら他の論文において「(1)説得ではなく、同一化を目標にする」「(2)スタイルは美化ではなく、真実の表現である」と要約して示している。[13]つまり、前者は「読者と著者との『一致』同一化」の実現を目標とし、後者はスタイルを「(a)作者の人格」「(b)事態の言語化」という二つの方向から見ていくことを目標としているというのである。

以上見てきた波多野完治のレトリック理論から言えることは、新しいレトリックがいわゆるレトリック五分科における第一部門の「創構」ないし「構想」という内容面の検討過程、すなわち認識論的側面を、第二部門の「配置論」、第三部門の「表現論」ないし「文体論」と同列において重視していこうとしている点である。こうした考え方は作文教育のための理論的な拠り所としてまことに好都合なものと言えるのである。

四　思想創造力に培うレトリック理論——輿水実の場合——

輿水実の新しいレトリック理論に対する関心とその受け止め方は、昭和四十四年九月に刊行された著書『表現学序説』[14]（明治図書）によって知ることができる。輿水の場合、その関心は主に一九六〇年代以降のアメリカにおけるニューレトリック運動に対するものである。波多野完治の場合のように、古代ギリシア時代以来の古典的レトリックやいわゆる旧修辞学と呼ばれるものに関する言及はほとんどなされていない。

さて、輿水の関心は古典的レトリック五分科の中の第一番目に当たるInventio（波多野完治の訳では「創構」となる。）すなわちInventionにあったと言えよう。輿水はこれを垣内松三の『国語の力』に引用されているジェナング（J. F. Genung）の所説の調査に基づいて「国語の力としての思想創造力」と規定している。垣内が引用しているジェナングの著書とは、『修辞法の生きた原理』（"The Working Principles of Rhetoric", 1900）である。輿水は垣内の『第一　国語の力』に与えているこの本の影響の最も深いところが「インベンション」の問題であると捉えているのである。

ジェナングのインベンション論は、その著書を二編に分けたうちの一編であり、第一編が「スタイル」論で「語句の選択、センテンスおよび段落の構成」を扱い、第二編が「インベンション」論となっていて、「テーマ（主題）、主思想、アウトライン、および文章の種類（文章の四分類）」の問題を扱っているという。輿水はこのインベンション――辞書では「案出」「発明」「創意」等となっているが、輿水はこれを「思想の創造」と訳出――を支えるものとして、ジェナングが強調するところの「自己修養」「物を見る目」「深い思索」「広い読書」「創造的な読み方」等に注目している。[15]

輿水がこのようにレトリック理論におけるインベンションの問題に着目したのは、一つには前述したように垣内松三が『第一　国語の力』で言及した所説に示唆を得て、この問題を「国語の力の根本の問題であり、作文の力、読解の力の本質」であると捉えたからである。もう一つには、昭和四十年代当時の日本ではやっとコンポジション（文章構成法）作文が定着してきていたのであるが、この時すでにアメリカではニューレトリックがすっかり幅をきかせていたという事情がある。輿水はこうした思潮を紹介するにあたって従来のコンポジションとレトリックとを大きく比較して、「レトリックのほうが、思想の問題や、作品の質の問題をより多く問題とし、コンポジションは形式面を主とする傾向にある(16)」という認識を持つに至ったと判断される。

輿水のこうした問題意識は、当時〈段落構成〉を中心に据えて文法的、形式的に整った作文を目指していた教育現場の実態を反省的に捉え、昭和三十三年版学習指導要領で目指されていた「思考し創造する能力」を養うために、レトリック理論における「思想構成としての作文」の方向に可能性を見出そうとしたところから胚胎してきたものと理解できる。それは当時の作文教育が形式面のみに流れようとする傾向に歯止めをかける上で大切な考え方であったと言える。

ただ輿水の場合、新レトリックと旧レトリックの違いを「旧レトリックは『説得の技術』であったのに対して、新レトリックは、『発見の技術』であろうとしている点が根本である(17)」と捉えて、レトリック理論の今日的意義を新と旧の違いを指摘するだけに止めているのは残念なことである。加えて、旧レトリックが「説得の技術」であったとしてレトリックにおける〈説得性〉の意義が新レトリックでは背後に押しやられてしまっているかのような捉え方をしている点には少なからぬ疑問を覚える。アメリカにおけるニューレトリック運動が果たして「説得の技術」より「発見の技術」に重きを置いてきたのかどうか定かではないが、レトリック理論においては両者共に重要なのである。

そうした点でやはり、レトリック理論の真の意義を探っていくためには新レトリックの思潮だけやその一断面のみを見ていくのははなはだ危険である。その今日的意義を探るには古典的レトリックにまで遡っていくべきなのであろう。輿水の問題意識はレトリック理論の重要性を鋭く衝いていた。しかしその後、輿水にはレトリック理論に関して文章表現や作文教育にとっての〈説得力〉の意義に言及した発展的提案が見られなかったのは惜しまれる。

五　行動精神としてのレトリック理論――山口正の場合――

山口正にはレトリック理論に関して、『レトリックの精神と西尾理論』と『レトリック理論と作文指導』という著書がある。山口とレトリックとの出会いは、氏が大学の卒業論文のテーマに「万葉集の修辞の研究」を選んでいた頃に遡る。山口はレトリックに関心を抱いた動機について、学生の時に聞いた講演の中で日本の文学が「伝統的に知性や論理性と縁が遠い」という指摘に接して、「文学と言語の中間の谷間、とでも言えそうなレトリックのこと」に関心を持ち始めたと述懐している。(18) 山口が東京大学国文科を卒業したのが昭和八年であるというから、まだレトリック復興の萌しはなかったと言ってよい。その後の客観情勢も主に文体論が旧修辞学に代わって盛んとなり、山口の修辞学への関心にも消長があったようである。

山口が再びレトリックに関心を持ち始めるのは戦後のことである。その直接のきっかけは、昭和三十九年に年来の考え方をまとめて『万葉修辞の研究』（武蔵野書院）を上梓するに際して改めてレトリックに関する書物を読み直したことによる。またその頃山口は、大学生の文章力の低下を憂え、地域社会での作文の一貫教育を企図して民間放送（茨城放送）に働きかけ、小学生の作文の朗読「僕の作文、私の作文」の放送を始めている。さらに、「表現における自己形成の問題」（表現学会第三回全国大会、昭和四十一年五月、於島根大学）や「レトリック理論と作文指導」（日本作文教育研究会全国大会、昭和四十二年八月）という講演を行っている。日本作文教育研究会の機関誌『作文教育』には「作文教育と修辞法」（第三集）、「自己表現と作文」（第四集）、「修辞法を加える」（第五集）、「修辞法の基礎指導」（第六集）といった論考を発表し続けた。

こうした活動を通して山口は、作文指導にレトリック理論の適用を真剣に考えていくことになる。

山口は、レトリック理論に対する自らの立場に関して、「レトリックには広狭二義の意味合い」があるとし、「在来のレトリック観を狭義の見方」として、「広義のレトリックこそギリシアの古代以来のものであり、現代に復活さすべきであると信じている[19]」と述べている。

なおその後山口は、レトリックの概念に関して「説得といえば何となく他人への押しつけがましい姿勢が含まれていることを禁じ得ないと思うようになり、納得してもらえるまであの手この手をつくすときの、精神であり言葉づかいであり行動であると考えることにきめた[20]」と述べている。

山口のレトリックに関する考え方は三木清の「レトリックの精神」（三木清『哲学ノート』所収、『三木清全集』第十二巻、岩波書店）という論文によるところが大きい。山口は繰り返し「人間の思考法にはロジカルな思考とレトリカルな思考があり、外国の哲学界でもギリシア哲学に立ち返って、レトリカルな思考、すなわち、その人の個性的・主観的な思考を重視するようになったことを、三木清の論文から教えられた[21]」といった趣旨のことを述べている。なお、山口はレトリックの精神とは「行動精神のことであり、行動的な精神構造のこと[22]」であるとも強調している。

ところで、山口は、西尾実の国語教育の理論、すなわち「主題・構想・叙述」の論はもとより、「通じ合い」論、「問題意識」論、「主体的真実」の論等の中にもレトリックの精神が貫かれていると考えている。ここでは山口がそれらの関わりをどのように考えていたのかについては一々触れないことにする。一点だけ、西尾の「主体的真実」の論に対する山口のこだわりについて言及しておこう。

山口は西尾の「主体的真実」という言葉の意味を、三木清の「レトリックの精神」の中の「論理学的思考は真理性 **Wahrheit** に関わるに対して、レトリック的思考の関わるものはむしろ真実性 **Wahrhaftikeit** である」という部分と結びつけて理解しているようである。山口は、西尾の「人間とことばと文学と」という論文の「主題である主体的真実が、構想として展開し、ことばとして定着」されたものが「表現」であり、「その表現は、主題みずからの内に胚胎している原型の展開であり、さらに、その原型をして自律的に展開させるエネルギーでなくてはならない」と述べている部分を引用している。山口はこの文言を受けて「自律的に展開してゆくものとして、その作品の中に一貫してはたらきつづけるエネルギー源というものを想定することができる」と述べて、これを「持続するエネルギー」という呼び方で表している。山口はこの「持続するエネルギー」こそが「説得の効果を確かめつゝ、そして、最後まで、或は終ったあとまでその結果を見とどけようとしている、張りのある精神の状態[23]」を作り出しているものであり、この精神こそが「レトリックの精神」であると考えている。

なお山口は、レトリックにおけるこのような自律的・主体的精神を「子どもの純真な心」に重ねて、「児童文の表現の問題がそのままレトリック理論の問題である」とも考えている。そのことは、山口自身の「子どもの純真な心――それは成人となっても残り、年とともに純粋の度を増すこともあり得る――こそ、レトリックの精神だと私は思う」という言葉から窺い知ることができるのである。

以上見てきたように、作文指導への適用を企図してきた山口正のレトリック理論は「技巧ぐるみの精神であり、精神ぐるみの技術論である」という言葉に象徴的に示されていると理解できる。すなわちそれは、言語におけるロゴスの論理とパトスの論理――客観性と主観性――とを統一止揚していく基底に、「停滞することなく己の道を求め開こう[24]」とする「持続するエネルギー」、言い換えるなら「行動精神」の発現を求めていこうとするものであると言える。そして、このような「行動精神」の発現を何よりも山口自身が接してきた数多くの児童作文の中に実証的に探り出してきていることを見落としてはならないだろう。

六　「説得の論法」論・「構想」論としてのレトリック理論――西郷竹彦の場合――

独自の文芸学理論で国語教育界に少なからぬ影響を与えてきた西郷竹彦が、レトリックの発想を基底において、その「説得の論法」論を提唱し始めたのは概ね昭和五十年代に入ってからである。その成立と展開の諸相に関してはすでに足立悦男[25]、小田迪夫[26]、大槻和夫[27]による詳細な考察がある。これらの論考に導かれるところは大きいのであるが、以下にこの「説得の論法」論をひもといてみよう。

西郷竹彦は「伝達の文章とその扱い㈠・㈡」という論考において、従来の説明文指導の問題点を指摘しつつ、伝達の文章が備えている「説得の論法」だけがこれまでは教えられていなかったということを指摘している。西郷は説明文教材「たんぽぽのちえ」を使って、そこにレトリックの発想による〈説得―納得〉という図式を取り出して、説明文教材を「立体的、ダイナミックな展開の構成」から捉えさせていくべきことを主張した。以後、西郷は多くの論考を通して「説得の論法」論を展開していく。とりわけ注目されるのは説明文指導の在り方を「説得の論法」論を中軸として展開しながら、これを作文の構想指導へとつなげていった点である。説明文の指導を、読めば分かることはその読解作業等をほどほどにして、「筆者がいかに相手の読者の興味・関心をひきつつ自己の述べたいことをわかりやすく、おもしろく展開[28]しているかという点をこそ時間をかけて指導すべきであると主張したのである。

こうした指導の観点は、従来の読解指導の原理と方法に根本的な変革を迫るものであった。そこから「説得の論法を中軸にした表現の指導」の方向も定められてきたと言えよう。ただ、こうした表現の指導が直ちに作文の構想指導につながるものと言えるのかどうか疑問が残る点である。また、〈説得―納得〉という図式に基づく説明文指導の発想には概ね異論はない。が、これを主に言語の形式的側面から捉えようとして、文章の内容に関わる認識的側面から見た説得性の問題を欠落させている点にも疑問が残る。

伝達の文章を対象とした「説得の論法」論の主張とほぼ同じ時期に、西郷は文学作品を対象とした「構想」論を提唱し始めている。この考え方が初めて提示されたのは「作品の構想に学ぶ」という論考においてであった。この中で西郷は「読者をひきつける作者の工夫」について、椋鳩十の「母グマ子グマ」を使い、その「文章の運び方、構想の妙[29]」を筋論、視点論等と絡ませながら分析して示した。

こうして西郷は、これまで異質の文章とされてきた伝達の文章と文学的文章とを「構想」論という考え方によって同一次元で捉えていこうとするようになる。

このような考え方がより明確に示されたのは、「文章表現―その仕組と仕掛」という論考においてである。この中で西郷は、作者の「構想（仕組・仕掛）が実際に文章化されていくときには、はじめに立てた構想は、多くのばあい修正発展していくものですが、最終的に文章となったとき、そこに客観的に読者のがわからとらえることのできるものを構成と名づけています」と述べている。続けて、西郷は「文章の構成のうらに、作者の構想（仕組と仕掛）を見ぬく眼をもってもらいたい」とし、そうすることが「そのまま作文教育における構想指導となるものである」と主張している。つまり西郷は、「作文の時間になってから、他の子どもの作文を『手本』として、その構成について学ばせ、構想表のようなものをつくらせ、作文させるといった構想指導は『泥縄』式といえましょう[30]」と言うのである。

以上が、西郷による「構想」論の基本的な考え方である。その特質として考えられることは次の二点である。

第一に、「構想」というものの実体を表現過程における書き手の頭の中の働きとして捉え、その働きを「仕組」（＝冒頭より展開、結末にいたる前後の照応する文脈関係）、「仕掛」（＝文章表現のそれぞれの部分が仕組の中の一節であると同時に、読者に対して働きかけ、読者を文脈の中へひきこむ役割を担っていること）というように概念化していることである。つまり、文章の形式面から書き手の表現しようとする対象に対する意識の表れと同時に、書き手の読み手に対する意識の表れをも推し量っていこうとする意図を概念化したのである。

第二は、西郷の「構想」論が読みの指導の中での構想の読み取りこそを、作文教育における本当の意味での構想指導であると主張している点にある。この点に関しては、確かにこうした作者の側の「構想」を自覚的に読み取らせることによって、ある程度まで作文における構想力に転移させることも考えられよう。しかし、それが実際に作文を書く際に直ちに効果的に発現するかどうかは疑問の残るところである。

西郷の「説得の論法」論、その発展であるところの「構想」論はこれまで見てきたように、文章の形式面から書き手のものの見方・考え方（＝認識の方法）と同時に、伝達の意識的側面をも読み取っていこうとした点で画期的な提案であったと言えよう。足立悦男も指摘したように「『どう』から『何』へ、つまり形式から内容への方位をもって、言語表現の統一的把握に迫ろう」としたという点で極めて意義深い提案であったと言えるのである。

しかし一方、「説得の論法」論の基底にあった、説得の論法ないしは作者の構想の工夫に学ばせることが作文指導における構想指導として最も効果的であるという主張に関しては問題を感じないわけにはいかない。この点に関してすでに大槻和夫も、その大筋には賛同しつつ、「作文指導における構想指導は構想を読みとるということとは別に、独自の系統が考えられるべきであって、すぐれた作者の構想を読みとらせる指導は、それに従属すべきものではないでしょうか」と指摘し、むしろそれは「読みの理論の深化・発展に役立てていくことがいっそう有効なのではないか[31]」と述べている。筆者もこの意見に賛成である。

作文指導において最も大切な指導の段階は、書き手の意図やモチーフの自覚、発想や構想等の独自の表現過程——厳密にはいずれも表現以前の内的な過程——であって、この場合やはり「どう」（＝形式面）から「何」（＝

内容面）へという方位は取れないのである。そして、このような過程を経ないものは、たとえ間接的に作文活動に役立つものであっても、これを作文指導と呼んではならないのである。なぜなら、このような過程においてこそ、「理解」行為とは本質的に異なる「表現」行為独自の、三木清が指摘した「構想力の論理」「行為的直観の論理」、山口正が主張する「行動精神としてのレトリック」が最も活発に機能していくからである。

七　作文教育への適用に際して

新しいレトリック理論を作文教育のための理論的基礎として適用していくにあたって、その骨格となるのはやはり、古典的レトリック五分科の中の三つの部門、すなわち、(1) **inventio**、(2) **dispositio**、(3) **elocutio**（stylus）である。ところで、これらの部門の呼称についてはその用語・訳語の幅が広く、人によってその用法のニュアンスも区々であるので、これらを整理しておく必要がある。これには佐藤信夫の整理したものがあって参考になる。これによってそれぞれの用語のニュアンスを捉えることができると思われるので引用してみよう。[32]

発想（構想、立案、発見）― **INVENTIO**
配置（整理、配列）― **DISPOSITIO**
修辞（躰製、文躰、表現術、表現法）― **ELOCUTIO**

これらの用語には、スモール・キャピタル体のラテン語形の他に各種ヨーロッパ語形が付されていたがそれは省略した。ゴチック体が佐藤の使用している訳語で、（　）内は明治期以来の主な訳語例である。

なお、レトリックの歴史と体系とを精密に分析したロラン・バルトは、これらの用語の概念についてその「動詞的な（動詞による）形式」から判断して、それが「構造の要素ではなく、漸進的な構造化の行為(33)」を意味していると指摘している。つまり、これらはレトリックという構造体を構成している要素と見るべきでなく、ひとつながりとなってレトリックという行為を成立しめていくものと見るべきであるというのである。旧修辞学がELOCUTIOだけに偏ってしまったことを思うとき、バルトのこの指摘は先の波多野完治の指摘と同様、新生レトリック科学にとっても、またこれを作文教育へと適用するに際しても極めて重要な意味を持つ。

さて、次にここでレトリック三部門のうち、他の二部門の方向を決定づけてしまうほどの重要性を持つ第一部門についてのみ若干の考察を試みておこう。

波多野完治は、INVENTIOが「創構」とか「発明」と訳されていて、「ある目的に合わせて、アイデアを選定するということ(34)」といった意味に解釈されていると述べている。一方、佐藤信夫はこれを「発想」と訳し、「文字どおりアイディアを発見するという問題」あるいは「発見された主題について、説得力のある理由づけを探究する部門(35)」であるとしている。

ところで輿水実は、このINVENTIOがアメリカのニューレトリック運動の中でinventionとして用いられている事実に注目して、これを「思想の創造」と訳出している。因みに輿水の注目したインベンション論は、先に見てきたようにJ・F・ジェナングのものであり、彼が強調する「自己修養」「物を見る目」「深い思索」「広い読書」「創造的な読み方」等に特別な注意を払っている。確かにこうした表現以前の問題がインベンションの実体であり、その意味ではこれを「思想の創造」と言い換えるのは妙案と言えるかもしれない。「発想」「構想」といった訳語も捨てがたいものがあるが、これだけでは広がりに欠けてしまうのである。DISPOSITIO（配置）がコンポジションとして、ELOCUTIO（修辞）が文体論や表現論としての広がりを持つのと同様に、INVENTIOも認識論、としての広がりを持つと考えられるからである。

因みに、レトリックの問題に認識論を入れてきたのは波多野完治によればプラトンの功績であるという。そして、新しいレトリックでも「コミュニケーションを通して認識へいたり、また認識をコミュニケートすること[36]」がその目的であるという。そこで、波多野はこの認識の問題を脱落させてしまったレトリックは、人を過らせる方法に陥ってしまうことになると警告している。

八　考察のまとめ

以上の考察に基づいて作文教育にとっての新しいレトリック理論の意義について、以下にごくかいつまんで述べておくことにする。

その一つは、まず新しいレトリック理論が作文教育としての性格を自ずと有しているということである。つまり、いわゆる古典的レトリック五分科の中の三部門を基底として見れば、そこに従来の作文教育がよりどころとしてきた認識論、コンポジション、文体論、表現論等が全て包含されてくるということである。

もう一つは、その究極的な目的が真実の表現を目指していくところにあるということである。書き手と読み手とが表現されるものを媒介として、これを説得し納得するという相互交流の関係において協力的に真実に近いものに高めていこうとすること、それは文章表現をもって人間形成に培おうとする作文教育には格好の目的ともなるのである。

新しいレトリック理論の領野は限りなく広く、なお考究されるべきところも果てしない。作文教育にとっての効用もさらに数多く見出されていくことが期待される。

注

（1）輿水実著『表現学序説』昭和四十四年九月、明治図書、一一八頁。
（2）滑川道夫著『日本作文綴方教育史1明治篇』昭和五十二年八月、国土社、一九三～二〇〇頁。
（3）三木清「解釈学と修辞学」（『三木清全集』第五巻、昭和四十二年二月、岩波書店、一四三頁）。
（4）波多野完治「レトリックの功罪」（中村明編『日本語のレトリック』昭和五十八年五月、筑摩書房、八頁）。
（5）前掲書、注（3）、一四四頁。
（6）三木清が要約引用したこのアリストテレスの所論は『弁論術（Ars Rhetorica）』（『アリストテレス全集16』昭和四十三年十二月、岩波書店）の第一巻・第二章の十～十二頁までに述べられている。
（7）波多野完治著『現代レトリック―文章心理学大系6』昭和四十八年五月、大日本図書、四～五頁。
（8）この古典的レトリック五分科について波多野は、昭和四十二年五月の表現学会第四回全国大会（於東京教育大学）の講演で紹介している。その内容は同学会機関誌『表現研究』第六号（昭和四十二年九月）に「表現学と修辞学」という論文として掲載されている。
（9）前掲書、注（7）、八～九頁。
（10）波多野完治「レトリックの再生」（『思想』昭和九年九月号、四十三頁）。
（11）同前誌、注（10）、三十四頁。
（12）波多野完治「レトリックの復権―心理学と修辞学」（『文学』昭和三十九年八月号、四十一頁）。
（13）波多野完治「近代レトリックの前史」（表現学会編『表現研究』第二号、昭和四十年四月、十九頁）。
（14）この著書は昭和十一年に不老閣から刊行された『表現学序説』の増補改訂版であり、この旧著には当然のことながら昭和四十四年版に収められている「第六章　新レトリックの方向」は入っていない。
（15）ジェナングのこのインベンションの「自己修養からの支え」について、輿水は『輿水実　国語科の基礎・基本著作集⑤作文指導の基礎・基本』（昭和五十九年七月、明治図書、二十九頁）でも触れている。
（16）前掲書、注（1）、一三六頁。
（17）前掲書、注（1）、一四八頁。
（18）山口正著『レトリックの精神と西尾理論』昭和五十一年五月、教育出版センター、一〇八頁。

(19) 同前書、注(18)、十一頁。
(20) 同前書、注(18)、十一頁。これと同趣旨の考え方は、『月刊国語教育研究』第八十集(昭和五十四年一月)に掲載された「レトリックの考え方」(十頁)においても述べられている。
(21) 前掲書、注(18)、十二頁。
(22) 前掲書、注(18)、二十二頁。
(23) 前掲書、注(18)、一一一～一一二頁。
(24) 山口正著『児童文の表現』昭和四十三年一月、教育出版センター、二四四頁。
(25) 足立悦男「『説得の論法』論の基底」(『西郷竹彦文芸教育著作集』別巻Ⅱ、昭和五十七年八月、明治図書)。
(26) 小田迪夫「文芸と言語の教育の書」(『西郷竹彦著作集』第十九巻の〈解説〉、昭和五十四年九月、明治図書)。
(27) 大槻和夫「【構想論】認識・伝達・創造論として」(『季刊文芸教育』第三十七号、昭和五十八年三月)。
(28) 西郷竹彦「説明文指導のめざすもの」(『季刊文芸教育』第二十四号、昭和五十三年八月、『西郷竹彦文芸教育著作集』別巻Ⅰ、昭和五十七年一月、明治図書、所収、二七七頁)。
(29) 西郷竹彦「作品の構想に学ぶ」(『教育科学国語教育』昭和五十一年四月号、『西郷竹彦文芸教育著作集』第十九巻、昭和五十四年九月、明治図書、に「2 叙述展開の工夫」として収録、二十二頁)。
(30) 西郷竹彦「文章表現―その仕組と仕掛」(『文芸研ニュース』第十七号、昭和五十三年十月、『西郷竹彦文芸教育　著作集』第十九巻、所収、十四～十五頁)。
(31) 前掲誌、注(27)、九十九頁。
(32) 佐藤信夫著『レトリック感覚』昭和五十三年九月、講談社、二五六～二五七頁。
(33) ロラン・バルト著・沢崎浩平訳『旧修辞学』昭和五十四年四月、みすず書房、七十九頁。
(34) 波多野完治「表現学と修辞学」(表現学会編『表現研究』第六号、昭和四十二年九月、十一頁)。
(35) 前掲書、注(32)、三十四頁。
(36) 前掲書、注(15)、十九頁。

第九章　作文教育における「描写」の問題

一　本研究の目的

綴り方・作文教育史上、「描写」という表現方法が意識されるようになった時期は大正年間にさかのぼる。この時期に、『ホトトギス』・『アララギ』の影響を受けた写生主義綴り方から『赤い鳥』の写実的綴り方の胚胎という思潮が形成されている。[1]やがて、綴り方教育書の中にも本格的な描写論が登場してくる。[2]

以後、描写論は『赤い鳥』綴り方から昭和戦前期を通じて、綴り方・作文教育思潮の中で極めて重要な位置を占めていく。しかし、それらは主に理念的側面の強調にとどまり、その表現論的な側面が綴り方・作文教育論として綿密に検証されることは稀であったと思われる。こうした傾向はなお今日の国語・作文教育界にも見られる。しかし、驚くべきことに今日の国語教科書教材には、かなりの比重で「描写」という表現方法を指導するべく方向づけがなされてきているのである。

そこで以下に、今日の国語・作文教育界の「描写」表現指導の位置づけについて触れ、さらに現在までに到達していると思われる「描写」論の意義と問題点とを整序し、そこに主として作文教育に援用できる理論的基礎としての意義を取り出していこうと思う。

二　「描写」指導の位置

小・中学校の学習指導要領（昭和五十三年版）で見ると、「描写」の指導に関しては小学校第三学年から「A表現」のところに、「ウ　書こうとするものをよく観察した上で書くこと」と出てくる。この事項についての解説を文部省指導書で見ると、次のように述べられている。

自他の区別が比較的はっきりとできる中学年からの指導事項である。文章を書く場合、客観的な事実について書くことである。第3学年では、特に観察したことを書いたり、事象を描写したりする場合、書く対象の様子、特徴、変化などをよく観察した上で、自分の感情を交えないで、できるだけその通りに書くことが必要である。これは第4学年の「事象を客観的に文章に書き表すこと」へと発展する。

ついでに、第四学年の事項についての解説も見ておこう。

「エ　事象を客観的に文章に書き表すこと」は、客観的に描写する能力の系列に属する事項である。対象を客観的にとらえるとともに、あるがままに書き表す能力と態度を養おうとするものである。事柄の数量や形状、色彩や変化等に注意して、対象をとらえて記述することとか、主観的な記述や描写にならないようにして文章表現ができるようにすることなどである。

いずれの場合も表現しようとする対象を客観的に認識し、あるがままに叙述することのできる能力と態度を養うことが目的とされている。なお、「B　理解」の中では、第五学年のところに、「カ　人物の気持ちや場面の情景が描かれている箇所について味わって読むこと」とあり、第六学年では「キ　描写や叙述の優れた箇所を読み味わうこと」と示されている。

また、中学校では、「A　表現」の中で、

第1学年　カ　物事の様子や場面、経過などが分かるように具体的に書き表すこと。
第2学年　カ　事柄の変化、心情などをとらえて、具体的に書き表すこと。
第3学年　カ　内容に応じて説明と描写とを適切に使い分けて書き表すこと。

というように位置づけられている。「B　理解」領域でも描写の表現に注意して読み味わうべきことが明確に示されている。そこで、当然のことながら各教科書にも描写指導のための教材が組み込まれている。その実態を某社の教科書によって見ておこう。

まず、「理解」領域の教材では、早くも小学校第二学年の教材で、例えば「スイミー」(レオ＝レオニ作)では「にじいろの　ゼリーのような　くらげ」「水中ブルドーザーみたいな　いせえび」「ドロップみたいな　いわから生えて　いる、こんぶや　わかめの　林」といった直喩表現による描写表現が出てきている。また、「海をあげるよ」(山下はるお作)では、「できたばかりの　水たまりに、青い　空が　うつって　います。はっぱの　上で、雨の　しずくが、ビーだまみたいに　光って　います」といった描写表現が出てくる。

そこで、これらの部分についての指導内容を同社の教科書指導書で見ると、学習指導要領の指導事項を踏まえつつ、「情景描写や人物の言動を表す表現に気を付けながら……」とか、「描写のおもしろいところを視写し……」とかいった指導目標が設定されているのである。

また、「表現」領域の教材について見ると、すでに小学校第三学年の「作文ノート（作文スケッチ）」という教材において、「教室のまどから」見えるものの様子や、「先生や友だちのすること」をよく見て作文でスケッチしてみようということで、次のような例文が具体的に示されている。

・自動車が、長いぎょうれつを作っている。トラックや乗用車に交じって、ミキサー車やタンクローリーも見える。みんな、プラモデルの自動車のように、じっとしている。

・ふみきりのしゃだんきが下りていて、カンカンカンカンとけいほうきが鳴っている。遠くから、電車の走ってくるのが見える。

明らかに情景描写の文である。さらに第六学年では、「文学の窓1　会話・描写・説明」という教材が作文を書くときに役立てようという目的で設定されている。文学的文章の中での表現方法の違いを具体的な例文を掲げて述べたものである。

中学校になると、「表現」領域の教材だけを見ても、第一学年では〈参考〉教材として「表現の研究―くわしく書く」が設定され、「事実を描いて気持ちを表す」という描写方法が説明されている。また、同じ〈参考〉教材として、第二学年では「表現の研究―説明する部分と描写する部分」がある。そして、第三学年になると表現1という単元に「新しい世界を―描写や説明を生かして」という作文教材が設定されているのである。

以上、ざっと小・中学校における「描写」指導の位置を見てきたが、これだけを見ても、その位置が小中一貫して系統的に組み込まれていて、極めて重要なものとなっていることが分かると思う。

問題はその次にある。つまり、これを指導する側から見た時に、「描写」論というものが必ずしも国語・作文教育の理論的基礎として明らかにされてきていない憾みがあるということである。仮に「描写」という表現方法の機構をより厳密に知ろうとしても、あるいはその文章表現上の意義や作文指導上の意義を明らかにしようとしても、これを納得のいくように示すことが困難な状況にあると思われるのである。筆者の体験を省みても「描写」という表現方法を学習することの意義やその学習方法に関して必ずしも学習者が納得のいく指導を行ってくることができたとは言い難い。

そこで以下に、この問題に関する考察を先行研究に基づきながら行っていこうと思う。

三　「描写」表現の機構とその意義

描写表現という言い方をしたのは、ひとまず「描写」という概念を広く把握してみたかったからである。現実には「描写」という用語は様々なレベルで使用されている。学習指導要領では、先に見たように「事象を客観的に文章に書き表すこと」と示され、教科書では「物事の様子、人間の行動や感情の移り変わりなどを、読者がさながら目で見たり心に感じたりすることのできるように、ありありと描き述べること」（某社、中二「表現の研究」）といった捉え方が一般的であろう。いずれにしても表現行為の一手段としての意味を表している。

一方、「描写とは、描こうとする対象の中からイメージの焦点となる動く要素をとり出し、動く絵を読者に思い描かせる、文（センテンス）である」[3]という定義もある。これは、すでに表現された文章として見た時の捉え方である。この定義では描こうとする対象の中からイメージの焦点となる動く要素を取り出すという主体的要素が入ってきている点が重要なポイントとなる。前二者の定義が単に主観・客観というレベルで捉えられているのと対照的である。

ただこの場合、厳密にはセンテンスとだけ言い切れないところもある。例えば、極端な場合には、一センテンスの中に現れてくる「ゆっくり」とか「ぎっしり」「たちまち」といった副詞は、動作や状態に関して描写する機能を帯びている。「描写の副詞」などと呼ばれている語句である。同じ副詞でも「ゆらゆら」「ぶるぶる」とか「サラサラ」「ゴウゴウ」といったようなオノマトペーにも描写する機能があることは周知の事実である。これらは語句のレベルで「描写」を行っていると見てもよいだろう。

さらに、問題は次のような場合である。例えば「かくれんぼう」（志賀直哉作）という作品の中に、「金具の付いたかわのバンドをゆるくしめ、腹をつき出し、両の手を後ろでにぎり合わせ、だまって考えているジョールさんの様子は、いかにもしさいらしく、おかしかった」（某社、六年「作文」教材）という表現がある。言うまでもなく――線を付した部分が厳密な意味で人物描写の表現である。そして、この描写の表現を含んだセンテンス全体としては、明らかに「説明」の表現となっていると言うべきであろう。〰〰線部分に「説明」の機能が働いているからである。「――様子は」の「は」という提示助詞の使用も、結果的に〰〰線部分のような題目説明の叙述と照応していくことになっている。実際の文章にはこのような場合が極めて多い。そのために純粋な描写表現以外では、こうした描写表現を含んだセンテンスを見落としたり判断に迷うことが多い。

因みに、波多野完治は「説明」と「描写」の文をイギリスの女流作家フィリス・ベントレーの用語を援用して「まとめ文」（summary）、「ありさま文」（scene）と呼んでいる。実は波多野も右に考察したような、一つのセンテンスの中に「描写」的機能と「説明」的機能とが混在する事態が生じることを論じている。波多野は小島政二郎の『葛飾北斎』の一節を引用して次のように述べている。[4]

その受け売りだが、賭場には一間半の盆茣蓙が敷いてあるものだそうだ。その盆茣蓙のカミとシモとにお客が坐る。仮にカミを「丁」と張る場所とすると、シモは「半」を張る場所になる。

この三文中、第一文の内容は「……敷いてある……」までをとると「ありさま文」であるが、その下に「ものだそうだ」というのがついたので「まとめ文」になる。まず「ありさま内容のまとめ文」とでもいおうか。そのつぎの文は「ありさま文」とみてもいいものであるが、文脈が「まとめ」的な場合なので、やはり「まとめ文」とみてよかろう。しかしすでに「ありさま文」に一歩ふみ出している。

続いて、波多野は表現上のこうした現象について、「日本では、『まとめ的』要素と『ありさま的』要素とが混在しうるのであり、適当なくくりことばをつかえば、混在してもすこしもおかしくないのは、日本語の『超論理的構造』を示すものとして興味深い事実である」と述べている。「描写」の表現の実体を把握していく上での有力な指摘であると思われる。

「描写」の文についてのより具体的な言語形式面からの特徴については後で触れることにする。ところで、同じ「かくれんぼう」という作品の中のこのような例はどうであろう。

①よし子は、それさえはっきりすればこの難問題は解決されるのだというように、口を固く結んで、熱心にジョールさんの顔を見つめている。

②ジョールさんは弱った。③二人のどっちが、まず自分の目に映ったろう。④ジョールさんは、赤がわの半ぐつの足をそろえ、真っすぐに立って、上目づかいによし子と妹の顔を見比べながら考えている。（文頭の番

号、――線は大内が付した。）

この部分は、登場人物の「私」が〈語り手〉となって、かくれんぼうをしている「私の妹」の「よし子」、それにフランス人の「ジョール」少年とその妹の「オデット」との三人の様子を描いている。しかしこの部分は、よく見ると、実は単純な描写表現だけではない。作者はここでまず、〈語り手〉の「私」から見た「よし子」や「ジョールさん」の姿を外側と内側の両面から描き出している。

ただし、二人の人物を完全に突き放して描いているわけではない。「よし子が」「ジョールさんが」でなく、「――は」「――は」という副助詞（係助詞）の使用によって、「よし子」と「ジョールさん」と交互に二人の目と心に寄り添ってこの二人の人物の外面と内面とを描き出しているのである。そのために、①と④の文では、厳密に見ると「よし子」と「ジョールさん」とか「熱心に」というように、語り手の語りの気分が感じられて語り手が作品の表面からは消えていない。もっとも語り手が作品から完全に消え去ってしまうということはあり得ないことであろうが。

また、①の文の――線部分は「よし子」の〈内言〉であり、このため①の文全体としては、この部分を間接的に引用した形となっており、いわゆる「間接話法」の表現となっている。[5] ②の文は語りである。③の文は〈内言〉そのままの表現であり、いわゆる「描出話法」である。[6] この表現方法はいわゆる描写表現と比べると、人物の内面を描くのには優れた効果を発揮すると言えよう。そして、この表現方法と機能的に近い関係にあるのが、人物の発話をそのままに表した「会話」表現である。これは言わば言葉自体の描写である。表現対象が言葉そのものであるので、その言葉を発した人物の心情や性格を述べるのには、最も簡便な描写手段となる。児童生徒の作文に頻繁に使用される所以である。

このように見てくると、「描写」の表現とはいっても、その実体はいわゆる描写的表現から描出的表現までと極めて多岐にわたることが明らかとなる。したがって、「描写」という実体は、一方で「自動車が長い行列をつくっている」といった単純明快なセンテンス形式で捉えておくと同時に、もう一方ではセンテンスにとらわれない、機能面からの捉え方との両面で把握していくことが必要となろう。いずれにしても、「描写」という表現の実体の捉え方は単純にはいかないということである。

さて、これまで描写表現の機構を探るためにセンテンス形式にとらわれない機能面からの捉え方からも考察を行った。その結果、内面描写の機能を有する「描出的表現」という話法原理にも論が及んだ。そして、この「描出話法」からさらに語り手が後退した表現として、言葉自体の描写である「会話」表現にも言及することになった。

そうなると、これまで探ってきた表現方法で言語形式の上からひとまず捉えることのできるものとしては、「説明」「描写」「会話」の三種類を挙げることができよう。さらに、物語や小説の文学的文章の表現では作者とは別の表現主体としての〈語り手〉が存在し、この語り手の語る姿勢が独自の言語形式を作りだしている。そこで、この表現方法を「説明」とは区別して「叙事」と名づけて把握していってはどうかと思う。以上の四つの表現方法は西郷竹彦の命名になる。西郷はこれらの表現方法に次のような補足説明を加えている。(7)

描写（眼に見、耳に聞こえるように具体的、具象的に描きだしたところ）
叙事（事件「できごと」を語りすすめるところ。物語るところ）
会話（独白をもふくむ）
説明（作者の説明と作中人物の口をかりての説明とある）

これらのうち、描写的機能と対象的な機能をもったものが「叙事」と「説明」である。「会話」の中には「独白」（いわゆる「内言」「内話」あるいは「描出話法」）も含まれている。勿論、「会話」には描写的機能が内在している。四つの表現方法のうち、実践上はやはり「説明」と「叙事」との判別が難しいところである。殊に作文指導では、「描写」と「説明」の判別ということだけでも大変な重荷である。しかし、実際に効果的な文章表現に向かわせるためには、これらの表現機能の違いを段階的に学習させておくことも必要不可欠なことである。

ところで、これほどまでに複雑で厄介な描写表現には一体どのような意義が存在するのであろうか。「描写」の意義について、市毛勝雄は次のように述べている。(8)

第一に、ある人がある事物をとりあげて、そのことについて詳しく検討すること自体に、一つの個性の表現、もっと言うならば思想の表現が認められる。（中　略）われわれはその「めずらしくないこと」をどのようにとらえるか、角度を変えて「新しい見方」をつくりだすかが、価値のわかれ目になるところだろう。

第二には、詳しい見方自体が一つの価値だということである。これまで述べてきたように、われわれは時代が降るとともに、現実認識の目が精密になってくることを知った。この微細なところにまで目がとどくという事実を通して「文学的文章」はわれわれに対して現実の姿を教え、見方を教え、意味を教えてきてくれた。

かつて波多野完治は、現代文章研究の課題の一つとして「個人意識の真に個人的な部分」すなわち自己の思想を言語的に他人に伝える方法を発見すべきことを提唱して旧修辞学を否定した。(9)描写に「個性の表現」つまり「思想の表現」が認められるならば、それは描写が旧修辞学では果たせなかった、思想と文章との一致という課題に応え得たと言えるかも知れない。そして、描写というものが現実認識の網の目であるとするなら、それは「だれもが気づかない事柄をだれにも気づかせるようにする方法[10]」を手中にしたということになるであろう。

林四郎は「事実を再現することに力をもつはずの描写が、事実から解放された世界の中でもっぱら活用されるというのは、どうもふしぎなことである[11]」と述べている。しかし、描写が現実認識の網の目となり、思想を表す手段と言えるならこの疑問は不用となるはずである。実は、林もこの疑問に明快に答えている。林は描写が「機械が光景をとらえるのとは違い、生きた人間の目が情景をとらえる」という行為であり、目に見させ耳に聞かせているのは頭であり心であるのだとする。要するに、描写とは「心が無数の対象の中から何かを選び取ること」であるというのである。

こうした考え方から言えることは、描写が人間の現実認識の具体的な形を表しているものだということである。したがって、大切なのは表現の対象となっている自然や情景、あるいは人物の外面や内面そのもの以上に、その背後でこれらの対象を選び取り、見つめている心や目の在り方であり、これらが語ろうとしている〈もの〉であると言えよう。

四　「描写」表現指導の観点

描写表現の指導を具体的に構想していくためには、「描写」という表現方法の実体を言語形式の上から少しでも捉えやすいものにしておかなければならない。そのための一つの基本的な条件となる「視点」との関係について考察しておくことにしよう。

描写という表現行為では、まず描くものと描かれるものとの位置関係が極めて重要となる。「視点」とは描くものの描かれるものに対する位置のことである。林四郎は「描写するものは自、描写されるものは他」であるとして、描写における自他の関係を文学作品に基づいて分析している。[12] この描写における自他の関係を西郷竹彦は「視点人物」と「対象人物」と命名している。[13]

視点人物　内（心）　よくわかる
　　　　　外（姿）　よくわからない
対象人物　内（心）　よくわからない
　　　　　外（姿）　よくわかる

小・中学生が書くいわゆる「生活文」では、〈私〉〈僕〉〈われわれ〉という視点に限られている。一人称〈僕〉や〈私〉の視点で書かれた作文では、「視点人物」である〈僕〉の心の内はよく分かるが、見られている側の「対象人物」の内面はよく分からないわけである。反対に〈僕〉や〈私〉の外面はよく分からないが、対象人物の外面は分かりやすいという特徴が現れてくる。現実の生活体験に取材して叙述する「生活文」の場合、こうした現象が顕著に現れることはやむを得ないことである。しかし、それでもこのような原理を知っていることは作文指導にとっても極めて有効であると思われる。例えば、一人称作文の場合には、作者である〈僕〉や〈私〉を「語り手」という作中人物として設定させ、この「語り手」である〈僕〉や〈私〉という人物の行動や姿をもできるだけ客観的に描き出せるような方法も考えられる。本来の「視点人物」と「対象人物」とを自在に交換することが可能となる。その結果、各人物の内面と外面をある程度までは自由に描き出せる可能性がひらかれてくるのである。

こうした手法の好例は、先に取り上げた「かくれんぼう」という作品である。「私は二階で手紙を書いている」「私は手紙を書き続けていた」「私は、つくえごしに手をのべ、障子を五寸ばかり開けて見た」「私は障子を閉めた」といった書き方にその手法が窺える。

この作品では、「語り手」である「私」をもこのようにある程度客観的に描き出すことによって、この人物の姿が伝わってくるような工夫がなされている。さらに、「よし子」や「ジョール」「オデット」の三人の人物像を対照的に具体的に描く一方、それぞれの人物の内面をも、それぞれの人物の「会話」を適切にはめ込み、また先に分析したような「間接話法」や「描出話法」などを巧みに取り入れながら効果的に描き出しているのである。

こうした手法を児童生徒が書く一人称作文にも取り入れさせることは決して不可能なことではないだろう。

もう一つの方法は、はじめから三人称視点の作文を書かせてみることである。簡単な物語の創作である。この方法だと次の三つの場合が考えられる。[14]

・対象を外側からまったく「客観」的に描写する視点
・ある特定の人物の視点と一致させた限定の視点
・対象を外から、また内から自在に描き出す全知の視点

三人称限定の視点では、「視点人物」を作中の特定の人物に設定できるので、特にAという人物の内面を描き出したい時は、この人物を「視点人物」に据えればよい。全知の視点では、こうしたことが全ての人物について行えるようになるわけである。そして、こうした方法を取らせることは、描写すべき対象を様々な角度から選び取り、見つめていく心や目を養うことにつながるはずである。ものの見方・考え方を広げ深めていくという極め

て重要な教育的な意義があるわけである。

ところで、この描写と視点との関係をより具体的な言語形式の上から捉えていく方法がある。つまり、格助詞「が」の主語の文（＝現象文）と副助詞「は」（「係助詞」「提示助詞」）の主語の文（＝判断文）とによる表現機能の使い分けである。[15]一般的に、前者の文は事象を事象として叙述する機能を帯び、後者の文は主題・題目をそれとして提示した上で、それについての解答・説明を叙述する機能を帯びていると考えられている。したがって、前者の文は「描写」の文となることが多く、後者の文は「説明」の文となることが多いのである。

なお、因みに北原保雄は、格助詞「が」の主語の文が描写の表現となるわけを表現の情報伝達という機能から明快に論述している。[16]北原は「主格の成分に限らず、体言に格助詞が付いてできた文の成分は、述語の意味の不完全なところを補うもの」だから、この成分のことを「補充成分」と命名していると述べている。そして、文の成分が伝達する情報を「新しい情報（未知の情報）」と「古い情報（既知の情報）」の二つに分けて、三組の情報伝達の型から次のように論述している。

(1)緑色の植物が《未知》　萌え出てゐる《既知》

次に、前者、つまり、「萌え出てゐる」が相手にとって未知の情報である場合、もし、萌え出ているものが何であるかも未知であるときには、「緑色の植物が」のように「が」を用いる。

(2)緑色の植物が《未知》　萌え出てゐる《未知》

そして、何であるかが既知のときには、「緑色の植物は」のように「は」を用いる。

(3)緑色の植物は《既知》　萌え出てゐる《未知》

（中　略）「……が」は述語の補充成分であるから、述語が未知の情報を表すものである場合（(2)の場合）はもちろんのこと、既知の情報を表すものである場合（(1)の場合）にも、つまり、常に未知の情報を表すのである。補充とは、述語の不完全な意味を新しく補うものである。述語の表す情報が未知のものであれば、それを補う情報が未知のものであるのは当然であり、述語の表す情報が既知のものであっても、新しく補われる情報は未知のものである道理である。これは主格の補充成文の場合だけではない。（中　略）

詳しいことは述べないが、「……が……。」という表現は、情報伝達の上からみると、右の(1)か(2)の型に限られる。つまり、(1)の「未知＋既知」か、(2)「未知＋未知」の型に限られる。そして、(2)の型の場合には、すべてを伝達するのであるから、描写ということになるわけである。

北原の以上のような考え方は、描写表現の実体を一つのセンテンスというレベルで把握する際の有力な方法になるものと思われる。ついでに見ておけば、北原は、「説明」の表現についても、「……は」が既知の情報を表すことについて、「主題、つまり、それについて述べる情報が既知のものであるのは当然である」として、「その既知の情報について未知の情報を伝達するのが、説明の表現である」と論述している。

ただ、中には「は」の主語の文でも、描写的機能を帯びてきていると思われる場合もある。その例を再び「かくれんぼう」から見てみよう。

①私は、つくえごしに手をのべ、障子を五寸ばかり開けて見た。②前のうちの少しくぼんだ門の所に、よし子と、オデットというよし子よりも一つか二つ下のフランス人の小むすめとが、ならんで立っている。③それと向かい合って、ジョールという、むすめの兄さんが、短い半ズボンの下から白いすらりとしたすねを出して立っていた。（文頭の番号は大内。）

②と③の文は、「が」を伴う現象文であり、共に三人の人物がそれぞれの状態で立っている様子を描写している文と言える。ところが、①の文の場合はどうであろうか。この場合、単純に判断文とは言えない。実は、この文は先に作者が「語り手」である〈私〉をも客観的に描き出している例だと指摘しておいたものである。確かにこの文を「説明」の文とするには無理がある。この文では、「は」は「既知」の情報を表す「は」で、〈私〉にスポットがあてられて、〈私〉よりの視点から〈私〉の行動が描写されている例なのである。

　この「かくれんぼう」という作品では、それぞれの人物の視点からその内面も外面も自在に描き分ける三人称全知の視点をとっているため、このように「私は……」「よし子は……」「ジョールさんは……」といった「は」の主語の文であっても描写的機能を帯びているのである。そこで、このようなセンテンスの場合は、述部の叙述形式、例えば、そこに用いられているオノマトペーや、その他の情態の副詞などを手掛かりとしたり、文末表現の言語形式を手掛かりとして判断する他ない。

　因みに、文末表現の特徴から描写的機能を探り出す方法を示しておこう。それは、「文末表現が自身のなかに過去・完了系の意味を表す助動詞『た』を含む場合を、物語的叙述の場合」とし、また、「文末表現が自身のなかにそのような『た』を含まず、他の文法手段で現在・未完了系の意味を表しているような場合を、描写的叙述の場合[17]」として判断する方法である。「かくれんぼう」の場合の「よし子は……見つめている」とか、「ジョールさんは…考えている」といった場合が「描写的叙述」というものに該当しよう。これは格助詞「が」の主語の文が「描写」の表現となるという考え方と合わせて、「描写」という表現方法の実体を言語形式の上から具体的に捉えていくための有力な方法と言える。

　以上、国語・作文教育の現場で「描写」表現の指導が極めて明確に位置づけられているにもかかわらず、その理論的基礎がなお十分に明らかにされていない現状を省みて、あえてこの表現方法の内在させている表現価値と教育的意義とを整序し、主に作文指導へと方向づけるための観点から考察を加えてみた次第である。

注

（1）滑川道夫著『日本作文綴方教育史2大正篇』（昭和五十三年十一月、国土社）に詳しい。
（2）田上新吉著『生命の綴方教授』（大正十年十月、目黒書店）は「描写論」を本格的に取り上げた綴り方教育書。
（3）市毛勝雄著『文学的文章で何を教えるか』昭和五十八年八月、明治図書、七十五頁。
（4）波多野完治著『文章心理学大系3文章心理学の理論』昭和四十一年九月、大日本図書、一八七～一九六頁。
（5）・（6）いわゆる「間接話法」と「描出話法」については、ロジャー・ファウラー著『言語学と小説』（昭和五十四年十一月、紀伊國屋書店）が参考になる。また、この両者について甲斐睦朗は『文学教材分析の観点と実際』（昭和五十四年四月、明治図書）の中で「内話的表現」「内話表現」と呼び分けていて、その考え方は参考になる。なお、「描出話法」の表現特性と意義については浅若佐の「描出的表現の特質について」（今井文男編『表現学論叢』昭和五十五年七月、中部日本文化会）から得るところが多かった。
（7）『西郷竹彦文芸教育著作集』十七巻、昭和五十年九月、明治図書、三四七頁。
（8）市毛勝雄著『主題認識の構造』昭和五十五年十月、明治図書、九十九～一〇〇頁。
（9）波多野完治「レトリックの再生」（『思想』昭和九年九月号、三十四頁）。
（10）同前誌、注（9）、三十五頁。
（11）林四郎著『文章表現法講説』昭和四十四十二月、学燈社、二一一頁。
（12）同前書、注（11）、三十五頁。
（13）西郷竹彦「文章の視点」（『現代作文講座③作文の条件』昭和五十二年一月、明治書院、九十九頁）。
（14）前掲書、注（7）、三三九頁。
（15）三尾砂著『国語法文章論』昭和二十三年二月、三省堂。
（16）北原保雄著『文法的に考える』昭和五十九年四月、大修館書店、三十七～四十五頁。
（17）湊吉正「作文教育の研究とその課題─四　言語学的見地から」（『新作文指導事典』昭和五十七年十一月、第一法規、四九五頁）。

第十章　作文教育の理論的基礎としての文章論

一　本研究の目的

国語科教育学の一分野としての作文教育学の樹立が求められ、その根本分野の一つとして「作文教育の原理・基本の研究」が提唱されている。[1] 作文教育の原理・基本の研究は作文教育の基本構造を明らかにする手掛かりを与えてくれるばかりでなく、これまでの作文教育の在り方の根本的改革を迫る視点を明示してくれる可能性も有している。過去の作文教育の中で問題となり、今なお解決されぬまま持ち越されてきている課題を解く糸口を提示してくれるかも知れない。また、その原理・基本の成立過程をたずね、その特質、長短を明らかにし、その考え方に照らして実際の児童生徒の作文を分析してみるとき、そこに作文指導実践のための有力な方法が生まれてくるかもしれないのである。

本小論では、昭和三十年代に生成し、注目された文法論的文章論の成果について作文教育の理論的基礎としての視点から考察を加えてみることにする。

文章研究を文法論上の一単位として認定し、文法論及び国語学の中で文章論としての一研究領域を占めるものであるとしたのは時枝誠記の『日本文法口語篇』（昭和二十五年九月、岩波書店）であった。以後、文章を「質的統一体を意味するところの単位」として研究する文章論は様々な研究成果を生み出してきた。しかし、その中味は論者によって区々であった。[2]

そうした状況の中で、一貫して文法論としての文章論体系の樹立を目指してきたのは永野賢であった。その研究成果は概ね『学校文法　文章論』(昭和三十四年六月、朝倉書店)と『文章論詳説』(昭和四十七年六月、朝倉書店)の二著によって辿ることができる。

以下、永野賢の文法論的文章論の生成と発展の筋道を辿り、作文教育の理論的基礎としての意義を明らかにしてみたい。

二　「文法論的文章論」の生成

昭和三十年代に入って国語教育界では、経験主義国語教育に対する反省から系統学習が提唱されるようになった。そして、国語の基礎学力を捉える一つの視点として文法的能力が注目を浴びるようになった。それもそのはずで、昭和二十六年版学習指導要領の「文法」(中学校・高等学校編「第六章国語科における文法の学習指導」)の中には、文章の組み立て・段落・用語・表記法・言語知識等、表現の方法に関するほとんど全ての事項が含まれていたのである。読解指導の新しい理論的基礎としては勿論のこと、作文教育界においても当然のことのように系統的作文指導の一環として「文法」を拠り所とすることになったのである。(3)

こうして、作文教育界にも次第に文法指導への関心が高まってきたのであるが、大方の傾向としては、品詞論・文論的指導が大半であって、なお文法のための文法指導という傾向が強かったのである。作文指導にあっては殊更に文章論的な指導が必要であると指摘されていながらも、学校文法の立場からの文章論の体系がまだ示されていなかったのである。

やがて、コンポジション理論が紹介され、この考え方が昭和三十三年版の学習指導要領に導入されるに及んで、文章論的指導への関心も高まっていった。

こうした中で、ほぼ同じ時期にコンポジション理論とは異なる立場で文章論を文法的に系統立てて世に示したのが永野賢の『学校文法　文章論』だったのである。この著書には「読解・作文指導の基本的方法」という副題が掲げられている。永野がこのような副題を掲げたのは、文法教育に対する次のような認識に基づいていたと考えられる。(4)

文法教育は文法教育としてのみ必要なのではない。読解や作文に役立てるための文法教育である。文法教育の結果得られた文法能力が、読解なり作文なりの学習活動に、さらにまた日常の言語生活に、有効に生かされなければならない。その限りにおいて、文法教育は文法教育としての意味をもつものである。つまり、文法教育の目標は、正しい理解と表現を助けるために、ことばのきまりを身につけさせるというところにある。

国語教育における文法教育がともすれば文法のための文法の知識を植えつけるようなものになっている実態を批判して、文法教育を言語活動に役立てていくべきものとして捉えたのである。なお、永野はこうした実践に「役に立つ文法」（＝実用文法）という文法教育観を『学校文法概説』（昭和三十三年四月、朝倉書店）という著書においても鮮明に打ち出している。

永野賢は『学校文法　文章論』の「はしがき」で「文章論」が国語教育における文法教育として読解や作文の指導に果たす役割について次のように述べている。(5)

一つ一つの文の意味が理解できても、それだけでは、文の連続である文章の全体の意味は、必ずしも理解できません。また、一つ一つの文がうまく書けても、それだけでは、文をいくつもつないで、全体としてまとまった文章を書くことはできないでしょう。読解においても、作文においても、究極の問題は、全体としてのまとまりをもった〝文章〟です。文章を全体として考える立場が必要なのです。そのためには文章の構造や特性を理解しなければなりません。

文法論の一分野としての文章研究がつとに時枝誠記の『日本文法口語篇』等で提唱されていたことは既に述べた通りである。この書の中で時枝は、文章研究を最初に要請したのは国語教育の方面からであると述べている。言うまでもなく垣内松三のセンテンス・メソッドのことである。そして、後年、時枝は『文章研究序説』（昭和三十五年九月、山田書院）においてこのセンテンス・メソッドを自らの文章研究への一つの重要な契機であったとも述懐している。(6) しかし、結局のところ時枝は、同書において「文章研究の成果を、絶えず国語の実践とその教育に適用して、その効用を検証して見ることは、必要なことである」と述べて、文章研究と国語教育との交渉の必要性を指摘しつつ、それを具現化するまでには至らなかった。

したがって、永野賢がそれまでの文章研究の歴史を踏まえ、文法論としての文章論と同時に、新たに読解指導・作文指導の要請に応えての「文章論」という立場を打ち出したことは注目に値することである。前掲書の題名の「学校文法」という角書きは永野のこうした立場・意図を明示したものと言える。

このようにして、永野賢の文法論的文章論は、昭和三十年代初頭の国語教育界の思潮を背景にしつつ、これと積極的に交渉してその理論的基礎を提供しようとする企図のもとに体系化して世に示されたのである。

三　作文指導における「文法論的文章論」の適用

永野賢は、『学校文法　文章論』の中で、国語教育で文法論的文章論が求められる根拠を、昭和三十三年版国語科学習指導要領、昭和三十一年九月に文部省が全国一斉に実施した「全国学力調査」の結果、昭和三十三年三月十五日の教育課程審議会の答申内容などから導き出している。

第二章「文章論概説」においては、読解・作文指導で文章論を役立てるための「文章論的分析の観点」を種々の文章例の分析に基づきながら抽出して提示している。(7)

㈠　文章と文との対応

㈡　連接関係の類型

(1)　文と文との連接関係

(2)　連接関係を示す諸形式

(3)　段落の意味のまとまり

(4)　段落と段落との連接関係

㈢　文章の様相を規定する諸条件

(1)　文の形態

(2)　語の比重

(3)　表記形式

永野賢は、これらの観点を総合することによって文章の構造を立体的に把握することができるとしている。因みに、「文と文との連接関係の類型」について見ると、永野はこれらを展開・反対・累加・同格・補足・対比・転換・飛石・積石型と名づけ、種々の記号で図式化している。そしてこのような文と文との連接関係を示す形式として、(1)接続語、(2)指示語、(3)助詞・助動詞、(4)同語反復・言い換え、(5)無形式のばあい等を挙げている。これらは文章の展開機能を言語形式として押さえたものである。これらの言語形式について、永野は『文章論詳説』では総称して「連接語」と呼び、「(5)無形式のばあい」を省いて、かわりに「(5)応答詞」を入れている。なお、こうした連接関係の類型や諸形式はそのまま「段落と段落との連接関係」の場合にも適用されている。

ところで、永野はこうした観点に基づいた文章論的分析方法は主として文章の読解指導の助けとして生かすのが本筋であるとしている。つまり、文章論を読解中心、教師中心のものとしているのである。しかし、一方で、このような文章論的読解指導が自ずと児童生徒の文章論的な能力を養うこととなり、その能力が作文の表現にも反映するようになるはずであると考えていたのである。

このように、永野賢は文章論を作文指導にとって間接的なものとしているが、一方で直接的に作文指導に生かせる面もあるとしている。つまり、少なくとも文章に筋道を通させることが必要不可欠である以上は、文章論的指導が主観的脈絡と客観的文脈とを結びつけるための有効な方法となり得ると考えたのである。なお、この考え方は今後の作文指導にとってもかなり有効なものと思われるので、後で詳しく考察を加えることにする。

ともあれ、永野賢は「文章論的作文指導」の目的とその存在理由とを、文章表現の「構想・叙述の段階」「推考・添削の段階」において「指導者の、文章論的観点からする助言・誘導を通して、いかに書くかの技能を身につけ、いかに書きえたかを検討しうる能力を養う[8]」ところにあると考えたのである。

こうした能力は、言わば〈文章論的作文能力〉とも言えるものである。つまり、「文章論的分析の観点」に基づいて作文指導のための〈作文の基礎能力〉を分析・抽出していけばよいのである。そのためには、指導教師が児童生徒の実際の作文にあたってその文章論的作文能力として欠落している実態を種々の角度から捉えていく必要があろう。

『学校文法　文章論』の中で文章論的分析が具体的な観点が示され、さらに文章論的作文指導への方向が示唆されることによって、昭和三十年代前半の系統的・分析的作文指導の研究は理論的な側面から一つの拠り所を与えられたと言えるのである。

四　「文法論的文章論」の発展

永野賢の文法論的文章論は、その後も時枝誠記の文章論提唱後における多くの論者の様々な研究成果を視野に置きつつ、[9] 着実にしかも多様な展開を見せていった。

『学校文法　文章論』においては、文章を文脈の展開と捉え、それを連接関係を示す言語諸形式に基づいて文と文との連接関係を軸にして捉えようとした。しかし、これだけでは原則的に隣り合う文どうし、段落どうしの文脈展開面しか捉えられない。つまり、文脈の展開を構成的に、微視的に捉えることはできても、より流動的に巨視的に捉える点では限界があったと言える。

そこで、永野は文相互の関係を文章全体を貫くものとして捉える「文の連鎖」という概念と、一つの文が一つの文に包み込まれる「文・文章の統括」という概念とを提示していくのである。つまり、「文の連鎖」という考え方においては、文章の文脈展開を展開形式からでなく、「文論と文章論との交渉」という視点を導入することによって、文章の成分としての文の表現形態の違いを基準にして捉えていこうとしたのである。

ところで、「連鎖」という概念は、文章を構成する一つ一つの文を鎖の輪に見立てて、文が鎖状に連なることによって文章が成り立つと見る考え方である。ここでの具体的な観点は、こうした「文の連鎖」を文法的に分割して、「主語の連鎖」「陳述の連鎖」「主要語句の連鎖」の三つの姿として捉えるというものである。[10] 文法論的文章論における主要概念は「文章の統括」という概念を含めて『文章論詳説』に集大成されることになるのである。以下、これらの主要概念について主に『文章論詳説』に述べられているところに即して概観しておくことにする。

まず、「主語の連鎖」についてであるが、これは主に各文における主語の提示の仕方を見ていくものである。そのために、主語という観点から見た基本的な文の分類についての認識が必要となる。そこで永野賢は、三尾砂の『国語法文章論』(昭和二十三年、三省堂)で示されている「現象文」「判断文」「未展開文」「分節文」の四種によりつつ、これらの基本的な文の様々な連鎖の仕方から文章展開の姿を捉えていこうとしたのである。

また、「陳述の連鎖」とは、文末の陳述部の連鎖関係(=文末にあらわれた文の表現意図の表れとしての言語形式)を辿ることによって、文章全体の統一性を明らかにしていこうとする考え方である。例えば、文学的文章等で物語り口調の「ました」という〈過去〉の陳述を基調とし、その間に〈現在〉の陳述がはさまれている場合、これは「歴史的現在」という手法で劇的効果を高める形である。そして、こうした「陳述の混用」(正しくは「陳述の変化と統一」)にも「しめくくりとしての統一」[11] を認めていこうとするのである。

さらに、「主要語句の連鎖」とは、文章全体における主要語句(=文章の中の主題・意図やモチーフにかかわりの深い、言わば中核となる語句で、反覆を必要とし、意味内容の拡張・振幅、類語との置き換え、反対語との対比対照、関連語との連携などの観点を必要とするもの)のつながりが、文脈をどのように統括するかを明らかにしようとするものである。

なお、「文章の統括」とは、文章の性質である統一性と完結性とを包摂する概念である。これは、「一つの文が一つの文に包みこまれる、あるいは、一つの文が一つの文を包みこむ、という関係であり、段落が段落を包みこみ、包みこまれる関係[12]」であると説明されている。

こうして永野賢は、文章論を文論との交渉という観点から捉えて、従来の「文の連接」論に加えて、新たに「文の連鎖」論を構築し、さらに「文章の統括」の原理を適用することによって文章の統一の原理を明らかにしたのである。

このようにして帰納された文章表現における文脈展開の形式や統括の原理に基づいて現実の文章を分析し、その構想を可能な限り書き手の意図に近い形で捉えていくならば、それは正しい理解と表現の行為に有効に結びつけていくことができるはずである。

以上のように、文法論的文章論は飛躍的な発展を辿ってきたのである。先の『学校文法　文章論』において示された「文章論的分析の観点」に、新たに「文の連鎖」「文章の統括」という観点が導入されて、国語教育の理論的基礎としても一層の精密さを加え得たと言えよう。

五　作文教育の理論的基礎としての意義

永野賢の文法論的文章論を国語教育とりわけ作文教育の理論的基礎として吟味していくとき、その最も基底的な考え方はどこに求められるであろうか。勿論、文章論としての最も基本的でしかも独創的な概念は、「主語の連鎖」「陳述の連鎖」「主要語句の連鎖」からなる文の連鎖という考え方である。また、この他にも文の連接概念など、重要な基礎的概念はいくつかある。

これらの中で作文教育上、最も重要な考え方は、文章の客観的な筋道を「文脈」とし、その表現者、理解者の脳裏にある主観的な筋道を「脈絡」と名づけて区別している点であろうと判断される。
永野賢は、『学校文法　文章論』の中で次のように述べている。[13]

表現者の主観的脈絡が、言語形式をかりて表現されると、それは、客観的な文脈として、理解者の前に置かれることになる。理解者は、そのような客観的な文脈をたどることによって、みずから主観的な脈絡を作りだす。その理解者の主観的脈絡が、表現者の脈絡と一致するか、または近似的にせまるかすることができれば、正しく（または、ほぼ正しく）理解することができたということになる。つまり、表現者の主観的な脈絡とを媒介するものが、客観的な文脈なのである。

この考え方は、『文章論詳説』においても重ねて強調されている。そこで、この考え方を文章表現行為の場合に照らして考察してみたいのである。[14]
表現者は、自身の脳裏にある主観的な筋道である「脈絡」を理解者のそれと一致しやすいように努めて表現しようとする。しかし、こうして表現された文章の客観的な「文脈」が表現者の「脈絡」を余すところなく反映しているとも言えない。ここに文章表現の難しさがある。
しかし、このように表現者の主観的な脈絡を客観的な文脈に乗せようとする際の言語抵抗が、書くという言語操作を通しての広い意味での人間形成的な機能を生み出しているのである。
さて、書くという言語操作を通しての人間形成的な機能がこのようにして生み出されていくとすれば、作文教育において最も重要な点は、主観的な筋道としての「脈絡」と言語形式として表された客観的な「文脈」との連関をつけていくことである。

例えば、児童生徒の作文を評価するにあたってもこの二者の連関をつけながら行っていく必要がある。なぜなら、作文評価は言語形式面の正誤という観点だけでも、また、題材・内容面の適・不適という観点からだけでも、どちらも片手落ちということになるからである。前者は確かに客観的なものであり、後者には主観性がつきまとう。しかし、これらの次元の異なる評価の観点は、作文指導の上からはどちらも必要なものとなる。前者の面からだけの評価は、児童生徒の表現意欲を阻害する要因となることが指摘されている。また、後者の面からだけの評価では、素材のよさが作文の内容を充実させているという場合もあって、本当に内容化の力があったかどうかという疑問が残ってしまう。そこで、この両者を統合させた観点が必要となるのである。

作文における言語形式面と題材・内容面とを統一して一元的に捉える視点が永野賢の言うところの「表現者の主観的な脈絡」というものになる。これは時枝誠記が文章の文脈展開における「流動的な思考の展開[15]」と規定したものとほぼ重なっている。

そこで、どうしても必要となってくるのが、こうした「表現者の主観的な脈絡」とか「流動的な思考の展開」といった、言語形式面に表れた客観的な「文脈」の背後にあって容易には捉えがたいものを捉えていくための作文評価の観点なのである。そして、これらに該当するものが先に見てきた文章論的分析の観点ということになる。こうした作文評価の観点は、従来からしばしば論議されてきたところの形式か内容かという問題を解き明かす最も有力なカギになると見なしてよいだろう。

それ故に、文法論的文章論は、作文教育の理論的基礎として極めて重要な位置を占めていると言えよう。今後は、この理論をより実践的なものとしていくために、実際の作文評価の観点に即して、文章論的分析の観点をかみ砕いて分類整理していく必要があろう。

昭和三十年代初頭に生成をみた永野賢の「文法論的文章論」は、当初より絶えず国語の実践とその教育に適用しつつ、その効用を検証していくことに向けられて着実な発展・深化を遂げてきたことは、国語教育にとっても幸運なことであったと言ってよいだろう。かつて時枝誠記が「国語教育に於いては、問題は文章の理解と表現との実践、訓練にあることは勿論であるが、そのやうな教育活動の根底に、文章学の確固たる裏付なくしては、その教育的指導を完全に果すことが出来ない訳である」と述べたが、その道筋は永野賢の「文法論的文章論」によって概ねつけられたと言ってよいだろう。

とはいえ、この理論の国語教育とりわけ作文教育への本格的な適用は今後に残されている課題である。この理論の生成時には、国語教育における読解指導の理論的基礎としては勿論のこと、作文の文法としても期待され、研究された。しかし、その後、科学的・分析的な研究を深く省みようとしない教育実践一般の常として、作文指導においてこそ最も重要視されなければならないこの文章論が今なお十分に浸透していないのは残念というほかはない。

今後は、作文教育においてこの理論の本格的な研究・活用を図っていくために、この理論の形式的な活用を急がないで、とりあえずは児童生徒の作文の文章論的分析を数多く行い、そこから作文教育の理論的基礎としての新たな意義を摑み出し、併せて真に実践的な観点を抽出していくように努めていかなければならない。[17]

注

(1) 野地潤家「作文教育研究の分野と方法」（井上敏夫他編『作文指導事典』昭和四十六年三月、第一法規出版、四三一頁）。
(2) 文章論の種々相を展望したものに、橘豊「文章論の現状と整理」（『月刊文法』昭和四十四年一月号）という好論文がある。
(3) こうした思潮についての詳細は、拙著『戦後作文教育史研究』（昭和五十九年六月、教育出版センター）を参照されたい。
(4) 永野賢著『学校文法　文章論』昭和三十四年六月、朝倉書店、三十九頁。
(5) 同前書、注（4）、一頁。

（6）時枝誠記著『日本文法口語篇』昭和二十五年九月、岩波書店、二十一～二十二頁。
（7）前掲書、注（4）、七十二～七十三頁。
（8）前掲書、注（4）、二九八頁。
（9）これらの研究成果については永野賢自ら『文章論詳説』の中で整理・考察を加えている。
（10）これらの考え方の発展・深化の過程は、永野賢の諸論文、「文章論」（『講座現代語Ⅰ・現代語の概説』昭和三十八年、明治書院）及び「文章の形態とその文法的特質」（『口語文法講座4・読解と文法』昭和三十九年、明治書院）、「文論と文章論との交渉」（『月刊文法』昭和四十四年一月号）等から辿ることができる。
（11）永野賢著『文章論詳説』昭和四十七年六月、朝倉書店、一八三頁。
（12）同前書、注（11）、二〇五頁。
（13）前掲書、注（4）、一三二頁。
（14）「文脈」と「脈絡」との連関を理解行為に即して論じたものに、永野賢の「読解教材の文章論的分析の必要性」（『教育科学国語教育』昭和四十三年七月号）がある。
（15）前掲書、注（6）、二四四頁。
（16）前掲書、注（6）、二十一頁。
（17）永野賢の「文法論的文章論」を作文教育に積極的に活用していこうとする研究書に大熊徹著『文章論的作文指導―論理的思考力・認識力の育成』（平成六年二月、明治図書）がある。

第十一章　文章表現教育の向かう道

一　文章表現教育の〈目的〉の見直し

平成元年版学習指導要領が講じた作文指導時数の指定という異例の措置が功を奏して、ここ数年間作文指導への関心が一時的に高まった。学習指導要領の改訂で、改訂の目玉に関心が集まるのは毎度の現象である。今回は、「楽しく、気軽に書ける」というキャッチフレーズの下で「短作文」が盛んに行われるようになった。手軽に活用されることを目的とした「短作文ワーク」も出現した。筆者は、こうした現象の中の「短文創作の本当の難しさを認識しない『短作文』の勧め」や、「短作文」の主たる目的を「作文の基礎力」の養成において、これを「長作文」のための「下準備的なもの」とする短絡的な考え方、「目的を自覚しない末梢トレーニング」「子供が書くことの理由を実感できない練習一辺倒作文」としての「短作文ワーク」の非を厳しく批判してきた。(1)

「短作文」だから「楽しく、気軽に書ける」という考え方には、ある種の錯覚、幻想がある。短い文章は表現を選び言葉をつめて書かなければならない。実は決してたやすい仕事ではないのである。このような「短作文」を子どもたちが喜んで楽しく書けるようにする手立てをこそ講じてやるべきなのである。また、「長作文」でも子どもたちが喜んで楽しく書く場合がある。このような状況を作り出してやることこそが必要だったのである。

今後の文章表現（＝作文）教育の向かうべき道について考えていく時、以上のような問題点を避けては通れない。但し、これら近年の作文指導上の問題点については、すでに拙著（前掲の注（1）を参照）や拙稿(2)の中で詳しく考察を行っている。そこで、以下には、これらの考察を補強し発展させる方向で文章表現教育の向かうべき道について論じていくことにする。

二　文章表現教育の〈目的〉を子どもの側に立って見直す

波多野完治は、かつて、芦田恵之助と友納友次郎との間で行われた論争、いわゆる随意選題論争に関する考察を行った。そして、この論争の根底に、当時行われていた二つの基本的教育思潮すなわち「教育を環境の方から統制して行かうとする考へ方」と「児童自身の中から発見させて行かうとする考へ方」との相克があったと分析した。[3]波多野は、前者を教育の有する根本的性格である「同一化的方向」（＝社会化の方向）、後者を自由教育思想に裏打ちされた「社会の分化的方向」（＝個性化の方向）と捉え、両者の矛盾相克が綴り方科において鋭く現れたためにこの論争が大論争に発展したと結論づけた。

波多野は、綴り方科では、一方で「社会のもつて居る格式を児童に一つ一つおぼえ込ますことが要求」され、他方では「子供たちは自分の持つて居るものを社会に放出する」ことになるので、この点で「社会の分化的欲求」（＝子どもの個性的欲求）の練磨をも行わなければならないと分析した。そして、後者の行き方には「表現の練習」「綴る過程」を通じて「子供の個性」を成長させようとする芦田恵之助の随意選題の主張の必然性を認め、前者の行き方には友納友次郎の「練習目的論」を重ね、そこに社会学者デュルケームの主張する「社会が子供に向つて要求する最小限の要求」に極めて近い立場が存在するとしたのである。[4]

要するに、波多野は、綴り方科では「社会の分化的方向と、同一化的方向とが、丁度同じ程度に要求される」と捉え、方法論の上からは暗にこの二つの行き方を統一止揚していくべきことを示唆したのである。なお、波多野のこうした考え方については、本書第Ⅰ部「第六章」を参照されたい。

ところで、波多野完治が先の論考で考察の対象に据えた随意選題論争開始よりも以前の大正四年に、芦田恵之助は「綴り方教授細目」の中で次のように述べている。(5)

教材選択上吾人が最もおそれるのは社会の要求といふ語である。この語のために、天下幾百万の児童がどんなに苦労してゐるかしれぬ。余は敢て苦労といふ。興味のないことを大きくなつて役にたつからといふことのために、鵜呑みに記憶しなければならないのである。これほどの苦労はまたとあるまいではないか。

この時すでに芦田は随意選題の立場を取っている。すなわち、波多野が指摘する「社会の分化的方向」(＝個性化の方向)を主張する立場を取っているのである。筆者は芦田のこの考え方についても前掲の拙著や拙稿の中で考察を加えている。今日でも、私たちが教育上の要求とするものの中には、芦田が言うところの「社会の要求」すなわち大人の社会における実用面に向かっているものが多い。しかも、それらは子どもにとって興味のないことが多い。ところが、今現在の子どもの心は、必ずしも大人が考える社会的実用面には向かっていないのである。子どもにとっての生活の用とはしばしば遊びや空想であることが多い。したがって、大人が考える社会的実用面と子どもの生活の用とは、しばしば矛盾相克を招くことが多い。この矛盾相克が教育の〈目的〉達成の上での大きな障害となっていることに私たちは改めて思いを廻らさなければならない。

要するに、波多野完治が随意選題論争の考察を通して導き出した「社会の分化的方向」(＝個性化の方向)と「同一化的方向」(＝社会化の方向)との統一止揚という課題は、なお今日の文章表現教育にとっても重要な課題なのである。もちろん、この課題を克服する最終局面が方法論にあることは言うまでもない。しかし、学習指導要領の改訂の度に強調される「作文能力の充実強化」という方針は、一貫して大人の社会からの実用主義的要求に基づいて打ち出されてきている。つまり、文章表現教育の〈目的〉は、ともすれば社会的同化の方向すなわち「同一化的方向」に偏向しつつ今日に至っているのである。したがって、文章表現教育の〈目的〉を、デュルケームの主張する「社会が子供に向つて要求する最小限の要求」を踏まえつつ、同時に、芦田恵之助以来の課題とされてきた子どもの個性の伸張という面にも据えていくことが今後の重要な課題であると考えられるのである。

三　「教科内容」と「教育内容」との統一止揚

さて、文章表現教育における〈目的〉論は、「教科内容」・「教育内容」論の問題でもある。(6) 文章表現教育の主たる場は、現行の教育課程にあっては国語科作文指導であるが、それは、もとより国語科を超えて教育のさまざまな局面においても行われていくべきものである。したがって、文章表現教育の〈目的〉もまた、国語科作文領域として担うべき「教科内容」と教科の枠組みを超えて教育の様々な局面に機能すべき「教育内容」の問題として捉えていかなければならない。

国語科作文領域における中心的な「教科内容」は、文章表現技術（＝書くことそのもの）にある。そして、もとよりこの文章表現技術は、教科の枠組みを越えて教育の様々な局面において教育の方法として活用されていく。その意味では、文章表現技術も「教育内容」の一角を担っている。しかし、文章表現教育が担うべき「教育内容」が文章表現技術だけにとどまるものでないこともまた明らかである。そうした「教育内容」は従来、例えば、もの の見方・考え方・感じ方、思考、想像といった言葉で捉えられてきた。

筆者は、拙著『思考を鍛える作文授業づくり』の中で、「教科内容」としての〈作文技術〉指導を通して「教育内容」としての〈思考〉を鍛えていく作文授業づくりの提案を行った。〈作文技術〉を自覚させることが子どもの〈思考〉の集中を促し、作文授業を引き締まったものにすることができると考えたからである。また、「見たこと作文」（原実践は上條晴夫著『見たこと作文でふしぎ発見』平成二年、学事出版）という実践に検討を加えた拙著『「見たこと作文」の徹底研究』（平成六年八月、学事出版）の中では、この実践が単なる国語科作文ではないことを指摘し、そこに国語科作文が担うべき「教科内容」としての〈作文技術〉と教科の枠を超えて育成されていく「教育内容」としての〈「見る力」〉や〈「追究」〉という要素とが一体的に指導されている事実を明らかにした。「見たこと作文」の実践は、指導者が〈「見る力」〉や〈「追究」〉という「教育内容」を意識することによって、「教科内容」としての〈作文技術〉を単なる小手先の技術指導としてでなく、子どもの思考の体制に沿ったより自然な形で指導することを可能にしているのである。

右に取り出した〈思考〉や〈「見る力」〉〈「追究」〉といった「教育内容」には、波多野完治が言う子どもの個性の伸張を図っていく「社会の分化的方向」を切り拓く要素が含まれていると見なすことができる。一方、「教科内容」としての〈作文技術〉を社会的同化の方向としての「同一化的方向」と見なすことができる。〈作文技術〉が大人の社会からの実用主義的要求・社会的枠組みそのものであるのに対して、「見る」・「追究」という行為は、文字通り個人に属する主体的なものだからである。

ところで、社会的同化の方向としての〈作文技術〉だけを指導しようとすると、その実践の内実は、子どもの生活の用・思考の体制を無視して無味乾燥な小手先の技術指導に陥る恐れがある。一方、個性化の方向としての〈思考〉や〈「見る力」〉〈「追究」〉などの「教育内容」だけに目を奪われると、かつて昭和十年代に波多野完治によって「言葉からはなれて空中をとんで居た」(7)と批判されたような綴り方教育に陥る恐れがある。

波多野完治は、綴り方が「言葉からはなれて空中をとんで居たから行きつまつた」のだと批判して、本来の綴り方教育が「言葉を通して行われる人格教科」であると規定し「文体教育としての綴方教育」であらねばならないと主張した。要するに、これからの文章表現教育も波多野のこの主張のように、社会的同化の方向としての「教科内容」と個性化の方向としての「教育内容」とを統一止揚していく方向で行われていくことが求められているのである。

四　〈想像〉という「教育内容」の再認識

文章表現の過程が思考の過程であることについては改めて言うまでもないことである。例えば、野地潤家は「表現創造への思考の役割」(『作文指導論』昭和五十年、共文社)について述べ、井上尚美はこの思考の過程(＝文章表現過程)を「経験⇅言語⇅知識」(「思考学習について」、東京学芸大学国語教育学会・望月久貴編著『思考力を伸ばす表現指導』昭和五十八年、学芸図書)という往復作業の過程として捉えやすく表した。倉沢栄吉、井上敏夫、田近洵一も文章表現自体を「想の展開」(倉沢「作文教育における評価」『覆刻文化庁国語シリーズⅨ国語教育Ⅱ』昭和五十年、教育出版)、「思考の展開」(『井上敏夫国語教育者作集5作文教育の理論と展開』昭和五十七年、明治図書)、「想の生成過程」(田近「作文の指導では、何が問題か」『小学校国語科教育3書く生活をひらく』昭和五十七年、教育出版)と捉えその意義を指摘している。

筆者も拙著『思考を鍛える作文授業づくり』の中で〈思考〉の問題を正面に据えて、作文授業づくりのための提案を行ったことは先に述べた通りである。この際に、筆者は〈思考〉という概念を広狭両様の意味で用いることを敢えて断った。それは、ともすると〈思考〉という概念が狭義の「論理的思考」といった意味で捉えられる傾向があったからである。確かに、従来の国語教育の中では「論理的思考」の育成に冷淡な傾向があって、これを国語教育においても重視していくことは大切なことである。しかし、「論理的思考」だけを強調していると、今度はもう一方の〈想像〉面がないがしろにされる。

実は、〈思考〉と〈想像〉とは相対立する概念ではなかったのである。そのことは、井上尚美が図式化して表した「経験⇅言語⇅知識」という思考過程の中にも「イメージ」（＝想像）の果たしてぃる重要な役割として位置づけられている。〈思考〉が「想の展開」とか「想の生成過程」という言葉で表されていることからも〈思考〉と〈想像〉との密接な関係が窺えるのである。右に掲げた拙著の中でも、「論理的思考」の他に「言葉を想像力豊かに駆使する」際に働く「創造的思考（拡散的思考）」についても取り上げて、「遊び・空想・創造的要素を備えた文章」を書かせるための作文教材の開発方法について詳しく論じた。〈思考〉と〈想像〉との分かち難い関係を意識したからである。しかし、「思考を鍛える……」などと言えば、直ちに「論理的思考」一辺倒と誤解される風潮がなくはない。このことは、これからの文章表現教育の向うべき道を考える上からも見過ごせない問題である。そこで、以下に、〈想像〉という「教育内容」の重要性について触れておこう。

学習指導要領が国語科の目標に「思考」と「想像」の言葉を掲げていることは誰でも知っている。しかし、国語科における「想像」の問題は、専ら読みの教育の専有物と考えられる傾向が無きにしもあらずである。最近の国語科作文指導では専ら〈作文技術〉指導が喧伝されている。指導者が〈作文技術〉を自覚し、その指導方法に工夫を凝らすことは大いに必要であると筆者も考えている。「論理的思考」を鍛える指導も大切である。しかし、文章表現教育では、〈想像〉を切り離して〈思考〉の問題を考えることは、右に述べたように本来あってはならないことなのである。

文章表現教育が本質的には芸術教育であるとする考え方がある。高森邦明は、この考え方に強い関心を示して、「作文教育の目標に関する考察」の中で「芸術教科的目標における想像力の問題」について詳細な考察を加えている。高森は、この問題をイギリスの作文教育研究との比較教育学的立場から考察している。高森は、まず「作文教育が創造の教育であるにもかかわらず想像力の重要性が認められているかどうかには、かなり疑問がある」として、そうした傾向が生み出されてきた原因を指摘する。それは、「日本の作文教育史上、長きにわたって支配的」であった「作文はリアリズムでなくてはならないという考え方」である。高森は、鈴木三重吉の『赤い鳥』綴り方教育やこれを批判的に継承していった生活綴り方教育が「見たこと聞いたことを、ありのままに書く」ということを強調し、加えて「子どもたちの書くことにうそはない」という受けとめ方までが生じる可能性があったと指摘する。さらに、子どもの書いた作文を「生活指導の資料」として使用するといったことも行われたために、子どもたちは「飛躍した空想や虚構を書く余地を与えられず、そのために直接経験した身辺的なこと、受け入れられた考え方などしか書けなくなってしまう」という事態が生じていったと指摘する。そして、こうした事態の中では、「自由な想像的な作文は評価の対象」にもなりにくくなっていったと言う。高森は、このように歴史的な経緯などを踏まえて、右のような枠組みの中での指導が「作文教育にとって好ましくないことはいうまでもない」とし、子どもたちの「感覚や想像力が自由にはばたくように、あらゆる束縛や偏見をとり除いてやることが必要」であるとして「想像力の全面的な解放」を主張している。(8)

右の歴史的な経緯に窺える従来の文章表現教育の〈目的〉は、やはり高森も指摘していることであるが、当時の「自然主義文学におけるリアリズムの手法」や今日の「一般的社会的状況」という枠組み、波多野完治が指摘した「教育を環境の方から統制して行かうとする考へ方」から捉えられてきたものである。言わば、子どもの生活の用・思考の体制からでなく、大人の思考の体制・大人の社会からの実用主義的要求から捉えられた〈目的〉であったのである。

文章表現教育の〈目的〉の一角を担うものとして、〈思考〉と不即不離の関係にある〈想像〉という「教育内容」を明確に再認識していくべきであることを訴えるものである。

五　空想・想像的題材の新生面の開拓

文章表現教育における〈目的〉の再検討を行ってきた。文章表現教育における〈目的〉を、社会的同化の方向としての「教科内容」と個性化の方向としての「教育内容」との統一止揚の方向で捉えていくこと、その際に、〈思考〉と不即不離の関係にある〈想像〉という「教育内容」の意義を改めて認識していくべきこと、が導き出された結論である。この結論に沿った進むべき道は、拙著『思考を鍛える作文授業づくり』の中に、①国語科作文領域における「教科内容」としての〈作文技術〉の枠組みの提案、②「論理的思考」・「創造的思考」を鍛える作文教材開発の手順と方法、③「論理的思考」・「創造的思考」を鍛える作文授業づくりの典型的事例に関する考察、などを通して示したつもりである。

本節では、右の③の「創造的思考」すなわち〈想像〉という「教育内容」面の陶冶を目的とした作文授業づくりの方向を、空想・想像的題材の開発という視点から提案する。

(1)　空想・想像作文

近年になって、青木幹勇の提唱になる「変身作文」の実践がかなり盛んに行われるようになった。青木のこの実践の特質は、もともと読みの教材の「ストーリーをなぞる」形を取らせているところにある。青木の発想は、「子どもは詩人でもなければ作家でも」ないから「子どもの想像力といっても底は浅い[9]」ものであると捉えて、子どもの想像力や表現力の底を正しく推し量って、無理のない形で〈想像〉活動をさせているところに意義がある。筆者は青木のこうした方法を、「視点を転換させて書く作文の授業」（拙著『思考を鍛える作文授業づくり』）として、そこに「他者の視点から物事を客観的に見つめる」ことを可能にするという意義を取り出した[10]。

右の拙著の中では、この「変身作文」の実践に類するものを他にも数編取り上げて、その〈想像〉活動の意義について論じている。例えば、「新聞を切り抜いて書く」（白石寿文・桜井直男編著『小学校作文の授業―練習学習と書くことを楽しむ学習―』昭和六十一年、教育出版センター）という実践事例では、「新聞の切り抜き記事などをなぞり、その意味内容に乗っからせる形で作文題材」を掘り起こさせるという意義を取り出した。

なお、筆者たち（＝「秋田作文授業づくりの会」）は、青木の「第三の書く」の実践や輿水実の提唱になる「学習作文」の実践などに学びながら、『書き足し・書き替え作文の授業づくり』（『実践国語研究』別冊、一五六号、平成七年）という実践提案を行っている。空想・想像作文の実践提案が豊富に収録されているので参照していただければ幸いである。

また、拙著『思考を鍛える作文授業づくり』の中では、「変身作文」とは異なるが、「ウソの作文」（上條晴夫著『子どもが熱中する作文指導20のネタ』平成四年、学事出版）という興味深い実践事例を取り上げている。雨で遠足が中止になってしまい、平常の授業をやろうとしたが、いまひとつ子どもたちが集中しないので、行けなかった遠足の様子を「ウソの作文」で書かせることにしたという実践である。作文のプロットは実際に行く予定であったコースに沿って立てさせることにして、空想・想像を働かせて書かせている。題材を中止になった「遠足」に取り、しかも「ウソ」という形で書かせたことが子どもの空想・想像を刺激して表現意欲に点火し作文活動は大いに盛り上がったと報告されている。

右のような空想・想像作文は、近年でこそ決して珍しくはなくなったが、優れた作文教師はすでに二十五年も前にこうした実践をいくつも試みている。平野彧著『新題材による作文指導』（昭和五十七年、明治図書）という実践書の中には、「未経験のこと、想像したことも書かせよう」という提案の中に、「たのしい絵ばなし」「ぼくのゆめ、わたしの夢」「お話のあとをつづけて」「実生活をもとにしたつづき話」「結びの文に合わせて」「絵地図によるお話つくり」「○月○日のぼく」「話題の人、○○さんをたずねて」といった興味深い題材での豊かな実践が報告されている。平野の実践は、子どもの自由奔放な空想や想像を豊かに拡大してやるところにねらいがあって、高森邦明が批判した教条（ドグマ）として硬直化してしまった「リアリズム作文」を打破するようなインパクトがある。ここでは、その指導過程や方法上の創意工夫については検討を加えることができないが、平野の実践では、作文題材としての新生面と同時に、子どもの空想・想像を豊かに引き出させるための独自の工夫も講じられている。

(2)　フィクション俳句

「短作文」流行の影響で、詩や俳句・短歌を書かせる実践を目にすることがある。詩や俳句・短歌は短文だから「楽しく、気軽に書ける」というふれ込みである。これはとんでもない錯覚である。「短作文」がこのような皮相な受けとめ方の下で実践されていることに、今回の作文指導ブームの空虚さが露呈している。しかし、そのブームもどうやら去ったようである。これからが文章表現教育の正念場である。

「短作文」実践としてのあまりにも無邪気な詩や俳句・短歌などの指導事例は別として、短詩型の文章を書かせる実践として二、三の優れた事例が存在する。詩のジャンルで、近年の秀逸な実践としては、青木幹勇著『授業＝詩を書く「風をつかまえて」』（平成元年、国土社）がある。また、俳句のジャンルでの秀逸な実践としては、足立悦男による「創作指導の原理をさぐる―『俳句を作る』実践から―」（『月刊国語教育研究』平成七年三月号）がある。なお、足立のこの実践は、大学の教科教育の授業の中で大学生を対象に行われたものである。この実践は、足立のもう一つの論考「学部教育における国語科表現指導―俳句の授業を例に―」（日本教育大学協会第二常置委員会編『教科教育学研究』平成七年、第一法規）でも詳細に報告されている。俳句のジャンルでもう一つ注目すべき実践がある。青木幹勇著『俳句を読む、俳句を作る』（平成四年、太郎次郎社）に報告されている事例である。

　これらの詩、俳句のジャンルでの実践は、筆者がかつて提唱した「コピー作文」[11]などと合わせて、文章表現教育の新生面を切り拓くものであるというのが筆者の判断である。ここでは、右の実践の中で空想・想像的題材の新生面を切り拓いているものとして、青木幹勇著『俳句を読む、俳句を作る』を取り上げ、若干の考察を加えておくことにする。

　青木の右の実践書の中で、筆者が特に注目させられたのは、「物語を読んで俳句を作る」という実践の報告である。青木は、この実践を「物語俳句」の授業と呼んでいる。青木は、自ら戦中・戦後と作句を続けており、授業の中でもしばしば俳句の指導を行ってきたが、満足のゆく授業は一度もなかったと述懐する。ところが、青木は、「ここ数年、全国各地の子どもたちが作る子ども俳句に目を覚まされ」る。そこで、「これまでの俳句教材を、新鮮にはねている子ども俳句に取り替え」たのである。また、作句の方法についても、「伝統の写生主義にこだわらず、子規も許容し、奨めている想像による味つけの表現法を工夫」していくことになる。青木が用いた趣向は、「作句の入門」として「物語を手がかりにし、ここから俳句を発想するという」方法で、教材としては、「子どもたちに好んで読まれる『ごんぎつね』[12]」を取り上げたのである。

　青木のこの発想こそはまさしく、波多野完治が言うところの「児童自身の中から発見させて行かうとする考へ方」、すなわち子どもの側からの発想である。戦中・戦後と長い歳月を教壇に立ってきた青木ほどの大ベテランが永年の俳句指導の果てに辿り着いた発想がこの「物語俳句」の授業だというのである。俳句における「伝統の写生主義」への呪縛、従来の作文教育における「リアリズム作文」への呪縛、これらは、私たちがいかに大人の側からの発想、大人の思考の体制に沿った行き方に囚われてきたかを象徴するエピソードである。

さて、青木の「物語俳句」の「本邦初演」（平成二年五月二十九日）は、東京都台東区立西町小学校の六年生を対象として行われている。教材は四年生で使用されている「ごんぎつね」である。「下学年の教材を、角度を変えて上学年で活用すること」がこの実践の一つのヒットポイントである。青木は、「ごんぎつね」を「作句入門」の指導に選んだいくつかの理由の中で、この作品が「俳句になる契機を多く孕んだ物語」であることを挙げている。つまり、この物語には、「俳句になるシーンがたくさんある」ということである。また、俳句に不可欠な季語もこの物語にはふんだんに転がっているという。

青木は、この「物語俳句」作りの発想について、「朝日歌壇」（昭和五十九年九月二十三日）に掲載されていた「空腹に泣く子をおきて征き果てぬ父よユミ子のコスモスが咲く」（兵庫　青田綾子）という短歌の存在に励まされたと述べている。この短歌は、「一つの花」から発想された「フィクション短歌」と推測される。そして、青木が実践している「物語俳句」は、青木の命名である「フィクション短歌」に倣えば、〈フィクション俳句〉と命名してもよいのではないか。

青木のこの実践におけるもう一つのヒットポイントは、教師が作成してやった「手引き俳句」である。例えば、「火のようにまっ赤に咲く『ひがん花』と葬式の場面」とをつないで、「ひがん花葬列のかね遠くから」と一句作ってみせるのである。青木が実際の授業の中で使っている「手引き俳句」には、「にごり川あみにはうなぎふななまず」「ふみ折られいよいよ赤いひがん花」といったものがある。

この「手引き俳句」提示の中で最も興味深いものは、「欠落を埋めて一句にまとめる」というものである。例えば、「□お城にひびくもずの声」という具合に、上五の句を抜いて提示するのである。クイズ遊びの手法である。この上五に入れる言葉を物語を読み返して探し出すのである。例えば、「きんきんと」「雨はれて」「青空に」といった言葉を探しだせばよいということになる。次には、「きのうくり□両の手に」

といった具合に中の句を抜いたものを提示するのである。最後は、「月の道兵十加助の□」と下五を抜いたものを提示する。

子どもたちの作った俳句には、例えば、「ごんぎつね早く聞きたいもずの声」「ごんの気も知らず兵十銃をとる」「遠くまでまっかに咲いたひがん花」「ぴかぴかのいわしを持ってごん走る」「つぐないにそっとはこんだ山の栗」といった作品が報告されてぃる。

他に、青木が紹介していたような「フィクション短歌」の実践もあってよい。いずれにしても、これからの文章表現教育では、〈想像〉という「教育内容」面の陶冶を目指して、「創造的思考」に培う作文授業づくりの実践を豊かに開拓していくべきである。

注

(1) 拙著『思考を鍛える作文授業づくり』平成六年六月、明治図書、一一九～一二〇頁。
(2) 拙稿「作文授業・古くて新しい課題の解決—手軽で安易な手段に便乗しない」(『実践国語研究』一五一号、平成七年九月)。
(3) 波多野完治「自由選題論争の歴史性—綴方教科問題史—」(『教育』昭和十年二月号、三十頁)。
(4) 同前誌、注(3)、四十六頁。
(5)『芦田恵之助国語教育全集3』昭和六十二年、明治図書、五三一頁。
(6) 拙著『「見たこと作文」の徹底研究』平成六年八月、学事出版、二十八～三十二頁。
(7) 波多野完治「表現学と綴方教育」(『教材集録』昭和十年六月号、後、波多野完治著『児童生活と学習心理』昭和十一年十月、賢文館、に収録、九十頁)。
(8) 高森邦明著『作文教育論1作文教育における目標と方法の原理』昭和六十一年三月、文化書房社、五十一頁。
(9) 同前書、注(8)、五十二～五十三頁。
(10) 青木幹勇著『第三の書く—読むために書く　書くために読む—』昭和六十一年八月、国土社、一二八～一三〇頁。

(11) 前掲書、注 (1)、二五〇～二五三頁。
(12) 拙編著『コピー作文がおもしろい』(平成九年七月、学事出版)、『コピー作文の授業づくり』(『実践国語研究』別冊、一八〇号、平成十年一月) などを参照せられたい。
(13) 青木幹勇著『俳句を読む、俳句を作る』平成四年六月、太郎次郎社、三頁。

第十二章　「語りことば」論序説

——「語りことば」の発見——

一　本研究の目的

「語りことば」とはあまり耳慣れない言葉であるかもしれない。この言葉は筆者の造語である。なぜ「語りことば」だったのか。そもそものきっかけは筆者が大学院で学んでいた時にある。大学院での根本正義先生の講義で文学における「語り」の問題が取り上げられていた。近代文学にも及んできている「語り」の系譜という問題が話題の中心であったと思う。同時に、学校教育における「語り」の系譜では、内山憲尚らを中心とする「口演童話」についても話題となっていた。

この時に特別講義として聞いた中山幹雄先生からの講話も印象に残っている。その話の内容は「現代語の百年ぐらいの歴史に比べて、『語り』のことばには、千年からの歴史があり、『語り』のエネルギーを現代に生かしていける」というものであった。確かに、文芸の始源は口承文芸にあり、肉声と結びついたものであった。その肉声は近代の文芸の中にも脈々として生き続けている。今日でも表現者の肉声としての「語り」は厳然として書き言葉の領分に侵入してきている。それは明らかに「語り」の生命力を誇示するものである。中山先生はその際に、天台宗や真言宗における「声明」[1]を録音テープで聞かせてくれた。そこで朗唱されていた肉声にも強烈な印象を与えられた。中山先生の言によれば、それは「日本がまだ平和だった時代ののびやかな、自然な発声」であるということになる。

こうした状況に照らして考えた時、活字文化に首までどっぷりと浸かっている我々の言語生活の中で、かつてののびやかな自然な肉声である「語り」を文字文芸の世界のみならず、話し言葉の生活の中にまで意識的に取り込んでいくことの必要性を強く認識させられたのであった。

そこで筆者は、「語り」という表現の機能を敢えて話し言葉と結びつけて「語りことば」と名づけてみたのである。以下に、この「語りことば」の意味や在るべき姿を「語り」の起源やその表現としての機能を解明しながら探っていくことにしたい。

二　「語り」の語義の淵源

「語り」の起源を考証していけばそれは優に一巻の書にまとまるであろう。これを解き明かすことは筆者の及ぶところではない。まず、岩波の「古語辞典」にその語義を尋ねてみよう。

かたり【語り】[一]《カタはカタドリ（象）のカタ、型のカタと同根。出来事を模して相手にその一部始終を聞かせるのが原義。類義語ツゲ（告）は知らせる意。イヒ（言）は口にする意。ノリ（宣）は神聖なことをして口にする意。ハナシはおしゃべりをする意で室町時代から使われるようになった語》①出来事をありのままに相手に聞かせる。②筋のある説話や噺をする。③《②の特殊なものとして》音楽の伴奏つきで、筋のある話をする。④（巧みに話しかけて）だます。[二]①語りつたえ。②謡曲で、ワキ（隅田川など）またはシテ（景清など）が、ことばによる物語りをすること。また、その部分。おおむね散文調で、終末部が謡になることもある。③狂言で、②と同じような形式で、物語ること。また、その部分。④《「騙」「術」と書く》うまい事を言って人をだまして財物を取ること。また、その人。（以上、語註のみ抜粋。）

以上の文言から「語り」の語義として要約できることは、〈出来事をありのままに相手に聞かせる〉ということであろう。しかし、これを語源的に辿るとどういうことになるのか。

藤井貞和は、古代において知られる最古の語りの文体が目撃性の強い過去の助動詞「き」（例えば、見志米岐）を基調として展開されていたという。[2] したがって、『古事記』の中ではいまだ語り継ぐという伝承性が前面には出ていないで、語るそのものであったのではないかとする。そして、「継ぐ」という伝承の意識は『万葉集』において「けり」（例えば、雪は落《ふ》りける）を梃子にして現れてくるという。「けり」は非目撃性の過去を表す助動詞である。この「けり」は平安時代の語りの文学の中心とされる物語文学の文末のそれと一筋であるとする。

つまり藤井は、「語り」の始源を神話時代における目撃性（見たことのありのまま）に見据え、やがて眼前に見た事実でないことをも仮定しているようである。それはあくまでも、文字としての記録によっての推定なのではあるが。

さらに藤井は、「語り」の語義の深層に関して次のように述べている。[3]

われわれは文字の世界に生きている。過去のことが文字をとおして知られる、ということがある。それに慣れてしまっている。それに対して文字のない状態を想像してみると、眼前の事実を、過去と結びつけるものはじつに言葉しかない、という事に気づく。あるいは遠くはなれた空間的距離をうめるものは言葉だ、ということを知る。語り、語るという行為はそこにかかわってくる。（圏点は大内。）

「語る」という行為の意味の淵源を〈眼前の事実を過去と結びつけること。あるいは遠くはなれた空間的距離を埋めること〉というところに求めているのである。

ところで、「語り」には「騙り」（人を巧みにだます）という語義もある。この点にも語源的な興味を誘われる。この点に関しても、藤井は別のところで次のように述べている。(4)

> 騙るということばは後代ぶりのことばだと言われる。しかし「語る」ということばの内燃的なエネルギーをのこした、むしろ原義に近い語感をひびかせていることばであると言えないか。ひとをそのかすちからがことばにはこもっているとむかしのひとたちは考えていた。だから「問う」ことのあるばあいが「語る」なのだ。人間の関係を言語が先行するのである。「語る」ということばはそのようなちからの発動をあらわしている。（圏点は大内。）

「語り」の語義の淵源に関して、この指摘も概ね的を射ているのではないかと思われる。「だます」と「たぶらかす」という行為が人の間に争いの生じた頃から存在したとすれば、言語行為が生じた時にはすでに「語る」という言葉には深いところで「騙る」という語義が含まれていたと考えてもよいであろう。

折口信夫にもこの点に関して次のような指摘がある。(5)

> かたらふといふことは、だますといふことにも使つて居るが、後になると人を騙して物を取り上げることまで騙りと言ひます。無頼漢が騙りするなどゝ、斯ういふ風に段々変化して行くのです。だから語るといふことは、話をするといふことが元の意味ではなくて、相手の魂をこちらにかぶれさせる・感染させるといふ

ことなのです。それが次第に分化して来たのです。うたふ・かたるは一つはうつたへる、一つは相手をば詞で征服をするといふことですから、相対的になつて居るのです。

ここには、「語り」の本来の意味が「相手の魂をこちらにかぶれさせる・感染させる」ことであるという指摘がある。その主張は藤井のそれとほぼ同根のものと言ってよい。

では、「語り」の始源における実際の有り様はどのようなものであったのであろうか。詩人の茨木のり子につぎのような指摘がある。[6]

> 実際、万葉時代の額田王は、どんな抑揚とリズムで、あれらの歌を口にのぼせていたのだろう。芭蕉は弟子たちと連句の席で、どんな声音で詠じ続けたものだろう。仮に再現できるとして、現代人の耳にはどういうふうに聞こえるか？　私の想像では、声明、お経、御詠歌などと大差のない、陰々滅々の抑揚のなさではなかったろうかと思うのである。

ここでは、歌や俳句も「語られることばとしての詩」であるという前提に立っている。本来、和歌などの叙情性の強いものの場合は「うたう」といい、「語る」は叙事性の強いものの場合にいうものであるということが常識である。[7]「語る」方には旋律性も乏しい。このことから考えれば茨木の指摘は唐突である。しかし、詩歌が書かれたものとしてはあらかじめ明らかな韻律を持っているにもかかわらず、語られる時には声明やお経のように陰々滅々の抑揚のなさではなかったかという指摘は興味深い。詩歌を「語る」のが間違っているのであって、それは「うたう」べきものであると言ってしまえばそれまでである。しかし、詩歌の中においてさえ「語り」の要素を全く排除できないのではないかという示唆を与えてくれる指摘である。ここで重要なことは詩歌のような叙情性の強い、本来「うたわれたもの」であったのが、語られるときには、陰々滅々の抑揚のないものとなってしまうという事実――詩人が自作の詩を読むのを聞けば分かる――である。そのことは、逆に詩歌の中にも奥深いところで「語り」の要素が存在することを証明しているのではないか。

「語り」の始源ははるか言語の始源にまで遡って求めることができると言える。また、その語義や響きまでもが現在にまでほぼ同じ位相でつながってきているとも言えよう。

三　「語り」の機能

(1)　その表現上の特質

「語り」の始源を文字のない時代における事実の伝承という役割、そしてさらに深いところでは、自分の気持ちを訴えて相手の魂をも感染させるといった語義に認めることができた。そこには、「書きことば」とは異なる「話しことば」(ここでは「語りことば」と言いたい)の独自な機能が存在してきたはずである。でなければ、今日に至るまで「書き言葉」の中に「語り」の響きが厳然として存在し続けることは不可能であったはずである。

本来、文字と音声との間には大きな隔たりがある。井関義久につぎのような指摘がある。(8)

文字記号には、どんな工夫をこらしてみたところでしょせん音声や動作のように微妙で複雑な記号化は期待できない。音読が記号内容伝達にとどまるならば「理解」の領域に甘んじていいだろうが、現実は違う。文字記号による情報は音声記号化された瞬間から、すでに微妙に変化した新しい別な情報になっている。

勿論ここで述べられていることは、「語り」の場合だけに限定されない。しかし、「語り」の場合には単なる「音声化」以上にこのような傾向が大きくなることも事実である。このことは「語り」の機能に「文字」にはない独自性が存在することを意味している。

平野敬一に、英国の伝承童謡「マザーグースの唄」の持っている「語り」の性格を示唆するつぎのような言葉がある。[9]

> 現在ではマザーグースの唄をはっきり「読むための唄」（リーディング・ライム）ととらえている研究家もおり、アメリカの童謡研究家ブライバーなどは「親が自分の子に読んできかせ、子供がいつのまにかそれを記憶する」というのがマザーグースの唄の伝承の現在における基本的なありかただと断定している。もちろんマザーグースの唄は、遊戯としても歌曲としても強い生命力をいまももっているが、現実には「読んで聞かせる」という面が優位していることを見逃してはならないだろう。

ここで平野は「マザーグースの唄」が歌うものであるという以上に「読んで聞かせるもの」であることを指摘している。このことは、結果的に「マザーグースの唄」が伝承という「語り」によって存在してきたことを示している。つまり、それらが幼少時に親によって語り聞かされているうちに自然に記憶されていく性格のものであるというのである。生の肉声を通して、単に目を通してだけでなく理屈でもなく、もっと底深い影響力をもって今日に語り伝えられてきたのである。ここにも、歴史的な事実において「語り」の機能の持つ大きな意義を認めることができよう。

ではその「語り」の持つ機能にはどのようなものがあるのだろうか。ここではまず、その表現上の特質から見ていこう。

日本の「語り文芸」の典型である『平家物語』ではどのような表現上の特質を認めることができるか。ここではこの点に関して、中村格の指摘を取り上げてみよう。中村は次のように述べている。[10]

> 本来、こうして語られていたものが、しだいに文字に定着させられてでき上った作品と、初めから眼で読むことを前提にして書かれる近代の創作の場とでは、同じくそれを対象に「読む」といっても、そこに質的な違いが当然予想されてよいのではあるまいか。

続いて中村は、例として「いくさ語りの伝承」の特質について次のように述べている。[11]

> いくさ語りが、まだ口承され、語り手と聴き手との間に共通の体験・感情が交流するような語りの「場」では、聴き手は自己の体験を通して語り手の世界に積極的に参加し、場合によっては語り手に表現の改変すら要求できたであろうし、語り手はまた、それを受け入れて、表現をより豊かに、語りくちをより面白くふうしていくというように、両者の間には柔軟な相互作用が生じたに違いない。

ここで述べられていることは語り手と聞き手との間の「柔軟な相互作用」ということである。つまり、「語り」は決して一方通行ではなく、聞き手との相互交通的なものとして存在するということである。この点については重要なことであるので、次節でさらに詳しく考察していくことにする。

さて、中村は『平家物語』に基づいて、「語り文芸」の表現における特質を次の六点にわたって指摘している。[12]

要点のみ列挙しておくことにする。

① 思い切った虚構の展開で聴き手を楽しませることである。カタリは語りであると同時に騙り、すなわち、人をうまく口車にのせて、話し手が自分のペースにまき込むことでもある。

② 民衆的な日常語や生活経験に基づく、実際的な知識をふんだんに取り入れた叙述をとるということである。

③ いくら日常語をとり入れ、実際的・具体的な知識を織り込むといっても、語って聞かせる文芸の文体は、そこにリズムを整え、諧調を重んずることを忘れていないという点である。

④ 韻律美による美しい音曲効果。

⑤ 修飾された表現と、それに伴う発想・表現の類型性。

⑥ 冗語、すなわち、表現における一種のリダンダンシー（語り手が聴き手の理解力、あるいは注意力を考慮に入れ、飽きさせないよう、聴衆を惹きつけるために、場合によっては本筋から少しわき道にそれることがあっても面白おかしく語って聞かせる、いわば余分な表現）。

これらの特質に関しては、しばしば過小評価されることもあるが、中村は積極的に評価している。そうした評価が可能なのもつまりは、これらの特質が「語り」の機能を端的に表しているからである。そして、『平家物語』のような「語り文芸」はまさしくこの「語り」の機能によって長く飽きられることなく語り継がれ、今日の古典となってきたのである。

以上、六つの「語り」の特質を少し整理して列記しておこう。

① 「語り」は聴き手を楽しませるものである。
② 「語り」は日常性・現実性に富んでいる。
③ 「語り」は一種独特のリズムを伴う。
④ 「語り」は一定のパターンを持つ。
⑤ 「語り」は多少余分な表現を伴う。（つまり、必ずしも理路整然とした筋道を取るものではない。）

これらの特質から抽出される「語り」の機能は「親しみやすさ」と「わかりやすさ」である。これらの機能は、後で述べることにするが「語りことば」の重要なファクターとなろう。

(2)　「語ること」と「話すこと」の違い

「語ること」も広い意味では「話すこと」の中に含まれる。しかし、ここでは、積極的に両者の間の相違点について注意を向けてみよう。

吉田金彦は、まず「ハナス（話）」の語源を同音語の「放」の意味変化に求める。つまり、「ハナス（放）」は遠ざける意味であるところから、「ハナス（話）」の語義の淵源を「相手が聴いていようが聴くまいがそれにはお構いなしに話す」といったところに求めているのである。そこから、「話すこと」と「語ること」の違いについて次のように指摘している。[13]

> ハナス（話）がこのように、外向的に自由放任的にものを言うことであるに対して、カタルは反対に内向的であり、口碑伝承的な拘束性のもとにものを言うことであった。古代における語部によって示されているように、カタルはある纏った内容のある事がらを伝え言う点に重点がおかれたことばで、ハナシが根拠のな

い自由談、笑話などを指すのに対して、カタリは根拠のある本格的昔話である。笑話や落語がハナシの代表として庶民に喜ばれるのは、そのおもしろさと解放性にある。同じ娯楽でも、浪花節や講談というものはカタリが大部分で、何となく緊張と興奮が伴っている。（圏点は大内。）

以上の文言は「話すこと」と「語ること」との対照性をよく捉えていると思われる。ただやはり、「話す」には「放」のニュアンスが含まれているのであって、少なからず無責任な語感を伴う。どちらかと言えば、聞き手との間の相互交通的な意図は関心の外にある。それに対して、「語ること」の中には聞き手と一体となって不即不離の状態を維持していこうとする一種の緊張が窺える。つまり、前節でも見たように、語り手は聞き手の反応にどこまでも敏感であり、聞き手の反応いかんでは、その語り口を柔軟に改変していく心構えができているのである。だからこそ、そこには単なる「話すこと」とは異なった表現上の特質が構成されてくるのである。

この点を「昔語り」を例にとって考えてみよう。武田正はその様式の特質について次のように述べている。[14]

昔話は本来語り手と聴き手の対話である。語りを聞きながら、必ず合槌を打たねばならないものであった。（中略）また語りが気に入らぬ時には、「サソヘソデベソ」「チャソウ」「チャ」（新潟）と言って、聴き手の側から語りの中断を求めることもあった。「いやいや、ほだな話、見たことも聞いたこともない」という言葉を繰り返して中断を求めるのは山形県上山市楢下の例であるが、語り手のみならず、聴き手が語りを中断することができるというところに昔話の様式の特色を見ることができ、同時に昔話が様式として神話の語りよりもはるかに、芸能、フィクションに近いものであるということである。

「聴き手」が「語り手」の話を中断できるということは、「語り」が単に語り手だけのものではないということである。つまり、両者が一体となって「語り」の場を作り上げるということである。「聴き手」も確かな主体性を持っているのである。その分だけ、語り手は「語る」内容と技術に責任を負わなければならない。

　このように考えてくると、「話すこと」と「語ること」との間には意外に大きな隔たりが存在する。この事実も、筆者の言う「語りことば」を一般の「話しことば」と切り離さなければならない理由の一つとなる。

　そして、ここでも「語り」のもつ一つの重要な機能について確認しておかなければなるまい。それは「語り手と聴き手との相互規定性」ということである。

(3)　「語り手」の性格

「語り」の機能について考えていくときに、いま一つ見逃せないのは「語り手」の持つ特徴的な性格のことである。前節で見てきたように、語り手には単なる日常の話し手以上に特別の心構えが要求される。そのことは、「語り」が誰にでもたやすくできるものではないことを意味している。少なくとも何らかの前提と一定の準備とが必要であることを示している。

　では一体、「語り手」にはどのような性格が要求されるのであろうか。

　柳田国男はつとにこの「語り手」の特徴的な性格に言及して次のような興味深い指摘をしている。(15)

　以前国民の唯一の教育機関として、昔と後の世との連絡に任じて居た故老は、別に何等かのもつと積極的な特徴を具へて居た。記憶力も欠くべからざるものであるが、それよりも大切なのは観察の無私であつたこと、其上に過去といふものゝ神秘性を感ずる人で、父祖の活き方考へ方に対する敬虔なる態度を認め、その感じたものを自分も亦、次の代の人に伝へずには居られぬ心持を抱いて居る者、一種宗教的な気質の人が多かつた。（中　略）概していふとやゝ無口な、相手の人柄を見極めないと、うかとはしやべるまいとする様な人に是が多かつた。（圏点は大内。）

柳田のこのような「語り手」への関心は、いかなる書物をもってしても「今日我々の楽しみ悦び、又は苦しみ悩んで居る生活の実状を、さながら後世に伝へて行く見込があるか」という疑念に発している。書物による歴史ないしは文化の伝承に対する根深い疑念をここに表明しているのである。そして、我々人間の生活の真実を伝えていけるものが生の肉声を通した「語り伝え」をおいて他にないとする洞察が示されていると考えられる。

柳田のこの卓越した洞察の中にまず「語り」の深い機能を認めることができる。それは人間の厳密なる生活文化ないしは歴史の真の伝承という機能である。そして、このような重大な使命を果たせる「語り手」の特徴的な性格を整理してみると次のようなタイプが取り出せるであろう。

①　人生の無私な観察者であること。

②　過去というものに大きな不思議を感じる人であること。

③　父祖の生き方や考え方に対してその敬虔な態度を認めることのできる人であること。

④　自分の言動に責任の持てる人であること。

このような「語り手」のタイプを、残る人生幾ばくもない故老に求めていることも興味深い。様々な人生の欲望から比較的自由な場所にいて人生を達観できる人という姿が浮かんでくる。しかし考えてみれば、我々がより高い理想を求めて生きていこうとするとき、生きる知恵として脳裡に浮かんでくるのはこのような人間像ではないか。そう考えてみれば、こうした「語り手」の特徴の中に、我々は人生の理想的な生き方を認めることができるのである。

したがって、これらの「語り手」の性格を通して「人生を深く洞察する」という「語り」の機能を確認することができるのである。

(4)　「語り」の教育的意義

これまで見てきたところによっても、「語り」に広い意味での重要な教育的意義を認めることができよう。ここでこの点に関して少しまとめて考察を加えておこう。

柳田国男はつとに「語り」の教育的意義に関して、次のように指摘している。[16]

如何に教育といふ語を狭く解しようとした日本の家庭でも、耳の文芸に育まれずに大きくなつたといふ人は、宮にも藁屋にも恐らくは曽て無かつたろう。


「語り」がこのような役割を果たしてきた根底には、やはり極めて重要な教育的機能があったのである。耳から入る「語り」としての言葉に「書きことば」にないより強い感化力があったのである。ここでは、そうした感化力が実際の教育の場でどのように働いているかということについて若干の考察を加えておく。

すぐれた教育実践家である大村はまは、人の話を聞くときには人の言葉の調子を聞くように気をつけるべきことを生徒に勧めている。[17] 言葉の使い方も大切だが、それ以上に話されている言葉の響きの中にその人の本当の心が響いていると指摘しているのである。

このことは逆に考えれば、聞き手に対して真に心を傾けて聞き浸らせる力が話し手の「語り口」にはあるということを示している。つまり、聞き手の心を傾けさせるのは、単なる「話し」ではなくて、「語り」であるべきことを暗示しているのである。

この点をさらに明確に指摘しているのは湊吉正である。それは次のような文言に示されている。(18)

> 教師も、多くの場合、語り手としての位置に立つ。すなわち、教師の行為の多くは、子どもという聞き手に対する語りかけであるとみられる。
>
> それは、子どもに民話を語り聞かせるというような語りの典型的な場面のみに限定されない。あることがらについて解説したりすることを通して子どもたちに語りかける場合もあるだろうし、また文学教材・非文学教材の別を問わずその作者や内容についてわかりやすく説明・解説しながら子どもたちに語りかける場合もあるだろうし、また教材の言語作品中のある人物の立場に立って子どもたちに語りかけたり、教材の言語作品中にある人物に語りかけることを通して子どもたちに語りかけたりする場合もあるであろう。したがって、教師としての語り手は、自由で自在な語り手でなければならないことになる。（圏点は大内。）

まことに鋭い指摘である。湊はここでは、国語教育という場を想定しているが、その意図が単に国語教育だけに限定されるものでないことは明らかである。「語り」の教育的機能が見事に取り出されている考察である。口承文芸の世界であれ、近代文芸の世界であれ、「語り」が大きな関心の的となっているのも、実はそこにこのような「話しことば」の世界に広がっていく深い教育的機能が存在するからであろう。「書きことば」の世界からのみ、「語り」の問題を捉えていくだけではその意義を十分に説明することはできない。

湊はさらに、「教師のすぐれた語りは、それ自身一つの文化であるべき(19)」であるとまで言い切っている。ここにも「語りことば」という広い意味での教育的機能を含んだ言葉を明確に位置づけていくべき根拠を認めることができるのである。

以上見てきたところによって、「語り」にもう一つ重要な機能を付け加えることができる。それは、これまで確認してきた「文化の伝達・伝承」という機能に加えて、すぐれた語り手によって語られる「語り」を「文化」そのものという機能と見なすということである。そして、大切なのは、「語り」が広く人生の知恵に滋養を与えるべき「文化」という機能を持つということである。

四　「語りことば」の意義と定義

「語りことば」の意義に関しては、これまで述べてきたところによっても概ね明らかになっている。だが、それらはどちらかと言えば聞き手の側からの意義であった。ここでは、「語る」当人の側からの意義について考察を加えることで「語りことば」のトータルな意義を捉えていくことにしたい。

竹内敏晴に真の意味での深い「ことばとの出会い」について語った一文がある。「語りことば」の意義を捉えるのに大変示唆に富んでいるので見ておくことにする。

竹内はあの敗戦による〈失語〉の状態を回想している。それは竹内が幼少時に煩った耳の病と重なって、二重の意味での〈失語〉の体験であった。竹内はその長い期間にわたる発語への身悶えを印象深く精細に叙述している。敗戦による虚脱状態の中でもその身悶えは一層苦しく続く。そんなある日、竹内は思いがけなく「ことばとの出会い」を体験したようである。それは竹内の言葉を借りると、「物語と音への目覚め」という形で体験されたようである。そこには明らかに「語りことば」との出会いがあったものと思われる。

その出会いは、竹内の述べるところによれば、敗戦後のまだ食糧事情の悪い折、かつての疎開先への食糧調達の際に子どもたちに童話を語ってやった時に体験されている。竹内はその時の体験を次のように述べている。(20)

子どもたちに童話を語り始めたとき、その内容は物語であって、私の自己を語るものではなかった。これがおそらく決定的なことの一つだろう。自己を語ろうとするとき、私の目は内へ向き、闇と混沌をのぞき込み、形のないものに形を与えようとしてあがく。だが、物語を語るとき、私は自己の記憶をたどり、イメージを充実させ、相手の理解の水準をはかり、その世界へ入ってゆき、そこへイメージを再構築する。努力はいわば外に向かうのである。折口信夫によれば、歌うとは訴えることであり、物語るとは他者を感染させ支配することだというが、自己を語るとは、結局訴えること、叙情であり、だから恥ずかしいことであり、それをいかに対象化するかに、デカルト的に語ろうとする努力は傾けられた。これに反して、物語るとき、自己は物語のイメージに託されて運ばれ他者に手渡される。自己はむき出しになることはない。自己とはむき出そうとすればかくれ、光をあてれば白けてしまうものかもしれない。

この一文は、竹内自身の「語りことば」との邂逅を物語っている。そのきっかけは童話を物語るところにあった。しかもうろ覚えの記憶を辿りながら語ってやったというのである。それがおそらく竹内には幸いしたのである。童話を読んで聞かせたのではなく語って聞かせたのである。竹内は自己を語ることの難しさを指摘している。竹内はこの時、物語を語ったのであって、自己を語るものではなかったと述べている。しかし、竹内も言外に認めているのだが、この時には明らかに自己が語られていたのである。はじめからストレートに自己を語ることは恥ずかしいことなのである。それが物語を語ることによってなら意外と容易なことなのである。竹内はそのことを告白しているのである。

このようにして、竹内は「ものごとを具体的に語ることを、描写することを、学び始めた[21]」というのである。このことは逆に言えば、物事を具体的に語ることによって、はじめて真の自己を語ることができたということになる。「語る」とは物事を具体的に描き出すことであった。そのことによって間接的に自己を語り出すことでもある。ここに「語り手」にとっての「語りことば」の意義も存在すると言ってよい。そしてまた、このようにして間接的に自己が語り出される言葉には「聞き手」も心を傾けて聴き浸ることができる。その言葉は「聞き手」に人生の豊かな滋養を与えてくれるのである。

さて、これまで見てきた「語り」に関する様々な言説を踏まえて、ひとまずここに、「語りことば」の持つ性格を整理してみよう。

① それは人の耳に快い響きを与えるものである。
② それは人を楽しませるものである。
③ それは親しみやすく分かりやすいものである。
④ それは人に対して自ら責任を有するものである。
⑤ それは機会と場に応じて柔軟に対応できるものである。
⑥ それは真に心を傾けて聴き浸らせる力を持つものである。
⑦ それは人生に対する滋養とも言うべき価値を含んだものである。

これらの他にも取り上げるべき性格があるかと思う。しかし、とりあえず掲げた以上の性格だけからでも「語りことば」の姿が明らかになっていると思う。こうした言葉が我々の意識の中に自覚せられ、その方向に向けて言語行動に際しての努力が傾けられていく必要があるだろう。

五　「語りことば」の創造

これまで見てきた「語りことば」は一体どのようにして創造できるのであろうか。「語りことば」にとって全く自明であることは、それが語り手自身の〈身体〉と深く関わっているということである。ここにおそらく「語りことば」の創造の根源がある。そして、外在的な要因としては、語るに先立つもの、つまり話材とその準備、さらには先人の残してくれたもの——例えば、民話等の語り口——にも「語りことば」の創造への契機が潜んでいるものと思われる。

以下に、これらの視点からの考察を通して「語りことば」の創造の問題にアプローチしていくことにする。

(1)　遺産からの創造

現代の話し言葉の中に良質の「語りことば」を見出すのはなかなか困難である。むしろそれは文学の言葉の中に機能として見出すことができよう。しかし、すでにここで問題としているのは機能としての「語り」ではなく、音声言語としての「語りことば」そのものである。

では一体それはどこに求めることが可能なのであろうか。

それはまず、日常生活を基盤として活字文化を真にくぐり抜けてきた柔軟性と豊かさを兼ね備えた話し言葉に求めることができる。ただ、これは極めて少なくなっている。落語や講談ぐらいにしか求めることはできないのが実情であろう。しかし、意外なところにそれは見出せるかもしれない。古田拡の次のような指摘がそれを示唆している。[22]

かつて庶民の話しことばの間に流れていた話術の基本と、その底にひそんでいた庶民の叡智、これはどこかで探し当てられないものか。それはＰＴＡの中など、いわゆる知識階級でない人たちの間に、今もなお残っているものかもしれない。ただ無教育として、みずからを卑下している階層の中に、それを探し求め、それをいかに学び取るかということが、大切なことである。

注目すべき指摘である。日常の言語生活の中で心していかなければならないことである。そして、残されたもう一つの方法は先人の残してくれた遺産に学ぶことであろう。

この点に関しては、野地潤家の次のような指摘が示唆を与えてくれている。野地は演劇人であった山本安英の随筆の中の言葉を引用して次のように述べている。[23]

そのことばに「先立つものに心をくだけ」、話をほんとうによくしていこうとし、磨こうと思えば、先立つものに心をくだけということばがあって、それはほんとうに大事なことだと思うとも述べられ、また、〃われあり〃という状態にたえず自分を保つのでなければ、人前で話を自然にするということがなかなかできなくなるものだという意味のことも述べておられます。

野地はここでの「先立つもの」については、一つは「一つの話を生み出すという場合の先立つもの」、もう一つを「先人のつくり上げてきた歴史的な遺産、伝統」であると解釈し、後者のことについて次のように述べている。[24]

木下さん（木下順二のこと）の民話のリライト、再話あるいは民話劇の創造ということの中には、欧米、なかんずくヨーロッパにおける民話のリライトのしかた、あるいは民話の評価のしかたということと当然対決がなされておりまして、日本の民話にふさわしい語り口ということの発見あるいは創造ということがたえず前提におかれているもののように思います。

ここでは、民話の「語り口」を発見し創造するという過程について述べられている。我々の場合も日本の民話の「語り口」から「語りことば」を発見し、創造できるのではないか。ただ、この場合には先の古田拡の指摘にあったように、名もない庶民の「語り口」と共に、そうした庶民の生活語の中から生活の息吹や生きる知恵なども一緒に学び取っていくことが必要となろう。

(2)　「語りことば」と視線

人間の視線というものはその人の心の動きを表している。心の動きは「語りことば」と深く関わっている。したがって、視線と「語りことば」の関係も重要である。ここでは、「語りことば」がどのような視線に支えられているのかということについて考察を加えておくことにする。

「語りことば」は語り手と聞き手との間の相互交通性に基づいて生成していくものである。聞き手の反応に支えられながら柔軟に創造されていくものである。そこで重要な役割を果たしているのが「視線」である。それは「聞き手」の反応に敏感に対応していく。

この点を「語り手」の立場から考えてみると、「語り手」自身が自らの「視線」（＝聞き手へのまなざし）をはっきりと自覚していかなければならないということになる。「語り手」が語っているとき、それは間接的に自己自身を語っているのであるから、自己の心の動きをしっかりと捕捉していかなければならない。その心の動きを捕捉する有力な手掛かりは、自己の「視線」を自覚することである。つまり、「聞き手」の「視線」をしっかりと捕捉することである。

　こうして初めて「語り手」は「聞き手」と一体となれる。「聞き手」の反応に対応すべき契機が現出する。そこに「語りことば」の生成への契機も現出するのである。「視線」の重要性に言及した湊吉正の次の一文は、これらの点に関して興味深い示唆を与えてくれている。[25]

> まだそう多い回数ではないがりっぱな教授者による授業を参観する体験を重ねるうちに、りっぱな教授者の学習者たちをみる視線には、ある独特のやさしさ、あたたかさとある独特のきびしさとが共存していることを、最近わたしは感じるようになった。それは、まず教授者としての自己を離脱して学習者としての子どもたちの立場に立っている視線であり、同時にまた、自己へと立ち返って子どもたちを価値的な高みへと導いてゆく方法を真剣に模索している視線でもある。

すぐれた教授者はすぐれた「語り手」でもある。この一文はすぐれた「語り手」になる契機の一つを「視線」に求めている。すぐれた「語り手」はまず教授者としての自己から離脱しているという。このことは一般的に言うなら、自意識から解放されているということである。また、学習者としての子どもたち（＝聞き手）の立場に立つということは、単に相手の反応を窺うということよりももっと深い立場に立っているということである。

　これは「語り手」としては最も卓越した在り方である。「語りことば」としては最も完成された位相である。そこまでいくのには相当の熟練が要求される。まず、「語りことば」を創造していく次元では、「聞き手」である他者を「語り手」である自己との間の内面の相互交通が一定の緊張状態のもとに持続されていくことが必要となる。その橋渡し的なファクターとなっているものが「視線」である。

(3)「語りことば」と身体

前項で「語り手」の視線の問題を通して、「語りことば」と心との関係について考察した。この「視線」の問題は「語り手」の〈身体〉と相互一体のものとして捉えることができる。言葉はどのような言葉であっても、本来〈身体〉を最も根源的な基盤としている。身体は心よりもはるかに本質的な存在である。意識とは無関係に、より自然な形で身体はそこに存在している。意識優先の近代科学が欠落させてきた問題がそこにはある。最も意識的であらねばならない「語りことば」に対して、意識以前の身体を対置してみることも、実はそうした問題意識に基づいている。

この問題と正面から取り組んでいる書物がある。竹内敏晴の『からだが語ることば』という書物である。言われてみれば至極当然のことなのであるが、我々現代人はあまりに根源的なこの問題をほとんど完璧に欠落させてきた。

竹内は、前項で見てきた「視線」も「からだが語ることば」の一つであるとする。「ひたと見据える」とか「目を外らす」とかといった状態は、「目も口ほどに物を言う」という格言そのままに、「からだが語ることば」そのものであると言う。[26]

また竹内は、「話しことばの音響としての実質であるこえ」も身体の一種と捉えている。そして、見かけの話を裏切るのが姿勢（＝からだの動き）だけでなく、「こえ」もまたそうであると言うのである。しかし、この「こえ」は胸から首にかけての身体と一体のものとして捉えられている。身体のその部分に不自然な歪みがあると、「こえ」は身体の内側でばかり響いていて、こちらへ力強く向かってこない、つまり、「胸に響いて」こないと言うのである。(27)

このこともまた至極当然のことである。こうした「からだが語ることば」の問題を次の一文は端的に示している。(28)

　こころに届いて来ない、触れて来ないといわれるこえを発する人を観察すると、たとえば目を伏せ、胸を引き、相手に触れるのを怖がっている姿勢や、一心に身を固め、あてどなく怒声を張り上げる動きなどに気がつく。対人恐怖による自閉や、その裏返しの強圧的態度が指向を狂わせ、また姿勢を歪めてこえをかぼそいまでに封じ込めたり、むりやり対象もなく投げ散らしたりさせているのだ。このような歪みを越え、あるいはただして、相手に確実に触れるこえを回復することを、私はこえを劈《ひら》くといい、からだを取り戻すと呼ぶ。からだとこえの綜合、からだとしてのことばの回復である。

竹内はここで、「からだ」と「ことば」とを一体のものとして捉えている。相手に確実に触れるこえを回復するには、からだを取り戻さなければならないと言うのである。そして、筆者の言う「語りことば」もまた、このようにして「劈かれたこえ」によるものなのである。

では、どのようにしたら「こえを劈く」ことができるのであろうか。

この問題に関して興味深い示唆を与えてくれるものがある。野口三千三の〈体操〉である。野口は「体操による人間変革」を目指している人である。野口は人間の根源的な主体を「体液」に置く。現代人は人間の中で最も大事な器官を「脳」であると思い込んでいる。しかし、野口は「生きている人間のからだ、それは皮膚という生きた袋の中に、液体的なものがいっぱい入っていて、その中に骨も内臓も浮かんでいるのだ」[29]と、ユニークな考え方を披瀝している。そして、生きている人間の体は筋肉が緊張していない時には液体的な感じになることが多いというのである。

確かにこのような発想に立てば、人間の身体は不必要な自意識から解放されてより自然に柔軟な状態を作り出していけそうである。野口の「ネニョロ」と呼ばれる体操はこのような発想に基づいている。その具体的な方法はここでは省略するが、野口はより望ましい「呼吸・発声」を生み出すための手掛かりとして、次のようなことを述べているのでその一部を引用してみよう[30]。

(1) あなたはあらゆる運動を、今あなたが思っているよりもずっと楽にできる。
(2) もっと力を出したいと思うなら、あなたはもっと力を抜かなければならない。
(3) 最大量の筋力を出すためには、少なくとも全身の筋肉の半分は休ませなければならない。
(4) 次の瞬間に働くことの出来る筋肉は、今休んでいる筋肉だけである。次の瞬間における可能性の豊かさは、今どれだけ解放されているかによって決定される。
(5) もっと呼吸量を増したいと思うなら、あなたはもっと腹筋をゆるめることを覚えなければならない。
(6) もっと呼吸・発声を自由にしたいなら、あなたは横隔膜の働きを直接実感としてつかまなければならない。
(7) あなたは「あがる」ということにおいて、昂奮と混乱を混同して、自然で好ましい昂奮までも毛嫌いし、恐れていないか。

野口のこのような考え方は、我々の身体に関する認識に揺さぶりをかけるものである。そしてまた、無意識の次元で捉えている「ことば」に対する認識にも揺さぶりをかけるものである。

「語りことば」がより自然で柔軟なものであるためにも、我々は自らの身体に関する認識を改めていかなければならない。そのことによって、自らの自意識を解放し、真に劈《ひら》かれた自由な「こえ」を取り戻すことができるのではないかと思われるからである。

(4)　「語りことば」に先立つもの

これまで、「語りことば」の創造に先立つ条件として、より根源的な〈身体〉面との関わりについて見てきた。こうした面は広い意味での条件である。これに対して、第(1)項で見てきたような条件はより現実的な条件である。この面に関してここでは、主として「語り」のための準備・話材といった視点から「語りことば」の創造の条件を考察してみよう。

「語り」にはもともと語るに足る〈話材〉があった。しかもその話材は語られながら次第に部分的な改変が施され、より語りやすいもの、聞き手に親しみの持てる分かりやすいものとなっていった。そのことは『平家物語』等の「語り文芸」の存在や民話等によって確認することができる。そして、そのような話材の精錬化を経ながら、「語りことば」も次第により良質のそれへと磨かれていったはずである。

このことは、現代における「語りことば」の創造にとっても極めて重要な事実である。現代では同じ一つの話材を繰り返し語り継いでいくということはほとんど有り得ないことであろう。一つの話材を語るのが一回限りだとすれば、それを構成していく過程、つまり下準備が非常に大切となる。語るべき材料を入念に準備していくのである。その際に重要なことは、その材料が「語り手」自身の身の丈に合ったものであるかどうかということである。そして、それが「語る」機会や場に合ったものかどうかということも考慮されなければなるまい。さらには、それが自らの「語り口」にうまくのっていける質のものであるかどうかということも吟味されなければならない。

これらの条件が十分に満たされたとき、はじめてそれは「聞き手」の心を傾けさせ得る「語りことば」として創造されたことになる。

こうした「語りことば」の創造の秘密を示唆している次のようなエピソードがある。それは大村はまが書いている一文の中にあった。[31] 大村はある夏の作文教育の研究集会の折に俳優の森繁久弥の講演を聞いたという。その講演は自由でのびのびとした語り口で、内容も肩の凝らないそれでいて心にしみるものであったとのことである。この講演が終わった後で、一人の教師が森繁久弥に、このような面白いしかも自然にのびのびとした話ができる秘訣が何かあったら教えてもらいたいと質問をしたそうである。森繁は講演の冒頭で、「なんにも考えてこないで、このように、先生方のようなかたの前でお話をするなんてことは、まったくおこがましいことですけれども」と前置きして話し始めたのだそうである。

ところが、その質問に答えて森繁は、「なんにも用意してこなかった、と言いましたが、ほんとうは、うーんと用意をしてきました。皆さんに気楽に聞いていただけるように、そして、何か心に残すことができるように、わたしは長い間このお話の案を練っていました。なんにもなかったと言いましたが、それも私の案でした」と述べたという。そして、さらに続けて「こういうふうに気楽に楽しんでいただこうと、わたしは、この自然な流れをつくるために、練りに練っていました。決してなんの用意もなく、ほんとに出まかせに、お話ししたのではありません。考えぬいて、出まかせの話を聞くような気楽さが皆さん持たれますようにと、案を練ったのです」と語ったという。

このエピソードには「語りことば」の創造への実に豊かな示唆がある。勿論、森繁の「語り口」には俳優としての並外れた天性のすばらしさがあったであろう。しかし、そうしたすぐれた「語り口」を持っていたであろう森繁にして、このような長い期間にわたる話材の精錬があったのである。その準備のための努力が、いっそうその「語り口」を親しみやすい自由でのびのびとしたものにさせていたであろうことは疑うべくもない。その準備の過程で聴衆が教師たちであるということも十分に考慮されていたであろうことも想像に難くない。

現代における真の「語りことば」の創造には、このような入念な下準備が欠かすことのできない条件となっているのである。

六　「語りことば」の機会と場

武田正によれば、かつての昔話のその語りの「座」としては囲炉裏端が多かったという。[32]「語り」にはそれに相応しい機会と場とが求められたのである。それは一体なぜか。「語り」は、かつて神と人、人と人を結びつける役割を帯びていた。神聖なものと見なされていたということである。当然、語られる場所が選ばれたのである。

現代における「語りことば」もやはり機会と場を選ぶ。それは、「語りことば」が「語り手」と「聞き手」との間の相互交通性によって創造されるものだからである。その機会と場とは、演劇的空間にたとえられるかもしれない。そこには、演ずる者とそれを見る者とが一体となって創り上げる独自の雰囲気がある。その中で演技者は、自らの演技にいっそうの弾みと生彩とを与えていくのである。そこには、「語り」の場合と同じような一種の〈間《あい》の手〉が存在する。必ずしもかけ声ばかりではない。観客のもらす溜息やざわめき、熱い眼差し、そういったもの全てが〈間の手〉の役割を果たしている。

これと同じように、「語り手」も「聞き手」のうなずきや相づち、息づかいやざわめきや笑い、ささやき、さらには「聞き手」の位置といった一種の〈間の手〉に大きな影響を与えられる。まして、「語りことば」は他者に対しては勿論のこと、自らに対しても責任を有する言葉である。「話し（＝放し）」っぱなしにはできない言葉なのである。そのような「語りことば」の性質自体が自ずと一定の機会と場とを求めていくのである。

「語り」は近代文芸の中でも長いこと軽視されてきたのではないか。近代文芸は、近代人の複雑な内面を描出するのに独自の文体を創出してきた。そこにはそれなりの必然的な意義があった。しかし、そうした現象に伴って、近代文芸は長いこと「語り」を不当に排除してきた。その奥底にはおそらく、近代人の活字文化に対する信仰があった。活字によって人間心理の襞のことごとくを隈無く描き出せるという信仰である。そのために文学的言語は全て活字によって占拠されてしまった。

こうした風潮が、音声言語の価値を疎んじる傾向に拍車をかけてきたのである。音声言語の価値を再浮上させ、文字言語の中での「語り」の意義を再認識していく手立てはないか、そうした問題意識の上に「語りことば」という発想が浮かんできたのである。「語り」の意義を取り戻すためには、まず「語り」の始源にあった音声言語の中にしっかりと「語り」の機能を奪回しなければならない。

近年、文芸作品の読みに「音読」「朗読」の意義が認められてきている。文字を音声化すれば、そこに全く異なった意味機能が立ち現れてくることもある。それは言語の可能性の拡大であるから、そのこと自体は大変結構なことである。しかし、そこにどれだけ「語り」の機能が持っている意義を認識してきたであろうか。疑問である。もっと深いところで音声言語の持つ内的なエネルギーが評価されなければならない。日常の生活言語のレベルでの「語り」の意義が認識されていかなければならない。

注

(1)「声明」は古代印度の五明の一つで、広く文字・音韻に関する学問の意。中国渡来後、仏前で朗唱する声楽のみを声明と称するようになり、仏教の伝来と共に日本にもたらされた（佐藤喜代治編『国語学研究辞典』による）。
(2)「語りとはなにか―『万葉集』の事例から―」（佐藤泰正編『語りとは何か』昭和五十七年六月、笠間書院、一三八頁）。
(3) 同前書、注(2)、一四九頁。
(4) 藤井貞和著『源氏物語の始源と現在』昭和五十五年五月、冬樹社、五十四〜五十五頁。
(5) 折口信夫「伝承文芸論」（『折口信夫全集』第十七巻、昭和三十一年九月、中央公論社、一五四〜一五五頁）。
(6) 茨木のり子「語られることばとしての詩」（山本安英の会編『日本語の発見』昭和四十四年五月、未来社、七十頁）。
(7) 折口信夫「詞章の制作と口誦」（『折口信夫全集ノート編』第二巻、昭和四十五年十月、中央公論社、一九〇頁）。
(8) 井関義久「記号論のすすめ」（『月刊国語教育研究』昭和五十七年五月号、五十九頁）。
(9) 平野敬一著『マザー・グースの唄』昭和四十七年一月、中央公論社、十頁。
(10) 中村格「語り文芸の表現」（西郷竹彦編『季刊文芸教育』十二号、昭和五十年四月、明治図書、二十九頁）。
(11) 同前誌、注(10)、三十一頁。
(12) 同前誌、注(10)、三十一〜三十八頁。
(13) 吉田金彦「話すことと語ること」（『国文学　解釈と鑑賞』昭和五十五年十二月号、至文堂、六十六頁）。
(14) 武田正「〈昔語り〉その様式」（同前誌、注(13)、九十〜九十一頁）。
(15) 柳田国男「涕泣史談」（『定本柳田国男集』第六巻、昭和四十三年十二月、筑摩書房、三三五頁）。
(16) 柳田国男「口承文芸史考」（同前書、注(15)、十一頁）。
(17) 大村はま著『国語教室おりおりの話』昭和五十三年十月、共文社、十一頁。
(18) 湊吉正著『国語教育ノート』昭和五十年八月、明治書院、五十四〜五十五頁。
(19) 同前書、注(18)、五十五頁。
(20) 竹内敏晴著『ことばが劈かれるとき』昭和五十年八月、思想の科学社、六十一〜六十二頁。
(21) 同前書、注(20)、六十二頁。
(22) 古田拡『教師の話術』昭和三十八年十一月、共文社、二二五頁。

(23) 野地潤家「国語教育の創造性」(『季刊国語教育誌』第四号、昭和四十七年三月、新光閣、二十二頁)。
(24) 同前誌、注(23)、二十三頁。
(25) 前掲書、注(18)、四十八頁。
(26) 竹内敏晴著『からだが語ることば』昭和五十七年四月、評論社、一三七頁。
(27) 同前書、注(26)、一四〇頁。
(28) 同前書、注(26)、一五二頁。
(29) 野口三千三「体操による人間変革」(山本安英の会編『日本語の発見』昭和四十四年五月、未来社、一五八頁)。
(30) 野口三千三「呼吸・発声のための体操」(同前書、注(29)、一七五頁)。
(31) 前掲書、注(17)、一四八～一五〇頁。
(32) 前掲書、注(14)、八十九頁。

第十三章　話し合いの内容・形態と人数との相関に関する一考察

――「三人寄れば文殊の知恵」――

一　本研究の動機と目的

平成十二年六月に秋田大学教育文化学部附属小学校の公開研究会に招かれた。①全校表現活動、②総合的な学習、③教科の学習指導、の三つの柱から成る実践研究が二日間にわたって公開された。総合的な学習でも、教科の学習でも改めて強く感じさせられたのは、〈話し合い〉〈意見交換〉の言語活動が圧倒的に多いということである。総合的な学習でおざなりな話し合いをさせていたのでは、学習そのものが成立しなくなる。生産的な話し合いができなければ、子どもたちの中にストレスも溜まるだろう。人間関係もギクシャクしたものとなろう。総合的な学習がこうした弊害を生み出す温床ともなりかねない。〈話し合い〉の在り方を改めて国語科において点検し再考していかなければならない。

その点で筆者の興味を惹いたのは、二日間にわたって同一教師によって行われた国語科の単元「わたしがひかれた童謡の世界」（六年生・京野真樹教諭指導）という学習指導での〈話し合い〉の様子であった。その話し合いは三人グループで行われていた。話し合い活動は普通、生活班等を中心とした五、六人グループで行われることが多い。それだけに、この三人グループによる話し合いは新鮮であった。三人でのこじんまりとした話し合いであるから、殊更に大きな声を出す必要もない。したがって、周囲のグループの話し声が気になるということもない。

その活動は、「童謡に隠された謎」を解くという何やら秘密めいた話し合いである。お互いの想いや考えを紹介し合い、語り合うといった和気藹々とした和やかな雰囲気が印象に残った。

参考までにこの授業の学習指導案を紹介してみよう。「指導計画」の部分に、「教師の主な支援」として「童謡にまつわる教師の思い出を、語り方、構成、資料の提示の仕方などを工夫して語りかける」「自分の伝え方を吟味・修正することができるよう、方法別グループによる語り合いの場を設定する」「友達の童謡に対する多様な考え方を聞き合うことができるように、テーマや内容を考慮した発表形態や場を工夫する」といった言葉が記載されている。

それで筆者は、この授業を計画した教師が明らかに教師から子どもへの「語りかけ」、子ども同士の「語り合い」と「聞き合い」という相互交流的な活動を取り入れようとしていたことを理解したのである。この教師は、この授業における「童謡にまつわる教師の思い出」を話す場面では、単に〈話す〉という方法でなく〈語る〉という方法で子どもに〈語りかけ〉ようとしたのである。

この教師がこのように「語る」という方法を意識させたのは、「童謡の魅力は、人々の心に家族愛や郷愁など、様々な感情を喚起させる物語性」にあるという教材観に基づいたものであったように思われた。そして、子どもたち同士では「語り合い」や「聞き合い」といった活動を取り入れたのは、やはり童謡の「わずかなことばの端々から想像したことを物語り、蘇った思い出を朗読や歌を交えながら語る、そんな学習の場を子どもたちとつくっていきたい」とする指導観に由来していたと判断した。

この教師による「童謡」という教材に関する教材観やその教材を取り上げるに際しての指導観はまことに適切であったと言える。「物語性」を帯びた「童謡」という教材は、これを学習の始めから終わりまでいわゆる〈話し合い〉活動で引っ張っていくのには無理があるからである。やはり、童謡を巡って自他の心の世界を交流させ合うには、子どもたち同士がゆったりとした気分の中で語り合える「語り」の言葉が必要であったのである。いわゆる話し合いやディスカッション等の活動がこの教材には不向きであったということである。

このように見てくると、読者諸氏には、この授業でなぜ三人グループの形態がとられていたのかが理解いただけたことと思う。「人々の心に家族愛や郷愁など、様々な感情を喚起させる」童謡という教材を巡っての学習方法には三人という人数での「語り合い」という相互交流が最も相応しかったのである。古来、三人での話し合いのことを「鼎談」とも呼んでいるが、この三人での話し合いは、その場の気分で話題が変わり、それが自由に移り変わっていく性質を持っている。童謡という教材でしみじみと自由な雰囲気を作り出せるのが三人というグループの形態であったということなのである。

この授業から得られる教訓は、いわゆる〈話し合い〉の形態がその目的と話し合われる内容とによって柔軟に変えられていくべきものであるということである。残念なことに、ほとんどのグループ学習ではそのグループを構成する際に、〈話し合い〉の目的や内容に応じてグループの人数を変えていこうとする自覚も全くと言っていいほど窺えない。これは従来の話し合い活動の大きな欠陥である。

実は、先に取り上げた授業の印象がずっと気になっていて、後で〈話し合い〉の学習指導の実践事例をかき集めて調べてみた。話し合いの〈人数・規模〉について考察した実践研究についてである。案の定、この視点からの実践研究は皆無であった。話し合いの成否や効率は、話し合う人数・規模によっても大きく左右されるのではないか。その人数・規模は話し合う内容や形態に照らしつつよく吟味される必要があるのではないか。

そこで、本小論では標題に掲げたように、話し合いの内容や形態とその構成人数との相関の問題について考察を加えていくことにする。

二　「総合的な学習」を支えている主要な言語活動・技能

冒頭に、総合的な学習では〈話し合い〉〈意見交換〉の言語活動が圧倒的に多いと述べた。その根拠は、以前、これまで実践されてきた先進的な「総合的な学習」の実践事例に関する分析・考察を行ったところにある。対象とした事例は、①天笠茂・秋田大学教育文化学部附属小学校編『総合的な学習への挑戦―豊かな子ども文化をひらく―』（平成十年六月、教育出版）、②東京学芸大学附属大泉小学校編『平成十一年度・研究紀要Ⅱ豊かな学力の育成―総合学習における学びの方法―』（平成十二年四月）の二例である。前者には十編、後者には十二編の実践事例が報告されている。これら二つの事例は、実践記録のまとめ方としても分かりやすく記述されていて優れた実践研究の報告書である。

さて、これら二つの事例から取り出した主要な言語活動・技能は、前者が四十四例、後者が三十八例であった。勿論、全てを網羅しているわけではない。あくまでも主要な言語活動・技能に限っている。これらを整理して示すと以下のようになる。

(1)　**話し合い・意見交換の活動**

(2)　**手紙を書く活動**

①　調査研究活動のために訪問先へ用件を依頼する手紙

②　訪問後に訪問先へ書くお礼の手紙

(3)　**インタビュー活動**

①　尋ねようとする問題点・疑問点を取り出す技術、問題を発見する技術
②　相手からこちらが必要とする情報を可能な限り引き出す技術
③　相手から引き出した情報を的確に聞き取ってメモする技術

(4)　学習の成果をまとめる活動

①学習カード、②レポート（ポートフォリオ）、③意見文、④調査体験記録文、⑤新聞、⑥ホームページ、⑦テレビ・ラジオの台本

(5)　学習成果を発表する活動

①発表し合う、②紹介し合う、③プレゼンテーション、④ポスターセッション

繰り返しになるが、これらの言語活動・技能の中で、圧倒的に多いのは「(1)話し合い・意見交換の活動」である。この活動は、総合的な学習の始めから終わりまで出現する。学習計画を立てる際に、調査を行う時の項目の洗い出しに、ゲストティーチャーへのインタビューの項目の洗い出しに、学習の成果をまとめる際に、学習成果の発表を行う場合の手順や方法について検討する際に、と至る所で話し合い・意見交換の活動は行われている。総合的な学習の成立如何は、右のような言語活動・技能がどの程度適切に行われていくかにかかっていると言っても言いすぎではない。これらの活動の中で、意外にその重要性が見過ごされているのは話し合い・意見交換の活動ではないか。あまりにも日常的で身近すぎるが故に見過ごされているのである。

このような問題が問題となりにくいのは、身近すぎて細部が見えにくいからであろう。問題の所在が捉えられないのである。よくよく目を凝らして見つめ直してみなければならないのである。

先に掲げた「総合的な学習」の実践事例においても、様々な場面において〈話し合い〉が行われているが、そ

れらの話し合いが何人で行われているのか、実践記録の中には明確に記載されていない。その記録を注意して読んでいくと、話し合いの内容はそれこそ多様である。話し合いの内容によって話し合う形態も異なって当然である。話し合いの内容・形態が異なれば、話し合う人数も異なっていくはずである。ほとんどの実践事例では、その点での自覚が見られない。これはやはり問題であろう。

そこで以下に、右の二つの実践事例に見られる〈話し合い〉の細部に目を向けて考察を加えてみよう。

三　「総合的な学習」における〈話し合い〉の実態的考察
――〈話し合い〉の内容と人数との関係から――

前節で取り上げた二つの学校における「総合的な学習」の実践事例から、それぞれの学習において行われている〈話し合い〉の内容と人数との関係に目を向けていってみよう。

ここでは、話し合う内容によって〈話し合い〉の雰囲気も異なってくることを考慮して、便宜的に「フリー・トーキング」と「フリー・ディスカッション」とに弁別して分析を試みる。両者の間にはほとんど違いはない。どちらも自由な雰囲気の中で互いの思うところや考え方を交換するという点では同じである。強いて両者の違いを区別すれば、前者が「対論を想定しない」のに対して、後者は「対論を想定する」という点である。また、〈話し合い〉の雰囲気の違いから区別すれば、前者は「トーキング」という言葉からも明らかなように、議論を戦わすというよりも〈語り合う〉というニュアンスが強い。それに対して、後者は「ディスカッション」という言葉が示す通りに、文字通り〈議論を戦わす〉というニュアンスを含んでいる。

次に試みる分析は、実際にその場にいて行ったものでなく、あくまでも実践記録を通してそこから読み取れる話し合いの内容から判断したものである。したがって、試みの域を出るものではないことを断っておきたい。また、それぞれの〈話し合い〉活動の後に記入してある人数も、その内容等から筆者が妥当と判断したところを書き加えたものである。実際の実践記録には人数に関する記載はなかった。

(1)　フリー・トーキング的な話し合い

《秋田大学教育文化学部附属小学校》の事例から

【第三学年　クイズチャンピオンになろう】

・グループごとに分かれて活動計画を話し合う。（三人から五人）

【第四学年　ボランティアことはじめ】

・調査した結果をお互いに発表し合いながら、気づいたことを話し合う。（学級全体）

【第五学年　これができれば秋田って最高！】

・解決策についてアドバイスをしてくれるゲストと対話する。（二人）

【第六学年　今、一番会いたい人見いつけた】

・「会いたい人」へのインタビュー内容と方法について話し合う。（三人）

【第六学年　おもいっきり会津】

・グループで自主研修の計画について話し合う。（五〜六人）

・自分や友達の行動を振り返り、充実した旅行であったかどうかを話し合う。（学級全体）

《東京学芸大学附属大泉小学校》の事例から

【第二学年　ぼく・わたしにできること】

・聴覚障害者の方と仲良くなり、役に立てるように「手話ランド」をひらくことについて話し合う。

（三人）
【第二学年　大豆を変身させよう】
・畑の準備をしながら、植えるものや世話の仕方について話し合う。（三人～五人）
【第四学年　手で食べよう】
・いろいろな物を食べるときに何を使って食べているかをおせんべいを食べながらグループで自由に話し合う。（三人～四人）
・カレーを手で食べるインドのＶＴＲを視聴して、気づいたこと、疑問などについて話し合う。（学級全体）

(2)　フリー・ディスカッション的な話し合い

《秋田大学教育文化学部附属小学校》
【第二学年　とびだせ！　たんけんたい】
・施設などへ電話で質問する際の「電話のかけ方」について話し合う。（三人～五人）
【第五学年　これができれば秋田って最高！】
・グループごとに解決策を発表し合い意見交換を行う。（五人）
《東京学芸大学附属大泉小学校》
【第五学年　食の向こうに見えるもの】
・記録ノートにまとめたことをもとに意見交換を行う。（五人）
【第五学年　世界に発信しよう】
・リサイクルの仕組みを含めて、様々な観点から調べたり確かめたりした事実をもとに、それぞれの始

末のよさや欠点について話し合う。(学級全体)

【第六学年　卒業に向けて――オペレッタを創ろう――】

・六年間生活して学んだことを振り返り、テーマになりそうなことを話し合い、テーマを絞る。(学級全体)

以上に取り出した〈話し合い〉の話題・内容を一瞥しただけでも、その話し合いが行われている時の雰囲気の違いが想像されよう。その話し合いの雰囲気は話し合う人数にも左右されるはずである。話し合う時の人数が話し合いの雰囲気に密接に関係しているとすれば、話し合いの成否、効率もその人数によって大きく左右されることになろう。

右に取り出した様々な話し合いでは、実践記録から判断する限りにおいては、筆者が区別したような「フリー・トーキング的」と「フリー・ディスカッション的」といった違いを自覚していた形跡はない。〈人数〉に関する記載もない。話し合いの形態を厳密に区別することは、実際にはなかなか困難が伴うことと思う。しかし、その手立てとして、話し合う内容に応じて〈人数〉を決め、その〈形態〉を決定していくという方法もあろう。

因みに、実践家の中で話し合いの人数に関して相応の配慮をしていたのは大村はまであった。大村は、その人数に関して「グループの人数は大体四人にすることが多かったのですが、教室の大きさから言って、グループで話す時に、四人ぐらいがちょうど、やかましくならずに聞こえる範囲だったからなのです(1)」と述べている。

大村の意図は「グループ運営」の工夫というところにあったのだが、この配慮には注目しておいてもよいだろう。また、四人グループ以外にも、臨機応変に五人にしたり、二人になったりすることもあったという。グループの構成員の男女比について配慮している点も参考になる。しかし、大村の場合も、話し合いの内容と〈人数〉

との関係については一切触れていない。大村が取ったこの配慮は、教室という空間で話し合う場合の物理的制約を考えてのものであった。筆者が提案しているのは、話し合いの話題・内容から〈人数〉を決定していくという方法についてである。

四　〈話し合い〉の一般的形態・性格と人数との関係

本小論の副題に「三人寄れば文殊の知恵」と掲げた。誤解を招かないように述べておけば、筆者は必ずしも殊更に「三人」という人数にこだわっているわけではない。ただ、第一節で触れた実践事例とも関わるが、この格言の内容通りに、「三人」という人数には相応の意義がある。

「二人」という人数は、親しい者同士が共通の話題で和やかに話し合う場合に向いている。気のあった者同士、志を同じくする者同士での話し合いに合うのである。時には、意見を異にする者同士での話し合いもあるが、その場合には正と反とに分かれる。

しかし、「三人」ともなれば、その立場と考え方の違いはより複雑となる。二対一か一対二か、それとも三人三様か、といずれかの関係が生じる。「三人」という集団が生み出す思考は多値的なのである。「三人」という集団は、社会集団の出発点である。そこには思考の対立分化と、これを調和していくという機能とが含まれてくる。まさに、「三人寄れば文殊の知恵」なのである。だから、「三人」という人数での話し合いには再検討を要する理由があるということになる。

さてここでは、話し合いの一般的な形態と人数との関係について見ておこう。右の「三人」による話し合いは、「鼎談」と呼ばれている。同様に一対一の「二人」による話し合い、三人以上の話し合いにもそれぞれ一定の名称が与えられている。筆者はこれらの話し合いの名称・形態と人数及び性格とを以下のように整理してみたい。

「対談」（一対一）＝その場の気分で話題が変わり、生活によって話題が自由に移るもの
「問答」（一対一）＝話題が一定し、その問題解決に集中する知的性格が著しくなるもの
「鼎談」（三人）＝その場の気分で話題が変わり、生活によって話題が自由に変わるもの
「座談」（三人〜五人が目安）＝その場の気分で話題が変わり、生活によって話題が自由に移るもの
「会議」（五人以上）＝問題が一定し、その解決に協力的に集中する知的性格が著しくなるもの

《その他の特殊な形態》
「ディベート」（一対一もしくは以上）＝特に問題を選び、互いの考え方を競うもの
「パネル・ディスカッション」（三人〜五人が目安）＝特に問題を選び、パネリスト同士で互いの考え方を深めていこうとするもの
「シンポジウム」（三人〜五人が目安）＝特に問題を選び、ゲストとフロアーとが質疑応答を通して考え

方を深めていこうとするもの

※右の「対談」「問答」「座談」「会議」の性格づけに関しては、西尾実の考え方を参考にしている。しかし、それぞれの名称については、西尾によるネーミングとは異なった考え方に立っている。

ところで、西尾実は「談話について」[2]という論考の中で、右の「対談」に相当するものを「対話」と呼び、「座談」を「会話」、「会議」を「討議」と呼んでいる。

「対話」（＝ダイアローグ）というものは、「独話」（＝モノローグ）の対概念であり、話し合いの形態そのものを表している用語ではない。「対話」という用語は、「対話的精神」等と言われるように、話し合いの場におけるある種の〈機能〉を表している。「対談」とか「問答」といった次元よりはるかに広い哲学的な概念である。そこで筆者は国語科の実践的なレベルでは、「対話」という用語の使用を抑制すべきであるという立場を取っている。勿論、「対話」という概念の重要性は十分に承知している。したがって、話し合いにおける「対話的な精神」を大切にすべきであるといった文脈でなら使用することにやぶさかではない。

同様に、西尾が使用している「会話」や「討議」という用語も話し合いの形態というよりも、話し合いにおける〈機能〉を含んだより広い概念と考えた方がよいと思われる。「会話」や「討議」に替わる用語がなければ、これらの用語を用いることもやむを得ないであろうが、「座談」とか「会議」という用語が存在している。筆者は、先に掲げたような性格を持った話し合いであるなら、それぞれを「座談」と「会議」という用語で表すべきであると考えている。

とはいえ、「対談」「問答」「鼎談」「座談」「会議」といった用語を、そのまま小学校や中学校の学習指導の場で使用することはあまり得策とは言えない。用語自体に理解しにくい面があるし、それぞれの話し合いの性格もにわかには理解しにくいはずである。
ではどうすればよいのか。答えは至極簡単である。話し合いの〈人数〉で区別させればよいのである。話し合いの話題・内容から判断して、児童・生徒には話し合わせる際の〈人数〉を示してやればよいのである。その話し合いの性格がどのようなものであるかは指導者が理解していればよい。児童・生徒には直ちに理解させなければならないものではないのである。勿論、様々な話し合いを体験させる中で、それぞれの話し合いの性格と名称について少しずつ理解させていくべきではある。

以上、まことにささやかな提案であるが、〈話し合い〉活動の意義を改めて見直していくために、話し合う時の〈人数〉という一点に視点を限定して考察を試みた次第である。平成十年（小学校）・十一年（中学校）に公示された学習指導要領でも、「話すこと・聞くこと」がトップに位置づけられ、話し言葉の指導の重要性が一層強調された。「総合的な学習」の実践によって、国語科で指導すべき事項として先に見てきたような言語活動・技能が培り出されてくるのである。国語科の責任が問われてくるのである。とりわけ、話し合い活動の重要性が改めて認識されてくることになろう。

注

（1）大村はま著『教室をいきいきと1』昭和六十一年一月、筑摩書房、一五九頁。

（2）西尾実「談話について」（『西尾実国語教育全集』第六巻、昭和五十年九月、教育出版、二一一〜二三四頁）。

第Ⅱ部　理解教育論

——教材論・教材化論・教材分析論——

第一章　国語科教育への文体論の受容
――国語科教材分析の理論的基礎の構築――

一　本研究の目的

本研究は、国語科教材分析のための理論的基礎を構築するための基礎研究である。従来の教材分析論は、国文学の作品研究論の援用か、国語学の文法論ないしは文章論の援用かのいずれかが支配的であった。こうした行き方に筆者は長いこと不満を抱いてきた。国語科教育の教材分析論は特定の関連科学の理論に偏しない独自の理論を構築していくべきである。そうした独自の理論を構築していくためには、国語科教育を支援する関連諸科学に幅広く目を向けて真に有効な部分を取り出すという基礎作業を行っていかなければならない。

勿論、国語科教育の独自の理論的基礎は関連諸科学だけから取り出せるものではない。その骨格部分はおそらく実践現場における平素の国語科教育実践の中から取り出すことができるのではないかと考えている。この骨格部分を支えより客観的で科学的なものとするための考え方を関連諸科学の中から取り出していけるのではないか。こうした仮説に立って筆者は、修辞学やそこから発展分化した発想論（＝インベンション論）や文体論、あるいは表現論や視点論、そして文芸論等に目を向けて考察を加えていくべきであると考えてきた。

本小論では、従前から国語科教育界の一部で積極的に導入が試みられてきている文体論を取り上げてみることにした。これまで文体論が導入されているのは、主に文章の読解・鑑賞指導の方面においてであった。しかし、その導入の現状は散発的であり、文体論の意義が国語教育界に広く認識されていたわけではない。そこで、本小論ではまず、我が国における文体論の生成と発展の過程をそれぞれの立場と方法に即して辿ってみることにする。そこから文体論研究の意義と問題点とを明らかにしてみたい。次に、これらの文体論のどのような部分が国語科教育に導入されてきたのかを辿ってみることにする。そして、その導入による成果や問題点を明らかにしようと思う。

ただ、本小論はどこまでも教材分析のための理論的基礎を構築するための基礎作業である。そして、そのためにはそもそも「文体論」等の関連科学を単独に導入するだけでは不十分であるとの問題意識が出発点にはある。したがって、ここでの考察も文体論を直ちに国語科教育に導入しようとするものではない。とりあえず文体論のどのような部分が国語科教育に有効な考え方であり、有効な方法論であり得るかを明らかにするところに目的を定めている。そのために、本小論では改めて文体の定義づけを行うこともしないし、文体分析のための独自の観点項目を掲げることもしない。分析項目の設定は、教材分析論としてまとめられる際に独自に行われるべきであると考えている。

二　文体論の立場と方法

我が国に「文体論」が登場したのは、一九三〇年代、昭和の初めにさかのぼる。フランス心理学専攻の波多野完治が昭和八年に『国語科学講座』の一編として『国語文章論』を著した。これによって、文章心理学という名の「文体論」が生成をみることになる。次いで、この波多野文章心理学に触発されて改めて文体論の構築に取り組んだのが小林英夫であった。これに先立って英語学者山本忠雄によるヨーロッパ文体論の紹介とその実践研究等が公にされている。

こうして昭和十年代には、文章の個別的な特性を究明しようとする「文体論」が出現してきたのである。以後、これらの文体論を足場として今日までに様々な広がりと深化の相を呈してきている。文体の問題は、元来が言語と文学との双方の分野にまたがって出現した。それだけに、文体の意味も様々な広がりをもち、その性格も一律には捉えがたい面を有している。

昭和戦後期に入ると、文体論の発展には目を見張るものがあった。昭和三十六年には「日本文体論協会」が設立されて文体の科学的研究は大きな山場を迎えることになる。しかし、文体論研究のその後の展開を辿ってみると、そこには文体の定義の問題を始めとして文体分析の対象や方法に関する様々な原理的課題が山積されていったようである。

こうして文体論研究が発展していくに伴い、国語科教育の方面にも文体論を積極的に導入していこうとする動きが見られる。主に文章の読解・鑑賞の領域における応用である。これらの事例に関しては後で詳しく考察していくことにしたい。ここでは先ず、これら国語科教育の方面に応用されてきた文体論の種々相についてそれぞれの立場と方法とを検討し、その後でそれが実際に国語科教育にどのように適用していけるのかを考察していくことにする。

さて、これまで提唱されてきた「文体論」の分類の仕方にはいろいろなものがある。ここでは、文体論の生成と発展に特に影響の著しかったと思われる立場と方法について、便宜的に、すでに一般化されている呼称によって分類して考察していこう。なお、文体論の範囲をどこまでとするかについては、従来様々な扱いがなされてきている。本小論では、原則として文体論と境界を接し、一部の内容と方法において大きく文体論と関わってくる文章論や表現論等の研究成果を意識的に切り離している。これらについては、また改めて考察を加える用意があるからである。

三　心理学的文体論──波多野完治著『文章心理学』を中心に──

(1)　「文章心理学」の文体論としての性格

波多野完治「文章心理学」の学問体系はこれまでにかなり広範な展開を遂げてきており、その全体像は『文章心理学大系』全六巻（『文章心理学〈新稿〉』昭和四十年九月～『現代レトリック』昭和四十八年五月、大日本図書）に集大成されている。

このような壮大な体系構築の出発点は昭和八年十二月に明治書院の国語科学講座「国語表現学」の項目の一つとしてまとめられた『国語文章論』にある。やがて、昭和十年十月に刊行される『文章心理学―日本語の表現価値―』（三省堂）の原型はこの著書にある。ともあれ、この昭和十年版『文章心理学』は昭和十二年八月に改訂増補され、戦後、昭和二十四年三月には〈新版〉（新潮社）として再刊される。そして昭和四十年九月には『文章心理学〈新稿〉』として装いを新たにして登場する。波多野文章心理学のこうした生成と発展の様相については、本書第Ⅰ部の第五章で詳細に考察を加えてあるのでここでは触れない。

さて、波多野が当初『国語文章論』で究明しようとした課題は、国語表現学シリーズの他の項目との関係により「文章の修辞機構の心理学的解明」[1]というところにあった。しかも、この時点で波多野は「文章」というものをスタイルすなわち文体、表現者の表現技法と考えている。この点で、国語学者の時枝誠記も、波多野の立場が「文章全体が、それ自身一体なるものとして把握されて」いるのではなく、「語彙や文の集積」として見ている点で、いわゆる「文体論」に近いものであると指摘している。時枝は自らが考えている「それ自身全体としての文章の性格を明らかにする文章論」と一線を画していることを指摘したのである。[2]

要するに波多野「文章心理学」には、旧修辞学に替わる新時代の文章の表現技術を体得するために、スタイルの表現価値（修辞技法）を探っていこうとする意図が込められていたのである。言わば自分に適したスタイルの発見という目的のために特定の言語作品に現れた文章の修辞技法における修辞効果をフランスの社会学的心理学やゲシュタルト心理学を応用して解明しようとしたのである。

こうした意味で、波多野「文章心理学」は当初から究極的には「文章の学習心理学[3]」という方向を目指していたと言える。旧修辞学の否定という立場に立ちながらも、そこには新しい修辞学の構築という意図が据えられていたとも思われる。しかし、その目的は「個人的なものの表現手段」であり、その意味では特定の言語作品の「個別的一回的異質性の発見」を目指していたという点で、「文章心理学」の方法が文体論の目指すところと重なっていったものと見ることができる。そして実は、波多野「文章心理学」のこの部分が言わば以後の文体の科学的な研究の最初の実践ともなったのである。

この部分とは、志賀直哉の「雨蛙」と谷崎潤一郎の「金と銀」とを素材としてその形態的相違の分析から、表現手段と表現者の性格との関連を論じた「文章と性格」のところである。以下、この部分を昭和十年版の『文章心理学』に拠って少し詳しく見ておこう。

(2)　「文章心理学」の文章分析の方法

波多野完治は『文章心理学―日本語の表現価値―』の「第二編　文章性格学」の「第五章　文章と性格」で、谷崎潤一郎と志賀直哉の文章を取り上げ、この二人の文章の「構造上の相違」に目を向ける。[4]

二人の文章はたしかにちがつた印象を与へるが、それは何に基くのか。文章の形態が全然同じでありながら、印象だけがちがふ、という様な事はほとんどあり得ないから、二人の文章の印象性の相違は、たしかにこれを、文章の形態上の相違に還元して考へる事が出来るに相違ない。

そこで波多野は、第三者である深田久弥の批評を手掛かりとして、二人の文章の構造を分析的・統計的に調査する。分析の観点と方法について要点のみ列挙すると次のようになる。

①　文の長さ……作品の冒頭から数えて第三十番目までの文、合計五十個の文について、その字数の平均、平均錯差（各文章の平均字数の逸脱度）、および度数をとる。
②　句読点……一つの文がいくつかの句から成立している場合が多いかなど。
③　品詞……いかなる品詞がどれくらいの割合であらわれているか、その両者のあいだにはどんな相違があるか、その相違はいかなる原因または条件発生をもっているか。
④　構文……文の種類（単文・重文・複文）や修飾句の数（ピリオドによってつくられるサスペンス・一種の緊張度の度合）を調べる。
⑤　比喩……隠喩などは、研究者の選択が主観的になりやすいので、直喩だけを調べる。

これらの観点に基づいての調査結果について考察を加えている。その概要を見ると、谷崎潤一郎の場合は文が長く、句読点も多く、名詞よりは動詞が好まれ、直喩が多いということになり、構文の面ではピリオドによってサスペンスをつくっていく傾向があるということ。また、志賀直哉の場合は文が短く句読点が少ない。動詞よりは名詞が好まれ、直喩が少なく、構文の面では省略によってサスペンスをつくっていく傾向があるということ。そしてこれら両者の対照的な特色に基づいてその心理学的意義を追究した結果、谷崎を言葉に還元して書こうとするタイプ、志賀を事物に即して書こうとするタイプというような違いを導き出すことになる。

以上のような文章分析の方法によって、文章と作家の性格との関係を科学的に明らかにしていこうとする研究が始まったのである。要は、こうした調査分析が国語科教材研究の方法論としてどこまで有効なものとなり得るかということである。いずれにしても、こうした方法がそのまま教材研究の方法論に供せられるということは有り得ないであろう。有用な面があるとすれば、おそらくは調査分析の過程であるとか、個々の分析の観点や考察の仕方であろうか。こうした点に関しては、他の各種文体論の立場と方法とを辿り、これらが国語科教育にどのように適用されてきたかを眺めてから総合的に考察していくことにしたい。

四　美学的文体論――小林英夫著『文体論の建設』を中心に――

(1)　美学的文体論の立場

言語学者の小林英夫の場合、文体論への関心はつとに大学在学時代からであったという。小林は文体論との出会いを「文学と言語学――この二つを橋渡しする科学のあることを、わたしは二年生のゼミで知った[5]」と回顧している。卒業論文が「イプセンの言語。文体論的分析の試み」であったという。以後、ソシュールやバイイ、フォスラーなどの訳業を行っていたが、波多野完治の文章心理学研究に触発されて改めて文体論の建設に乗り出すことになる。当然、小林の文体論には文体論の開祖 Charles Bally（シャルル・バイイ）や美学派の Karl Vossler（カール・フォスラー）、Leo Spitzer（レオ・シュピッツアー）等の影響が大きい。しかし、文体論の目指す方向がソシュールやバイイが締め出したパロールの言語学であれば、必然的に小林の志向は後者の方向に向かうことになる。

小林はStylisticsと称せられる学問的分野を大きく四つに分けている。第一を「修辞学的文章類型論」、第二を「国語特性論」、第三を「言語表現性の研究」、第四を「言語美学」とする。小林が目指した文体論が四番目の「言語美学」であることは言うまでもないことである。ここに小林の文体論が「美学的文体論」と呼ばれる所以がある。

小林の「言語美学」は昭和十八年に刊行された『文体論の建設』(育英書院)と同十九年の『文体論の美学的基礎づけ』(筑摩書房)においてその理論体系と実践方法とを確立したと見ることができる。そこで以下、小林の文体論の方法をこれらの両書が収められている『小林英夫著作集7』によって見ていくことにする。

その前に、小林の文体論研究の立場と方向について確認をしておくことにする。小林の文体論研究の立場は次のような文言に示されている。

> 文法学が理論的にはだれにも学ばれうべきものであるにたいして、言語美学つまり文体論は、真の文学的aesthetにのみその探究を許されるものである。もちろん文体論について語りもしくは書くことは、ある程度までだれにもできることであろう。けれども文体論を行うものは、まずもって文芸の愛好者でなければならない。(六頁)

小林の文体論が「美学的文体論」として徹底されている所以である。続いて小林は、こうした学問の目的については以下のように述べている。

ある作家のある作品がある特定の文体効果を発揮するとすれば、かれの用いた言語はある特定の形状をとっているにちがいない。かの印象はこの形状の仕業である。ゆえに前者を後者によって理由づける――これがわたしの考えるところの文体論の仕事にほかならない。(十九頁)

要するに、従来の文芸作品の印象批評に科学的根拠を与えようというわけである。

(2)　美学的文体論の方法

小林英夫の文体論の方法について見ていく前に、まず「文体」なるものの定義づけについて見ておこう。小林は「文体」という術語を定義づけるのに、文と文章との概念規定から始めている。小林は「文」が意味外延の最も広いものであり、「文体」は最も狭く、「文章」がその中間にあるものであると規定している。そして、文・文章・文体と順にその概念の幅を狭めて検討を加えている。

「文」については、その中に「題＝主辞・理・ディクトム」と「説＝述辞・論・モドゥス」との二つの辞項を認め、この二つの辞項の関係の原理を扱うものを「統辞法」と称し、文の構造のみを扱うものを「構文法」として区別すべきことを確認して、今後の文体論においては主に「構文法」の調査が必要であることを訴えている。そこで踏まえられなければならないとする文構造の種類は次のようなものである。

A、長文、短文。B、単文、複文(同位文、従属文)。C、構成文、装飾文。D、正序文、倒序文。E、直流文、曲流文、交流文。(二十七頁)

これらの種類は文体論の「実演」においても重要な観点となる。続いて小林は、「文体とは、文章の様式」であると規定しその様式概念の検討を行う。「様式」とは類型や種類とは異なる概念であり、また、制作の素材に関するものでなく、制作の形式に関するものであるとする。そして、形式は文章制作者の目的に適うものが要求されるから、そこに価値の概念が付加される。一方、様式は観賞者が制作者の制作理念を追認識したときに成立するものであるから、一の様式が二の様式を生み出すという具合であるとする。それで実際には無数の様式が存在することになるので、「文体」についても、「文体とは、一定の美的理想に適合せる一定の言的構造を具備せる文章である」（四十二頁）と定義しているわけである。要するに、「一定の美的理想」は一作家固有の様式により近いものであり、「一定の言的構造」とは一作品固有の様式により近いものと言えよう。これらが一体となって文章化されたものが文体であるというわけである。

では次にその方法論について見ていくことにする。小林はまず、文体論の対象を、

文体映像 ＜ 文体効果（作者側）
　　　　　 文体印象（観賞者側）

におく。文章を読んでまず直覚的に受け取るものが、文章の構造的事実ではなく、文章全体から発するあるまとまった印象だからである。それ故、文体そのものを直ちに対象とするのではなく「文体映像」なるものを措定するのである。なお、小林も文体論の目的を「文は人なり」という命題、つまり一定の性格をもった行為主体が文体の原因であることを証明することに置くところから、この「文は人なり」という等式の間にあるもの、すなわ

ち言語芸術の配列を指令したところの精神を「文体因子」と名づけてそれらの必然的関係を指摘したのである。

今、これを図式的に整理してみると次のようになろう。

文体映像（文体印象・文体効果）
←→
一定の文章構造＝文体
←→
作品理想（理念）＝モティーフ
←→
作家の文芸理念
←→
作家の世界観
←→
作家の性格

そこで、文体分析の手順は次のようなことになる。

① 文体印象の記述
② 文章構造の分析

③　文体印象と文章構造との間に必然の関係を確認

④　これらの成果を上位の文体因子に照合して、その間に必然の関係を見出す

右の②の「文章構造の分析」に際して調査すべき事柄としては、「A、構成、B、構文法、C、語彙的事実（愛用語、感覚語（色彩語、象徴音、等）、言回しの特風、句の頻度、D、品詞、E、リズム、F、テンポ」などを掲げている。これらの分析の実際的な手順を補足すると、第一に「作品の精読」、次に「作家の性格、世界観、文芸思想等のごとき、いわゆる文体因子を開示すべき事実を、あるいは作品そのもののなかから、あるいは他のいろいろな性格学的徴標のなかから拾い集める」こと、その上で「文体論的事実の調査」にかかるという段取りである。

小林は以上のような方法原理を説明して次に、自ら文体論の実演を行っている。素材としては、芥川龍之介の「秋」と室生犀星の「愛猫抄」とを使っている。その方法はこれまで見てきた通りの観点と手順とによっている。この分析から得るべき点も多いがここでは省略する。

ところで小林は、文体印象を作り出すおおもとの言語事実としての「文体素」について、次のように定義している。[6]

文体素とは、ある特定の文章作品において美的効果を発揮する言語要素であって、他種の文体素とともに一つの文体を構成するものである。

この「文体素」を見つけ出す調査分野として、長年にわたる文体論の実践に基づいて次のようなものを設定している。[7]

1. 構成論―テーマがどのように布置排列されているか調べる。
2. テーマ論―一作の全面的主題ばかりでなく、そのなかに挿入される部分的主題の選び方などにも、作者の芸術意図は、のぞかれる。
3. 文間文法論―各段落内の文が、第一に、意味的にどのように関係し合っているか（文法学でいう順接・逆接など）、第二に、どのような文法的手段によって結びつけられているか（接続語の種類および有無）などを調べる。
4. 構文論―日本語にあってはとくに主辞の顕現の有無が問題となる。日本語は文の主辞の理解を場面や文脈にゆだねることが多い。それが習慣なのだから、欧文のように、あるべきものを略除するのとはわけがちがう。したがって主辞を欠く文は、主辞略除文ではなく主辞内顕文と称すべきである。さてこのような文を好む作家と、西洋流にていねいに主辞を外顕的にしるす作家とある。また、主辞・述辞の正常辞列（S・P型）をさかさにした述辞・主辞のような異常辞列（P・S型）を頻用する作家がある。
5. 品詞論―志賀直哉が名詞を多用し、谷崎潤一郎が動詞を多用するといったような事実は、大きな文体論的意義をもつ。
6. 語彙論―感覚語（オノマトペ、色彩語など）、抽象語、特定語詞（愛用語）などを調べる。
7. 形容論―用いられた比喩の性質や頻度の調査、ライトモティーフの有無。
8. リズム論―リズムは第一級の文体素をなすことが多く、それの構造と成立過程を調べることはきわめて有益である。
9. 描写技法論―たとえばいわゆる描写と記述をどのように使いわけているか、両者の間のグライドはどうなっているか、などを調べる。

10. 描写角度論―作者はその作品を書くにあたってどこに位置を占めているか。

以上は、小林が掲げた十個の観点の概要をまとめたものである。これらの観点のうち、新たに含められたものとして、「テーマ論」「文間文法論」「リズム論」「描写技法論」「描写角度論」がある。これらの新しい観点には、『文体論の建設』以後の文章論や表現論などの分野の研究成果が踏まえられていると見ることができる。こうした問題については、後で国語科教育への文体論の受容の問題と絡めて詳しく考察を加えることにする。

五　語学的文体論――山本忠雄著『文体論』を中心に――

(1)　語学的文体論の立場

英語学者山本忠雄の『文体論の研究』が刊行されたのは昭和十三年であり、小林英夫の『文体論の建設』よりも早い時期にあたる。この書の中で山本は、はじめて文体論に接したのが大学時代にフランス語の勉強にバイイの "Le Langage la vie" を読んだ時であると述べている。やがて、フォスラーやシュピッツアー、小林英夫の研究に多大の示唆を受けたとも述べている。[8]

この事実が示す通りに山本は、この書の中でヨーロッパの言語学者の言語観や言語学の方法を広く紹介し、また小林英夫や波多野完治の文体論に関する研究に言及している。そして、言語学研究の方向が次第に「文体論への方向」を辿ってきている社会的理由について次のように考察している。[9]

　現代は、物心の両世界に亘つて、新しい事象の発見や、古い事象の変革が行はれて、表現される内容が急激な増加を見せたことと、之を認識する仕方が、抽象的より現実的へ、論理的より現象的へ、科学的より歴史的へ、外的より内的へ、事象的より心理的へ、の方向をたどりながら、普遍的な思潮よりも個性的な思潮へ進んでゐるのである。従つて、分析的に物を考へるよりは綜合的に物を考へ、要素的な物の見方よりも全体的な物の見方へと移つてゐる。新しい内容に対する新しい見方が現代の要求である。此の要求に合するものは一定の伝統的な規範による「正しい」表現よりも、現実に即し個人に叶つた「真の」（wahr）表現でなければならぬ。真の表現が即ち真の認識なのである。真の表現が即ち真の認識なのである。真の認識を見出し、真の表現を生み出さうとする努力が、旧来の規範とたたかふところに、表現及び文章の問題の起る原因があるのであらう。

ここには、山本の考える文体論研究の意義やその目指すべき方向に関する考え方が端的に窺える。

その後山本は、昭和十五年に『文体論―方法と問題―』を刊行する。この書では山本の立場からの文体論とその実践法とを述べている。まず、文体及び文体論の定義を次のように行っている。[10]

　言を価値の単位と考へ、これを表現する個人に即して解釈する場合に文体といふ。文体を研究する言語学の方法が文体論である。文体論は、機能論を底面とするピラミッドの頂点に位するものと云へる。換言すれば、人格を中心とする機能論である。その意味で、一般的な言語形式を体系化する文法論と対立するものである。

この文言から山本の文体論が小林英夫の場合のように、一作品に即してそこに現れる個別的な差異を問題にするのでなく、その個別的な差異を「個人」に即して問題にしていこうとしていることが分かる。

また山本は、文体論の文学論と異なる所以について次のように述べている。[11]

「文体論」は文学の方面で古来論ぜられてゐる。文学も広い意味の生活機能であり、とりわけ人格のすぐれた表現である以上、此処にいふ文体論の対象となり得ることは勿論であるが、「文学的な」価値の批判を目ざすか目ざさないかによつて、文学論と分かれるのである。


そして、文体を論ずる材料としては、手近なものとして、文学作品が最も多く、研究のし甲斐もある対象であると言う。しかし、これもあくまで「言」(＝パロール)の一例と見なすものであるから、文学作品以外のものも対象に含めていくという立場を明らかにしている。事実、山本は先の『文体論研究』において「西田幾多郎博士の文体」と題する研究を試みている。

以上見てきたところから、山本の立場は小林英夫と同様にフォスラーやシュピッツアーの影響のもとに置かれていても、その立場は異なっていて、「一定の美的理想に適合せる」文芸作品のみでなく、原則的に「如何なる材料」も研究し得るものということになる。こうした考え方に、山本の文体論が「もっと開放的な」「誰にでも学ばれ得るような文体論」としての「語学的文体論」[12]と呼ばれる理由があると言えよう。

(2)　語学的文体論の方法

山本忠雄は文体論の実践方法について、それが「個々の対象そのもの」によって規定されるとし、いつも同じ方法を用いていては対象の本質を逸するおそれがあるとしつつも、およその方法を「外延的（extensive）方法」と「内延的（intensive）方法」とに分けて説明している。

まず、「外延的方法」に関しては、語法を分析抽出して比較対照する方法であるとして、「1. 量的調査（統計による物）」と「2. 質的調査（対比によるもの）」とに分ける。1の方法は波多野完治のやり方であり、2の方法は例えば「具体的な意味を持った語と抽象的な意味を持った語を対比して、意味の特質から思考形式を求める如き方法」であるとしている。前者は「率の大小」から、後者は「対比の内容」から進めていくが、いずれも「比較対照」を原理とするものであるとして、次のような「比較の対象」「比較すべき徴表」を掲げている。[13]

A　比較の対象
1. 作家の異なる語法
2. 一作家の異なる作品
3. 一語法についてA作家とB作家

B　比較すべき徴表
1. 全作品に亘つて frequency の大きい語法
2. 同一箇所に反覆使用される語法
3. 意味又は語法の特異な語法
4. 文の長短及び構造
5. 品詞、特に名詞・形容詞・動詞・副詞の如き形式これは意味内容の如何に拘らず、どういふ品詞に特色があるか調べる。

6. リズム
7. 形象《イメジ》

次に、「内延的方法」に関しては「語句を取出して分析し、他の語句と比較するのでなく、選ばれた語句そのものの内的な価値を直観する方法」であるとする。多数の例から、帰納的に結論を出すのでなく、直接作家の意味連関に透徹する方法であるとする。つまり、前者を相対的な方法とすれば、後者は絶対的な方法であり、また、前者を心理学的な方法とすれば、後者はフォスラーなどの美学的方法に属するという。

それでも、直観すべき「徴表」は先の「外延的方法」と異なるところはないが、これらの徴表について「表面的な特色や心理的メカニズムや素質」を比較するのでなく、直ちに「創作者の本質」に迫るのがこの方法の特徴であるとする。この方法を実践するのには、シュピッツアーが述べるように「作品を反覆精読して、全体印象をとらえる工夫をし、同時に意味の中心点をつかまへる志向力を働かせなければならない」と述べている。

以上の二つの方法はどちらも長短を有するので、実際の分析・考察にあたっては両方の方法を総合して足りないところを補うことが肝要であるとしている。科学的・客観的な方法と直観的・主観的な方法とを折衷させて行っていくべきであるというわけである。なお、こうした考え方には、小林英夫の美学的文体論とは若干異なる方向を示しつつも単純に語学的文体論と断言しかねるような柔軟性も窺える。山本の文体論をして「文芸的な文体論への方向を示唆した好著である[14]」という評価のあることも付言しておかなければなるまい。

六　計量的文体論――安本美典・樺島忠夫の文体論を中心に――

(1)　安本美典の文体論

波多野完治の心理学的文体論は第二次世界大戦後の推計学・情報理論・因子分析法その他の新しい科学的方法を導入した心理学者安本美典に継承された。

安本はまず、昭和三十五年に『文章心理学の新領域』を刊行し、この中で推計学を取り入れて能率的で有効な分析や推論の方法を示し、推計学や情報理論を用いて『源氏物語四十帖』と『宇治十帖』の作者の違いを推定した。この中で安本が用いた分析の観点は次のようなものである。[15]

①名詞の長さ、②声喩の出現度、③直喩の出現度、④色彩語の出現度、⑤人格語（人に関することば）の使用度、⑥名詞の使用度、⑦漢字の使用度、⑧動詞の長さ、⑨過去止、⑩会話文の量、⑪句点の数、⑫読点の数

安本はさらに、後に刊行した『文章心理学入門』では因子分析法を用いて現代作家一〇〇人の文章の分析を行い、これに第二信号系理論を加味して、分析された文章と作家の性格とを結びつけて示している。この調査を行うための分析項目と調査の要領は次のようなものである。[16]

ア、直喩の出現度　　〕

イ、声喩の出現度
ウ、色彩語の出現度
エ、センテンスの長さ
オ、会話文の量
カ、句点（テン）の数
キ、読点（マル）の数
ク、漢字の使用度
ケ、名詞の使用度
コ、人格語の使用度
サ、過　去　止
シ、現　在　止
ス、不　定　止
セ、名詞の長さ
ソ、動詞の長さ

（イ・ウ）二〇個の段（四〇〇字づめ原稿用紙約三〇枚）のなかにふくまれる直喩、声喩、色彩語の個数。
（エ）二〇個の文の長さ。
（オ）二〇個の段のなかの会話文の数。
（カ～コ）字数一〇〇〇のなかにふくまれる個数。
（サ～ス）二〇個の文の最後の分類。
（セ・ソ）二〇個の名詞および動詞の長さ。

これらの文章特性を調べて因子分析を行い、三つの主要因子（A、B、C）を見出し、この三因子の組み合わせから八つの文体の型を立てて、これによって現代作家を八つのタイプに分類したのである。

(2) 樺島忠夫の文体論

国語学者樺島忠夫は昭和四十年に寿岳章子と共著で『文体の科学』を刊行している。これより以前に樺島忠夫は、『表現論』（昭和三十八年八月、綜芸社）を著しているが、この表現論に基づいて〈文体〉に関する考察がなされていくことになる。ソシュールは言語の体系面であるラングを研究の対象として限定しているが、表現論ではこの体系的な言語の運用面の研究すなわち言語行動の研究を行うところに目的がある。樺島はこの表現論の立場から文体に関して次のように定義している。(17)

書き手が表現行動を行なった結果定まってくる文章の表現特性を、その書き手あるいは作品について総合的にとらえる時、これを書き手の文体あるいは作品の文体という。

文体をこのように考えるために、文体論の対象も文芸作品に限らずあらゆる種類の文章を含むことになる。また、文体は文章の書き手と文章の関係からだけでなく、「書き手が持つ意図」（＝表現意図）や「書き手に関する条件」なども踏まえて捉えられることになる。

このような表現論的考察の部分では、「要約的表現と描写的表現」「冗文的表現と凝縮的表現」とを挙げ、描写的表現をさらに、「ありさま描写」と「動き描写」とに分けている。そして、これらの表現の形態的な違いを客観的に捉えるために「品詞比率による観察」などの数量化による方法を採っている。

続いて、「文体の統計的観察」の部分では、現代小説一〇〇作品について次のような分析項目から統計的な数値を出している。(18)

①名詞の比率（％）、②ＭＶＲ（形容詞、形容動詞、副詞、連体詞をＭとし、このＭの数を動詞Ｖの数で割ったものを一〇

○倍してある。ありさま描写をとらえる指数を意味している。）、③指示詞の比率、④字音語の比率、⑤文の長さ、⑥接続詞をもつ文の比率、⑦引用文の比率、⑧現在どめの文の比率、⑨色彩語の比率、⑩表情語（擬声、擬態語の類）の比率

これらの項目による分析の仕方についても具体的に示し、これによって得られた数値を評価するのに五段階の尺度も設定して、特性値によるプロフィールをつくり、作家ごとのパターンを明らかにしているのである。

以上、安本美典や樺島忠夫らによる数量化に基づく文体研究の方法について見てきた。両者の文体観や方法には自ずと違いが見られるが、共に波多野完治における数量的なアプローチの方法を発展させたものであり、その分析項目や方法においてより精密さを加え客観化されているだけに、文体論としては一定の評価を得た。

七　文学的文体論――寺田透・江藤淳らの文体論を中心に――

これまで見てきた文体論はいずれも心理学者、言語学者、国語学者によるものであった。これらを一括りにして「語学的文体論」と呼ぶ人々もいる。これに対して、国文学者、評論家、作家らの行ういわゆる「文学的文体論」なるものがある。これら両者の間にはかなり本質的な対立が存在している。本来、文体論は文学と言語学との双方にまたがるものとして登場してきた。やはり、その受け止め方には根底で切り結ばれないものがあったようである。

しかし、ここではその対立点を明らかにすることを目的とはしない。まず、それぞれの文体論の特質を客観的に明らかにすることを目的としている。その上で各種文体論の考え方や方法において教材分析に有効な部分が見

出せればよいのである。

確かに「文学的文体論」の立場は、どこまでもそれ自体として「文学論」ないしは「文学史論」としての自立を目指している。[19] したがって、その中に自ずと「語学的文体論」への批判を含んでいると言ってよい。とはいえ、文学作品研究・批評のための文体論の方法が必ずしも国語科教材の理論的基礎としても絶対的に有効であるということにもならない。

ともあれ、以下に「文学的文体論」と言われる主な考え方について見ていくことにする。「文学的文体論」の立場を明らかにしていくには、その〈文体観〉を捉えていくのが好都合である。そこでまず、二人の文芸評論家のそれについて見ていくことにする。

(1)　寺田透の文体論

寺田透は昭和二十九年に「『文体論』のためのノート」という論考を著している。この中で寺田は加藤周一の「文体の問題は、一般に内容と形式とが区別される意味で形式の問題に属している」[20] という考え方を受けつつも「普通文体と訳される style は、作品形態といふやうな意味を持つ forme（形式）とは、対立的ではないまでも、異質の概念とせられてゐる」と指摘する。そして、この style と forme の概念については次のように述べている。[21]

いはば forme が客観的に測定され、読者の主観と没交渉に存立するものと考へうる文章の外的形骸であり、作者の側から言つても、取扱はれる主題や素材とは一応関係の断たれた作品自体の問題と思ふのに対して、一方の style は作者の素材に対するはたらきかけや、表現上の意欲と結びつき、それらが生むものであり、そのかぎりで、forme の静的であるのに対し、動的で、積極的なものであるに違ひない。

こうして寺田は、スタイルが「精神の自己表白としてより直接である」のに対して、フォームは「それとして間接的価値しか持たぬ」以上、文章におけるスタイルとフォームとを分けて考えた方がよいのではなかろうかと言うのである。ここには明らかに「文学論」の対象としての「文体」（＝スタイル）の存在が確認されていると見てよいだろう。

寺田は翌三十年に「『草枕』の文章」において、再びこのスタイルとフォームについて触れ、前者を「表現様式」とし、後者を「作品形態」と言い換えている。スタイルが「作者の精神の行為がそこで問題となる概念」であるのに対して、フォームはこれを作者がなぜ「その作品（文章）にとらせたかという問題を除けば、もっぱら作品（文章）自体の問題であり、作者から切り離して考察しうる問題である」と明確に規定して峻別したのである。

ところで、野村精一は寺田のこのような〈文体観〉に拠りつつ、一方の「style の文体論」を「書き手＝作者の側に立ってその表現過程を追求する『文体論』」とし、もう一方の「forme の文体論」を「読み手＝一読者としての作品の言語構造を解明する『文体論』」というように弁別している。[22] そして、従来の各種文体論のほとんどはこの「forme の文体論」に帰着せしめることができると指摘している。こうして、一方の「style の文体論」こそがいわゆる「文学的文体論」、すなわち「〈思想論〉ないし〈文化論〉としても自立しうる〈文学論としての文体論〉」となし得るという主張となり、「文体批評」という立場を提唱していくことになる。[23]

(2)　江藤淳の文体観

もう一人の批評家江藤淳の〈文体観〉について見ておこう。

江藤は昭和三十四年に刊行した『作家は行動する』において、「文体論というものは、文学作品を意識的にことばの面から批評することである」という立場を表明して独自の文体論を展開した。江藤によれば、「文体は書きあらわされた行動の過程――人間の行動の軌跡である」と定義づけられる。そして文体は「文学者と読者が、ともに現実に到着するための手段にすぎない」とし、よい文体というものは「もっとも直截にわれわれを対象にみちびいて行く」もので、「われわれは、そのような文体の中に参加するとき、ことばを通りこしてじかに対象となる世界にふれたように感じる」と述べる。したがって、文体を形成するとは「科学者が現実を客体化しよう」とするのに対して、これを「主体化しようとする」ことであるとして次のように述べている。[24]

> 彼が主体化した現実――自分を関与させた現実は、彼にある客観的な位置をあたえる。主体化された現実はその瞬間に彼がふくんでしまうので、彼の存在はそのとき彼をふくんだ現実とともに明瞭に対象化されるということになる。「文体」はこのような行動の軌跡である。

このような考え方に基づいて江藤は、いわゆる作家の「停滞した、閉鎖的な、非行動的な『個性』の表現は、狭義の文体」であり、求められるべきは「『文体』を否定し去ろうとする行為」、「たえざる『現在』の自己否定から生じる」ところの「広義の『文体』」であるとしたのである。

こうした文体観でもって、戦後の若い世代の作家たち、大江健三郎、石原慎太郎、三島由紀夫、野間宏など、一部学者によって〝悪文〟とされた文体を高く評価して、文体面に新しい価値観を附与したのである。

以上は、共に文芸批評的な立場からの文体論であるが、これらが先に見てきた「心理学的」「美学的」「語学的」「数量的」文体論と比べて、その立場と方法とを大きく異にしていることは明らかである。

(3)　国文学界における見解

さて、このような各種文体論の出現に対して、国文学者たちの見解はどのようなものであったか。その一つの見解をすでに「文体批評」という立場を明確に打ち出した野村精一の所論で見た。ここではさらに、二、三の所論について見ておこう。

その一つは、戦後『源氏物語』の文体研究を進めてきた清水好子の見解である。清水は次のように述べている。(25)

わたしたちにとってまず大切なのは全一的包括的な作品の感動であり、ことばによって達成された作品の意味をわたしたち個々の感動との関連において解明することである。とはいっても、それはほとんどのようにして具体的になさるべきか、一定の方法とてもないと途方にくれる思いのするような仕事であるが、それでもどうしてもやらずにいられぬと促されるような問題である。言語学の場合のように——むろん直観による研究法もあるが——法則も体系もない。がそもそもはじめからわたしたちは一般化を求めないのであり、方向として言語学とは逆を目指しているわけである。そこで、わたしたちにとって現在言語学がうち建ててくれた体系や説明はあまりに複雑な作品の前には単純すぎて、なんのたしにもならないのだ。言語学との交流ということはこと文体論に関して早急に望んではならないと思う。ちょうどバイイが文学の言語を扱うことを切り捨てたように、わたしたちもそこのところを思い切るべきである。

この中の「わたしたちは一般化を求めないのであり、方向として言語学とは逆を目指している」という部分を、前述の江藤淳による「科学者が現実を客体化しよう」とするのに対して、文学はこれを「主体化しようとする」という考え方にそっくり置き換えることができよう。

また森重敏は「文体論のために」という論考の中で、「語学的な文体論における文体の概念は、文学研究者の眼からは、いわば文学以前のわかりきった、いまさら云々する必要もない初歩的段階のものであるにとどまり、児戯に類するとさえ見られるものが多い」と、「語学的文体論」の現状を批判する。

しかし一方で、森重は文学研究においてもしばしば「語学的な基礎を欠く」ものが見られる点をも指摘している。そして文学研究の質を高めるために、次のような方向で両者の統一を図る必要を説いている。[26]

文学研究におけるいわゆる文学論のその論の論理性は、語学的文体論のもつ論理性を、当然自身のなかに含みえなければならないであろう。かつ、文体論もまた、そのために効率ある、単なる語学的文体論以上に出て文学的な語学的文体論に発展すべきである。

もう一人の国文学者磯貝英夫も右に述べた森重敏と同じ時期に「文学研究と文体論」という論考を発表している。この中で磯貝は次のように述べている。[27]

文学がわの言語関心は、もちろん、従来からの諸種の文体学における思考と方法にも大きな関心を寄せるが、たいせつなことは、それらの方法とあいまいにかかわりあうことではなく、こちらがわの目的と問題性に関して、できるだけ明晰な限定的判断を持つことだと私は考える。

このように述べて磯貝は、波多野完治や安本美典の心理学的文体論、小林英夫の美学的文体論に関して文学研究の方法としての限界を指摘する。しかし、磯貝の場合は右の文言からも窺えるように、これらの文体論に関して「こういうことは、擬自然科学的研究方法一般について言えるわけだが、重要なことは、それを排除することでは決してなく、明瞭な限界意識をもってそれを使うことである」というように、批判的摂取の姿勢を示している。また磯貝は、基本的態度として「閉鎖的に学問体系などにこだわる狭義の文体論は、実際に、文学研究にあまり有効でない」とし、「ことばを基点として、思想にも社会にもどんどんつないでゆくような、広義の文体論でなければ、文学上の広範な問題と結合しない」という姿勢を明らかにしている。そして結論的には、文体論の方法として「受け手の外に自立することの決してできない言語作品についての判断の基点は、客観則析出の場合のような無私の知性ではなく、あくまで、研究主体の批評的決断だ、ということである」と付け加えることも忘れないのである。

以上見てきたところによって、「文学的文体論」の立場と方法が概ね明らかになったと思う。いわゆる「語学的文体論」の立場と方法と比べて、両者の目指す方向と内容がいかに大きく食い違っているかも明らかになった。

八　文体論研究の意義と問題点

次に、こうした対立、拮抗を経て文体論がどのように発展していったかを見ていかなければならない。その前にこれまで見てきた各種文体論に関する文体論界内部での評価について見ておこう。ただ、これらの評価はどこまでも文体論界内部でのものであって、これを以て直ちに国語科教育への適用の妥当性を云々してはなるまい。本節での目的は、まず文体論という学問の基本的な性格を見極めること、その上で国語科教育へ適用できる部分の究明に向かうことである。

これまで見てきた各種文体論からも分かるように、文体という用語はかなり多義的に用いられており、その研究目的と方法も人によってかなり異なっている。これを一括りにすることは到底不可能なことである。そのことを認めつつもここでは、これまでの考察にしたがって、便宜的に「語学的文体論」と「文学的文体論」とに大別しておこう。なお、文学的文体論の側からの語学的文体論に対する評価についてはすでに見てきたので、以下に見ていくのは、主に国語学・言語学の分野や、語学的文体論の当事者側からの内在的評価、反省が中心となる。

(1)　時枝誠記による文体論批判

まず、かなり早い時期における批判として、国語学者時枝誠記によるものを取り上げておかなければなるまい。時枝は昭和二十八年の「文章研究の要請と課題」という論考において自ら考えている文章研究の立場と波多野完治や小林英夫の文章に関する研究の立場との違いを明らかにしつつ、これらの文体論の方法に対する批判を行っている。

時枝はまず、波多野・小林の両者に共通して著しい点を「文体印象の契機を、語、特にその品詞的区別の相違に求めてゐることである」とし、「ここにも、表現の事実を、音韻、語彙、語法の三部門に還元して説明しようとする原子論的、細胞学的方法が、無条件に脈を引いてゐることを見逃してはならない」と指摘する。

要するに「文章が、語彙や文の集積とは見えても、文章全体がそれ自身一体なるものとして把握されてゐないことである」という点が時枝の批判の中心である。時枝の場合は、「作品に現れた作者の人生観や文芸観を云々する場合には、何よりも文章全体が、一つの全体として把握されることが先決問題である」という問題意識に立っていたのである。[28]

なお時枝は、昭和三十五年に刊行した『文章研究序説』においても波多野・小林両者の文体論に関して「作品の全体性（文章）といふものが問題にされてゐないといふこと」を指摘し、また「文体論の析出した文体因子が、文体の性格を決定する全部のものであるかといふことは大きな疑問がある」としている。そして、その分析方法に関しても「ただ伝統的な言語学が分析した枠に、無条件に従つたまで」であるとし、「たとへ、文体といふことを、表現的手順の研究といふやうに規定する立場に立つたとしても、決して万全のものとは云ふことが出来ないであらう」と批判する。

そこで時枝は、自らの言語過程説に立って「表現的手順の研究、即ち表現の研究が文体論であるとする」なら、「言語過程説全体が、いふところの文体論に相当するものであるといひたい」と表明している。また時枝は、小林英夫の文体論では「『言語活動《ランガージュ》』の最も重要な要素と考へられる、表現主体の作用、機能といふものが、全く切り捨てられてしまつて」いることを指摘する。そして、「文体論が、もし、表現における個性とか、表現主体の性格を問題にしようとするならば、そこには当然『言語活動《ランガージュ》』の主体とその作用といふものが、理論的にも設定されてゐなければならない筈のものである」と批判したのであった。(29)

波多野完治や小林英夫の文体論に対する以上のような時枝の批判には、文体論研究における最も根本的な問題点が抉り出されている。実は、国文学者の側にも時枝のこのような批判に概ね同調する向きがあったようである。それでもなお、「文学的文体論」という立場からすれば、時枝文章論が在来の文体論に代わったとしても「表現形態（小林英夫の文体論によれば表現事実）の言語分析のおわったところから出発する文学的文体論ではない」のだから、これに過重な期待をかけてはなるまいという主張となるのである。(30)

ともあれ、時枝が指摘したように波多野・小林両者の文体論に「表現主体の作用・機能」への顧慮が欠落していたという点は、国語科教育への文体論の受容を考える上からも重要な部分であると理解される。しかし、ここで若干補足しておかなければならないことがある。時枝が昭和三十五年の『文章研究序説』において小林英夫の文体論を批判した時より以前の昭和二十九年の時点で、小林は第四節で見ておいたような調査項目を設定しているのである。「テーマ論」や「文間文法論」「描写技法論」「描写角度論」などである。これらの観点にはいわゆる文章論的な考え方や表現主体を問題とする表現論的な考え方が顧慮されていると見なすこともできるのである。また波多野完治の場合も、文章心理学が持っていた当初からの課題に従って、文体論の枠内にある文章の性格心理学の面ばかりでなしに、文章の学習心理学の方面へも発展していくので、時枝のこうした批判は自ずと克服されていくことになるのである。

ところで、文体論界の内部からも――正確には国語学界からと言うべきであるが――こうした時枝の批判を受けた形での文体論が登場している。すでに見てきた樺島忠夫らの文体論である。この樺島の文体論は言語体系の運用面の研究、すなわち「言語行動と、それによって生み出される言語事実の形態と機能とを明らかにしよう」とする「表現論」[31]の立場から発想されたものである。

樺島はその著書『文体の科学』の「まえがき」においても、「表現論」の中心問題は「表現者の態度や言語行動時の条件がどのように作用して表現の選択を定めるか」にあると明確に規定している。したがって、すでに見てきたところであるが、文体は文章の書き手と文章との関係だけでなしに、書き手の表現意図や書き手の条件、受け手との相関関係において捉えられることになる。こうした「表現論」を応用した「文体論」は、その実質に関する評価はさておくとしても、方向としては時枝の指摘した「表現的手順の研究」としてのそれを志向したものと見ることができよう。

ここで、従来の文体論の成果と問題点とをより明確にするために、これまで指摘されてきた問題点を克服する方向で提唱された文体論について見ていくことにする。

(2)　木原茂の文体論

木原茂は従来の文体論が文体を「作者の個性のあらわれた表現であるとする考え」と、「作者の思想・意図・目的にもっとも適合した表現であるとする考え」とに分かれた形で展開されてきていると捉えている。そして、前者は読むための文体論とはなっても書くための文体論にはならないとし、後者は読みも深めるが同時に書くための法則をも発見することにつながるとして、両者の意義を截然と弁別している。

さらに木原は、これら二つの文体論のいずれにおいてもその中心課題は、「文章の特色」を捉える方法にあるとする。そして、波多野完治や小林英夫、安本美典、樺島忠夫らが掲げた文章構造分析のための分析項目が次第に精細なものになってきていることを指摘し、同時にそのことの問題点も指摘している。つまり、この分析項目の中にはその文章の特色を形成する上で重要な意義をもつものと、そうでないものとがあって、全てが等価値ではないと言う。また、分析項目が多い分だけ、「文章の本質的なものをとらえる網の目」になり得るかどうか、「文体のもっとも本質をなすものは、案外そのような網の目をくぐりぬけてしまうのではなかろうか」と疑義を呈するのである。

そこで、木原は文体論の方法として「表現の対象を同じものにして、その表現の方法を比較する」やり方を提示する。そうして、実際に近代作家の「部屋描写」という同一表現対象を比較して、それぞれの作家の文体を明らかにしている。

この方法によって、木原は文章における創造的表現こそが「文体の本質」であり、これは「品詞の比率や文の長さを変えてみることによって生まれるものではない」とする。要するに「根本はその底にある、ものの見方、考え方、感じ方の新しさ」であるとし、「その新しい物の見方、感じ方に適した表現が見出されたとき、新しい文体が成立する」という知見を提示して、文体論はこの両者の相関関係をとらえるものでなければならないと結論づけたのである。[32]

木原のこの方法論は、文体論に認識論を導入したものとして注目に値する。文体の本質を書き手に特有の認識方法（＝ものの見方、考え方、感じ方）にみて、この両者の相関を捉えていくという方法は従来の分析項目を羅列して、計量的に文体印象との必然の関係を見出すやり方には見られない独創的な面をもつ。国語科教育への実践的適用に際しても極めて示唆的である。

(3)　根岸正純の文体論

国文学者根岸正純は昭和四十四年に「文体論研究の現状[33]」という論考を発表している。根岸はこの中で、昭和四十四年までの文体論とその周辺領域の論著の目的・機能別分類を行っている。また、この八領域分類の中の波多野完治・小林英夫らに代表される「個別的文体論」の動向と課題について論及している。

まず、この個別的文体論において従来から指摘されている不備を感じさせるものがあるとすれば、それは安本美典や樺島忠夫らにも見られる数量的処理の面にあるのではないとする。計量的作業の大半は用例の多寡の裏づけに過ぎないもので、それ自身に欠陥があるとは考えにくいとするのである。

そこで根岸は、その原因の一つに「特徴的文体の発見を、小林氏においては『文体印象』に、文章心理学では『文体類型』に求めること」、二つ目に「着目する言語事実の相関関係を軽視しているところ」を挙げている。

このうち、第一の問題については両者が共に「印象」を裏づける方法に力点をおいているため、この印象を限られた言語事実で裏づけようとすると、「その限られた事実の印象のトータル、つまりはじめの直観的な印象を下廻る根拠で説明することにならざるを得ない」と指摘する。とはいえ、言語事実の完全な発見が不可能である以上、この弱点を補う他の方法が要求されるとして、これを「言語事実の相関関係」を探究するところに求めていきたいとして、先の第二の問題点を克服する方法を提示している。

なお、波多野・安本の文体観と小林のそれとの間には若干の方法上の違いがあるとする。分析上の着眼項目が、前者は「遍在的」であるのに対して、後者は「点在的事実」という性質をもっていて、それ自体が「発想の原型」を象徴することが多いとしている。そして、これらの多くは作品の味読を通して初めて見出されるものだから、その発見自身に意義があるのだけれども、「それらの混合が文体印象を形成するという前提に立っているために、諸事実は単に羅列されるのみで終ることになる」と批判する。

ところで、根岸は文体論のその後の発展において、文章の「展開の相」を通して文体の特徴を規定していこうとする傾向や、従来の文体素に対して「文体核」という概念を提起するといった成果を掲げている。次いで、文章心理学や小林らの「混合的文体観」を修正するいま一つの方向として、「特徴的な言語事実相互の関連をたどりながら発想の構造を究明してゆく試み」がなければならないとする。この方法は先の「展開」の問題と無関係ではないが、「継起的な展開過程よりも、着目された言語事実が同時存在的な発想のメカニズムにどのように関与しているかを追究することになる」と補足説明している。

根岸におけるこの方法は、前述した木原茂における認識論的方法と相通じる部分があると見ることもできる。根岸の言う「発想の構造」とは、言わば木原における書き手の「ものの見方、考え方、感じ方の新しさ」(＝書き手に特有の認識方法)ということになろう。こうした方法は確かに、従来の分析項目を羅列しこれと文体印象とを結びつけていこうとする「混合的文体観」を克服するものであり得るし、勿論国語科教育への実践的な適用にも有効な部分があると考えられる。

個別的文体論の問題点を克服する方法は以上にとどまらない。根岸はさらに、文学的文体論からの批判に耳を傾けてその文体観に立脚する方法や成果に示唆される事柄を提示している。その第一は文章の中に一回だけ現れる「一回的構造」に留意するということ。第二は旧来の文体分析に見られるような外観上の特徴の異同しか看取できないような方法でなく、「表現性の転移・転換」を入念に摘出すべきこと。第三には「ひとつの層を確認した上で歴史的観点を考えるべき」であるということ。

このような課題に向かいながら、一方では普遍的理論へのアプローチ自体にも価値を認めて、より客観的な文体の特徴の立証を目指していくべきであろうと結論づけている。

以上が昭和四十四年の時点までの根岸の文体論の骨格であるが、さらに昭和六十年の時点でも自らの個別的文体論を原理的見地から顧みて、方法論の模索を行っている。(34)この中に見られる特徴的な知見は、近代文学における「作品世界」や「性状」という概念の把握の仕方にある。根岸はこの「作品世界」や「性状」というものを「作品の基本にある、ものの見方・捉え方・述べ方とそれらによって形作られた事象の一般的性質」と「作品世界」形成の契機としての「描き方・述べ方・語り方」との両面から捉えている。そして、この両者を「物事の在り様を提示する showing」とし、後者を「それを言述する telling」というように規定している。

根岸はこの両概念の対照を Wayne C. Booth の "The Rhetoric of Fiction" に拠ったという。根岸はこれに類した対照の仕方として、時枝誠記の言語過程説に言う「素材」と「主体」との関係などを挙げている。その述べるところを端的に言えば、文章における「内容」と「形式」の対照であり、「叙述内容」と「表現形式」、あるいは「認識」と「表現」との対照と言ってよいものである。これは先に見た根岸の言うところの「発想の構造」と「言語事実」と言い換えてもよいものである。要するに、これらは国語科教育でも重要な対照概念となっている「認識」と「表現」の問題に直結してくる。となれば、根岸の場合、これらの関係を捉えていく方法は複雑を極めるものとなっているが、文体を捉えていく観点としては、上記の「発想の構造」と「言語事実」との対照でも、「showing」と「telling」との対照でも一考に値するものと見て差し支えないであろう。

(4) 中村明の文体論

現在もなお幅広い文体論研究に取り組んでいる中村明には『作家の文体』(昭和五十二年)という労作がある。この研究はかつて波多野完治が谷崎潤一郎と志賀直哉の文章の類型設定をするに際して掲げた三つの課題のうちの二つ目、すなわち「作家の性格ないし創作態度と文章の型」との関係を究明するという課題に取り組んだものである。

中村は昭和四十九年に「文体の性格をめぐって」という論考を叙述している。これは同年五月に行われた表現学会全国大会でのシンポジウムで「文体はいかにして生成されるか」というテーマに応じて行われた意見発表の内容である。中村はこの中で、「1　文体とは何か」「2　文体をどうとらえるか」「3　文体はどこにあらわれるか」「4　文体を考えるヒント」(十四項目にわたって)という順番で精細な解説を行っている。これらの柱立てには共通に理解し合える部分を確認して混沌とした文体論界の現状を打開していこうとする姿勢が強く感じられる。

まず中村は、「文体」を以下のように定義する。

文体とは、表現主体によって開かれた文章が、受容主体の参加によって展開する過程で、異質性としての印象をはたすときに、その動力となった作品形成上の言語的な性格の統合である。

この文言の中の「文章」について、中村は「音声・文字に定着した表現主体の言語行動の軌跡」という補足定義も行っている。この部分の「表現主体の言語行動の軌跡」という言葉に、時枝誠記の文体論批判にあった「表現主体の作用、機能というもの」の欠如を補っていこうとする志向を認めることができようか。

次に中村は、文体論の方法について「文章の文体印象・文体効果とその言語的性格との対応をつけること」と述べ、具体的に以下のような観点を掲げている。[35]

1　文体的特徴の生成機構として、①何が選択され（＝selection）、②それがどう配列され（＝order）、その結果、③言語的環境とどういう関係になっているか（＝context）、という観点を設定して表現効果の実験的調査研究を行っていく。

2　この作業を行う際には、文体印象、つまり、作品印象のうち明確に作品のあり方が関与していてその言語的な性格が動因となっている部分、それの受け手による広がりと濃淡の実態を測定する。

3　文体印象を測定する一方で、対象作品を展開に即して多角的に分析し、作品言語の性格的な事実を突きとめる。

4　1の個々の言語的性格の表現効果に関する実験結果を基礎とし、2の対象作品の文体印象の測定結果と、3の作品言語の分析結果とを照合して、その対応を検討する。

5　4の照合の結果、対応の得られない言語的特徴はすべて捨て、得られたものを文体の形成要因という意味で、文体因子と呼ぶ。つまり、ここでは、文体因子を究明する。

6　5で発見された文体因子にweightを加味して、その有機的統合としての文体を記述する。文体論はあくまで言語面に踏みとどまり、文体の記述をもって終わるべきだとする。（以上要点のみ摘記。）

中村のこうした文体論の方法を見ていて気づかされたことは、1に示しているような三つの「文体的特徴の生成機構」が従来の文体論には見られなかった極めて独創的なものであるということである。「selection」という点では表現主体が表現する段階で広義の「同義的類義語」の中からどの語を選択したかという、言わば〈発想〉面の問題を取り上げている。これは木原茂が指摘したところの個人差のある文体が生成される原因を、書き手に特有の認識方法と結びつける考え方にもつながっていく。「order」という点では、従来の文体論ではあまり問題にされてこなかった構文論的・文章論的観点が導入されてる。「context」（＝文脈）の場合も、その字義通りに、文章における前後関係、すなわち文以上の単位を顧慮しての観点であることは明瞭である。時枝誠記が批判した文体論の問題点を相当程度に克服していると見ることができよう。

最終作業の6では、文体論があくまでも言語面に踏みとどまって文体の記述を終わるべきであると、その役割を限定して示している点も注目させられる。このことは、「4　文体を考えるヒント」の四番目の項目でも改めて述べていて、文芸批評の基礎となる客観的な資料を提供することにはなっても、作品そのものの評価は埒外のことだとクギを刺している。要するに、この考え方でいくと、従来よりあった「文学論としての文体論」や「文体批評」というものは、本来の文体論の範疇からしめ出すということになる。

中村は、十四番目のヒントの「文体はどういう形で記述されるべきなのでしょうか?」でも、その文体記述を「こういう受容主体にこういう反応をこの程度起こすこういう言語的性格と、こういう受容主体にこういう反応をこの程度起こすこういう言語的性格と、……こういう言語的性格とが、このように結合して、こういう構造を成している、といった形」で行うことになるだろうと説明している。

なお、中村は先の引用部分における「文体因子の追求過程」で作品言語の性格を伝える言語的特徴のありかを探る際の着眼点として、①作品世界、②表現態度、③文章展開、④文形成、⑤語法、⑥語彙、⑦表記、⑧修辞、⑨体裁などを提示している。

以上に見てきた中村明の文体論では、従来の各種文体論で曖昧にされ問題とされてきた部分を、整理すべき点は整理し改めるべきは改めてより確かなものにしている。とりわけ、時枝誠記が提唱した文章論としての文体論を志向したものとなっていると見なすこともできよう。

中村の場合は、木原茂が危惧したような、必ずしも等価値ではない分析項目の羅列で果たして文体の最も本質的な部分が捉え得るのかという問題も克服されている。また、根岸正純が指摘したような「言語事実の相関関係」の探究という志向も明瞭に認めることができる。中村の場合、これを一つ一つの言語的特徴の表現効果に関する「実験的調査研究」によって行っていくことになる。この調査研究のための「selection」「order」「context」といった観点の設定の仕方もそのことを示していると言えよう。つまり、これらの観点は全て「文以上の単位」となっているわけで、こうした観点で言語要素というレベルでの表現効果の実験的調査をやれば、必然的に「言語事実の相関関係」を探究していくことになるのである。

しかも、文体因子の追究はこの実験調査の結果に照合してさらに吟味されつつ行われる。そして最終的に発見された文体因子に「weight」を加味して「その有機的統合としての文体」を記述することになるわけである。根岸が批判した波多野完治や小林英夫の文体論において、文体印象が文体因子の「混合」によって形成されるという前提に立っているために文体事実がただ羅列されるだけで終わるという点は、中村の場合には避けられることになろう。つまり、中村の文体論では、「混合的文体観」とはならず、「特徴的な言語事実相互の関連をたどりながら発想の構造」に迫っていくということになっていると考えられる。

九　国語科教育への文体論の受容

これまでは、各種文体論の立場と方法とを提唱された年代順に辿り、文体論研究がどのような展開をみてきたかを明らかにしようとした。また、この文体論研究の展開の中に文体論の意義と問題点も探ってきた。文体論研究の発展の過程そのものが国語科教育の理論的基礎を構築していく上からも参考になるだろうと考えたからである。

さて、次にはこれまで浮き彫りにされてきた文体論の意義と問題点の整理・考察を通して、これらが国語科教育にどのように適用されていくことが望ましいかを探っていくことになる。その前に、この方面における先行研究を辿っておかなければならない。以下に、これまで試みられてきた国語科教育への文体論の適用例に関して代表的なものを見ておこう。

(1)　文章鑑賞への援用（＝教室用文体論）——増淵恒吉の場合——

増淵恒吉が文体論を国語科教育に応用しようと思い立ったのは、「文学に用いられることばづかいを読み味わわせることによって、ことばに対する鋭敏な感覚を養うこと」を目指したからである。今日言うところの「言語感覚」の育成を目指したものであろう。

増淵が戦後の新制度のもとで高校国語科教育に長く携わってきたことはよく知られている。したがって、増淵が文体論を適用しようとしたのは、高校生に対してであると見てよいであろう。増淵はその意図するところについて、ことばに対する鋭敏な感覚をもった生徒に育てるためにまず、「教師の方で、どこが、たくみな表現となっているのか、気づかなくてはならないし、また、何故に、すぐれた叙述となっているか、説明できなくては困るであろう」とする。そして、「文章を、どんな観点に立って見ていけば、その巧拙の判定ができるか、その観点が設定できるならば、一応、文体らしきものは追求できるであろう」と述べている。このような意図に基づく文体論の適用を「教室用文体論」と名づけているのである。

こうした意図や「教室用文体論」という名称から言えることは、増淵が文体論を国語科教育における教材分析の基礎作業としての文章分析に適用することと併せて、生徒の文章鑑賞の学習にも適用することを狙っていたということである。

増淵は「教室用文体論」を初めて提唱した「国語教育と文体」という論考では自ら直接的に文体というものの定義づけを行っているわけではない。そのために、直ちにその文体観を把握することができないので、その「文体らしきもの」を追究する観点、あるいは「文章のよしあしを見分ける観点」を辿ることでその文体観と文体分析の方法に迫ってみよう。増淵による文章分析の観点は次のようなものである。[36]

(1) 語い
1. 形容語（特に主観的形容語、程度を表わす副詞的修飾語、感覚的なことば）
2. 比喩と擬声語・擬態語
3. 俗語
4. その他（漢語と純粋な日本のことば、古風なことばと現代語、共通語と方言、外来語や外国語の混入のしかた、作者独特の用語）

(2) 文
1. 文末のことば
2. 主語・述語の置き方
3. 連体修飾と連用修飾
4. 文の長短

5. 欧文脈

(3) 文　章

1. 文と文との連接
2. 構成
3. 視点 (1)内部視点・(2)外部視点

(4) 全体印象

このような観点の一つ一つについて、様々な文章事例を挙げながら分析の仕方を説明している、その後で、文体の特質を捉える演習を志賀直哉「暗夜行路」、川端康成「雪国」の一節を使って試みている。こうした文章分析の仕方の説明と実際の演習では、増淵自身の引用文や「附記」からも明らかなことであるが、波多野完治や小林英夫、樺島忠夫などの文体論、あるいは谷崎潤一郎の『文章読本』、川端康成の『小説の構成』、また市川孝等の文章論からの援用が見られる。いわゆる文学的文体論からの援用は直接見られないが、「附記」において江藤淳、野間宏、吉本隆明等の所説にも触れるべきことを記しているのを見れば、こちらの文体論への目配りも十分になされていたものと思われる。

分析項目は概ね右の諸点の中から適宜採用されていると見ることができる。ただ、これらの項目を大きく語論・文論・文章論という枠組みで段階的に整理している点は興味深い。部分から全体へという視点で分析から総合化の原則が顧慮されているところは注目しておいてよいだろう。とりわけ、文章論のレベルでの「文と文との連接」とか「視点」などの項目は、この時期までにおける各種文体論にも見られなかったものである。しかも、この「文と文との連接」関係から文体の特徴を見出すには、市川孝が掲げているような類型を押さえるだけでは意味がないとする。そこで増淵は草部典一による文体の定義、「表現にいたるまでの作家の発想、対象認識と表現手段の選択、表現の性質と様相などの総体」、「作家がそれによって認識し、思考し、行動するところのもの、すなわち、認識・思考・行動という作家の一連の精神的行為の個人的な軌道そのもののすがた」、言い換えれば「作家の主体的な創造過程の軌跡」を引用する。そして、文体に関する以上の定義に即して、「作者の発想や現実認識のしかた、そこから来る表現手法の選択のしかた、などにまで肉薄して考えてみること」で、文連接の関係を文体論の上に活かしていけるであろうと考えている。

ここには、明らかに増淵自身の文体観と文体分析の方法上の特質が現れている。殊に、文体分析の文章論のレベルにおける観点を作者の発想や認識方法、表現手段の選択などと結びつけて考えていくべきことを提唱している点は、以後の文体論プロパーの発展を先取りしているとも見えて極めて意義深い。欲を言えば、こうした考え方を語論や文論のレベルでの分析項目における場合にも適用していくべきことを明示しておいてもよかったのではないかと思われる。つまり、文体というものを草部典一が定義するようなものと考えるのであれば、その文体の特質を捉えるために設定した分析項目の全てに「作者の発想や現実認識のしかた、そこから来る表現手法の選択のしかた」が関わってくると見るべきだからである。

なお、増淵は前掲の文章論のレベルでの分析項目については、その後次のようにその種類を増やしている。(37)

1　文と文との連接　2　構成　3　視点　4　接続のことばなどの省略　5　テンポの遅速　6　会話の効用　7　サスペンス（伏線）の置き方　8　説明と描写の使い分け　9　人物紹介や人物造型のしかた　10　書き出しと結び　11　主題の盛りあげ方　12　その他

このような配慮を見ても、増淵が文章論のレベルでの文体分析という面を重視している様子が窺えるのは注目しておくべきであろう。

(2)　文体論的学習指導――井上敏夫の場合――

井上敏夫は昭和四十五年の「国語教育と文体論」という論考において「文体論を国語教育の基礎学として位置づけることによって、文学教育のなかの少なくとも文章鑑賞の面においては（あるいは深く作品鑑賞全体にわたって）、ある視点と内容とがあたえられ、文学教育はそれだけでも従来の恣意性から脱却することができるであろう[38]」と述べた。

このような考え方の根底には、国語科教育における言語教育と文学教育との乖離、あるいは形式主義と内容主義との対立を超克し、握手し合うような接点を見出したいという問題意識があった。そしてここに、文法学からはみ出したパロールに関する研究を行う文体論に目が向けられたのである。それは言語研究の側から文学研究に手をさしのべた接点であるという点で、言語教育と文学教育とを結びつける一つのかけはしの役割を果たすものとなろうと考えられたのである。

なお、井上はこの時点で国語科教育への文体論の導入の効用として、次のようなものを挙げている。

(1)　語法的・概念的意味を上回る、さらに深い感性的意味の読み取り
(2)　文章における個性的表現の鑑賞
(3)　作文における推敲・評価さらに記述への応用

これらのうち、特にここでは、文学教育への適用という観点から(1)(2)について具体的な文章事例に基づく考察が示されている。ここで注意したいのは、井上が国語科教育の文章鑑賞に文体論を適用するに際して、「文章心理学のそれと同じように、究極的に作者の性格との関連にまで及ぶべきかどうかについては、問題があろう」とし、「判然と性格との関連が説明できる場合もあれば、両者の間に飛躍のある場合もあろう」と、限定条件を付していることである。そのことは右の効用の中で「深い感性的意味」とか「個性的表現」といった程度の表現にとどめているところにも窺える。

さて、井上敏夫は国語科教育への文体論導入に関して、昭和五十三年にも「表現と理解、関連学習の基底―文体論的考察の導入―」という論考を著している。この中で井上は、当時の「表現」と「理解」の関連学習への関心という思潮の中でこの問題解明への緒を文体論の導入に求めたのである。

井上はまず、国語科教育における関連学習という話題が当時にわかに起こってきたものではなくて、明治初年の学制発布以来の不断の課題であったことを綿密な史的考察によって明らかにしている。そして、国語科教育における関連学習を「読解学習と書く指導」とに限定して、その関連の仕方を「㈠機械的場面的関連／㈡技能的本質的関連」の二方向から捉え、現下の要請としては単なる場面的関連だけでなく、㈡の技能の関連に重きを置くべきだとしている。こうして、読解指導に取り入れた文体論的学習で獲得された力を想定したのである。

ここで井上は、文章における文体的特色を分析し考察する観点を具体的に示していくのであるが、その前に自ら「文体」に関する定義を行っている。井上はまず、ピエール・ギローの定義「文体とは、話し主あるいは書き主の本性と意図によってきまってくる表現手段の選択から生じた、陳述の様相である」[39]を引用し、この定義を「書きことばによる文章表現」に適合するように次のように書き改めている。

文体とは、幾とおりもある表現方法のなかから、書き手がその個性と意図とによって選択した表現方法の結果として生まれた、文章表現の具体的な姿である。

こうした定義に基づいて、「文体論的考察」の手順を示していく。まず、全体的直観的に「文体印象」を把握し、この印象が文章表現のどのような個人的性格と結合するのか、それらの表現上の効果はどうかなどについて、可能な限り客観的に分析し説明しようと試みていくということである。

このような方法・手順は、文体印象とその作品の文章構造との間に必然の関係を見出し、さらに、作者の世界観とか文芸理想などの面は捨象されているものの、可能な時は作者の個人的性格との関係づけを図るというところまでは概ね小林英夫の方法に近似している。しかし、もう一つ「表現上の効果」を分析するという方法に関しては表現論的な考え方が含まれていると見なすこともできる。欲を言えば、せっかく文体の定義に「書き手がその個性と意図とによって選択した表現方法の結果として……」とあるのだから、その作業手順の中に書き手の〈表現態度〉や〈表現意図〉面の考察及び〈表現対象〉や〈表現方法〉を選択する視点、すなわち認識論的な面からの考察があってもよかったと思われる。

次に、井上が掲げている文体論的考察の観点について見ておこう。[40]

一　文章の構成

・冒頭の入り方　／　・末尾の結び方　／　・構想の立て方　／　・段落とその展開　／　・サスペンス（伏線）　／　・漸層法　／　・クライマックス　／　・叙述の態度（話者の位置・視点）　／　・題名のつけ方　／　・リズム　テンポ

二　文の構成　文と文との関係

・文末表現（現在形止め　過去形止め　推量形止め　否定形止め　断定止め　副詞止め等々）／・受身型　能動型　使役型　／・主語・述語の照応　／・主語、述語の省略　／・倒置法　／・連体修飾語のかかり方　／・愛用文型　／・会話文の引用　／・キーセンテンス　／・センテンスの長さ　／・文と文との接続（接続詞の使用）／・欧文脈調　和文調　漢文調

三　品詞・語句・語彙的事実

・名詞型　動詞型　形容詞型　／・形容詞の使用　／・副詞（例、強意）の使用　／・愛用語句　／・接続詞・接続助詞の使用　／・指示語、代名詞の使用　／・間投詞の使用　／・専門用語（学術語）の使用　／・方言、俗語の使用　／・漢語　和語　外来語　新造語の使用　／・色彩語　感覚語　／・擬声語　擬態語　／・適切な用語の選択

四　修　辞（狭義）

・比喩（隠喩、直喩）　／・反復　尻取り型　／・対句　並列　／・反語　皮肉　／・諷刺　ユーモア　パロディ　洒落　／・誇張　／・強意　／・詠嘆　／・設問　／・引例　引用　／・比較　／・擬人　／・特別な言い回し

五　表　記

・漢字使用率　／・かたかな表記　／・句読点　／・――　……　！等の符号使用

このような数多くの観点に基づいて、文体論的読解の指導に導いていこうとするわけである。そして、このような学習を通して身につけた文体論的知識や文章鑑賞眼が表現活動に際しての文章表現の基礎学力として作用し

ていくと考えたのである。井上はこれら文体論的観点のいくつかを具現していると思われる文章事例に基づいて、その特色や効果について一々解説を加えて文体論的考察（文章分析の実演）を行っている。

要するに井上は、読解学習指導の基底に文体論的アプローチを位置づけることによって、「表現されている内容（テーマ、情調）」と「表現している文章」との関係、言わば文章における〈内容〉面と〈形式〉面とを密接不離のものとして把握する契機とし、ひいては文学教育と言語教育とを握手させる契機と成し得ると考えたのである。また、こうした指導によって養成された「文体論的学力」がやがては「表現活動の基礎学力」として機能していくことにもなるという点で、いわゆる「理解と表現との関連学習」という課題に応える基礎学力と成し得るとも考えたのである。更にもう一つ、文体論的観点の導入によって「文体を鑑賞し批判する力を高め、文体感覚・文章感覚を錬磨することができる」という効用をも指摘している。

以上に見てきた井上敏夫の「文体論的学習指導の導入」は、単に「表現と理解との関連学習」という課題に応えるものとしてでなく、文章における〈内容〉面と〈形式〉面との一体的指導を可能にする契機となり、さらに文学教育と言語教育とを握手させる契機と成し得るのは確かであろう。また、文体感覚や文章感覚を錬磨し、広義の言語感覚育成という国語科教育の目標の達成にもつながっていくことであろう。

とはいえ、こうした「文体論的学習指導の導入」をより有効ならしめるためには、先に引用した「文体論的考察の観点」をさらに吟味・検討してより十全なものとしていかなければなるまい。殊に、井上の主張にあるように、文章の〈内容〉面と〈形式〉面との一体的指導をより確実なものとし、ひいては文学教育と言語教育とを握手させる契機と成し得るためには、「考察の観点」を文体論だけでなく、現代の新しいレトリック理論や表現論、文章論などの分野における研究成果に照らして再検討していく必要があろう。

例えば、「一　文章の構成」の中の「構想の立て方」という下位項目には、表現対象の認識の仕方や表現手段の選択の仕方という認識論のレベルの要素も加わっているので、文章の構成という文体的事実のレベルとは次元を異にしていると考えられる。また、「叙述の態度（話者の位置・視点）」「リズム・テンポ」といった項目も「文章構成」という事実よりも表現論的事実と考えた方がよく、他の項目とはいささか次元が異なっているのではないかと思われる。勿論、文体的事実を表現主体の表現意図や表現態度をも含めて考えれば、このような下位項目の組み合わせも全く不都合だということにもならないであろう。だが、それにしても大項目の設定の仕方については再考を必要とすると言えよう。

さらに、「二　文の構成　文と文との関係」や「三　品詞・語句・語彙的事実」においても、文章論研究の成果[41]などを導入していく必要もあろう。問題と思われるのは、これらの下位項目が非常に細かに行き届いて示されているにもかかわらず、大項目同士、あるいは下位項目同士の項目相互の関係が一切顧慮されているとは見えない点である。また、単に言語的事実のみでなく、表現的事実をも文体的特色を分析する際の観点に含めていくことにするのであれば、しかるべき大項目を別に設けるか、あるいはどこかでそのような部分を顧慮していくべきことを付言しておく必要があるのではないだろうか。

でないと、これまでに指摘され、克服されてきた文体論研究の問題点がそのまま国語科教育に導入されてしまう恐れがある。分析項目が細かになっていくのは大いに結構である。しかし、その際に重要なのは、時枝誠記による文体論批判以降に問題となってきた、文章全体を統一的に把握する視点を忘れてはならないということである。

(3)　文体論受容上の問題点

文体論を国語科教育に導入し、その文体分析の方法を教材分析や文章鑑賞の学習に援用しようとすると、そこにその利点と同時に問題点も生じてくる。前項までに見てきた増淵恒吉や井上敏夫の場合に指摘されたような問題点である。確かに、国語科教育への文体論の導入は増淵や井上が意図したところをある程度叶えるものとなったと言える。しかし一方、そこにはこれまでの文体論研究が抱えてきた問題点がもろに露呈してきているとも言える。

例えば、分析項目の細分化の問題である。項目の細分化が進めば進むほど、それらの項目は文章の本質的な部分を捉える力を失っていく危険性を孕んでいる。時枝誠記がかつて波多野完治や小林英夫の文体論を批判して、そこに「表現の事実を、音韻、語彙、語法の三部門に還元して説明しようとする原子論的、細胞学的方法が、無条件に脈を引いている」と指摘したように、文章全体を統一的に把握する視点が見失われていく恐れもある。

やはり、すでに見てきたような形での文体論研究の発展の過程を綿密に辿り、そこに文体論自体の到達点を確認し、その意義と問題点（＝限界）とを明らかにしておく必要があったのである。例えば、すでに見てきた木原茂や根岸正純や中村明などによる文体論研究の成果を踏まえていけば、少なくとも増淵恒吉や井上敏夫において見られたような問題点をかなり克服していくことができるはずである。

そこでもう一度、木原茂、根岸正純、中村明らの提起した文体論に見られる意義を振り返ってみよう。

まず、木原茂の場合は文体論に認識論を導入している。すなわち、文体の本質を書き手に特有の認識方法（＝ものの見方、考え方、感じ方）に見て、この両者の相関を捉えていく方法を提示した。表現の対象を同じものにして、その表現の方法の違いを比較するやり方を示したのである。ここには表現論的なアプローチの方法が導入されている。

根岸正純の場合も、木原茂の考え方に近いものがある。根岸は波多野完治や小林英夫における文体観を、文体分析上の様々な着眼項目の場合に基づいて文体印象を形成するという「混合的文体観」であると批判した。そして、こうした文体観を修正する方向として、「特徴的な言語事実相互の関連をたどりながら発想の構造を究明してゆく」という方法を提示している。ここで根岸の言う「発想の構造」というものが、木原における「書き手に特有の認識方法」（＝ものの見方、考え方、感じ方の新しさ）というものと近似していると考えられるのである。

なお、根岸の場合、もう一つの特徴的な知見を提出している。それは、Wayne C. Booth の提起した「物事の有り様を提示する showing」と「それを言述する telling」という両概念である。実は、この対照概念を先に見た根岸の「発想の構造」と「言語事実」との対照に見てもよいのではないかと考えるのである。

中村明の文体論にも従来の文体論には見ることのできなかった独創的な知見が提示されている。中村は、「文体的特徴の生成機構」として三つの観点を示している。①何が選択され（＝selection）、②それがどう配列され（＝order）、その結果、③言語的環境とどういう関係になっているか（＝context）という観点である。

このうち、①の「selection」は広義の「同義的類義語」の中からどの語を選択したかという〈発想〉面（＝認識的側面）の問題となる。これは木原茂の考え方にも通じるものがあり、根岸正純の「発想の構造」の究明という方法にも一脈通じる面がある。また、②の「order」や、③の「context」では、従来の文体論ではあまり問題にされてこなかった構文論的・文章論的観点が導入されていることになる。殊に、「context」は字義通りに、「文脈」すなわち文章における前後関係を問題にするものであり、明らかに文以上の単位を顧慮しての観点である。

こうした観点に基づいて一つ一つの言語的特徴の表現効果に関する「実験的調査研究」を行っていくことになる。これらの作業を経て、最終的に発見された文体因子に重みづけを行い、その「有機的統合としての文体」の記述に向かうのである。結局、中村明の場合にも木原茂や根岸正純の場合と同じように、その文体論の方法では認識論や文章論、表現論的な要素が加味されて、文体因子の混合によって文体印象が形成されるという文体観は克服されているのである。

以上、先に見ておいた三様の文体論研究の成果を振り返ってみた。そして、ここに改めて国語科教育への文体論受容の方向が明らかになってきたと言えよう。

文体論を国語科教育に適用していくに際しても、より新しい文体論研究の成果が取り入れられなければならないということ、とりわけそれらの成果に窺える認識論や文章論、表現論的な要素を加味した方向には学ぶべき点が多い。文体分析上の観点が細分化されて多いほどよいというものではない。それらの観点は、あるものは相互に関連し合っており、有機的なつながりをもっているものでなければなるまい。したがって、より高いレベルでの観点で整理されるようなものであるべきなのである。

例えば、増淵恒吉が設定したような語論・文論・文章論的な整理の仕方である。どのように微細な分析項目であっても、そこにはその項目を他の項目と有機的に結合していく原理が存在しなければならない。その項目が文章全体と結合していく論理が存在しなければならないのである。一例を挙げれば、根岸正純の言う「発想の構造」なるものは、分析項目相互の関連に基づいて究明されていくものである。こうした「発想の構造」に直結していくものとしての分析項目であることが、絶えず顧慮されていかなければならないだろう。少なくとも、教材分析や文章鑑賞の学習指導に援用できる文体論とはそのようなものであらねばなるまい。

国語科教育への文体論の適用について、このように考えてくると、本来、教材分析の基礎論、あるいは文章鑑賞の基礎論としては単独に文体論だけを導入することで充足されるものではなかったことが明確となる。文体論自体が実践的により精密なものであるためには、これまで見てきたように、各種の領域の研究成果を援用している現状にある。まして、それが国語科教育の実践に供すべき理論であれば、なおさら各種理論の併用、組み合わせ、もしくは系統的受容が要求されるはずである。

(4)　文体論受容の新しい方向

以上見てきたように、文体論は様々な形で受容されるようになってきた。文芸学者で学校文芸学の樹立を目指してきた西郷竹彦の場合も同様である。西郷は文体について次のように定義している。(42)

文体とは、世界についてある観念をもっている作家が、ある観点に立って読者という他者の視点、さらに登場人物という他者の視点を媒介として、対象を追求し、意味づけようとするとき、そこにひきおこされる相互のドラマティックな緊張関係が生みだす弁証法的な過程・軌跡

この定義からも分かることであるが、西郷は従来の文体論に「虚構論における視点の概念」を導入している。しかも、西郷の学校文芸学なるものの考え方の中では単に文体論に限らず、視点論・形象論や構造論・人物論・主題論・典型論・表現論・象徴論・虚構論・思潮論といった各種基礎論が導入されている。これらの基礎論の中味についてここではつまびらかに成し得ないが、これらが各種関連諸学の研究成果に依拠していることだけは明らかである。

それはともかく、西郷文芸学の実践的な方法体系からは、小田迪夫が指摘するような「文芸と言語の一体的把握の方法と、文芸教育と言語教育を一体のものとして実践する観点(43)」を見出すことができる。要するに、西郷文芸学の全体は、小田迪夫も指摘するように「文体論」であり、「文体把握の方法論、実践論」であるとも言い得るのであるが、その内実は単に文体論のみを受容したものではなく、前述の各種基礎論の有機的統合の上に立っているということである。

この西郷文芸学の実践的な方法体系については指摘すべき多くの課題(44)もあろう。しかしここでは、西郷文芸学

の取った各種基礎論からの積極的な受容の姿勢、そこに見られる創造的折衷性の質について、その意義を評価しておきたいと思う。言うまでもなく、国語科教育の各分野における体系的な基礎論の構築のためには、各種関連諸学の研究成果からの積極的な受容が緊要な課題だからである。

こうした折衷的な姿勢で各種基礎論を積極的に受容している研究者として国語科教育学の方面では井上尚美がいる。井上尚美の場合、前述した増淵恒吉や井上敏夫の文章鑑賞や文体論的考察という観点からの文体論導入の方法にならって、「教材分析の基礎としての文章分析」のために文体論を導入している。より「正確な読み（close reading）」を目指すための方法論としてである。この際、特に「文章分析」として断っているように、文章の「題材やテーマ」あるいは、作品内の「時・所・人間関係」などの分析を中心に行う「作品分析」と違って、これらの内容面を支えている「作品の表現特性」（＝文体）を分析するところに中心が置かれる。言わば「文章分析」を作品分析の基礎作業に限定して位置づけているわけである。

したがって、「作品の全体の印象（感動・実態）」を大切にするその分だけ、そうした印象のよってきたる根拠を文章事実（＝文体事実・表現事実）から明らかにしようというわけである。注目すべきは、井上尚美が「文法論」的な見方や「意味論」的な見方、「語用論」的な見方によって文章を総合的に把握していくことを基本的な姿勢として明らかにしている点である。しかも、実際の分析上の観点には、これまでの文体論的・文章論的・表現論的な各種考察における諸観点が積極的に取り入れられている。

井上尚美は文章分析上の観点やその方法をあくまでも個々の文章に即して考えるべきであるとしつつ、一応の目安として、次のような観点を掲げ、それぞれの観点に基づいた分析方法と分析の実例を平易に叙述している。次に掲げるのは観点項目のみである。(45)

【文学的な文章の分析の観点】
①　対比・対照的な表現に注意する
②　比喩や象徴に注意する
③　情と景の区別に注意する
④　背景の効果に注意する
⑤　視点に注意する
⑥　関係づけ（他の部分との照応）
⑦　語えらびの適切さに注意する
⑧　文字、音、符号・記号の効果に注意する

【論証的な文章の分析の観点】
①　概念は明確であるかどうかに注意する
②　証拠となる資料・事例は十分か、またその事象を代表する本質的なものかどうかに注意する
③　比喩は適切であるかどうかに注意する
④　ことばの感化的用法に注意する
⑤　結論が前提から正しく導かれているかどうかに注意する
⑥　省略されている隠された前提や仮説に注意する

ここに掲げられている項目の一つ一つを見れば、これらがいかに幅広い各種基礎論によっているかが明らかとなろう。以前の文体論研究における分析項目の観点とはかなり隔たりのあることが理解できよう。

しかも、これらの観点には従来のものになかった「論証的な文章の分析の観点」が入っている点が注目される。「文学的な文章」だけに限定しない分析の観点を明確に示した点、この方面での研究の一つの成果である。また、これらの観点には、前述したように「文法論」の語論・文論・文章論的な観点や、「意味論」「語用論」的な観点がそれぞれに導入されているのである。こうした観点に、井上尚美自身の意図しているところである、叙述しようとしている内容を作者が「どういう立場からどのように認識しているのか」という点や、「その文章の筆者の考え方、ものの見方を総合的に判断する」姿勢も明瞭に窺うことができるのである。

最後に、もう一つだけ国語科教育と文体論との結合を図ろうとしている事例を見ておこう。飯島孝夫の試みである。

飯島が文体の研究を始めた動機は、文部省の学習指導要領に「文体の特徴に注意して読む」という一項があることと、「文学教育をより強く前進させよう」という意図からの二つにあったという。飯島はかねてより、「国語教育はその周辺の科学の成果を摂取して指導方法の拡充を図らないと、実践面で児童生徒の学習への興味と関心とを繋ぎ止めることが難しくなるのではないかという危惧をもっている」と述べている。飯島の文体論研究はこうした問題意識に支えられていると言える。

飯島は自らの「文体論」を「文法」に依拠していると述べている。事実、飯島は膨大な数に上る「文体素」（=ある種の書き振りのこと）を、「語感系」「文脈系」「構成系」の三つの系統に整序して示している。この大項目による観点は「語論・文論・文章論の投影」と飯島自身が述べているところから理解されるように、かつて増淵恒吉の立てた大項目に通じるものがある。

一方、「語感」「文脈」「構成」という用語も順序こそ違え、かつて中村明が示した「selection」「order」「context」の概念に近似していると見ることができる。さらにまた、飯島は「文体論」を「分析批評」などのように文学批評にまで持っていくのではなしに、「文体事実を探究するという学問としての限界を自らに課さなければならない」と述べて、文体論の役割区分を明らかにしている。こうした考え方も先に見た中村明の考え方に重なるところがある。

ともあれ、飯島の場合は文体論を国語科教育に適用する際に、「教材の分析研究によって読解指導に資料を供給するにある」と、その目的を規定している。飯島のこの論考は、その具体的な適用の仕方について今後の課題ということにして終わっている。

十　考察のまとめ

以上見てきたところから、今後の国語科教育における文体論受容の方向も自ずと明らかになってくるものと考えられる。

これまで見てきた各種文体論における文体の定義や文体分析の方法によれば、文体を表現者の個性や性格との相関だけで捉える初期文体論から、次第に表現者の表現意図・目的及び受容者の態度なども含めたところでの相関で規定されてくるものと捉えようとする文体論へと発展してきている。しかも、方法的には分析項目もただ細分化していくだけでなく、それら一つ一つの項目相互の関連づけを図り、これらを文章論的な観点などによって統一的に捉えていこうとする総合化の論理が重視されるようになってきた。また、これらの言語的特徴と表現者の発想や対象認識の仕方にまで迫り、さらに一つ一つの言語的特徴の表現効果をも確かめていこうとするものとなってきた。

文体論のこうした発展に伴うかのように、国語科教育における文体論の受容の方向も分析項目の細分化から次第にこれらを一定のより大きな観点に基づいて整序していこうとする傾向が出てきていると見ることができよう。

要するに、文体論プロパーの研究からして、他の関連諸学における考え方、例えば文章論や表現論、あるいは認識論的な考え方を導入することで、文体論としての独立性を維持してきたのである。このような文体論の道程は、かつての古典修辞学から専門分化してきた応用科学の当然の成り行きであったのかもしれない。

ここに至って、国語科教育における文体論受容の方向も明らかになったと思える。文体論を国語科教育における文章鑑賞の学習指導に適用し、ひいては文学と言語の教育の一体化を図っていくための手段と見なしていくからには、まず文体論研究の発展の道筋を辿ってこれを踏まえていくことは当然の仕事となる。その上でさらに、文章論・表現論・認識論・一般意味論・視点論などの研究成果を踏まえ、これに近年の新しいレトリック理論などの研究動向も顧慮して、国語科教育における教材分析のための独自の理論的基礎を構築していくべきであると考えている。

なお、本小論では筆者自身が考える国語科教育独自の理論的基礎を構築する上で必要となる大まかな骨組みを提示することができなかった。しかし、こうした理論的基礎構築に向けての全体構想と、そのための骨組みとは一応持っているつもりである。今後の研究の方向を記して本小論を締め括りたい。

注

（1）波多野完治著『国語文章論』（国語科学講座Ⅸ国語表現学）昭和八年十二月、明治書院、四頁。

（2）時枝誠記「文章研究の要請と課題」（『国語学』第十五輯、昭和二十八年十二月、八～十頁）。

（3）この点に関しては、波多野完治の『文章心理学大系3現代文章心理学』（昭和四十一年四月、大日本図書）の中に「文章心理学の課題」の四番目として、「文章に上達するにはどういうふうにすればよいかを心理学の立場から研究する」というように述べられている。
（4）波多野完治著『文章心理学―日本語の表現価値―』初版、昭和十年十月、三省堂、一六二頁。
（5）小林英夫著『小林英夫著作集7　文体論の建設』昭和五十年十月、みすず書房、〈著作集の総序〉二頁。※以下、本文中の引用頁は本書による。
（6）小林英夫「言語美学としての文体論」（日本文体論協会編『文体論入門』昭和四十一年十一月、三省堂、十六頁）。
（7）同前書、注（6）、十八～二十頁。※なお、小林英夫は同様の分野について「文章の美学」（『文章講座』第一巻、昭和二十九年七月、河出書房）でも述べている。
（8）山本忠雄著『文体論研究』昭和十三年十一月、三省堂、〈序〉より。
（9）同前書、注（8）、九十七～九十八頁。
（10）山本忠雄著『文体論―方法と問題―』昭和十五年五月、賢文館、四十一頁。
（11）同前書、注（10）、四十四頁。
（12）渡辺実「文体論」（西尾実・時枝誠記監修『国語教育のための国語講座』第八巻、昭和三十三年一月、朝倉書店、一三二頁）。
（13）前掲書、注（10）、二〇七～二〇九頁。
（14）日本文体論協会編『文体論入門』昭和四十一年十一月、三省堂、二八二頁。
（15）安本美典著『文章心理学の新領域』昭和三十五年十二月、東京創元社。
（16）安本美典著『文章心理学入門』昭和四十年五月、誠信書房、一一九頁。
（17）樺島忠夫・寿岳章子著『文体の科学』昭和四十年六月、綜芸社、七頁。
（18）同前書、注（17）、一二三～一二八頁。
（19）野村精一「源氏物語の文体」（『源氏物語講座7』昭和四十六年、有精堂、二十二頁）。
（20）加藤周一「文体について」（『文芸』昭和二十七年九月号、二十五頁）。
（21）寺田透「『文体論』のためのノート」（『岩波講座　文学』第八巻、昭和二十九年六月、岩波書店、後に寺田透著『ことばと文体』昭和五十年十月、河出書房新社、に収録、一八三頁）。

(22) 野村精一「文体論を整理すると」(『月刊文法』昭和四十四年一月号、九十一頁)。
(23) 前掲書、注(19)、二十六頁。
(24) 江藤淳著『作家は行動する』昭和三十四年一月、講談社(『江藤淳著作集5』昭和四十二年八月、講談社、所収、十六頁)。
(25) 清水好子「文体とはなにか」(『講座　現代語5―文章と文体―』昭和三十八年十一月、明治書院、一七五頁)。
(26) 森重敏「文体論について」(全国大学国語国文学会編『季刊文学・語学』第四十五号、昭和四十二年九月、四頁)。
(27) 磯貝英夫「文学研究と文体論」(同前誌、三十一頁)。
(28) 前掲誌、注(2)、九～十頁。
(29) 時枝誠記著『文章研究序説』昭和三十五年九月、山田書院、三十四～三十八頁。
(30) 原子朗著『文体論考』昭和五十年十一月、冬樹社、十二頁。
(31) 樺島忠夫著『表現論』昭和三十八年八月、綜芸社、〈はしがき〉から。
(32) 木原茂「文体論の方法―部屋描写の場合―」(『広島女子大学紀要』第二号、昭和四十二年二月、『論集　日本語研究8文章・文体』昭和五十四年四月、有精堂、所収、一三二頁)。
(33) 根岸正純「文体論研究の現状―昭和四十四年の時点で―」(日本文体論協会編『文体論研究』第十四号、昭和四十四年六月、根岸正純著『近代作家の文体』昭和六十年五月、桜楓社、所収)。
(34) 根岸正純「文体論の方法―試行への検証―」(表現学会編『表現研究』第四十一号、昭和六十年三月、前掲書、注(5)、所収)。
(35) 中村明「文体の性格をめぐって」(表現学会編『表現研究』第二十号、昭和四十九年九月、一～五頁、前掲書、注(4)、所収)。
(36) 増淵恒吉「国語教育と文体」(日本文体論協会編『文体論入門』昭和四十一年十一月、三省堂、二〇二～二二一頁、増淵恒吉著『国語科教材研究』昭和四十六年四月、有精堂、所収、一九一～二一二頁、『増淵恒吉国語教育論集』下巻、昭和五十六年三月、有精堂、所収、一〇三～一二三頁)。
(37) 増淵恒吉著『国語教材研究』昭和四十六年四月、有精堂、二二六頁。
(38) 井上敏夫「国語教育と文体論」(『月刊文法』昭和四十五年一月号、二十九頁、『井上敏夫国語教育著作集4』昭和五十七年四月、明治図書、所収、八十九～九十九頁)。

(39) ピエール・ギロー著、佐藤信夫訳『文体論―ことばのスタイル―』昭和三十四年二月、白水社、一二五頁。
(40) 井上敏夫「表現と理解、関連学習の基底―文体論的考察の導入―」(井上敏夫・野地潤家編『国語科教育学研究5』昭和五十三年十月、明治図書、二十一～二十二頁、前掲書、注(10)、所収、二二一～二二六頁)。
(41) 文章論研究の成果として顕著なものに永野賢著『文章論総説』(昭和六十一年五月、朝倉書店)がある。
(42)『西郷竹彦文藝教育著作集』第十九巻、昭和五十四年、九月、明治図書、十一頁。
(43) 前掲書、注(14)、三八四頁。
(44) 西郷文芸学の実践的な方法体系に関する問題点については、西郷竹彦が自ら主宰している『季刊文芸教育』第三十七号(昭和五十八年一月)において、多くの研究者による批判的検討が行われている。
(45) 井上尚美著『国語の授業方法論』昭和五十八年二月、一光社、一六七～一七五頁。
(46) 飯島孝夫「国語教育と文体論」(1)～(19)(『実践国語教育情報』創刊号、昭和五十八年七月～昭和六十年七月号まで)。

【補説】

本小論の初出は日本読書学会編『読書科学』第一二二号(昭和六十二年十二月)と第一二三号(昭和六十三年四月)に続けて「国語科教材分析の基礎作業のために(I)―文体論の立場と方法―」、「国語科教材分析の基礎論構築のために(II)―国語科教育への文体論の受容―」と題して掲載されたものである。標題に掲げたように、筆者は当時、国語科教材分析の理論的基礎を構築するために新しいレトリック理論や表現論、文章論、一般意味論、視点論、認識論等の各種関連諸学の研究成果を漁り続けていた。本小論の考察もその一環であった。

これら一連の考察を踏まえて、筆者は独自に国語科教材分析論を構築した。その成果をまとめたものが拙著『国語科教材分析の観点と方法』(平成二年二月、明治図書)である。この本は、上記の関連諸学の研究成果を渉猟した末に足かけ五年ほどを費やしてまとめたものであるだけにとりわけ愛着のある小著である。

この小著では、本小論において導き出した結論、すなわち分析の観点をただ細分化するだけでなく、それらの観点項目を相互に関連づけて、教材を統一的に捉えるための分析観点を構造的に取り出すことを企図した。筆者が拠り所としたものは、波多野完治が精力的に紹介に努めた修辞学理論であった。この修辞学理論の中の五部門「創構 Inventio／展開 Dispositio／表現 Elocutio／記銘 Memoria／演示 Actio」は本来古代弁論術の部門であった。これらが修辞学として発展していった時に前の三部門だけが残ったのである。この三部門は、「創構」を「発想 Invention」、「展開」を「構成 Disposition」、「表現」を「修辞 Elocution」と言い換えることができる。

筆者はこれらの三部門を従来の教材分析論の成果をも踏まえつつ、「発想・着想」「文章構造」「表現・修辞」と改めて分析観点のための大きな柱として設定したのである。なお、これらの三部門は文章制作のための順序に並んでいる。そこで、文章教材を分析するための順序としては、微視的な柱を先頭に立てて「Ⅰ　教材の分析観点としての表現・修辞」「Ⅱ　教材の分析観点としての文章構造」「Ⅲ　教材の分析観点としての発想・着想」というように、順に巨視的な部分を配列することにしたのである。勿論、この大きな柱の下に十三の中項目と、五十の小項目を構造的に配置している。詳細については前掲の拙著を参照せられたい。

ともあれ、このように分析観点を構造的に配列することによって、文体論等の関連諸学における研究とその国語科教育への受容の試みにおいて大きな課題となっていた、文章を統一的に捉えていくための理論的基礎を提示することとしたのである。

第二章　山本周五郎「鼓くらべ」教材化研究
――文体論的考察を中心に――

一　本研究の目的

本小論の目的は文体論的考察を拠り所として文学作品の教材化研究を試みるところにある。対象とする作品は中学校の国語教科書（昭和五十六年度用、光村『国語二』）に収録されている山本周五郎「鼓くらべ」である。すでに教科書教材として収録されてはいるが、ここで改めて一作品として取り上げながら教材化を図る作業を行っていくことにしたい。

文学作品の教材化とその指導の在り方に関しては、〈教材を〉か〈教材で〉かという論議がある。本小論では、読みの教材における〈形式面と内容面との一元的指導〉という視点からこの問題に対しても切り結んでいくことができればと考えている。そこで、作品の構造及び文体的特質の分析の他に、敢えてこの作品の主題を巡る問題についても考察を加えてみることにする。

本研究を行うに際して使用したテキストは、前記の教科書の教材の底本となった新潮文庫本（山本周五郎作『松風の門』昭和四十八年八月）である。なお、初出本（『少女之友』昭和十六年一月号、実業之日本社）については近代文学館、国会図書館で調べたが欠号であった。残念ながら未見である。

二　作品の構造――筋立て、人物像・人物関係の設定――

文学作品の教材化研究では、山田有策が述べているように、まず素朴な一人の読者として作品と関わることから出発すべきであろう。その上で、「素朴な〈読者〉から完璧な〈読者〉へと身を移行させ」るために、作品内部からのデータを様々な角度から集めていくという作業が要求される。(1)

「鼓くらべ」という作品は新潮文庫本（以下、原典と呼ぶ）で見ると、四つの章立てで構成されている。教科書では、一章の部分が囲みとなっていて約三分の一に縮小して収録されている。また、二章から四章までが一行空きで三つの部分に分けられ、さらに四章の中間部分にある「※※※」の記号のある部分でも一行空きに変更されていて、全体では五つの場面構成とされている。

全体の筋（プロット）は時間の推移によって展開されている。このプロットを少し具体的に見ていくと、五つの「主筋」（＝ main plot）と「伏線」（＝ under plot）、さらに「性格対比のプロット」（＝ plot of characters）などが複合的に立てられていることが分かる。この他にも仔細に見ていけば、「人物の呼称の変化」を表す筋立ても行われていることが分かる。

要するに、この作品では極めて周到に筋立てが行われているのである。とりわけ、物語の展開を劇的に盛り上げるためのサスペンスの手法が巧みに用いられている点などに注目すべきであろう。こうした面から、この作品は文芸用語で言うところの「プロットドラマ」を形成しているとも言える。

以下、粗筋の紹介を兼ねてこうした筋立ての妙について見ていくことにしよう。

まず、「主筋」と「伏線」を追ってみる。

「主筋」	「伏線」
1 お留伊と老絵師との出会いの場面。老人は、お留伊の打つ鼓の音があまりに見事なので秘かに聴きにきていたと言う。	・老人は左手だけをふところ手にしている。
2 お留伊は次第にその老人に心ひかれていく。急にお留伊は鼓くらべに備えて金沢城下に行くことになる。	・どこか遠くを見るような目つきでふところ手をしている左の肩をそっと揺りあげた。
3 お留伊は病気の重くなった老人に鼓を聴かせに行く。老人は「友割りの鼓」の話を交えながら、「芸術とは何か」を自分の苦い体験を内に秘めてお留伊に諭す。	・老人の話によってこの老人と鼓打ちの名人〈市之丞〉との姿が重ねられる。
4 金沢城での鼓くらべの場面。相手のお宇多を圧倒していたお留伊は、相手の「烈しい執念の相」を見た時、脳裡に老人の姿が浮かび上がり翻然として芸術の在り方に目がひらかれる。お留伊はくらべ打ちを放棄する。	・初めて「老人の左手」の意味と老人の正体とが明らかにされる。
5 森本の家に帰ったお留伊は早速老人のもとを訪ねる。しかし、老人は昨晩息を引き取っている。老人の前でお留伊は自分の本当の師匠はこの老人であったと悟り、「生まれ変わった気持」で「男舞」の曲を打ち始める。	・この老人が市之丞であったという決め手はないが、ここでお留伊も読者もこの両者の姿を鮮烈に結ぶ。

この作品では、お留伊が視点人物となっていて、読者はお留伊の心に寄り添って読んでいかざるを得ない仕組みとなっている。したがって、最初は読者もお留伊共々、老人の正体を知らない。しかし、読者の方はこの「ふ

ところ手にした左手」という暗示によって途中からその正体が次第に予想できるような仕組みになっている。これによってこの作品は、巧みにサスペンスを盛り上げていくことに成功している。

次に、「性格対比のプロット」について場面を追って見てみよう。

1　お留伊と老人の対比→町一番の絹問屋の娘と身なりは貧しいが礼儀正しい老人

2　森本の師匠と金沢の観世家の大師匠

4　お留伊とお宇多の対比→自信をもって鼓を打つお留伊とどうにかして勝とうとする心をそのまま絵にしたような、烈しい執念の相で打つお宇多

このほかに、お留伊の成長した姿を、1の場面で「澄み徹《とお》ったギヤマンの壺《つぼ》のように冷たく、勝気な、驕《おご》った心をそのまま描いたよう」な姿、「双の眸《ひとみ》は常よりも冴《さ》えて烈《はげ》しい光をおび、しめった朱《あか》い唇《くちびる》をひき結んで懸命に打っている姿」として描き、5の場面で「老人の枕辺に端坐して、心をしずめるように暫く眼を閉じてい」る姿として描くことによる対比なども押さえることができる。

さらに、「人物の呼称の変化」を表す筋立てとしては、次のような箇所を挙げることができる。

①　お留伊の、老人に対する呼称の変化
おまえ→あの老絵師→あの老人→あの人→あの方→お師匠さま

②　話者の、師匠仁右衛門に対する呼称の変化
師匠の観世仁右衛門→師匠→仁右衛門

③　お留伊自身の一人称の変化

あたし→わたくし

①では、最初の「おまえ」と最後の「お師匠さま」では手の平を返したような変化である。このような変化は突然生じたわけではない。その間に、お留伊の心の中での疑念・動揺がある。それを心内語として「あの……」という表現で表しているのである。「……老絵師」という客観性の強い表現から「……方」という主観性の強い表現への使い分けも驚くほど念入りである。また、②や③に見られる変化などはともするど見逃す恐れさえある。

このように、呼称の変化を意識的に書き分けることによって、お留伊の成長した姿を実にリアルに描き出していることが分かる。計算され尽くした見事な筋立てと言える。

こうして「鼓くらべ」の人物像は様々な手法の筋立てによって徐々に変容させられ、最終的に大きく転生せしめられていることが分かる。一方、人物関係においても、話者を介して対比的に設定され人物像を一層鮮やかに描き出すように仕組まれている。

ところで、この作品では人物像を際立たせるための手法として、情景描写による情景と人物との対比が行われている。

・庭さきに暖かい小春日の光が溢《あふ》れていた。おおかたは枯れた籬《まがき》の菊のなかにもう小さくしか咲けなくなった花が一輪だけ、茶色に縮れた枝葉のあいだから、あざやかに白い葩《はなびら》をつつましく覗《のぞ》かせていた。

・南側の煤《すす》けた障子に仄《ほの》かな黄昏《たそがれ》の光が残っていて、それが彼女の美しい横顔の線を、暗い部屋のなかに幻の如く描きだした。

これらの描写は、言うまでもなくお留伊の人物像を際立たせているのである。

三　文体上の特質

これまで見てきたことも広い意味で文体論的考察と言えるが、ここでは文論・語論的側面からこの作品を微視的に解析していくことにする。

(1)　本文批評

原典と教科書との間の異同を調査することは、作品の文体上の特質や後述する教材価値ないし指導のポイントなどを探る上で意義ある作業である。

まず一章の部分は、教科書では囲みとなって圧縮されてしまっているので調査から除外し、二章以下についての校異を示してみる。矢印の上が原典で下は教科書である。

①漢字→ひらがな（一七六例）、②ひらがな→漢字（七十八例）、③漢字の旧表記の書き替え（四十九例）、④句点付加（四十九例）、⑤読点付加（五十六例）、⑥読点→句点（三十二例）、⑦胸へ（四十四頁）→胸に、⑧またと優劣を（四十四頁、原典の誤植か）→人と優劣を、⑨原典からの削除箇所、笛は観世幸太夫《こうだゆう》が勤めた（四十三頁）、今日は日が悪いので（四十五頁）、北枕《きたまくら》に寝かされ、逆さにした枕屏風《まくらびょうぶ》と（四十五頁）、取寄せた火で鼓の皮を温めた（四十六頁）※以上は教科書にはない部分。

この他に、「おくりがな」「ふりがな」にも多くの改変がある。また、もう一つ見逃せないのは原典では会話文の後に地の文を続けないで改行しているが、教科書では十三箇所にわたって会話文の後に地の文を続けている。

以上のような改変が文体論的にどのような問題となるかについては、文体と作者の意図・思想との関係の問題と関連してくるのでにわかに結論を出すことは困難である。

文体を作品の事柄・内容・様式などよりももっと深い本質的なものであると考えて、推敲の作家と言われている宮澤賢治の場合を引き合いにしながら、単なるフォームやレトリックの変化で基本的にその文体（スタイル）までが変わってしまうことはないという指摘もある。[2] 波多野完治も「文体」を一つの価値概念、「様式」を記述概念として両者の違いを明らかにしている。[3] 原典改変の問題はいわゆる教育的配慮云々という問題以前の問題なのである。

そこでここでは、不本意ながら問題点を限定して表現様式上の改変というレベルで、先に提示した「⑥読点↓句点」という改変の事例に基づいて、こうした改変が作者の意図にどう関わってくるかについてのみ考察しておくことにしよう。

【原典】「……お嬢さま、あなたはすぐれた鼓の打ち手だと存じます、お城の鼓くらべなどにはお上りなさらずとも、そのお手並みは立派なものでございます。おやめなさいまし、人と優劣を争うことなどはおやめなさいまし、音楽はもっと美しいものでございます、人の世で最も美しいものでございます。（四十四頁）

この部分を教科書では、「存じます」「おやめなさいまし」「おやめなさいまし」「美しいものでございます」「人の世で最も美しいものでございます」と五箇所にわたって「読点↓句点」という改変を行っている。

この部分には、お留伊をどうしても目覚めさせねばならないという老絵師の一途な思いが表現されている。「おやめなさいまし」「美しいものでございます」の反復がそうした思いを強く表している。こうした思いを効果的に表すために句点で文を区切ることなく表現しているのである。

この作品では、短いセンテンスで簡潔な表現が用いられ、物語の展開を歯切れのよいものにしている。一方で、これと対照的に読点によってセンテンスをつなげ、さし迫った一途な思いを表す効果が狙われているのである。作家は表現の可能性を求めて、新しい表現効果を模索している。原典では、会話文の後に必ず改行が施されているのも、人物のせりふを通してその心情を生き生きと描き出すという効果が狙われているからである。

波多野完治は文体と思想との結びつきは人によって度合いが異なると言う。しかし、意味としての「文」の緊張体系と言語構造としての緊張体系（＝文体）とは単なる「和」ではなく、むしろ「積」であり、そこには予想外に大きな集積効果が胚胎するとも述べている。[4]

現行教科書制度における原典改変の問題はなお多くの問題を抱えている。やはり、こうした事実を踏まえて慎重に対応していかなければなるまい。

(2)　表現上の特質

なおこの作品には、おそらくその文体と深く関わっていると思われる表現上の特質が見られる。それはこの作品に音楽的リズムと絵画的情調とに支えられた一種独特の雰囲気があるということである。このようなリズムや情調は一体どのような表現に起因しているのであろうか。

まず、リズムの上から見ると、「なった」「ました」「云った」「いた」「あった」「だった」というような過去形の文末表現、また、老人のせりふに見られる「……見て来ました。……味わいました。……知りました。……分ります。……ございません。……しまいます。……いけません。……いけないのです。」（三十五～三十六頁）といった、畳み込むような言い回し、さらに、先に句読点の改変に関して触れた反復の表現などにその作用の原因を見出すことができよう。

次に、絵画的効果をもたらしている表現として、情景描写の部分から「あざやかに」「艶《つや》やかな」「こまかい雪が」「たまたま射《さ》しかける陽《ひ》」「狭い煤《すす》けた」「刻まれている皺《しわ》の一つ一つに」「仄《ほの》かな黄昏《たそがれ》の光」などを挙げることができよう。

作品全体を通して感情語彙が実に多いことも、こうした独特の雰囲気を高める上に一役買っている。例えば、四章ではクライマックスが二つ設定されているが、そこでは「戦《ふる》えるような」「惧《おそ》れ」「誇らしさ」「輝かしさ」「おろおろしながら」「烈しい」「愕然《がくぜん》として」「活々《いきいき》とした」「やすらかな」「思いあがった」「温《あたた》かいもの」といった感情語が頻りに出現する。

このような表現に起因するリズムや情調がこの作品のテンポの速い流れるような文体に大きく作用していると思われるのである。こうした文体は下手をすると、読者の感情や気分にのみ迎合する通俗性に堕さしめる危険を孕んでいる。それを決然と斥けているのは、この作品のモチーフの確かさ、思想性の高さ、筋立ての精妙さによるところが大きいと言えようか。実は、こうした表現上の特質は後述するが、この作品の教材としての価値に深く関わっていると考えられる。

(3)　「主題」を巡る諸見解についての考察

文学作品における「主題」概念、また、国語科教育における「主題」指導の在り方については、今日様々な論議がある。(5) 筆者は教材分析において主題に関する考察を取り上げることに否定的である。しかし、この作品が教科書教材として取り上げられていた時点では、なお教材研究の一環として主題を措定する作業が行われていた。そこで、本小論でもこれまで考えられてきた本作品の主題を巡る見解について検討を加えておくことにする。

光村の教師用指導書（昭和五十三年版）では、この作品の主題を本文中に出てくる老人の言葉、「すべての芸術は、人の心を楽しませ、清くし、高めるために役立つべきもので、そのためにだれかを負かそうとしたり、人を押しのけて自分だけの欲を満足させたりする道具にすべきではない」（指導書、一九二頁）をもって主題と規定している。果たしてそうであろうか。指導書でもこの老人の言葉は、「作者の芸術に対する考えでもある」と述べている。確かにこの言葉は作中人物の言葉を借りて作者の考えを述べたものであろう。ただ、作者の考えをもって直ちにこれを主題とするのはいかがであろうか。

確かにこの老人の言葉は形を変えて本文中に三度も出てきている。しかも三度目は、鼓くらべの相手であるお宇多の「どうかして勝とうとする心をそのまま絵にしたような、烈しい執念の相」を見た時に、愕然として夢から醒めたように思い出した老人の言葉として出てくる。してみると、やはりこの部分をもって主題と捉えるべきなのであろうか。

西郷竹彦はこの老人の言葉について、「作者山本周五郎は自分が読者に向かって訴えたい主題を作品の前半において、老人のせりふとして具体的に出しています」[6]（圏点は大内）と述べている。ところが、西郷は別なところで「作品の主題は、イコール作者の意図ではない。作者の意図を含みながら、しかもそれを越えている。はるかに豊かなものを生み出すのが作品の主題といえます」[7]とも述べている。この二つの考え方の間には微妙な矛盾が横たわっている。なぜなら、西郷は〈作中人物の思想〉については「作者が人物の口を借りて、読者に語りかけていることば」あるいは「作者の意図」[8]であるとも述べているからである。西郷のこの後の方の二つの考え方を合わせれば、「鼓くらべ」の老人の言葉は、作中人物の思想すなわち作者の意図と考えるべきであろう。しかも、これは作品の主題とイコールではないということになろう。これは西郷の最初の考え方と矛盾していることになるのではないか。

ここにいみじくも、作品の主題と作者の意図との関係を巡る問題が焙り出されている。そこで、この問題について若干考察を加えておくことにしよう。

田近洵一は「主題」を作者の思想・感情・態度といった主体的なものと見なす考え方とは逆に、これを作品の客体的なものと捉えるべきであるとしつつ、同時にそれは主体の価値評価と切り離しては存在し得ないものであるという考え方を提起している。(9) この考え方は、先に示した西郷の二つ目の考え方にいくぶん近い位相を示している。田近が客体的なものと主体的なものとの関係から整理した主題概念を筆者も支持したい。

こうした考え方に立って「鼓くらべ」の主題を考えるとすれば、あの老人の言葉がたとえ本文中に三度反復されて出てきていても、やはりこれは作者の意図ないし思想と見るべきであろう。つまり、老人の言葉はあくまでも作者山本周五郎が老人の口を借りて読者に語りかけた自らの芸術観であったとすべきであろう。

そこで、敢えてこの作品の主題を措定するとすれば、それはこうした作者の意図・思想を内に含みつつ、お留伊という一少女の成長のドラマとして展開されていると捉えるべきであろう。お留伊が旅の老絵師と出会ってその深い生き方に触れ、人間のエゴイズムの醜さを自覚して真の人間性に目覚めていくという一少女の成長のドラマとして展開しているということである。ただ、これは一読者としての教師の作品解釈である。こうした主題を実際の授業の中でどう扱っていくかはまた次の段階の問題となる。

(4) 作品の成立・作者

前述した作品の主題、作者の意図・思想、あるいは文体上の特質と関わって、作品の成立事情・作者の周辺についても可能な限り考察を巡らしておく必要があろう。

小説「鼓くらべ」は昭和十六年、『少女之友』（実業之日本社刊）一月号初出。木村久邇典による山本周五郎「年譜」[10]によってこの前後の発表作品を見ると、『少女倶楽部』『少女少年譚海』『新少年』『少年倶楽部』『少女之友』等の少年少女雑誌に数多くの大衆娯楽小説を発表し大衆文学作家としての地歩を固めている。

こうした成立事情から見て、この作品は明らかに少女を対象として書かれたものであることが分かる。西郷竹彦が「実はこの作品は中学生の読者を対象として書かれたものではありません。本来一般の大人に向けて書かれているのです[11]」と述べているが何かの思い違いであろう。

作者山本周五郎は明治三十六年六月二十二日、山梨県北都留郡初狩村八十二番戸（現在の大月市下初狩二二二番地）の奥脇賢造方の長屋で長男として出生。本名は清水三十六《しみずさとむ》。三歳の時、家庭の事情で祖母さくの実家のある北都留郡広里村へ父母と共に移る。その後も東京、横浜、神戸、千葉等を転々として不遇の時代が続く。この間、大正五年、十三歳の折に東京木挽町にあった「きね屋」山本周五郎商店に徒弟として住み込む。この商店は質屋で、周五郎は洒落斎翁《しゃらくさいおう》と自称した店主から深い影響を受け、肉親の父以上に〝真実の父〟と感じるようになる。山本周五郎というペンネームはこの恩人の名によっている。「鼓くらべ」の主人公が老絵師の深い生き方に触れてこの人を〝本当の師匠〟と思うようになる経緯と重ね合わせてみると興味深いものがある。なお、周五郎は小学校の時の担任水野実先生を終生の恩人の第一人者としている。それは三年生の時この人から「小説家になれ」と言われ、それが彼の一生を決定したからであるという[12]。

ところで、周五郎は「鼓くらべ」を発表した翌年の昭和十七年に『小説日本婦道記』の中の諸作品「松の花」「梅咲きぬ」「箭竹」等を発表している。そして、この初期代表作となった小説の中の「藪の蔭」（『婦人倶楽部』昭和十八年七月）という作品の中に、由紀という女性が自分の夫のことを「人はこんなにも深い心で生きられるものだろうか」[13]と思う箇所が出てくる。この言葉は山本文学の基調の一つを示していると思われるのだが、実は前述した「鼓くらべ」の主題もこの言葉に託された作者のモチーフ（＝表現の動機となった中心思想）と深く関わっていると考えられる。こんなにも深い心でこの老絵師は生きてきたのかというお留伊の畏怖・尊崇の念がその勝気な驕った心を徹頭徹尾変えてしまったのである。

山本周五郎は生涯にわたって疎外された市井人や封建武士の哀歓を描くことに徹した。その小説観・芸術観は周五郎自身の次のような言葉に象徴されていると考えられる。[14]

私はむずかしいことは知らない。芸術性などということは本当はどっちでもよいので、その小説に作者の「書かずにはいられないもの」があり、読者にもう一つの生活を体験したと感ずるくらいに、現実性のある面白さがあれば上乗《じょうじょう》だと思う。

このような考え方を背景として周五郎は、その作品が紡ぎ出す主題は読者から与えられる以上の賞があるとは思えないとして、直木賞をはじめ、推薦を受けた文学賞のことごとくを辞退し続けたという頑ななまでに厳しい生き方に深く関わって展開されていると見なすことができるのである。

四　学習者の実態と教材価値

(1)　学習者の実態

「鼓くらべ」は教科書では中学一年生を対象に設定されている。多くの生徒はこの作品を初めて読んで、まず老人によって語られた芸術観に共鳴し（中には疑問を持つ生徒もいる）、御殿でのくらべ打ちの場面や老人の遺骸の前に端座して鼓を打つお留伊の姿に感動する。この感動の源を探れば、この作品が極めて抽象度の高い芸術の価値の問題や人間の真実の生き方という道徳的な問題を扱っている一方で、そこに精巧な筋立てやサスペンスを配することによって一老人の強靱な観念に支えられた生き方やこれに感化されていくお留伊の姿の精緻な描写・叙写に由来していることが分かる。

ところで、この時期の生徒は言わば児童期から青年期への過渡期に置かれており、空想性、動揺性、現実性がない交ぜとなった極めて不安定な精神状況におかれている。彼らは童話の持つ空想性では満足できないし、さりとて近代小説の持つリアリズムや虚構性には一部の早熟な生徒を除いては概ね興味を持ち得ない。このような曖昧な心性を持つ彼らには文学への入門的な作品としていわゆる童話の類とは傾向を異にする読み物が求められているとも言える。その一つの典型的作品として筆者はこの「鼓くらべ」という作品を挙げたいと思う。

(2)　教材としての価値

さて、こうした生徒の実態と前記した「鼓くらべ」という作品の構造、文体、主題等とをつき合わせてみると、そこにこの作品の教材としての価値が浮かび上がってくるはずである。

この作品には作者の、人生における真理・真実の追究というモチーフが骨太な輪郭をもって示されている。また、計算し尽くされた筋立ての巧みさは、音楽的リズムと絵画的な雰囲気とを醸し出している文体と相まってこの作品の完成度を一層確かなものとしている。

したがって、この作品を登場人物のものの見方や考え方に視点を置き、その筋立てや文体を手掛かりに読み進めることは、人間の生き方に対する理解を深め、さらに人間や人生あるいは芸術とものに対する見方や考え方を広く豊かにしていくことに結びついていくだろう。ここにこの作品の教材としての中心的な価値を認めることができよう。さらに、この作品を読むことをきっかけとして文学作品を読むことの楽しさや意義にも気づかせることができるであろう。この作品が不安定な心的状況に置かれたこの時期の生徒の観念を強く揺さぶり、しかも統一された明確な観念の像を切り結ばせる力を備えていると考えられるからである。ここにもこの作品の読書教材としての価値を認めることができるのである。

この作品を教材化する意義は、実はこの作品がこれまでの教科書教材にはほとんど見られなかった傾向の面白さを備えているところにある。その面白さの要素となっているものを挙げれば、それはすでに考察してきたところの筋立ての精妙さ、人物像の確かさ、従来の近代小説観から見れば扇情的とさえ感じられる美文的文体等となろう。

これらの要素は、この作品に「観念のつかみやすさ[15]」、真の「教化性[16]」という強い性格を付与しているのである。この性格をめぐってのこの作品に対する評価――大衆性、芸術性云々――という問題については、種々論議のあるところであろう。この問題については、冒頭で述べたように立ち入らないでおくことにしたい。

五　考察のまとめ

以上、山本周五郎の小説「鼓くらべ」の教材化研究（＝作品・文章分析）を試みた。実際には、次の段階の作業として授業の構想の研究――指導目標の設定、指導内容の検討、指導計画の立案、本時案の検討――が続く。本小論では、これらの作業は省略して、以下にそのあらましだけを述べておくことにしたい。

これまでの教材化研究を通して、この作品の教材としての様々な特質が明らかになった。しかし、これらを全て指導に乗せていくことはできない。そうしてもならない。指導内容を思い切って精選しなければならない。ここではその内容を、筆者がかつて実践した事例に基づいて簡略に述べておくことにする。

まず、指導の中心を、老絵師の深い生き方に触れて次第に心を開かれ人間としての真実の生き方に目覚めていく主人公お留伊の心の成長過程を読み取らせていくところにおく。そのために、この主人公の老絵師に対する言葉遣いの変化に着目させる方法を取る。つまり、人物の呼称の変化を表す筋立てに目を向けさせるのである。作品中の一語句の果たす役割は重要である。主人公の言葉遣いの変化はそのままこの作品の主題に直結している。一語句の持つ意味・役割の重要性に気づかせ、そのことを通して作品の構造を押さえ、より深い人間性についての理解につなげていくことを目標とする。以上が、筆者の考えている形式と内容を一元化した指導の在り方である。

文学教材の指導でその内容価値を踏まえていくことは当然のことである。しかし、それを前面に出しては単なる事柄主義、テーマ主義、下手をすると徳目主義にも陥りかねない。あくまでも一つ一つの表現に含まれる豊かな意味・内容を捉えさせていくことが必要となろう。この点が従来の文学教材の指導においては曖昧にされてきたきらいがある。文学教材の形式面と内容面との一元化に立った指導に留意していくことが今後の大きな課題である。

注

（1）山田有策「文学教材とその扱い―作品分析から作品論へ―」（井上尚美・田近洵一・根本正義編『東京学芸大学Ⅰ国語科の教材研究』昭和五十七年八月、教育出版、二〇一頁）。
（2）原子朗「賢治の文体について」（草野心平編『宮澤賢治研究Ⅱ』昭和四十四年八月、教育出版、二〇二頁）。
（3）波多野完治『文章心理学〈新稿〉』昭和四十年九月、大日本図書、六十八頁。

（4）同前書、注（3）、四十二頁。
（5）市毛勝雄著『主題認識の構造』（昭和五十五年十月、明治図書）は、主題概念、主題指導の在り方を巡る問題に関して正面から論及した文献として注目させられる。また、甲斐睦朗による西郷竹彦の「主題論」を巡っての検討を行った論文が『季刊文芸教育』三十七号（昭和五十八年一月）に掲載されている。この中で、従来の各種の「主題論」について若干の解説がなされている点に注目させられる。
（6）『西郷竹彦文芸教育著作集』第四巻、昭和五十六年二月、明治図書、二三六頁。
（7）同前書、注（6）、第三巻、一二三頁。
（8）同前書、注（6）、第三巻、一二二頁。
（9）田近洵一著『言語行動主体の形成』昭和五十年十月、新光閣書店、一一九～一二〇頁。
（10）『現代日本文学アルバム11　山本周五郎』昭和四十八年十二月、学研、『現代日本の文学Ⅱ―8　山本周五郎集』昭和五十一年一月、学研。
（11）前掲書、注（6）、一二七頁。
（12）山本周五郎「昔のままの石垣―ふるさとの学校―」（『完本山本周五郎全エッセイ〈増補版〉』昭和五十五年二月、中央大学出版部、二五三頁）。
（13）山本周五郎著『小説日本婦道記』昭和三十三年十月、新潮社、一〇〇頁。
（14）山本周五郎「小説の芸術性―奇怪な咲き方―」（前掲書、注（12）、十三頁）。
（15）佐藤忠男「少年の理想主義について―『少年倶楽部』の再評価―」（『日本文学研究資料叢書　児童文学』昭和五十二年十二月、有精堂、二七七頁）。
（16）恩田逸夫「年少文学の性格」（同前書、注（15）、二十七頁）。

第三章　宮澤賢治童話における〈わらい〉の意味
――クラムボンはなぜ〈わらった〉のか――

一　問題の所在

賢治童話「やまなし」を読んで抱いた一つの素朴な疑問にこだわり続けている。「クラムボン」はなぜ〈わらった〉のかということである。なぜ、冒頭の部分に繰り返し〈クラムボンのわらい〉が出てこなければならないのか、と言い換えてもよい。当然、その〈わらい〉の質も問題となる。

このことにこだわり続けるうちに、〈クラムボンのわらい〉が意外に奥深い意味を持っているのではないかと思うようになった。賢治童話にはしばしば〈わらい〉が描かれている。この〈わらい〉は〈笑い〉という表記と書き分けられている節もある。しかもこの〈わらい〉は必ずしも明るい、愉快な場面にのみ描かれているものばかりとは言えない。その〈わらい〉が生じる状況を文脈に即して仔細に検討してみると、むしろ意味不明の謎めいた〈わらい〉が多いのである。

例えば、「よだかの星」の最後の場面、〈よだかのわらい〉は一体何を意味しているのか。「オツベルと象」の〈白象のわらい〉はどんな意味を含んでいるのか。

「やまなし」の〈クラムボンのわらい〉は冒頭において唐突に出現する。この〈わらい〉は尋常ではない。「やまなし」が小学六年生の国語教材として長く採用されているのは周知の事実である。我々はうっかりすると、「や」をあたかも小学六年生向けに書かれた童話であるかのように錯覚して読んでいはしまいか。我々は今一度次のような言葉を想起すべきではないか(1)。

この種の童話は子供には易しく、大人には汲めどもつきぬ深さを感じて理解しきれないのではなかろうか。

二　クラムボンの〈わらい〉と〈死〉

「やまなし」の「一、五月」の場面の冒頭では、次のように始まっている。テキストは『校本宮澤賢治全集』による。


二疋の蟹の子供らが青じろい水の底で話てゐました。

『クラムボンはわらつたよ。』

『クラムボンはかぷかぷわらつたよ。』

『クラムボンは跳てわらつたよ。』

『クラムボンはかぷかぷわらつたよ。』

上の方や横の方は、青くくらく鋼のやうに見えます。そのなめらかな天井を、つぶつぶ暗い泡が流れて行きます。

『クラムボンはわらつたよ。』

『クラムボンはかぷかぷわらつたよ。』

『それならなぜクラムボンはわらつたの。』
『知らない。』

従来、この部分を読んで提示される疑問は一様に「クラムボン」とは何のことかということである。「やまなし」に関する文献はことごとくこの「クラムボン」に言及している。しかし、その正体は依然として不明である。筆者の関心はむしろクラムボンがなぜ〈わらつた〉のか、「かぷかぷわらう」とはどのような〈わらい〉なのか、というところにある。しかも、この部分だけでも、「わらつたよ（てゐたよ）」という言葉が七回も繰り返されているのはなぜか、と疑う。しばらく後に、再び「クラムボンはわらつたよ」と繰り返されている。クラムボンがなぜ〈わらつた〉のか、その理由は明示されていない。理由もなく、〈クラムボンのわらい〉が繰り返し描かれているのである。表現としてはかなり異様である。この異様さは偶然のいたずらか。決してそうではあるまい。〈クラムボンのわらい〉の理由は明示されていなくとも、このような〈わらい〉が表現として配置されているのには、相応の理由が存在するはずだ、と読む方がより自然であろう。そこで、ここではこの後者の理由から考えていってみようと思う。そうすれば、あるいは間接的に〈クラムボンのわらい〉の理由・意味も解読できるかもしれない。

天澤退二郎はこの「二疋の蟹の子供ら」のクラムボンをめぐっての会話について次のように述べている。(2)

――この対話のおもしろさが、私たちに《クラムボン》とは何なのかわからないことと関係があることはたしかだ。クラムボンとは何のことか、私たち読者にはわからないにちがいないということを、宮澤賢治は当然わかっていたと考えていい。したがって、私たちにはただこの名称の音と、片仮名の字感とをたよりに、とっさに感じとるあいまいな何か以外には何もわからないこのクラムボンは、おそらく、蟹の子供らにとっても何のことかよくわからないのだ。

天澤はこのように述べて、クラムボンの出現が「やまなし」一編の成立にかかわるものであると断言する。ただ、この出現が何のためのものであるかについては、疑問を提示するのみで十分な解読を試みているわけではない。天澤はこの疑問に関して、「何だかわからないクラムボン」「へんてこなクラムボン」「忘れることのできないクラムボン」が《死んだ》《殺された》という子蟹たちの認識と結びつけてその解明を図ろうとしているかに見える。しかし、その解明は成功しているとは言えない。

ここでは、むしろ正体不明の奇妙なクラムボンが「何のため」に「出現」したのか、と問うことと同時になぜ〈わらつた〉のか、とも問うべきであったのである。この部分の会話の後に「一疋の魚」が「つうと銀のいろの腹をひるがへして」頭の上を過ぎて行ったという地の文が続いて、直ちに、

『クラムボンは死んだよ。』
『クラムボンは殺されたよ。』
『クラムボンは死んでしまったよ……。』
『殺されたよ。』
『それならばなぜ殺された。』

といった会話が描かれている。これら二つの部分の会話がクラムボンの完全に対立的な動態を示していることは

他言を要しまい。

そこで次に問題となるのは、作者がなぜこのような〈わらい〉と〈死〉という対立的な動態を描き出さなければならなかったのかということである。もう少し先を読んでみよう。

魚が「ツウと戻つて下流の方」へ行くと、またクラムボンが〈わらう〉のである。さらに先を読んでいくと、また子蟹たちの会話が出てくる。

『何か悪いことをしてるんだよとつてるんだよ。』
『とつてるの。』
『うん。』

ここまでくれば事態は明らかである。子蟹たちの認識に関しては、あくまでも曖昧に不確かに描かれているが、もはやクラムボンが魚にとって食べられているという事実は疑う余地もない。魚は上流と下流とを行きつ戻りつしながら、クラムボンをとって食べているのである。ここに複数のクラムボンの姿が浮かび上がる。しかも、子蟹たちから見れば、これらのクラムボンたちは一様に〈わらつ〉ているのである。〈わらい〉ながら〈死〉んでいくのである。〈殺〉されていくのである。クラムボンのこの対立的な動態がいかにも不自然であり異様ではないかというのである。この不自然さ、異様さにはやはり何らかの納得のいく解答が与えられなければなるまい。

三　クラムボンの〈わらい〉と〈笑い〉

「やまなし」のこの冒頭部分は国語教科書によると、全て「笑ったよ」という表記になっている。ところが、〔初期形〕では「わらったよ」、〔発表形校訂本文〕でも「わらつたよ」となっている。この表記の問題はクラムボンの〈わらい〉の質を決定していく極めて重要な点と思われる。そこで、この点にふれている二つの先行文献に言及しておく。

まず、甲斐睦朗は教科書における「笑う」という漢字表記に関して、これを漢字教育上やむを得ない処置であるとしつつも、「ひらがな表記の方がいかにもクラムボンという名の小さな生きものの躍動を適切に表しているように思われる」としている。この指摘は貴重である。ただ、ここの「わらつたよ」が繰り返される部分のクラムボンの動態に関する解釈にはにわかに賛同できないものを感じる。甲斐はこれを「兄弟のいかにも楽しそうな会話である」と捉える。この点は、この会話の部分が兄弟の子蟹の事実認識に関わる言い争いの気持ちが感じられるところであるだけに、より慎重に解釈していきたい。〈かぷかぷわらう〉と捉えるのと、〈跳てわらう〉と捉えるのとでも、事実認識にかなり重要な差異があると思われる。事が子蟹の一見幼稚とも見える認識であるがゆえに重要であると考えるのである。ここから〈クラムボン〉の質を検討していくことができるかもしれないのである。この点に関しては、問題の核心に関わるところなので後で詳しく考察を加えていくことにする。

なお甲斐は、その後の考察でもこの部分を「前後の文脈及び『かぷかぷ笑ったよ』の表現から、微生物が楽しそうに水中あるいは水面を踊っているイメージが想像される」と述べている。解釈の仕方としては基本的な相違も見られない。しかし、この後に述べられている次の箇所にちょっと注意しておきたい(4)。

この本文の「笑う」は意味が明確でない。言葉どおりの「笑う」であれば「かぷかぷ」は擬声語で、片仮名表記「カプカプ笑う」に改めなければならなくなる。しかし、ここでは「笑う」を例えば「踊る」といった比喩的な意味に解したのである。

まず、甲斐の「『笑う』は意味が明確でない」とする受け止め方に注目したい。確かにここの「かぷかぷ笑う」は、その動態が〈声を出して笑う〉といった意味でのそれなのか、あるいは〈声に出さない笑い〉なのかが不分明なのである。そもそも「かぷかぷ」という語がいわゆる「擬声語」とか「擬態語」といった区分けに応じられる質の言葉なのかどうか。しかも、賢治の頃にこのような区分けが存在したのかどうか。[5] 事実、「やまなし」では明らかに擬声語と思われる「トブン」とか「サラサラ」という言葉も出てくる。しかし、一方で「キラキラッ」「ツウ」といった、明らかに擬態語と考えられる言葉が片仮名表記（教科書では平仮名に改められている）で出てくる。こうした事実を考慮するなら、ここではやはり、無理に甲斐の解釈に合わせて、「笑う」を〈声を出して笑う〉の意味に仮定し、「かぷかぷ」を擬声語と仮定しなくてもよいということになる。

勿論、甲斐がこのように解釈したわけではない。甲斐は「かぷかぷ笑う」という動態を「踊る」といった比喩的な意味に解釈している。しかし、この解釈にもやや無理がある。この場合、「笑う」も「踊る」も子蟹から見たクラムボンの動態なのだから、その実体にはさして差異がないのである。「笑う」を敢えて「踊る」といった比喩的意味に解釈する必然性がないのである。

やはりこの際、教科書表記の「笑う」では問題の所在を明らかにするのに不適切であると見なすべきだろう。「かぷかぷわらつたよ」「跳てわらつたよ」という表記に照らして考察していくべきであると考えられる。問題は自ずと振り出しに戻ったことになる。

もう一つの文献を見ておく。岩沢文雄の解釈である。この文献では「やまなし」の冒頭部分の子蟹たちによる十六の会話に焦点が絞られている。主に、それぞれの会話の発話者が兄か弟かといった考察に向けられている。この問題については当面の筆者の関心事に直接触れるものとは思えないので、ここでの言及は避けることにする。注目されるのは、岩沢が「ついでに」と断って述べている部分である。

岩沢は、原文の「わらつた」が教科書では「笑った」と漢字表記に改められたことについて、「教科書としての制約はあるにしろ、作品の肌は、無惨にそこなわれてしまっている」と苦言を呈している。[6] この表記の違いのもつ意味について考察が加えられているわけではない。ただ、この所感に続いて子蟹たちの〈わらつたよ↓死んだよ↓殺されたよ↓わらつたよ〉という意想外の会話展開についての疑問提示がなされているのは興味深い。しかし、この会話展開に関する考察には賛同しかねる。

岩沢は、子蟹たちがクラムボンの「わらい」も「死」も自分たちが生まれた時から知っていたような気がすると述べている。だから、子蟹たちはクラムボンの〈死〉をあんなに無邪気に歌うように話し出すことができたのだと言う。果たしてそうであろうか。確かに、この冒頭の部分には、クラムボンの〈生〉や〈死〉に関するアプリオリな認識が暗示されていると見なすこともできよう。しかし、それはあくまでもこの作品に仕組まれた意味であり、作者賢治の側の認識である。それを子蟹たちの認識に重ねて読むことには無理がある。

なお、直接〈わらう〉と〈笑う〉という表記上の違いに言及するのでなく、〈クラムボンのわらいの質〉に言及した文献に谷川雁のものがある。谷川は〈クラムボンのわらい〉が「カニのこどもがとらえた自然存在であって、人間のそれではないから、その内容を人間が見ればまさに〈かぷかぷ笑うもの〉とでも言うよりほかないもの」であるとする。[7] そして、その笑いの質を人はついに確かめ得ないとしている。

しかし、谷川はこう述べる一方で、クラムボンの「笑い」を「音のしないほほえみ」ではないとし、「英語の

smileではなくlaughなのだ」「クラムボンという音を立てて笑っているのだ」と、大胆な解釈を行っている。さらに、「音を立てて笑っている」と述べたその直後に、「その音を消せば、『かぷかぷ』と口をあけている映像になる」とも述べている。この解釈は少し不自然である。なぜ音を消さなければならないのか。むしろ、〈かぷかぷわらう〉という動態そのものが音のない〈わらい〉であると考えてもよいのではないだろうか。〈跳てわらったよ〉も「より鮮明に身体行動」ではあるが、やはり音のない〈わらい〉なのである。かなり動きのある〈わらい〉でも音がないのである。これは笑いの質としては不自然である。そこで、このような〈わらい〉とはどんな質の笑いなのか、と問うべきではないだろうか。

四　クラムボンの〈わらい〉の意味

これまで見てきた「やまなし」の冒頭部分における〈クラムボンのわらい〉に関する考察の先行文献はいずれも筆者を納得させてくれない。これらの文献の問題点をひと言で指摘するなら、それはどの文献も〈わらい〉の質を頭から〈明るく〉〈楽しげな〉ものと決めてかかってしまっているという点である。本来、〈わらい〉の感情はそれほど単純なものであったろうか。以下、これまでの考察から浮かび上がってきた問題点を整理していく方向でこの〈わらい〉の質、意味するものについて解読していこうと思う。

筆者は賢治童話「やまなし」を読み始めて、ある時期からこの冒頭部分の〈クラムボンのわらい〉に疑問を抱くようになった。その疑問とは、この〈わらい〉が普通の意味での明るい、楽しげな笑いとは違うのではないかというものである。この部分を明るく楽しげに朗読することなどできないのではないか、少なくとも心配そうな不安そうな不思議そうな感じで朗読すべきではないか、と思ったのである。その直接の理由は「かぷかぷ」という奇妙な語感をもつ言葉の出現に基づく。「ぷかぷか」でもおかしいが、「かぷかぷ」ではなお妙である。この言葉を子蟹の認識を表したもの、「二匹の兄弟だけが了解するカニ語[8]」と納得することはできても、この〈わらう〉という動態の執拗なまでの繰り返しと、その動態の中に訪れるクラムボンの突然の〈死〉との対比の異様さまでを簡単には納得することができないのである。

　さて、核心に入ろう。「かぷかぷ」という語は水面に「ぷかぷか」と漂うというのとは異なる語感をもっている。むしろ、水面と水中との間を上下して口を開けてさながら溺れかけている体である。そのような語感を感じる。しかし、このような語感をもつ言葉の直後に「わらつたよ」とくる。この一風変わった組み合わせが読者に一瞬ひっかかりを感じさせる。筆者には一種異様な想像を促したのである。つまり、この〈わらい〉は尋常な笑い方ではない。言わば、ひきつったような〈わらい〉であると。続いて「跳てわらつたよ」とくる。初期形原稿では「立ちあがつてわらつたよ」とある。これでは、この場のさし迫った状況を表現するのにやや緩慢すぎたのではないか。そこで「跳て」と改められたと解釈できないだろうか。

　この冒頭四行の子蟹たちの会話が普通の意味での〈楽しさ〉を表しているとして、その後にくる地の文の表現を見てみよう。「青くくらく鋼のやうに」「つぶつぶ暗い泡が」といった、この陰に籠もった暗さは何であろうか。それでもクラムボンは〈わらつ〉ているのである。しかし、なぜ〈わらつ〉ているのかは分からない。理由が分からないのである。このような不分明さはおそらく読者の意識の深い部分に異様な不気味な感じを与えずにはおかないのである。それでも、読者は冒頭の何事が描かれているとも見当もつかない部分であるだけに、怪しげな気持ちのままに先へと読み進めていかざるを得ない。

　続いて「つぶつぶ泡が流れ」、蟹の子どもらも「ぽつぽつぽつとつづけて五六粒泡を吐き」出しているのどかな場面が描かれ、そこに「一疋の魚」が「つうと銀のいろの腹をひるがえ」して通り過ぎた後に、「クラムボンは死んだよ」「クラムボンは殺されたよ」と、子蟹たちの認識にしてはあまりにも明示的な言葉が述べられていく。この情況の転換もあまりに唐突である。しかも、その後でまたクラムボンは〈わらつ〉ているのである。要するに、始めの方で確かめておいたように、クラムボンたちは〈わらい〉ながら〈死〉んでいくのである。〈殺〉されていくのである。

このように読んでくると、一見不分明で幾分唐突にも見える冒頭の〈クラムボンのわらい〉の描写は、その直後に訪れる〈クラムボンの死〉への伏線となっていると言えよう。それ故、この部分は読者の意識の底にいささかのひっかかり、言わばサスペンスを感じさせるものとなっていると思えるのである。「やまなし」の作者はこのことを意識的に仕組んでいたと考えるのである。

なお、〈わらう〉を〈笑う〉と表記しなかったのは、この場合の〈わらい〉が決して明るく楽しげなものではなかったというその事実を暗示したかったからであろう。これを、例えばこの部分の会話が子蟹の幼児語だからという理由では、〈わらう〉という表記の意味を説明することはできない。後の方では、〈死んだよ〉〈殺されたよ〉という漢字表記が出現するからである。

ともあれ、〈わらう〉という意味はその前に付けられた「かぷかぷ」という溺れかかっているような動態を連想させる言葉によって一層増幅されている。やはり、この場合の〈わらい〉は谷川雁が指摘したような音を立てて笑う「laugh」ではないのである。といって、音のしないほほえみ「smile」では勿論ないのである。これらいずれの〈笑い〉にも該当しない動態を表さねばならなかったから、敢えて〈わらい〉と平仮名表記をとったのである。

ところで、筆者は試みに賢治童話の中で〈わらい〉の動態がどのように描かれているかを逐一調査してみた。その結果、いささかショッキングな事実が判明した。賢治童話には至る所に〈わらい〉〈笑い〉が出現するのである。これは賢治童話の性格に照らしてみるとどうも異様な感じがする。賢治童話は決して明るく陽気ではないのである。しかも、〈わらい〉〈笑い〉の出現する箇所も必ずしも愉快な場面であるとも言い切れないのである。今ここにその全調査結果を示すことはできないが、一つ言えることは、賢治が多くの作品の中で〈わらい〉という言葉を〈笑い〉という表記と明らかに意識して使い分けているということである。

以下に、「やまなし」における〈わらい〉の意味について、他の作品を見ながらもう一歩進めて考察を加えておこう。

その内的関連性において「やまなし」と最も密接につながっている「よだかの星」にはただ一箇所、最後の場面に〈わらい〉が出現する。

　　ただこころもちはやすらかに、その血のついた大きなくちばしは、横にまがつては居ましたが、たしかに少しわらつて居ました。

この〈わらい〉の主である「よだか」の弟として登場する「かわせみ」の「他方から見た正体」が「やまなし」に登場する「死神」としての「かわせみ」であり、これら二つの作品はこの「かわせみというモチーフの表と裏を鎖の輪として結びあっている」という指摘がある。(9) この指摘に基づいて、〈クラムボンのわらい〉→〈魚によるクラムボンの死〉→〈かわせみによる魚の死〉から〈「よだかの星」におけるかわせみの兄であるよだかの死＝わらい〉とつなげてみると、この二つの作品における二つの〈わらい〉が二つの生物の〈死〉を媒介にして密接に円環しているのである。これは偶然なのだろうか。

賢治童話の他の作品にも多くの〈死〉が描かれている。これらの〈死〉と〈笑い〉との関係について述べてい

る文献がある。その中には次のように述べられている。(10)

穂吉も、よだかも、楢夫も、狐も、死んだときなぜ「笑った」のだろうか。

賢治は、死の訪れというものが生物にとって逃れることのできない運命であるとすれば、それは笑って迎えるべきであるという考えがあったのであろうか。あるいは物語の主人公たちが、この世でなすべきことをなし終えたから、甘んじて死を迎えようとしたのであろうか。仏教に帰依することによって、仏の生命の中に帰ることができるので「笑った」のであろうか、あるいはそのすべてを含んでいるのだろうか。

賢治童話における〈わらい〉の意味についての一つの考え方が示されている。確かに、多くの賢治童話に描かれた〈死〉は〈わらい〉と密接に重なっている。しかし、この解釈はあまりにも常識的である。しかも、この文献では〈わらい〉と〈笑い〉の表記の違いについての言及もない。ただ、筆者の調査ではこの二つの表記は必ずしも一定の正確な基準に基づいて使い分けられているものでもなさそうである。とは言っても、同一作品の中で、しかもすぐ隣り合わせに〈わらい〉と〈笑い〉が出現する例の多いのを見ると、少なくとも賢治が〈わらい〉という平仮名表記に何らかの特別のニュアンス、意味を付与しようとしたと見なしてもよいだろう。

さて、この文献における考察では、「この世でなすべきことをなし終えた」後に迎える〈死〉が〈笑い〉と結びつけられている。今この解釈があまりにも常識的すぎると指摘した。なぜなら、賢治が童話の中で描き出した〈死〉は生を全うした後に迎えられる〈死〉ばかりではないのである。賢治の妹トシの場合もその例に漏れない。賢治の妹はその死の床で「何といふあきらめたやうな悲痛なわらひやう」(「無声慟哭」から)をしていた。この世でなすべきこともなし終えぬままに人生の半ばにして不意に迎える突然の〈死〉もあるのである。こんな時に人は一体どのように笑えばよいのだろうか。

実は、「よだかの星」のよだかや「ひかりの素足」の楢夫たちは決して「この世でなすべきことをなし終え」て死んでいったのではない。「やまなし」のクラムボンも同様である。クラムボンに訪れた〈死〉はどう考えても「この世でなすべきことをなし終え」て迎えたものとは思えない。本人の意志とは関係なく突如として訪れた不意の〈死〉であろう。それなのにクラムボンは「跳て」楽しげに笑わなければならなかったのであろうか。〈クラムボンのわらい〉はあるいは不意に訪れた突然の〈死〉における困惑した〈わらい〉だったのかもしれないのである。死を目前にしたクラムボンには「かぷかぷ」として楽しげに笑う理由はなかったはずであるから。〈わらう〉という平仮名表記もクラムボンの動態が少なくとも子蟹たちには〈笑う〉のではなく〈わらう〉ように見えたということを意味していると解釈できるのである。

実は、賢治童話ではこのような〈わらい〉の表現は決して少なくはない。その典型的な例は、「オツベルと象」の最後の場面における〈わらい〉である。仲間の象たちに助けられた白象が〈さびしくわらう〉のである。この〈わらい〉の意味は深い。

繰り返すが、この賢治童話における〈わらい〉の意味を、例えば「欲ハナク決シテ瞋ラズイツモシヅカニワラツテヰル」（「雨ニモマケズ」）に出現するそれに重ねて解釈することは早計であろう。賢治のこの言葉は賢治が死ぬ二年前の昭和六年頃から使用していた手帳に記されていたものである。この言葉が記されていた手帳の次の頁には「南無妙法蓮華経」と書き込まれている。「雨ニモマケズ」に表された言葉には賢治の祈りが込められているると見なせる。言わば、賢治の信仰心がこのような言葉として表されていると見なせるのである。

こうした境地に達するまでの賢治には、妹トシの死の床における「何といふあきらめたやうな悲痛なわらひやう」といった〈わらい〉や「わたくしはつめたくわらつた」という〈わらい〉も存在したのである。このような

〈わらい〉はとても「仏教に帰依」した者の宗教的な解脱の心が生み出したそれとは到底見なせないであろう。むしろその〈わらい〉には賢治の心の迷いが現れていると見なせるかもしれないのである。

賢治童話の〈わらい〉には確かに濃密な〈死〉の影がまとわりついている。しかも、その〈わらい〉の質は、〈わらい〉と〈笑い〉という表記の違いに象徴されるように、賢治童話における様々な〈死〉の意味を表しているように見える。ただ、その解明は、さらに賢治童話における個々の〈わらい〉の情況に即して行っていかなければならないだろう。

注

（1）吉本隆明「詩碑を訪れて」（昭和十八年）（『吉本隆明全著作集』第十五巻、昭和四十九年五月、勁草書房、二三八頁）。

（2）天澤退二郎「花と鳥、それぞれの死後譚」（『ユリイカ』昭和四十五年七月号、天澤退二郎著『《宮澤賢治》論』昭和五十一年十一月、筑摩書房、所収、一〇三〜一〇四頁）。

（3）甲斐睦朗「教材研究の方法としての文章論（上）―作品『やまなし』の分析を中心に―」（『愛知教育大学研究報告』第二十五輯、昭和五十一年三月、一五六頁）。

（4）甲斐睦朗「宮澤賢治『やまなし』の表現」（『実践国語研究』別冊、七十三号、昭和六十二年十月、二〇七頁）。

（5）「擬声語」「擬態語」という区分けについては、その区分け自体に問題があり、これらを「声喩（オノマトペ）」として一括りにすべきであるという考え方もある（岩手大学望月善次氏のご教示による。中村明著『比喩表現の研究』）。

（6）岩沢文雄「『やまなし』―その冒頭部をどう読むか―」（同著『文学と教育　その接点』昭和五十三年六月、鳩の森書房、二九九頁）。

（7）谷川雁著『賢治初期童話考』昭和六十年十月、潮出版社、一八二頁。

（8）同前書、注（7）、一八二頁。

（9）前掲書、注（2）、一〇五頁。

（10）田口昭典著『賢治童話の生と死』昭和六十二年六月、洋々社、九十五頁。

第四章　木下順二民話劇「聴耳頭巾」の表現論的考察
――戯曲教材の意義を再認識するために――

一　木下順二民話劇の生成

木下順二が戯曲「夕鶴」の原型である「鶴女房」をまとめ、これに対する中野好夫の理解ある批評に励まされて、「二十二夜待ち」「彦一ばなし」「狐山伏」を書いたのは第二次世界大戦中の昭和十八年のことである。当時、木下は柳田国男編の『全国昔話記録』などを、出版されるごとに楽しんで読んでいたという。後年、木下は一連の戯曲創作の動機に関しても、これらの昔話の中に籠められている「魂のふるさとの気分を、時おり素朴で単純な戯曲の形にまとめてみることが、あの頃のやり切れない雰囲気の中での、僕のひそやかな、そして素朴で単純な楽しみであった[1]」と述懐している。実は、木下のこの言葉の中に、昔話と戯曲とを結合させたところのいわゆる木下順二民話劇の原質が端的に露出していると思われる。つまり、日本の昔話が湛えていた「魂のふるさとの気分」を託すには「素朴で単純な戯曲の形」がまことに相応しかったのではないかということである。

ともあれ、こうして創作された一連の戯曲は戦後次々に発表されていくことになる。ところで、本小論で主として扱う「聴耳頭巾」はこれら一連の舞台戯曲とはやや性格を異にしている。民話劇「聴耳頭巾」は昭和二十二年十一月二十一日、NHKから「ラジオ小劇場」として放送された放送劇脚本なのである。この年には、既に「機の音」（NHK「ラジオ小劇場」三月三日）、「おもん藤太」（NHK「ラジオ実験室」十月二十九日）が放送されている。この放送劇は昭和二十八年四月から文化放送で始まった「民話シリーズ」（木下順二による民話作品十三編を山本安英とぶどうの会が企画し放送したもの）などでも再放送されることになる。また、昭和二十二年には木下が「人形劇」と名づけた唯一の作品「木竜うるし」（『時代』十一月号）も発表されている。

以上の戯曲は全て日本の昔話を素材としていると思われる。加藤周一が木下順二の日本語に対する態度を、鷗外や中野重治に比してもとりわけ「方法的、意識的、実証的」[2]であると評価しているが、そうした姿勢は相互に表現性格を異にした各種の戯曲創作の体験と相俟って胚胎してきたものかもしれない。

さて、放送劇用の戯曲である「聴耳頭巾」は昭和二十七年の『木下順二民話劇集㈠』（未来社）に、いわゆる民話劇の一編として加えられた。しかし、昭和三十八年の『聴耳頭巾　木下順二作品集Ⅲ』（未来社）では〈放送劇編Ⅰ〉として他の十一編の作品といっしょに収録されている。一応、舞台戯曲と区別したものと思われるが、妥当な配慮と言えよう。

なお、木下には戯曲「聴耳頭巾」の他に一般散文の形の再話「ききみみずきん」がある。こちらは岩波少年文庫『日本民話選』（昭和三十三年十二月）に収録されている。これら二種の作品は共に柳田国男編『日本の昔話』（昭和十六年九月、三国書房）に収録されていた「聴耳頭巾」を基本素材にしたと思われる。[3]教科書ではかつて、『中学校国語二』（昭和五十五年三月、学校図書）に、戯曲作品の方が採用されていたが、戯曲の教材価値をそのまま表現構造の上からも考察するために、同じ木下の再話「ききみみずきん」と比較してみることも必要と思われる。勿論、いわゆる民話と戯曲とでは表現構造の上にも大きな隔たりがあろう。原資料である民話が戯曲として創造される際にどこがどのようにモデファイされているかを押さえておくことは極めて重要な作業である。したがって、本小論での検討作業では次の三編を主たるテキストとして分析・考察を加えていくことにする。

・原話「聴耳頭巾」（柳田国男編『日本の昔話』所収）。

・木下民話劇「聴耳頭巾」（『聴耳頭巾　木下順二作品集Ⅲ』所収）。
・木下再話「ききみみずきん」（『日本民話選』所収）。
なお、必要に応じて次の四編も参考にする。
・「聴耳笠」（柳田国男編／岩倉市郎採録『鹿児島県喜界島昔話集』昭和四十九年二月、三省堂）。
・「きき耳頭巾」（垣内稔編『日本の民話16安芸・備後篇』昭和五十年二月、ほるぷ）。
・「童子丸のきき耳」（下野敏見編『日本の民話24種子島篇』昭和五十年二月、ほるぷ）。
・「青いきき耳頭巾」（水沢謙一・浜口一夫編『日本の民話11越後・佐渡篇』昭和五十年二月、ほるぷ）。

木下順二民話劇の表現について見ていく場合、見過ごすことのできないのはいわゆる口承文芸としての民話の表現構造、文体（＝語り口）が戯曲という文章のそれとどのような連関の状態にあるかという問題である。この点に関しては、本小論の冒頭でも触れたことであるが、実は木下自身も当初は民話を素材とした民話劇の創造の方法を確かに把握していたわけではなかったようである。後年、彼は戦時中のさし迫った思いの中で「別におもしろいというほどのこと」もない、「少なからず無愛想」であった、柳田国男編の『全国昔話記録』を読んでいた時の感銘が「やはり民話というものの、一番肝腎なところをどうも読み取っていたのではないか」と述懐している(4)。

ところで、これも後年のことであるが、木下順二は民話の文体（＝語り口）について次のように述べている(5)。

たとえば民話、昔話を語る非常にうまいおばあさんかおじいさんが喋っている場合、その人の顔付から声音、身振り、目付、話の運び方、間の取り方、時には入れ歯がカクカクいう音から、水っ洟を啜りこむ音から何から、こういうもの全てが、それも真っ昼間の、どこかの壇の上でやられるんじゃなくて、薄暗い、たぶん囲炉裏ばたかなんかで、しかも聞いてるほうも、みんな昔からその話の筋なんていうものは知り抜いている聞き手が、しかしこの上手な話をするおじいさんおばあさんの繰り返しを楽しみに期待しながら熱心に聞き入っている。ときどきは相槌も打つ、そういうこと全体が民話の場合の〝語り口〟というものだろうと思うのです。

こう述べて、文章で再話する場合もこうした語り口が文体として現れてこなければならないだろうと指摘しているのである。

また、西郷竹彦はこの民話の文体に関して「連綿体――息の長い文章体[6]」と規定している。西郷は他ならぬ木下順二の再話（『日本民話選』所収のもの）を使ってこの文体の特徴に言及しているのである。すなわち、この「連綿体」の構造を語り手（＝視点人物）の「視点・視角の転換・移動」による「主語の転移」という文法的現象で説明しているのである。西郷はこうした現象を日本語の語法の特異性に基づくものであるとし、さらにこの本質的な問題が実はこうした語法の特異性そのものをも生み出している「日本人の思想構造のありかた」にあると指摘している。つまり、我が国には「ヨーロッパの絵画の一元的視点よりの遠近法」と違って「視点、視角が転換、流転する絵巻物的構図や屏風的構図に見られる多元的遠近法」があったと指摘し、それが「絶対者としての神《ゴット》という思想のない――ということは、一元的に世界とむかいあうというありかたをしない日本の文化伝統」の中で生み出されてきたものであろうと論じているのである。そこで、西郷は民話の文体に、今日我々が学ぶところがあるとすれば、「単に行動叙述の具体性のみ」ではなく、「客体に対する、世界に対する語り手の視角の自由な流転のありかたこそ、現代的な立場から、とりあげてみる必要があろう」と結論づけている。

木下順二や西郷竹彦が指摘する民話独自のこのような文体が確かに普遍的価値を持っているとすれば、おそらくそれは木下が戦時中に接した日本の昔話の中に感じていた感情と密接に関係し合うものであるかもしれないのである。

そこで以下に、民話劇「聴耳頭巾」の表現構造を分析・考察していくわけであるが、その視点も民話劇（＝戯曲）という文章の表現構造が民話の表現構造・文体とどのように関わり合っているかというところに自ずと向けられていくことになろう。

なお、ここで「表現構造」という用語についてひと言触れておこう。ここで言う表現構造とは、本書の第Ⅱ部第一章の【補説】において述べた「発想・着想」「文章構造＝構成・配置」「表現・修辞」の三層構造を指している。この三層構造は筆者が修辞学理論や文体論などの研究成果を踏まえて取り出したものである。詳細については拙著『国語科教材分析の観点と方法』（平成二年二月、明治図書）において論述している。

では、この分析・考察に入っていく前に戯曲という文章の表現構造の一般的特質について言及しておくことにする。

二　戯曲の文章の表現構造

戯曲という文章に関してこれを正面から論じている人は意外に少ない。しかも、その表現的価値を積極的に認めていこうとする人になるとさらに少ない。言語学者の小林英夫にも「現代の戯曲文章」[7]という論考があって、その中で戯曲の文章の一般散文との違いを分析しているが、その目的は文体論的分析にあって、その分析操作の難しさという理由も手伝ってか、戯曲としての表現的価値を積極的に評価しているとも見えない。こうした風潮の中でつとにその価値を認めていたのは三島由紀夫である。その考え方については後述したい。いずれにしても、戯曲という文章は文章としてはこれまで一人前扱いされて来なかったといってよいだろう。そのせいか、近年の国語教科書からは戯曲教材は減少の一途を辿り、今日ではほとんど姿を消してしまっている。[8] これはまことに遺憾な現象である。

戯曲の文章の特異な表現構造については既に別な機会に言及しているが、[9] ここに改めて述べておこうと思う。

(1)　言語的様相

戯曲という文章には、上演を前提とした台本・脚本といった性格が含まれていると言ってよいだろう。そのせいか、戯曲の表現的完成は舞台の上で上演されることによって成就されるという考え方が根強くある。筆者もかつてそのように考えていた。しかし、よく考えてみれば、戯曲が舞台で上演されることと、文章としての表現価値との問題は別のものである。むしろ、一般散文にはない独自な表現価値を探るという方向で課題設定をすべきではないかと思う。

三島由紀夫は『文章読本』の中でかなりの分量を費やして、「戯曲の文章」に関して小説の文章との違いや文体的特質などについて言及している。すなわち、戯曲の文体とは「小説の文体よりもとらへがたいものであると同時に、一方ではいつそう強くきらめきながら底流するものであり、また小説よりいつそう強く主題及び構成力と、不断の連絡をとりつつ最も緊密な関係において成立するもの[10]」であると言うのである。単なる普通の会話の連続でないのは勿論のこと、そこに立派な文体が存在するし、それもその戯曲の主題及び構成力と極めて緊密な関係を有した形で成立するものだという指摘は十分に注目しておいてよいだろう。

なお、戯曲が上演を前提としているということは、それが文章として不完全であるどころか、逆に戯曲という文章としてのより本質的な言語的特性を生み出していると言うこともできるのである。すなわち、戯曲の言語を時枝誠記が規定した「言語の成立条件としての場面（＝場面的対象）[11]」という観点から捉えてみれば、小説などの散文との相違が歴然としてくるであろう。戯曲の言語の「場面的対象」にはその読者（この中には当然演出者も含まれる）の他に、観客が含まれ、さらに舞台・劇場という空間もふくまれるのである。このような場面的条件の特異さ、複雑さが戯曲という文章の言語形式をすみずみまで規定しているのである。

したがって、戯曲の作者はその創作の前提として、こうした特異な場面的条件をいやでも念頭に置かなければならないというわけである。この条件がどの程度考慮されたかが実はその戯曲の成否を握る鍵ともなっていると言えるのである。そこで、民話劇「聴耳頭巾」の分析・考察も当然この観点からなされなければならない。

(2)　構造的特質

この分析・考察のためには、普通の散文と同じ観点であるところの様々な表現技法が挙げられるが、他にも戯曲の文章独自の構造的特質が挙げられる。すなわち、戯曲の文章は〈台詞〉と〈ト書き〉とから構成されている。ト書きの本来の役割は指示（Direction）であり、表向きは演出者向けの表現というニュアンスが強い。しかし、一方でそれは、作者の意図を把握してその戯曲の構造や劇的空間を捉える上で、一般読者にとっても相応の意義を有している。のみならず、ト書きは台詞との相関で台詞の方にも微妙な影響を及ぼしているはずである。

ただ、注意しなければならないのは、このト書きの機能を一般散文の場合に重ねて、単純に〈地の文〉における叙事（＝語り）や説明の機能と同じものと見なしてしまうことである。この点に関しても後で具体的表現に即して考察する予定であるが、実は一般散文の場合の叙事や説明の機能は、戯曲の場合、基本的に〈台詞〉が果たしていると見るべきなのである。だから、極言すれば、〈ト書き〉はなくとも〈台詞〉が一人で一般散文の場合の〈会話〉〈説明〉〈叙事〉〈描写〉の四役を受け持っていると見なしてよいのである。〈ト書き〉の本質的役割はやはり指示という機能にあると見ておくべきである。

一方、台詞の方は文字通り戯曲の文体そのものを生み出していると言える。戯曲の台詞は単なる会話ではないのである。その機能が日常会話のそれと異なるのは[12]もちろんのこと、小説の中の会話ともすこぶる異なるものとなっていることは今見てきた理由による。要するに、戯曲の台詞では人物の性格表現、心理描写はもとより時間の経過や空間の移動などをも内在させて表現しなければならないのである。しかし、戯曲におけるこうした一見不自由とも見える条件こそが、実はその文体にいわゆる劇的文体という、独自の緊張した文体を生み出す基底ともなっていると思われるのである。

さて、こうした戯曲の台詞については、しばしば対話的性格が指摘される。対話の概念は必ずしも一定しない。例えば、西尾実は会話などとは異なって、一対一で話し手・聞き手が随時自由に交替し得る場合を指している。少なくとも単に話し合いの形態を指しているのでないことは明らかである。話し手・聞き手の間での意思や価値観の交流という意味が内在していると見なすべきであろう。この意味では、確かに戯曲の台詞は先述したように、個々の台詞が人物の性格や心理、時間や空間の移動を内在させなければならないものであるから、言葉の無駄も許されないはずで、越川正三が指摘するように「純度の高い対話[13]」を志向していると見てよいだろう。

阪倉篤義もこの点に関して、書き言葉的に整理された戯曲の対話はある程度作りものかもしれないが、これこそ「鮮明な言葉の印象と、対話者の心理的韻律を写し得て、最も対話的な対話と称し得るものである[14]」と述べている。一方、橘豊は「対話の中に存する人格の対立の表現こそ、戯曲の特性と見做すべき[15]」であると指摘している。木下順二はドラマについて説明する際に、フライタークの導き出した「劇とは対立である」という命題をよく引き合いに出している。実際にドラマが対立・葛藤の上に成立するとすれば、戯曲の対話に人格対立や心理的葛藤の表現が顕在化することも当然のことであり、これをもって戯曲の著しい特性と見なすことも可能であろう。

ともあれ、戯曲の台詞におけるこのような対話的構造についても後で若干の考察を試みてみようと思う。

なお、越川正三は戯曲における対話の文体を分析して「戯曲の対話はト書きが指示する音響や照明の効果とは無関係に、表現の本質において視覚的かつ聴覚的でなければならない[16]」と指摘している。これも戯曲という文章が持っている場面的条件という厳しい条件の故に生じる現象と言えよう。この点に関しても後で触れていくことになろう。

以上、戯曲の文章の表現構造について言語的諸相と構造的特質の両面から論及してみた。この中で、次に行う民話劇「聴耳頭巾」の表現構造の分析・考察の作業への課題設定も行っておいたので、以下にこれらの課題を踏まえて具体的な検討作業に入っていこう。

三　民話劇「聴耳頭巾」の表現構造

木下順二は自らの民話劇創作に際して、様々な民話に込められている「無数の名もない民衆の切実な感情とすぐれた知恵」とを問題とし、「それらを語りつたえてきた無数の名もないわれわれの祖先たちと合作するという意識[17]」があると述べている。昭和三十年の時点である。一方、木下は昭和二十五年の弘文堂版『夕鶴』の〈あとがき〉の中で「日本にはヨーロッパのように力強くエネルギッシュなテーマがない」と断言し、「日本の昔話しがいかに素朴であり矮小であり穏和であることか」と嘆いている。にもかかわらず、木下は『夕鶴』や『彦市ばなし』を「素朴で矮小なその日本的テーマの中に湛えられている美しさや楽しさを、僕なりに追求してみた作品」であると語っている。日本の民話に対してやや悲観的な見解を持ちつつも、そうした面をも積極的に生かそうという姿勢が窺えるのである。木下のこうした姿勢はおそらく民話劇の方法の問題とも深く関わっているようにも思えるのである。つまり、民話の文体（＝語り口）を生かし、しかも日本の民話に欠けている「力強くエネルギッシュなテーマ」を補完するためにこそ、戯曲の文章の表現構造が必然的に求められていったのかもしれないのである。

以下、この問題をも念頭に置きつつ、前章で取り出された課題を検証する方向で、民話劇「聴耳頭巾」の表現構造を〈発想〉〈構成〉〈表現〉の三つの観点から探っていってみようと思う。

(1)　発　想

民話「聴耳頭巾」は本小論の冒頭にも掲げておいたように、北は東北から南は鹿児島県下の喜界島にも伝わっていて、かなり広範囲にわたって流布されたものであることが分かる。このうち、木下順二が基本素材とした原民話は岩手県の陸中上閉伊郡で採録されたもののようである。原民話によると、一人の貧乏であるが善良で信心深い爺が氏神の稲荷様から古めかしい赤頭巾を授かり、これを被ると鳥や獣の言葉がすっかり分かるようになる。これによって長者の一人娘や別の長者の病気の原因を知って直してやり、そのお礼でその爺もお金持ちになって幸せに暮らしたというものである。

喜界島民話の方は頭巾でなく「聴耳笠」である。この笠で二羽の鳥の話を聴いて、村に米がたくさん取れるようにするための溜池を作る方法を知って、その褒美として畳表を二百枚もらって一生を楽に暮らすという話である。この話では聴耳笠を被るのが親孝行で働き者の息子である。この点と溜池を作って米を取れるようにして村人に貢献するという発想は比較的木下民話劇の発想に近い。木下民話劇の方では最後に長者の娘も元気にさせるが、同時に裏山の平石を取り除けて水の回る仕掛けによって村の田んぼや畑、森の木や草を生き生きとさせるという結果になっている。自然の豊かな恵みが、生きとし生けるものの生命の根に作用して幸いをもたらすという発想は、原民話に見られる矮小性を克服していると見てよいだろう。

また、新潟県越後・佐渡の民話「青いきき耳頭巾」によると、「権太」という「すこしうすのろの男」が野焼きの最中に助けた青蛇の精に授けられた青い聴耳頭巾で鳥の話から宝の埋まっている場所を知り、宝を掘り出して一生を安閑と暮らしたという話になっている。さらに、「安芸・備後」の民話では海辺で一匹のタイを助けた「甚平」という「大そう心の優しい」「年老いたお母さんを大切にして暮らして」いた若者が竜宮から宝物の頭巾をもらい、これですずめの話を聴いて村の一本橋の上に石ころのように転がっていた大きな金の魂をひろって大金持ちとなり、お母さんにたいそうな孝行をし、さらに、カラスの話からお城のお姫様の病気を治してやって姫様の婿になるという話である。「種ヶ島」の民話「童子丸のきき耳」の場合は、相当流布されている形であるが、狐女房の話、いわゆ信太妻の物語と聴耳頭巾の話とが組み合わさったものである。

以上の各地の民話に概ね共通しているモチーフ（＝表現の動機となった中心思想）の一つは聴耳頭巾という不思議な力を持つ頭巾によって鳥や獣や草木の話を聴くことができるという点である。これはこれらの民話の最も基本的なモチーフである。もう一つのモチーフは善良な老爺や親孝行で心優しい若者が主人公で、自らの人徳によって神様や龍の使い或いは狐から聴耳頭巾を授けられ、そのおかげで思いがけない大金が舞い込んで幸せに暮らせたという点である。木下民話劇の原拠となった柳田の『日本の民話』の内容も同様のモチーフとなっている。

ところが、木下民話劇の場合はこの点が全く異なっている。主人公の「藤六」が親孝行で働き者の若者である点は「喜界島」民話の「聴耳笠」にも共通している。しかし、聴耳頭巾を「死んだおとっつァま」から譲り受けたという点は他の原民話に全く見られない発想である。加えて、原民話の中には頭巾を被ると聞こえてくる鳥などの話している言葉の中に「人間ほど、りこうげな顔しとって、馬鹿んもんがあろうか」といった台詞が必ず出てくる。つまり、鳥や草木の方がふだんは物言わぬように見えていても実は人間よりすぐれた能力を持っているのだというモチーフが滲んできているのである。しかし、木下民話劇の中では小鳥たちの台詞の中にもこのような部分は一切窺えない。むしろ、愚かな人間どもの中で一人藤六のように、貧乏でも心根は優しく人間として立派な者もいるといった面が強調されているのである。

さらに、結末では長者の娘の病気が治り、水の周りが村全体によくなったおかげで田んぼや畑、森の木や草までが生き生きとしてきてめでたく終わるのだが、ここには原民話などとはかなり異なったモチーフが見られる。結末で聴耳頭巾の恩恵に浴した者が長者の娘の他に村全体に及んでいるという点である。このモチーフは原民話では「喜界島」のものに見られるだけである。また、藤六自身が経済的に豊かになったというような事実はどこにも述べられていないのである。そればかりか、藤六には「この頭巾も、あんまり使うもんではねえな」「鳥の話などめったにきいて、またどげな悪心を起こしとうなるもんでもないわ。人間、やっぱり地道に働くが何よりかにより大切だろうて。」と語らせて、最後に母親と一緒に〈鳥の話〉ではなく、〈小鳥の歌――美しいハミング〉を聴くところで終わるのである。この種の民話によく見られるような、主人公が思いがけない財宝を手に入れてめでたく暮らしたといった結末のパターンは完全に払拭されているのである。

要するに、木下順二民話劇では、原民話の単純なアニミズム的発想が否定され、人間が自然から恩恵を被るという面が背後に押しやられて、代わりに凡庸とも見える生き方の中に、そのように生きる人間のしたたかな知恵を認めて、これを積極的に評価するという発想に転換していることが分かるのである。どこまでも人間が主体なのである。前代の民衆の素朴な願望はより屈折した形で近代人の願望に切り換えられているのである。

(2) 構　成

戯曲の文章の表現構造の特異性については既に触れておいたが、意外と見過ごされがちなのはその構成面である。ドラマトゥルギー（＝作劇法）から言えば、構成の方法にはいくつかの様式があろうが、ごく一般的なものとして〈発端・展開・クライマックス・結末〉といった構成が思い浮かぶであろう。民話劇「聴耳頭巾」も実はこの方法に当てはまると見てよいだろう。

そこで、本小論で特に見ておきたいのは、文章の「冒頭」としての〈発端〉の方法についてである。言うまでもなく、木下民話劇の「冒頭」の構造を検討することを通してその特質と戯曲文章の表現価値を探ってみたいからである。文章における冒頭の意義については、諸家の説くところである。相原林司はこれらの諸説を整序して自らも〈文章の冒頭〉に関する性格づけを行って「その文章に興味と関心を持って読もうとする状態に読者を導くこと、または、その文章と自己との距離を読者に測定させること」といった意味での「誘引性」という意義を抽出している。[18]文章の冒頭にこのような性格があるとすれば、戯曲という特異な文章などの場合、その冒頭の意義は殊の外大きいと言わねばならない。

ところで、時枝誠記はつとに文章の構造的機能の面から「冒頭とその展開である表現との間には、相互制約の帰納的関係」があるとしてその意義を説いた。[19]また、市川孝もほぼ同様の立場からその意義を説いている。本小論では、冒頭部分を文章全体の叙述内容との関わりから分類した市川の捉え方が参考になるので主にこの分類によりながら検討を進めることにしたい。

市川孝は冒頭の類型を大きくは「叙述内容の集約としての冒頭」「主内容に対する前書き・導入としての冒頭」「主内容を構成する一部としての冒頭」に分けて示している。[20]この類型の三つ目は時枝誠記の考え方によれば冒頭としては認められていないものとなる。この類型について市川は「前置きや導入を置かず、いきなり主内容の一部にはいったり、場面の描写や会話などから始める場合。近代小説でよく用いられる手法。」と説明している。そこで、戯曲の文章にも冒頭部分が存在するという仮定に立つ時、実は民話劇「聴耳頭巾」の冒頭は、どうやら市川の立てる冒頭類型の三つのものに該当しそうなのである。

さて、文章の冒頭を決める際の考え方として市川孝は「単純に、最初の一文や、また最初の一段落について見るのではなく、文章全体の構造を見通したうえで、書き起こしの位置に置かれた、ひとまとまりの内容」として捉えていくべきであると述べている。

そこで、この考え方によって民話劇「聴耳頭巾」の冒頭部分を見ていくと、その部分が文章の量としてはかなり多くなるのである。まず、「ふるような小鳥のさえずり、しばらく――」というト書きで始まり、荷負いの「藤六」が森でひと休みしているうちに、「死んだおとっつァまのゆずりもん」の「頭巾」に「鳥のいうことが分かる」不思議な力があることに気づくことになる場面が配置されている。この場面は「作品集」のテキストで前後八頁に及ぶ。この場面には、実は中ほどで時間が後戻りして、藤六が今朝方激しい雨の中を病気の母親を家に置いて荷負いの仕事に出かける場面が挿入されている。藤六の今日の仕事は「欲張り長者の甚五兵衛」の家へ長者の娘の嫁入り箪笥一棹を届けることである。筋立てとしては、途中雨が上がったところでひと休みをしていて頭巾の不思議な力に気づくところへと戻ってくるのである。その部分は次のように配置されている。

藤六　（右の声々を下にもって、さっきの言葉のつづきとして）という工合でおら、この頭巾がこういうふしぎな頭巾だちゅうことに、きょう初めて気がついたというわけだが……ふうん、何ともこらァ、いい歌。……

要するに、ここまでがこの頭巾の不思議な力に関しての紹介となっている。このあとで、村から飛んできた一羽の小鳥の話――長者の甚五兵衛の娘が病気にかかっていること、その原因が長者の家の離れ座敷の庭の楠の木にあると――を聴く場面が続く。つまり、ここからは、明らかに事件の発展・展開が配置されている。そこで、先の藤六の台詞までのところを、このドラマの発端、文章構成の上からの冒頭部分としてよいと思われる。それにしてもこの冒頭部分の長さは、一般の文章に比すれば異例である。なぜ、このようなことになるのか。因みに、木下順二作『日本民話選』の中の再話「ききみみずきん」の冒頭部分を見てみよう。

むかし、藤六《とうろく》という若《わか》い百姓《ひゃくしょう》が、病気のおっかさんとふたりで、くらしておった。

藤六はびんぼうな百姓であったから、百姓だけでは、くらしがたたんので、人の荷もつをあずかっては、あっちのほうやこっちのほうへ、たのまれたようにせおうてはこぶのを、しごとにしておった。

どんなおもい荷もつでも、元気よくおうて歩くので、みんなが「荷おいの藤六」と呼んで、藤六は、このあたりで人気ものであった。

このあとには、藤六が雨の中を「死んだおとっつァん」のかたみの「ずきん」を被って荷負いの仕事に出かけるところが叙述されていくのであるが、文章全体の組み立てから見ると、〈展開〉部分に入れた方が妥当である。すなわちこの再話の場合は、この部分が市川の冒頭の類型で見ると、「主内容に対する前置き・導入としての冒頭」の「(C)時・所・登場人物などを紹介する」型に入ると思われる。時枝の機能面から見た分類によると、「全体の輪郭、枠の設定であって、時、処、登場人物が提示される」に入ると見てよいだろう。いずれにしても、これで再話の方の冒頭部分と民話劇の場合とでは、同じ民話を素材としつつも、その類型と機能がまるで異なってしまっていることが分かる。こうした違いがどうして生じてくるかについて若干考察を加えておかなければなるまい。

再話の方の冒頭では、藤六という人物の性格づけが中心でそれは説明の方法によっている。そして、役割としてはこれだけである。ところが、民話劇の方ではかなりの分量の冒頭となっているだけにその役割も単一ではない。

まず、藤六という人物の性格づけであるが、これは藤六自身の台詞の中に少しずつ描出されていく形となっている。しかも、冒頭の中程までは、藤六という人物が何者なのか、少なくとも文章の上からはっきりしていない。この点では戯曲の文章が〈場面的対象〉として〈観客〉を含んでいるところから必然的な現象を示すものであろう。観客には藤六の身なり・出で立ちなどから自ずと何者かが分かるわけで、その分読者に対しては不親切な叙述となってしまうわけである。しかし、よく考えてみればこの民話劇は放送劇用である。藤六の身なりは読者と同様にその聴衆にも見えないのである。だとすれば、冒頭のこのような叙述方法にはより積極的な意味を見出さなければなるまい。

この民話劇の冒頭では、先に見たように前置きもなく導入もなく、突如として不思議な頭巾のことが劇的に紹介されて、このドラマの中心が突き出されてくる仕掛けとなっている。つまり、冒頭から不意に読者や聴き手を魔法の世界に引きずり込もうとする仕掛けなのである。この話の中心素材はやはり不思議な頭巾なのである。小鳥のハミングや笑い戯れる声々、そして楠の木やなぎ・杉の木の声を聴くことのできるこの不思議な頭巾こそがもう一方の主人公であり、もう一方の中心的な表現内容であり、文章全体の中心思想もこの頭巾を巡って紡ぎ出されていくのである。

したがって、文章冒頭の意義がその「誘引性」という面にあるとすれば、この不思議な頭巾のことが冒頭にくることは、極めて自然なことであると言わねばなるまい。木下順二は明らかにそうすることの表現上の効果を測定していたはずである。なぜなら、この民話劇の冒頭部分は後半において、前半部分に設定された不思議な出来事がほぼ同じ台詞（藤六―若い女―小鳥たちの声）とト書きでもって再現されるという構造になっているのである。

こうした方法の放送劇上の効果は絶大である。しかも、その効果は文章表現上の「冒頭の誘引性」という点でも全く同様であると言ってもよい。

(3) 表　現

先に戯曲の表現構造について述べたが、その中で戯曲の台詞の対話的性格について触れた。この性格については、かなり弾力的に見ていかなければならないだろう。なぜなら、戯曲の台詞の中にはしばしば独白や傍白（＝観客には聞えるが相手役には聞えないことにして言う台詞）が見受けられるからである。そこで、これらも広い意味で自己内対話、或いは観客に向けての一種の対話と考えていくべきであろう。本来、対話というものは日常生活の会話とも質的に異なるものであるが、独白や傍白も含めて対話の一種と見なせるところに戯曲の台詞の特異性があると考えられる。

民話劇「聴耳頭巾」では普通の意味での対話が成立していない部分が数多くある。例えば、これまで見てきた冒頭部分では、小鳥どうしのやりとりと、藤六とその母親とのやりとりは成立しているのだが、藤六と小鳥たちとの間は完全に断絶している。全体的に見ても、藤六とのやりとりがあるのは、他に甚五兵衛との間で若干見られるだけある。しかも、これも新たな劇的展開に導くようなものではなくて、対話的性格というよりもむしろ断絶的様相が強い。相互の交流的関係が成立していないのである。藤六が聴耳頭巾を被っても別段鳥や草木との間に意思の交流が成立しているわけではないのである。人間が聴耳頭巾の魔法によって鳥や草木の話す言葉が聴けるようになったというだけなのである。しかも、この魔法は誰にとっても効力があるわけではないのである。この頭巾は藤六の父親が被っていたものであるが、「いや、この頭巾は死んだおとっつァまのゆずりもんだが、こういう面白いことがあるとは、おら、きょうのきょうまで知らなんだ。いや、おとっつァまもきっと知らなんだに違いねえ」という部分から察するに、当の父親にもこの魔法の効力は働いていなかったようである。また、結末の場面で「なら、こうしてぐるっと――」という藤六の台詞から察するに、その母親でも藤六の力がなければ、ただ頭巾を被るだけでは小鳥の歌を聴くことができないことになっている。つまり、これは藤六のような人間だけに許された特権なのである。

こうした発想はおそらく、木下順二の意図したこのドラマの中心思想と密接につながっているはずだし、また、その表現的特質との関連もあるはずである。木下の作品ではドラマの展開全体の中で予め主人公と他の人物との間における普通の意味での相互関係が断絶してしまっていることが多いのである。

筆者はかつて、木下順二の戯曲「夕鶴」全体における〈発話の類型〉を調査したことがある。[21] これによると、いわゆる「平叙の発話」の他に、日常会話ではそれほど頻繁に現れるものではない「疑い・問い・反問及び難詰の発話」「勧誘・命令・禁止の発話」「応答・呼掛の発話」がかなりの割合で出現していること、さらに、普通の対話的・伝達的機能を有した正常な表現類型ではない「詠嘆・嘆きの発話」「断絶」「独白」（「断絶」「独白」については、いわゆる「発話」と性格を異にするものとして抽出した）などが全体で十五・五パーセントを占めているのである。

これらの現象はドラマ「夕鶴」の悲劇的様相を浮き彫りにしている一つの重要な言語的事実である。実は、「聴耳頭巾」においても「独白」や「断絶」的台詞がかなり多いのである。こうした異常な表現類型が現れてくるのは一つにはこの種の民話的世界・非日常的世界と関わっているのであろうが、一方で作者木下順二の表現の特質ともなっているように思える。

このように民話劇「聴耳頭巾」はドラマの中の人物間における普通の対話的・伝達的様相は希薄でも、その分読者や聴衆、舞台・劇場空間といった〈場面的対象〉に対しては全く逆であり、極めて雄弁性に富んでいる。つまり、不思議な魔法の世界へ読者や聴衆を引き込む仕掛けである。その仕掛けは台詞とト書きの巧みな組み合わせに現れている。ト書きそのものには、舞台効果の面に限定して言えば、確かに指示という働きだけしかない。しかし、文章上の表現効果という側面から見ると、この部分が台詞に与える影響には無視し得ないものがある。次のような具合である。

若い女の声々　わぁん、滑る滑るう！
　誰かひっぱってえ！（華やかな笑い声）いじわるいじわる。ようし、今度はあんたを——あっ！　いやあん、いやあん、いやあん——（華やかに笑う——バタリと切れる）
　次の瞬間には騒がしいまでの小鳥のさえずり——
藤六　はてね？　こら、いってえどういう——
　バタリとさえずりが止む。止むと同時に——
声　——だとさ。そこで大きな毛虫を取ってきて、みんなで食《た》——（バタリと切れる。）
　さえずり——
藤六　や。……はは あ、頭巾へ手を当てたらきこえたぞ。手をこう……いや、何のこともねえな。……？
　こう、手をあてて——

この民話劇の場合は舞台劇用に書かれたものでなく、放送劇用として書かれたものである。したがって、〈場面的対象〉は厳密には観客や舞台空間ではなく、相互に姿の見えない聴衆である。この点がこの民話劇の表現構造を決定する重要な要素であることは既述した通りである。
放送劇では、どこまでも聴覚だけを拠り所とする他ないという限界がある。しかしまた、この限界が戯曲という文章のレベルで見る時、一種の武器にもなる。先の一場面を見ただけでも短な発話を畳み重ねるように並べて、しかもト書きを交互に巧みに挟み込んでいることが分かろう。勿論、ト書きは放送上の擬音効果の面での指示としての役割を果たすだけとなる。しかし、これを文章上のレベルで見れば、異質の表現が交互にしかも緊密なつながりをもって現れてくると、そこに快いリズム感が生じてきていることが分かる。ト書きといえども文章表現上は決して無視し得ないものであることが分かるであろう。

次に、前節で指摘しておいた点であるが、戯曲の〈台詞〉が一般散文に見られる「会話」「描写」「叙事」「説明」などの機能を兼ねているという事実を「聴耳頭巾」の中で見ておこう。甲斐睦朗は文学作品における表現構造について、〈視点論〉の立場から表現者が文章表現そのものにどのように関与しているかということを考察している。甲斐はこの点を語り手視点、人物視点の区別の上から語り手と人物の二者の働きを程度量的に捉えて、作品中の表現の性質を六つの層で表した[22]。この考察には教えられるところが多いのであるが、今それを詳しく紹介している余裕はない。そこで、ここではその考え方を受けて、では戯曲の文章の場合、表現者は表現の位相にどのように関与してくるであろうか、という方向で問いを設定してみよう。

まず、一般散文の場合、特に文学作品の場合、作者は作品の背後にいて前面には決して登場してこないものである。ところが、戯曲の場合、明らかに作者が登場している部分がある。〈ト書き〉の部分である。ここでは作者が読者（演出者を含む）に対して、直接に表現内容を補い、舞台空間や演出上の注意を指示している。しかし、それは一般散文にも見られるような「説明」の表現とは異質である。〈ト書き〉には語り手及び人物の視点は一切関与していない。では、〈台詞〉の部分ではどうだろうか。勿論、人物の視点は大いに関与しているのだが、語り手の視点はどうであろうか。次の部分はいわゆる独白の〈台詞〉である。

藤六　ふうん、何とこら、いい歌だ。……（しばらく聞きとれているが）しかし鳥のいうことが分かるとは、こら珍しいこった。……（ちょっとハミングをとめてみたり、またきいてみたりしながら）あっはは、こら面白え。ふうん。……いや、この頭巾は死んだおとっつァのゆずりもんだが、こういう面白いことがあるとは、おら、きょうのきょうまで知らなんだ。いや、おとっつァまもきっと知らなんだに違いねえ。一体これは、いつからこういうことになったもんだかのう。……おらはきのうもこの森で休んだが、きのうまでは何のこともなかった。……そうすると、こら、きょうが初めてちゅうことになるが、……ええと、けさは、先ず目を覚ましたらあの大吹きぶりだったわけだが……

独白は普通、自己内対話であるから、そこに自ずとその人物の内面が描出されてくることが多い。しかし、この場合の独白は藤六の内面を描出することを目的としているのではない。むしろ、放送劇脚本として見た場合に聴き手に話しかけるニュアンスの方がより顕著であり、ここでは頭巾によって小鳥の話し声が分かるという不思議な現象の起こる原因を聴き手に語り聴かせているのである。藤六という登場人物は語り手との二役を兼ねている形である。つまり、文章表現のレベルではその分だけこれらの台詞に「叙事」の機能が働いていることになろう。

次に、この民話劇の結末部分で、藤六が母親に話しかけている台詞を見てみよう。

藤六　①どうだったかな。おらはよっぽど気ままもんだが。……②けど何だな、あの裏山の平石は、あの長者の田だけに余計水の廻る仕かけだったわけだが、この頭巾のお陰であれをのけたら、楠の木も元気になり、楠の木が元気になったら、長者の娘も元気になってちゃんと嫁に行ったし、たんぼも畑も木も草も、みんなが一ぺんに生きいきとしてきたようだ。

母親　ほんに、そうだなあ。

　　さえずり——

藤六　けれどもおっかさま、この頭巾も、あんまり使うもんではねえな。

母親　どうしてよ？

藤六　どうして、て、そらァ、いいこともあるべが、また悪いこともあるべ。今度はおかげでいいことばかりだったが、鳥の話などめったにきいて、またどげな悪心を起こしとうなるまいもんでもないわ。人間、やっぱり地道に働くが、何よりかにより大切だろうて。（①②は大内）

最初の藤六の台詞では、母親の台詞との関連で言えば①の部分だけで十分なはずである。②の部分は内容的に見れば母親の台詞から導き出される必然性はない。この部分には明らかに語り手の働きが入り込んできていると見てよい。つまり、語り手が藤六という人物を介して読者あるいは聴き手に語ってきていると見ることができる。また、最後の藤六の台詞でも、その表現内容はかなり説明的である。ここは、皮肉な見方をすれば、語り手よりもむしろ作者その人が思わず姿を現したと言ってもよいところである。作者のテーマ意識がやや生な形で現れてきた部分と見なせないこともないのである。要するに、台詞には〈叙事的〉〈説明的〉機能が含まれてくるということである。

最後に、木下順二民話劇における〈……〉〈——〉などの「くぎり符号」の用い方（＝句読法）の特質について言及しておこう。木下の初期の民話劇を見ると、〈……〉〈——〉のくぎり符号の頻繁な使用に驚かされる。くぎり符号のその頻繁な使用は文章全体の上に何らかの影響を及ぼさないわけにはいかなくなろう。最も考えられやすい影響としては文章のリズムという面である。このリズムはこれらの符号の持っている視覚的・聴覚的な印象に拠るものであろう。

　波多野完治はくぎり符号としての〈句読法〉に関して、これが「文章の理念把握への重大な手がかり」を与えると指摘し、ゲシュタルト心理学を援用しつつ、〈。〉〈、〉の符号が音声的な「地」（＝素地）を表示していると同時に、視覚的な「柄」（＝図柄）をも表していると述べている。[23]〈……〉〈――〉は、〈。〉や〈、〉よりもずっと長い音声的休止・断止を表している。先に引用した、藤六の独白の台詞の中にも七箇所にわたって〈……〉が使用されている。それぞれの〈……〉は一定の時間的空白を表しているが、ただそれだけではない。藤六の内面でこの時の不思議な現象の意味が段階的に類推されて解き進められていく状態が示されているのである。この台詞の朗読の際には音声的休止の形でその不思議な現象に聴き手の関心を惹きつけることができるだろうし、これを黙読する場合には、視覚的な「柄」として音声的休止では表し得ない微妙なニュアンス――端的に言えば、間断的な余情感――を表していると言えよう。〈――〉に関しても、台詞の末尾やト書きの末尾のいたる所に使用することによって、〈、〉による瞬間的休止よりもやや長い断止的空白を設けて、次々と起こる不思議な現象への緊張と不安の感情を惹起する効果をもたらしていると言える。

　因みに、木下の『日本民話選』の中ではこれらの符号をほとんど使用していないため、やや間延びした感じであるが、逆にいわゆる「連綿体――息の長い文章体」という民話の文体を形成していることになるだろう。両者を比較してみると、その文体的差異は歴然としている。要するに、『日本民話選』の文章では間延びした息の長い文章体とすることによって民話独自の語り口を再現すると同時に、この話の不思議な現象に対する緊張と不安の感情を表そうとしているかに見える。これに対して、民話劇の方でこうした語り口や表現効果を発揮しているのが〈……〉や〈――〉の符号であるというわけである。『日本民話選』の文章を引用してみよう。

「あそぼうやあそぼうや」
「行こうや行こうや」
という声ごえが、つぎつぎにいなずまのようにぱっぱっときこえて、ぱたりとやんだ。
藤六は、まったくびっくりしてしまって、ぽかんとしたまま立ちあがって、あたりを見まわしてみたが、藤六のほかにはだれひとり、この林の中に人のすがたは見えなんだ。（――線は大内。）

――線を付けた部分に見られるような叙述は民話劇には一切見られない。「ぱたりとさえずりが止む」といったト書きは見られるが、「つぎつぎといなずまのようにぱっぱっと」というような、状況の急激な変化を表す叙述は全くないのである。そこで、こうした叙述の代わりをしているのも実は〈……〉や〈――〉の符号であることが分かるのである。これらのくぎり符号の、木下順二民話劇に及ぼしている影響とその表現価値が決して無視し得ないものであるというわけである。

以上、木下順二民話劇「聴耳頭巾」の表現構造を様々な角度から分析・考察することによって、戯曲の文章の表現価値を明らかにしようとした。これによって、国語科教材としての戯曲の文章の意義が少しでも再認識されていけば幸いである。

注
（1）弘文堂版『夕鶴』（昭和二十五年十月）の〈あとがき〉（『木下順二評論集Ⅰ』昭和四十七年十一月、未来社、一五一頁）。
（2）加藤周一「木下順二論」（『現代日本文学大系83』昭和四十五年四月、筑摩書房、四六一頁）。
（3）『木下順二作品集Ⅲ』（昭和三十八年五月、未来社）の〈解説対談〉の中での木下自身の証言から（二五四頁）。
（4）木下順二著『ドラマが成り立つとき』昭和五十六年十月、岩波書店、二五五～二五六頁。

（5）同前書、注（4）、一七六頁。
（6）『西郷竹彦文芸教育著作集』第十一巻、昭和五十一年四月、明治図書、一七二頁。
（7）『小林英夫著作集8文体論的作家作品論』昭和五十一年十一月、みすず書房、所収。
（8）藤田真寿美「中学校における戯曲教材の採用状況とその問題点」（『解釈』三七四集、昭和六十一年五月）は戯曲教材の減少傾向を統計的に指摘し、その問題点に言及している。
（9）拙稿「戯曲『夕鶴』の表現構造―その教材論的考察―」（『文学と教育』第七集、昭和五十九年七月）。
（10）三島由紀夫著『文章読本』昭和三十四年六月、中央公論社、九十～九十一頁。
（11）時枝誠記著『文章研究序説』昭和三十五年九月、山田書院、一七三～一七九頁。
（12）永野賢は『伝達論にもとづく日本語文法の研究』昭和四十五年四月、東京堂）の中で「会話文の言語的様相」の特質を「文字言語的性格」を濃厚に帯びた「芸術的音声言語」であると規定している。
（13）越川正三著『文学と文体』昭和五十一年十一月、創元社、一六八頁。
（14）阪倉篤義著『文章と表現』昭和五十年六月、角川書店、一〇八頁。
（15）橘豊著『文章体の研究』昭和四十一年十月、角川書店、五十九頁。
（16）前掲書、注（13）、一八三頁。
（17）木下順二「民話について(3)」（『東京新聞』昭和三十年四月九日、『木下順二評論集3』昭和四十八年十月、所収、一四九頁）。
（18）相原林司著『文章表現の基礎的研究』昭和五十九年一月、一四五頁。
（19）前掲書、注（11）、五十二頁。
（20）市川孝著『新訂文章表現法』昭和五十三年二月、明治書院、六十五～七十五頁。
（21）前掲稿、注（9）。
（22）甲斐睦朗他著『文学教材分析の観点と実際』昭和五十四年四月、三十九～四十四頁。
（23）波多野完治「国語教育の閑却された一面」（『教育研究』第五〇〇号臨時増刊、昭和十四年、一〇九頁）。これと同様の考え方は波多野完治「句読点の心理学と修辞学」（『国語国文』昭和十三年十一月）にも述べられている。

第五章　柳田国男『遠野物語』の表現構造

――教材化のための基礎作業――

一　本研究の動機・目的

柳田国男の著作の持つ不思議に人を惹きつける力は一体どこに秘密があるのだろうか。柳田の著作に多少なりとも親しんだ経験のある者なら誰しもが覚えた疑問ではないかと思われる。扱われている題材の意外な卑近さ、叙述されている内容の広がり、追究されているモチーフ（＝表現の動機となった中心思想）、テーマの奥深さ、そして、こうした内容面を包んでいる容器、すなわち言語形式……と、おそらくそれぞれに理由があるのだろう。こうした疑問を明らかにしてみたい。これが本研究の動機である。

本研究に取り組もうとした動機がもう一つある。柳田国男の一連の文章を国語科教材として使用することができないものだろうかという目論見である。国語科教材としての表現価値をどの程度含んでいるかを明らかにしてみたいと思う。

本小論では言語の形式的側面からのアプローチが中心になると思う。勿論、単に言葉の末を問題にするつもりはない。叙述内容と言語形式の一体的な関係を両者が重なり合って紡ぎ出す「緊張体系」[1]の密度から探っていこうとするものである。そこで、分析の観点としては狭義の表現・修辞面の他に、表現以前の問題としての〈発想・着想〉面や、表現という行為へと進む間の構想面の具体的な形である〈構成・配置〉についても見ていきたい。

本小論で言う「表現構造」という概念については、第Ⅱ部第一章の【補説】において解説し前章でも若干触れてておいた。詳細については拙著『国語科教材分析の観点と方法』（平成二年二月、明治図書）を参照せられたい。本小論でもこの表現構造を、①発想・着想、②構成・配置、③表現・修辞という立体的な三層構造で捉えて分析・考察を加えていくことにする。

本小論で使用するテキストは『定本柳田国男集』第四巻（昭和四十三年九月、筑摩書房）に収められている『遠野物語』である。

二　『遠野物語』創作の動機──「事実」観を巡って──

『遠野物語』の表現価値はこの文章がいかなる動機から創作されたかに深く関わっている。『遠野物語』初版の扉には「此書を外国に在る人々に呈す」という献辞が置かれている。また、昭和十年に郷土研究社から刊行した増補版の「再版覚書」にはこの初版本に附した献辞について、「其頃友人の西洋に行つて居る者が妙に多かつたので、其人たちに送らうと思つ」たからであると述べている。

この説明に述べられている柳田の本心について、岩本由輝は「日本人でありながら、心は外国、とりわけ西ヨーロッパにあり、外国風、西ヨーロッパ風にしかものを考えることができない人々に対して鋭い批判の矢を放とうとするものであったと解釈すべきであろう(2)」と推断している。柳田の本心をとりあえずこのように仮定してみると、そこに『遠野物語』創作の動機も仄見えてくるのであるが、これについては今しばらく考察を加えていってみたい。

柳田が明治四十年九月『新小説』に発表された田山花袋の『蒲団』の私小説風の内容に露骨な嫌悪感を示した

ことは夙に知られているところである。明治四十三年六月に聚精堂より刊行された『遠野物語』がこうした自然主義文学の作風に対する対抗的意図から書かれたものらしいということもしばしば指摘されてきたことである。

そこで問題となってくるのが、「事実」を描くということに関する柳田の考え方である。柳田は花袋の『蒲団』が発表されるより以前に「写生と論文」という論考の中で次のように述べている。(3)

写生文を見ると、見たまゝを、聞いたまゝを、飾らず偽らずに書いている。これならば、文章はそんなに六ヶ敷いものではない。何人《だれ》にでも――考さへあるものならば何人《だれ》にでも、書けると思ふに至つたことだ。つまり、文章は元来、思想を発表する手段であるに従前はこの手段の為めに煩ひされて、ともすれば目的を達することが出来なかつた気味のあつたのを、写生文が破つたのである。

かう当りがついて見れば、文章の上達する方法も分つたといへる。即ち、自分の気をよく養つて、その上は唯だ、見た事、聞いた事、思ふ事、感じた事を、有りの儘にさへ書けばよいのである。（文中の圏点は省略）

写生文における描写表現の方法の有効性と文章上達の秘訣について論じたものである。ただ、注意してみると、「見た事、聞いた事、思ふ事、感じた事を、有りの儘にさへ」書けばよいというこの方法には極めて重要な前提が置かれている。つまり、「考さへあるものならば」とか「自分の気をよく養つて」という面である。これは表現主体の側の根本要件である。これなくして、ただの「有りの儘」のみ強調されると、花袋の『蒲団』がなぜ悪いのかということになる。柳田の場合、写生文の表現方法としての利点を認めはしたものの、これが単純に文章の思想とつながっていくものでないことを看破していたのである。花袋の『蒲団』に対する柳田の評価がこれを証明している。

このように考えてみると、様々に憶測される『遠野物語』序文の「自分も亦一字一句をも加減せず感じたるまゝを書きたり」という言葉の意味も明らかとなってくる。岩本由輝はこの部分の意味を柳田の言う「飾らず偽らずに」とか「有りの儘に」といった文脈の側に力点を置いて解釈しているが、それではいけないように思われる。やはり、「考さへあるものならば」とか「自分の気をよく養つて」という部分に力点を置いて解釈すべきではないか。つまり、「一字一句」というのは佐々木鏡石（喜善）から聞いたことの「有りの儘」のものという意味ではないだろうということである。「聞いたまゝ」のことが「感じたまゝのこと」になると、すでに事実「有りの儘」ではなくなる。表現主体の認識的側面が関与してくるのである。ここはやはり杉山康彦も指摘するように、「自分も亦」という句が前文中の「誠実なる人」を受けて、「鏡石の語りから感じたことに忠実[4]」に書いたという意味に取るべきであろう。

さて、少しくどくなるが、ここは柳田の「事実」観という極めて重要な部分である。そこで、表現・文体上からの論及は後の「第五節　表現・修辞」で詳しく触れることにして、題材・内容の面から今しばらく創作動機の問題を考察していってみよう。

柳田は大正十五年十一月に郷土研究社第二叢書として刊行した『山の人生』という著書の〈自序〉に、この書を「書いて居るうちに、自分にも一層解釈しにくゝなつた点が現れたと同時に、二十年も前から考へて居た問題なるにもかゝはらず、今になつて突然として心付くやうなことも大分あつた[5]」と述べている。この中の「二十年も前」という時期は概ね、『遠野物語』（明治四十三年）刊行の時期と重なってくるのであるが、この「考へて居た問題」について柳田はつぎのように述べている[6]。

天然の現象の最も大切なる一部分、即ち同胞国民の多数者の数千年間の行為と感想とが、曾て観察し記録し又考究せられなかつたのは不当だと云ふことゝ、今後の社会改造の準備にはそれが痛切に必要であると云ふことゝは、少なくとも実地を以て之を例証して居る積りである。

さらに、本文の「一　山に埋もれたる人生ある事」という一文の末尾に次のように言及している。(7)

我々が空想で描いて見る世界よりも、隠れた現実の方が遙かに物深い。又我々をして考へしめる。是は今自分の説かうとする問題と直接の関係は無いのだが、斯んな機会でないと思ひ出すことも無く、又何人も耳を貸さうとはしまいから、序文の代りに書き残して置くのである。

ここに述べられている考え方がおそらくはずっと二十年前の『遠野物語』執筆の頃の柳田の思いに重なっていると見てよいのではないかと思われるのである。ここには『遠野物語』以後、やがて明らかに志向せられてくるところの民俗学研究への動機とその方法が端的に語られていると見ることができる。

『遠野物語』が叙述された時点では、こうした研究にとって重要な拠り所である口碑・伝承の類の積極的な価値を世の多くの人々は気づくことができなかったし、認めることもできなかったのである。言わば路傍の石と同様のどこにでも転がっている口碑・伝承の類に光りを当ててそこに誰もが気づかなかった人間の真実が存在していることに気づかせるためには、このように『今昔物語』を擬したような〈物語〉の形を取ること、否それ以上に表現の細部にわたって様々な工夫をしていかなければならなかったはずである。つまり、この時に柳田は文章がどれだけ「事実」というものを表し得るのかという問題に打ち当たっていたはずである。

とはいえ、『遠野物語』の素材は、言わば事実と虚構の綯い交ぜであり、どこまでが事実でどこからが虚構かも分からないものである。このような素材を用いて表現しようとしたものが客観的事実では有り得ないことも自明である。柳田の目指したものは凡俗の生活の中に伝承されてきたところの人間の真実の発見である。

とすれば、この物語に叙述されている不思議な現象の持つ緊張体系が近代の鎧をまとった「平地人を戦慄せしめ」るだけの絶大な効果を発揮するためには、やはり言語形式の持つ緊張体系が叙述内容としての緊張体系に重なっていく必要がある。我々が『遠野物語』を読んで感じる生々しい現実感、迫真的リアリティの秘密もこの点にあると思われる。筆者は、こうした部分に国語科教材としてのすぐれた表現価値を認めていきたいのである。そこで以下に、〈発想・着想〉〈構成・配置〉〈表現・修辞〉の三層から総合的に『遠野物語』の表現構造を探っていこうとするのである。

三　発想・着想

柳田国男の現実認識の網の目は日常のまことに些細と思われる事実の背後に思いもかけないような真実を見抜いてしまう。例えば、「木綿以前の事」という論考では人々が麻をやめて木綿を着るようになってから、日本人の感覚にどのような変化が起こったかを次のように述べている。(8)

以前の麻のすぐな突張つた外線は悉く消へて無くなり、いはゆる撫で肩と柳腰とが、今では至つて普通のものになつてしまつたのである。それよりも更に隠れた変動が、我々の内側に起つて居る。即ち軽くふくよかなる衣料の快い圧迫は、常人の肌膚を多感にした。

その辺にいくらでも転がっている事物・事象に対してでも見方が違うのである。言わば、素材・題材に対する目の付けどころが違うのである。柳田の著作の魅力の源泉は実にこの発想・着想の妙にあると言えよう。そこで、こうした面を、表現意図の独自性、テーマ設定の仕方なども含めて〈発想・着想〉と一括りに捉えていくことにする。

柳田の発想・着想の妙は『遠野物語』の文章の場合、そこに語られた事物・事象を「目前の出来事」と言い、「現在の事実」と言い切ったその一事に端的に象徴されていると言えよう。この物語に語られている事物・事象の中にいわゆる俗信・因習・伝説の類を見出すことはたやすい。しかし、世の人々はこうした物語以前の口碑・伝承の類にいかなる積極的な意味を見出し得たろうか。

柳田は日本民俗学の初めての概説書と言われている『民間伝承論』（初版は昭和九年八月、現代史学大系第七巻として共立社書店より刊行）において、その部門を次のように分類提示している。(9)

第一部は、生活外形、目の採集、旅人の採集と名けてよいもの、之を生活技術誌といふも可。（以下略）

第二部は生活解説、耳と目との採集、寄寓者の採集と名けてもよいもの。言語の知識を通して学び得べきもの。（以下略）

第三部は骨子、即ち生活意識、心の採集又は同郷人の採集とも名くもの。（以下略）

これらは第一部を「目に映ずる資料」、第二部を「耳に聞こえる言語資料」、第三部を「最も微妙な心意感覚に訴えて始めて理解出来るもの」（一一九頁）とも補説されていて、さらにはこれらを「生活諸相」「言語芸術」「心意諸現象」とも要約している。『遠野物語』の場合、概ね第二、第三部門に関わってくるであろうか。耳に聞き、心に感じたものを叙述したものが『遠野物語』なのである。

ところで、『民間伝承論』という本では、第二章以下は弟子が柳田の口述を筆記したものであるが、先の三つの部門から常民生活の文化の「残留」や「痕跡」を採集し民衆生活の中に繰り返されている事実を重ね、考察して常民の歴史を再現するという、いわゆる「重出立証法」という方法が初めて説かれている。実は、『遠野物語』の〈題目〉を見ると、一一九の挿話は全て「里の神」「家の神」「山の神」「山男」「山女」「塚と森と」「昔の人」「家の盛衰」「魂の行方」などといったものに分類整理されて示されている。全体の配置は「物語」という意識からか、ばらばらになっている。しかし、このように題目をつけて示しているところはすでに『民間伝承論』の方法意識があったのであろう。ただ、『遠野物語』執筆の時点では、世間一般はこのような口碑・伝承の類にいかなる価値があるかを認識し得ない状況にあったために、方便としてこのような表現形態を採ったのであろう。『遠野物語』は言わば〈物語〉という表現形態を借りた柳田民俗学の〈序説〉であったのである。ここにまず『遠野物語』創作に関わる柳田の第一の〈発想〉があったと言えよう。

さて、『遠野物語』が柳田民俗学の序説であったとしても、そこにいわゆる自然科学のような形での目に見える仮説や法則の発見、論理の糸があったわけではない。わずかに、〈題目〉として民俗学的採集資料の項目立てが行われているのみである。この物語から何を読み取るかは、結局読者一人一人に委ねられていたのである。

今日の民俗学研究家がこれを読めば、そこに目には見えない仮説や法則、論理の糸を見出すことが可能かもしれないが、素朴な読者にはそれは依然として不可能である。しかし、我々はこの物語がまことに現実感のある迫真的なものとして我々に迫ってくることを知っている。そこで、今はこの物語に語られている事物・事象そのもの、あるいはそれらの内的関係のうちに何らかの現実感・迫真性の要素となっているものを読み取っていかねばなるまい。

その手掛かりとなるのは『民間伝承論』が示した三つの部門のうちの三番目にある「心意現象」(=心的な体験)という特殊な事実であろう。心的な体験故に混沌としているこの素材の羅列の中に柳田の鋭い洞察力・発想力が読み取れればよいのである。そこで、こうした読み取り方の事例を手掛かりとしながら、この物語の持つ〈発想・着想〉の正体に迫ってみよう。

ロナルド・モースは、『遠野物語』では「仲違い、不孝、欺瞞、反抗、利己、傲慢、不信などが淡々とさり気なく語られている」とし、「通常の道徳観念からすれば、ほとんど逆説に近いモチーフがテーマとされている」と捉えている。そして、「道徳とは、じつは自然と人間との原初的交渉に基づいているのであるという柳田の発想自体、日本文学の一大転機をなすものであった[10]」と指摘している。

モースの捉えた柳田の「道徳」観念が「自然と人間との原初的交渉」に拠るものであるという指摘は、谷川健一が民俗学を規定して「神と人、人と生き物、生き物と神という、この三つの関係を一つの輪につなげていく」ところの「交渉の学」「コミュニケーションの学[11]」であるとした考え方に通じるものがある。

これらの発想がいずれも『民間伝承論』に示された三番目の「心意現象」部門に通じていることは他言を要すまい。『遠野物語』の発想がこの方向に向かっていたとすれば、やはりここに柳田の鋭い発想力の原質を認めることができるのである。ただ、モースが指摘したテーマ自体は柳田以前にもしばしば〈文学〉の側のテーマにはなりやすいものであった。『遠野物語』の場合、重要なのはこうしたテーマが「淡々とさり気なく語られている」という表現事実の方なのである。このようなテーマを内在させた素材を柳田が「現在の事実」であるとして叙述しているその表現行為自体に、彼の洞察力・発想力の非凡さを認めるべきであろう。

吉本隆明は『遠野物語』の持っているリアリティについて次のように述べている[12]。

『遠野物語』の山人譚が、わたしたちにリアリティをあたえるのは民俗学的な興味を刺激されるからではなく、心的な体験にひっかかってくるものがあるからである。この心的な体験のリアリティという観点から、山人譚の〈恐怖の共同性〉を抽出してみればつぎのふたつに帰する。

このように述べて吉本は、「(1)〈入眠幻覚〉の恐怖」「(2)〈出離〉の心的な体験」の二つを挙げている。その上で吉本は、私たちが『遠野物語』の山人譚と「個体の入眠幻覚と個体の出離感覚が描き出した多彩な幻想と哀切な別離感をよみとることができる」（五十八頁）と指摘している。吉本はまた、柳田の場合、その後の彼の民俗学的な体系に照らし合わせた時、遠野の山人譚をむしろ、「タイラーやフレーザーがはっきりと分類した高地崇拝や呪術の原始的な心性」（六十頁）に結びつけ、しかもこの「呪術的な原始心性が変形をうけながら流れていく恒常性こそ」（六十一頁）を問題にしたのであると指摘しているのである。

さて、柳田の民俗学的な意図が吉本の指摘する通りであったか否かはともかくとして、我々が『遠野物語』から受けるリアリティが民俗学的な興味からでなく、ここに語られている「心的な体験にひっかかってくるもの」があるからだという指摘には実感として共感を覚えさせられる。だから、やはり我々はここにこのような「心的な体験」を「目前の出来事」「現在の事実」に結びつけた柳田の洞察力・発想力を読み取ることができるのである。

四　構成・配置

柳田国男の学問の方法、実証の方法、記述法などには、普通、社会学や宗教学などで採っている方法には見られない特異なものがあることは夙に指摘されているところである。吉本隆明は柳田の実証の方法を「連環想起法」と命名している。この方法が「ほとんど無限の珠子玉のように連環する資料の累積と採取を要求する」からである。それ故、吉本は別名「無方法の方法」とも呼んでいる[13]。確かに、柳田の方法にはすでにその〈発想・着想〉の方法自体に特異なものが認められたわけであり、これを実証する構成過程が呼応して特異なものとなっていくことは十分に必然性のあることと言える。

柳田の実証はしばしば自分の体験から展開を始めることが多い。例えば、印象深い事例として『故郷七十年』(『定本』別巻3、所収)に「鳥柴の木」という随想がある。鳥柴(＝別名クロモジ)の木が祭木・神樹であったという事実——一連の鳥柴考は『定本』第十一巻の「神樹篇」に見られる——に言及していく経緯の発端が実は、子どもの頃、母が朝飯のかまどのたきつけに使っていた木の懐かしい匂いの記憶にあったということである。

この種の方法が言わば柳田の常套手段なのである。そして実は、この方法の原型が『遠野物語』の構成全体に一見無造作な形で存在するのを認めることができる。この物語には、いわゆる「恐怖の共同性」という類似の「心意現象」が夥しく並べられているのであるが、〈序文〉には柳田が自ら遠野郷に遊んだ時の印象がスケッチ風に描かれている。名文の誉れ高い部分なので、次にその一部を引用してみよう。

……天神の山には祭ありて獅子踊あり。茲にのみ軽く塵たち紅き物聊かひらめきて一村の緑に映じたり。獅子踊といふは鹿の舞なり。鹿の角附けたる面を被り童子五六人剣を抜きて之と共に舞ふなり。笛の調子高く歌は低くして側にあれども聞き難し。日は傾きて風吹き酔ひて人呼ぶ声も淋しく女は笑ひ子は走れども猶旅愁を奈何ともする能はざりき。……

この部分は柳田自身の実際の体験を述べたところである。引用文中に見える「獅子踊」に古くから用いていた「歌の曲」がこの物語の最後の〔一一九〕話に「自分の聞きたる」歌の「百年あまり以前の筆写」であるとして紹介されているのも文章の首尾照応という原則に照らしてみると興味深いものがある。

さて、この〈序文〉における自らの体験の叙述が実は、本文である遠野の物語が「目前の出来事」であり、「現在の事実」であるという主張と微妙に呼応して、以下、〔一一九〕までの挿話のリアリティを高める作用を帯びていると思われるのである。しかも、並べられている話は、三島由紀夫をして「これ以上はないほど簡潔に、真実の刃物が無造作に抜き身で置かれている(14)」と言わしめたほどに、一見無愛想に素朴な未整理の状態のままに投げ出されている感じである。しかし、実はここにこその配置ならぬ配置の絶妙のレトリックが潜んでいるのである。

各挿話の間の連関を見ていくと、直ちにそれらの間に部分的に小さな筋が内在していることが分かる。以下、因みに〔一〕話から〔二三〕話までの話の構成・配置とその連関の意味するところや効果について見ていってみよう。

	題目	内容
一	地勢	・遠野郷の地勢の紹介
二	神の始	・遠野をめぐる早池峯、六角牛、石神三山の伝説
三	山女	・山人と出会った話
四	山女	・山人と出会った話
五	山男	・山人が現れる笛吹峠のこと

六	山　男	・山人の妻となっていた長者の娘と出会った話
七	山　男	・山人の妻となっていた民家の娘と出会った話
八	昔の人	・神隠しにあった若い娘（サムトの婆）の話
九	山　男	・山人の声を聞いた話
一〇	昔の人	・幻聴が現実となった話
一一	昔の人	・息子がその嫁と折り合いの悪い母を殺す話
一二	昔の人	・遠野郷の昔の話をよく知っている乙爺のこと
一三	家の盛衰	・乙爺の人柄の話
一四	家の神（オクナイサマ）	・オクナイサマという神を祀る大同という家の話
一五	オクナイサマ	・家に幸をもたらすオクナイサマの話
一六	家の神	・コンセサマを祀る家の話
一七	ザシキワラシ	・座敷ワラシの宿る家は富貴自在であるという話
一八	ザシキワラシ	・山口孫左右衛門の家の女の子のザシキワラシのこと
一九	家の盛衰	・孫左右衛門の家の主従二十数人が毒茸を食べて一日のうちに死に絶えた話
二〇	前　兆	・凶変の前の前兆の話
二一	昔の人	・孫左右衛門の人柄のこと
二二	魂の行方	・佐々木氏の曾祖母が亡くなったその晩に家族の前に立ち現れた話
二三	まぼろし	・再びこの亡き老女が立ち現れた話

このように見ていくと、各挿話は――――線でつないで示したように、二話、三話、あるいは六話、八話といった具合に小さなまとまりを成していて、全体としては静動高低のドラマチックな筋立てを構成していることが分かる。そのドラマは〔一〕話で遠野郷の地勢の紹介に始まり、〔二〕話で神話の世界へ入っていって、次第に動きが出てくる。〔三〕話から〔八〕話までが神隠しなどにあって行方不明となっていた娘が実は山人の妻となっていて、この女や男に村人が出会った時の恐怖がリアルに動的に語られている。〔三〕話では、猟師が山奥で出会った長い黒髪の美しい女を銃で簡単に撃ち殺してしまうのであるが、〔六〕話では、同じように猟師があわや銃で撃とうとした山人と思われる女が、実は久しく行方不明だった長者の娘で今は山人の妻となっていることが判明するという話となっている。この二つの挿話は、恐怖をかき立てるために意図して対比的に配置されていると思われるのである。また、この二話の間に挟まっている〔五〕話は静的な単なる説明の挿話で、これが前後の挿話のリアリティを増幅せしめる効果を果たしているように思われる。

また、〔九〕話から〔一一〕話の三つの挿話では、聴覚から視覚的な場面展開へと盛り上がり、やがて鮮烈な惨劇の場面が配置される仕組みとなっている。〔一二〕話と〔一三〕話は村の名物老人の話で、惨劇の後の一転して穏やかな話題となる。動から静へ、暗から明への鮮やかな転換である。この後は、〔一四〕話から〔二一〕話までが大きなまとまりで連なり、前半は家の中の神様であるオクナイサマやザシキワラシの話が続く。これらの神様は小僧や童児の形をとるようで、愛敬があり、この神が宿ると家に幸福や富貴をもたらすとされている。こうした何気ない話が続く中にやがて禍々しい異変が準備されていく。五話目の〔一八〕話に至って、山口孫左右衛門という家の女の児のザシキワラシがこの家を離れて、まもないうちに孫左右衛門主従二十数人が毒茸を食べて一日のうちに死に絶えてしまうという凶変が起こったという話が語られている。〔一九〕話ではその凶変の様子が詳しく語られ、〔二〇〕話ではその前兆として夥しい蛇が秣《まぐさ》の中から出て来たのを、その家の男どもがことごとく打ち殺してしまったという話が置かれている。そして、〔一一一〕話では孫左衛門という男の一風変わった人柄が語られていて、静に戻るという設定となっている。

〔一八〕話、〔一九〕話をクライマックスとして構成されているこの部分も平和な部落に降って湧いたような凶変の生々しさが浮き上がるような仕掛けとなっている。続く〔一一二〕話と〔一一三〕話も〈死〉の話題である。死んだ老婆の姿が家族の前に二度もはっきりと立ち現れた様子が見事な描写表現で述べられている。この部分については次節で詳しく考察を加えていくことにする。

以上のように、〔一一三〕話までの挿話の中でもところどころ間歇的に凶事が語られ、全体として静動高低、緊張と弛緩の構成が採られていることが明らかとなるのである。

五　表現・修辞

(1)　柳田国男の文章・文体観

柳田国男が『遠野物語』をなぜ口語体でなく、文語体すなわち候文体＝書簡文体としたのか、まずこの問題から考えていってみよう。この問題については、当時、柳田が『文章世界』に発表した一連の論考が参考になる。柳田の当時における文章・文体観が克明に読み取れて大変貴重である。一連の論考によれば、柳田が例えば「已に文章は思想を現はす手段であるとしたならば、その文体は、出来る丈け、思想と密接なものを選ぶのが、当然の事理である」[15]として、当時の言文一致体が文語体よりも思想を適切に表し得ることを表明している。文体に関してかなり柔軟な姿勢を持っていたことが分かる。であるから、柳田がまもなく次のように述べることになってもそれはさほど不思議なことではないように思われる。[16]

人は候文体と言ふと、何だか時代後《おく》れの物のやうに思つて居るけれ共、然し私は今日の文章の中で、あれ程簡潔で、品格があつて、且つ自由なものは少いと思つて居る。時代後れでも何でもない、現代に優に活きて居るのである。（文中の圏点は省略）

柳田にしてみれば、明治二十年代以来広がってきていた文体改良思潮の空気は存分に吸い込んでいたはずで、言文一致体の方が「思想発表の手段」として文語体よりも優れていると考えることはむしろ自然の成り行きであろう。ただ、こうした考え方で直ちに言文一致一辺倒に突き進むほど柳田も単純ではなかったはずである。文体改良の思潮の中で、柳田も例えば高山樗牛の『滝口入道』の成功を知っていたはずであり、いわゆる明治美文と呼ばれた擬古文体の主張も知っていたはずである。柳田自身も夙に新体詩人として美文調の文語体に親しんでいたのである。言文一致体の良さを認める一方で、従来の文語体＝候文体＝書簡文体の良さを再認識することがあっても決して不思議なことではないのである。むしろ、当時柳田にとっても世間一般にとっても文語体の方が扱いやすかったのである。文章と思想との一致という理想から言えば、柳田のこの認識は至極当然のことであり、まして次のような文章観・文体観を抱いていたのであればなおさらのことである。(17)

無論文章の為に事実を曲ぐると云ふことはよくないに違ひないが、然し実際上に於いて、事実を曲げなかつたのと同等、若くはそれ以上の効果があるとすれば、我々はそれ程極端にまで事実に依らなくても宜い訳である。況んや事実とは言条、要するに言葉の端のことで、奥に座つた本尊が動く訳ではない。言はば文章の構造上のことで、書簡文体の文章など書いて見ると、殊にその感を深くする。私はあの文体で、何かしつかりした本を書いてみたいと思つて居る位である。

柳田はこの時すでに、文章が「事実」そのものをそのままに写し取ることが現実に不可能であることを認識していたのである。そして、文章がありのままの「事実」を写し取れなくとも、逆に「事実」の一断面の叙述の仕方でその背後に潜む真実を表現できるものであることも認識していたのである。だから、ここで柳田が言わんとしているのは真実を表現するための文体上の効果ということだったのである。

柳田の「事実」観や「文章」観が以上のようなものであってみれば、『遠野物語』においてなぜ候文体＝書簡文体が採られたのかも明らかになってくる。しかし、こうした文体が柳田の「事実」観や「文章」観をどのように実証し得たのかが今ひとつはっきりしない。そこで、こうした文体が一般的にどんな機能を持ち得るかが明らかにされなければならない。

(2)　『遠野物語』の文体の表現機能

口碑・伝承の類には一定の語り口のパターンがある。杉山康彦は『遠野物語』でも人々がこうした「伝承のパターン化された語り口に乗ってうそをついた」のであり、柳田もこの「うその骨法を見のがすことなく、かきことばに移し植えたのである」と指摘している。[18] この場合の「うそ」というのは、吉本隆明の言う「村民のあいだを流れる薄暮の感性がつくりだした共同幻想[19]」のことであり、これを「心意現象」の一つと見れば、決して「うそ」とは言えない。

このような心意現象を真実のものとして文章に表現するには、まず「伝承のパターン化された語り口」を巧みに生かす必要がある。書簡文体がこのような「語り口」のニュアンスを持つ格好の文体だったのである。

橘豊は「書簡の文章」の表現上の特質について、「書簡は、話しかけの姿勢を維持しつつ、表現者の意志が、中絶させられることなく、所定の話題を終結さすことができる」とし、さらに「書簡が文章表現に齎したものは、対話の換骨奪胎を行ふこと、つまり、対話の構造のみを残して、そこから、ダイアログ性を捨象することにより、〝語り〟の性格を賦与することであった[20]」と指摘している。

『遠野物語』の書簡文体の果たしている表現機能について考える際に極めて重要なポイントとなろう。この物語の素材であった口碑・伝承の類が有していた語り口のパターンを文章語にリアルに変換していく上で、書簡文体のこのような表現機能が極めて有効であることを柳田は認識していたと言えよう。

(3)　「目前の出来事」を彷彿とさせるレトリック

さて次に、より具体的な表現上の特色について見ていくことにしよう。

『遠野物語』には、明らかに現実には信じ難いような叙述内容をいかにも事実らしく見せるレトリックが読み取れる。それはすでに見てきた発想面や構成面と同様に表現・修辞面の細部にわたって見出せる。

小田富英は『遠野物語』一一九話のうちに、「柳田自身が『目前の出来事』と言うように、時代的にも明治の初期、あるいは、実在する人物の直接間接の体験話と設定できるものが八十五話近くにものぼる」ことを指摘し、これらのうち「おおまかにも何年前と限定できる話が十話ばかりあり、残りも、『二、三代前』(六十三)とか、『今三十六七の人の父』(八十六)とか大体の時代がわかるものが大半である[21]」と具体的に分析している。その上で、柳田が〈序文〉において「目前の出来事」とか「現在の事実」といった意味を、文字通りの現実としての「目前」性の強調として考察している。

確かにその通りであろう。柳田がこの物語に語られている内容の「事実」性を強調するために、登場する人物の年齢や起こった出来事の年月日などの数字を克明に至る所で使用しているのは事実である。しかし、このことが依然として叙述されている出来事の一部や人物が語ったこと、体験したことの多くを実際の事実であると保証し得ているわけではない。

例えば、〔六九〕話を見てみよう。ここには、オシラサマ発生の伝説として、馬と交わりを結んだ娘を嫉妬した娘の父が斧で馬の首を斬り落としたところ、たちまちにして娘もその馬の首と共に天に昇っていったという哀切極まりない話が挿入されている。この話の前後にはこの話が佐々木氏の祖母の姉によって「昨年の旧暦正月十五日」に語られ、その時に作られた像が三つあるとして語られている。

本にて作りしは山口の大同にあり。之を姉神とす。中にて作りしは山崎の在家権十郎と云ふ人の家に在り。佐々木氏の伯母が縁付きたる家なるが、今は家絶えて神の行方を知らず。末にて作りし姉神の像は今附馬牛村に在りと云へり。

ここに伝説と現実とが渾然一体となって示されていることが理解されよう。こうした事例を見ると、ここには前述したような「伝承のパターン化された語り口」を巧みに利用した柳田のレトリックが見出せるのである。結局、柳田の言う「現在の事実」というのは、単に山人に出会ったとか、奇怪な現象を見たとかいう事実のことではなく、「心的な体験」（＝心意現象）としてのそれのことなのである。であるから、柳田の「目前」性の強調としての具体的な数字の使用は、このような意味での「事実」を表現するためのレトリックであると解すべきなのである。

柳田の見事なレトリックはさらに多くの表現技法からも見出すことができる。三島由紀夫も『遠野物語』の表現の見事さを次のように評価している。[22]

採訪された聞書の無数の挿話は、文章の上からいっても、簡潔さの無類のお手本である。言葉を吝《お》しむことを金を吝《お》しむが如くするエコノミーの極地が見られる。しかも、完結しないで、尻切れとんぼで、何ら満足な説明も与えられない断片的挿話が多いから、それはもちろん語り手の責任であるが、それが却って、言いさしてふと口をつぐんだような不測の鬼気を呼ぶ。

三島は『遠野物語』の文章を「簡潔さの無類のお手本」であると述べて、やはりその語り口の妙についても評価している。まことに適切な評価と言うべきである。しかし、この場合の〈簡潔さ〉というのは無駄な言葉を一切削ぎ落としているという意味であって、その〈描写〉性の徹底している点を見落とすわけにはいかない。

例えば、〔一一〕話の嫁と折り合いの悪い母をその息子が殺す話では、その凶行に及ぶ経過を「大なる草刈り鎌」を研ぎ始めるところから叙述し、逃れようとする母を閉じ込めておくところ、そして、諦めうずくまる母を左肩から右肩からと斬りかかる場面、急を知って駆けつけた里人や警察官に引き立てられて行く際の、滝のように血の流れる中から「おのれの恨も抱かずに死ぬるなれば、孫四郎は宥したまはれ」という母の言葉の描写まで、その叙述は簡潔な中にも執拗を極めている。これなどは、文字通り文章表現のレベルで「目前の出来事」を彷彿とさせる卓越した表現と言えよう。

もう一つ、柳田の描写表現の妙が一つ一つの言葉の端々にまで行き渡り、息詰まるような迫真の文体を形成している例を見ておこう。

〔二二〕①佐々木氏の曾祖母年よりて死去せし時、棺に取納め親族の者集り来て其夜は一同座敷にて寝たり。②死者の娘にて乱心の為離縁せられたる婦人も亦其中に在りき。③喪の間は火の気を絶やすことを忌むが所の風なれば、祖母と母との二人のみは、大なる囲炉裏の両側に坐り、母人は旁に炭籠を置き、折々炭を継ぎてありしに、ふと裏口の方より足音して来る者あるを見れば、亡くなりし老女なり。④平生腰かゞみて衣物の裾の引きずるを、三角に取上げて前に縫附けてありしが、まざまざとその通りにて、縞目にも目覚えあり。⑤あなやと思ふ間も無く、二人の女の坐れる炉の脇を通り行くとて、裾にて炭取にさはりしに、丸き炭取なればくるくるとまはりたり。⑥母人は気丈の人なれば振り返りあとを見送りたれば、親縁の人々の打臥したる座敷の方へ近より行くと思ふ程に、かの狂女のけたゝましき声にて、「おばあさんが来た」と叫びたり。⑦其余の人々は此声に睡を覚し只打驚くばかりなりしと云へり。（文中の——や……、‖、「　」、文頭の番号などは全て大内が付したもの。）

文中、——線を付した言葉は全てその場に存在している人物や物であり、……線を付した言葉は特に視覚や聴覚に関わる行為や事態を表しているもの、～～～線の言葉もこれに準ずるものである。また、‖線の言葉は物事の様子や状態をそれらしく表しているものである。間接話法の部分は筆者の方で「　」で括り出してある。

以上の符号を付した部分はそれぞれに程度の差はあれ、描写的機能を帯びていると言える。このように見なすと、この挿話全体は極めて描写的であることが一目瞭然である。全体に視覚や聴覚の五感に訴える要素が甚だ多く、全身の神経がピンと張りつめてくる錯覚を覚えるのである。

また、③の文の「見れば」という部分と、④の文の「目覚えあり」までは「母人」寄りの内的視点であるが、この直後の「二人の女の坐れる……」からは外的視点へすばやく転換している。そして、⑥の文で「母人は……近より行く」で再び「母人」寄りの視点に変わっている。続いて「けたたましき声」と、一転して突如聴覚に訴えられている。この転換の迅速さが文章にも異様な緊迫感とリアリティを与えていることが分かる。しかも、④から⑥までのクライマックスは句読点で十二のフレーズに区切られていて、一瞬の緊迫した事態をひと息で語るには極めて効果的な表現の仕方である。ここの⑤の文の「裾にて炭取にさはりしに、丸き炭取なればくるくるとまはりたり」という部分は瞬間の恐怖の事態を鮮烈に描き出していると言える。また、冒頭部分の②の文、「死者の娘にて乱心の為離縁せられたる婦人も亦其中に在りき」の文末には、過去の助動詞で「確実な記憶であること」[23]を示す「き」が用いられている。各挿話の中にもしばしばこの「き」が使われているのは物語のリアリティを強める役割を果たしていると思われる。

他の挿話「白望《しろみ》の山に行きて泊れば、深夜にあたりの薄明るくなることあり」で始まる〔三三〕話では、「遠く望めば桐の花の咲き満ちたる山あり。恰も紫の雲のたなびけるが如し」と、美文調の文語体としての雰囲気を強く感じさせている。この挿話では、「測るべからず」「能わず」「かなわず」「見出し得ず」と、否定の助動詞を畳み込むように用いてマイナス・イメージを掻き立てて、不思議な現象であることを強調するような効果をもたらしているのである。

六　『遠野物語』の表現価値

このように見てくると、〈序文〉における柳田の「一字一句をも加減せず感じたるまゝを書きたり」という言葉の意味が実は、語り手である佐々木鏡石（喜善）の語り口をそのままにという意味でなく、伝承の間にパターン化された語り口を文章体に極力生かすべく努めた、という意味に取るべきであろうと思われてくるのである。また、『遠野物語』の持つリアリティ、迫真性を単純に「周到に配慮された語りの文体」[24]のみに帰着せしめるべきではあるまい。まず、その拠るべき理由をすでに見てきたように、佐々木の語った口碑・伝承の類に見られる「通常の道徳観念からすれば、ほとんど逆接に近いモチーフ」(モース)といった面に着目し、さらにこれを「淡々とさり気なく」語ってみせた柳田の慧眼・発想の鋭さに求めるべきである。次に、これを素材とし、その間に連関的に内在している「心的な体験」(＝心意現象)の持つ、今日に通底する真実性をモチーフとして、これらをどのような構成のもとに展開せしめたかに置くべきである。さらには、こうした展開の中に一語一文の表現がどのような形で定着されたかに置くべきなのである。

要するに、『遠野物語』のリアリティ、迫真性はこの物語に叙述されている異常な現象のもつ緊張体系が語りの文体や様々な表現技法のもつ言語形式面の緊張体系に巧みに重なり合ってもたらされているものであると言える。そこで、『遠野物語』の教材としての価値をこのような意味での表現価値に置くことができるというのが筆者の結論である。勿論、教材化にあってはこの物語のモチーフ、テーマにつながっていくところの通常道徳の観念にはそぐわないような挿話を絶対に避けることはできないのであるが。

注

(1) 表現における「緊張体系」という用語は波多野完治の文章心理学理論における中心的な基本概念である。文章には文章の意味のもつ緊張体系と、それ以外の文章の言語的構造からくる緊張体系との二つがあり、これらがうまく重なり合うと、極めて大きな表現効果をもたらすとする考え方。
(2) 岩本由輝著『もう一つの遠野物語』昭和五十八年五月、刀水書房、三十三頁。
(3) 柳田国男「写生と論文」(『文章世界』第二巻第三号、明治四十年三月、三十一～三十一頁)。
(4) 杉山康彦「『遠野物語』を読む」(『月刊言語』昭和五十三年一月号、八十五頁)。
(5) 『定本柳田国男集』第十一巻、昭和四十三年九月、筑摩書房、五十七頁。
(6) 同前書、注(5)、五十七頁。

（7）同前書、注（5）、六十頁。
（8）『定本柳田国男集』第十四巻、昭和四十四年七月、九頁。
（9）『民間伝承論』の初版本は、第二章以下が弟子の後藤興善が口述筆記したもので、『定本』には第一章までしか収録されていない。そのため、本小論では昭和五十五年七月の新版（伝統と現代社刊）によった。
（10）ロナルド・A・モース著／岡田陽一・山野博史共訳『近代化への挑戦―柳田国男の遺産』昭和五十二年四月、日本放送出版協会、五十九頁。
（11）谷川健一・後藤総一郎対談「昭和思想―過渡期人物論による試み」（『現代の目』昭和四十七年一月、神島二郎編『柳田国男研究』昭和四十八年三月、筑摩書房、所収、二一一頁）。
（12）『吉本隆明全著作集11』昭和四十七年九月、勁草書房、五十頁。
（13）吉本隆明「無方法の方法」（『定本柳田国男集』〈月報1〉昭和四十三年六月、六頁。
（14）三島由紀夫「柳田国男『遠野物語』〈名著再発見〉」（『読売新聞』昭和四十五年六月十二日、神島二郎編『柳田国男研究』昭和四十八年三月、筑摩書房、所収、一九九頁）。
（15）前掲誌、注（3）、三十一頁。
（16）柳田国男「言文の距離」（『文章世界』第四巻第十四号、明治四十二年十一月、一六七頁。
（17）同前誌、注（16）、一六九頁。
（18）前掲誌、注（4）、九十一頁。
（19）前掲書、注（12）、六十四頁。
（20）橘豊著『文章体の研究』昭和四十一年十月、角川書店、一二六～一二七頁。
（21）小田富英「初稿本『遠野物語』の問題」（『国文学解釈と教材の研究』第二十七巻第一号、昭和五十七年一月、七十五頁。
（22）前掲書、注（14）、一九七～一九八頁。
（23）大野晋著『日本語の文法を考える』昭和五十三年七月、岩波書店、一四一頁。
（24）土方洋一「『遠野物語』の語りと文体」（『物語研究―特集・語りそして引用』昭和六十一年四月、新時代社）では、『遠野物語』のリアリティを「周到に配慮された語りの文体に帰着さるべきもの」と断言している（一八七頁）。語りの文体のみに帰着させる考え方もまた短絡的と言わねばならない。

第六章　杉みき子作品の表現研究
――教材化のための基礎作業――

一　本研究の動機・目的

これまで各社の国語教科書の教材として、杉みき子の作品が数多く採用されている。過去に採用されたことのある作品も含めると、「わらぐつの中の神様」[1]「春さきのひょう」[2]「加代の四季」[3]「小さな旅」[4]「新しい世界へ」[5]「あの坂をのぼれば」[6]「春のあしおと」[7]「にじの見える橋」[8]「夜の果物屋」[9]などを挙げることができる。

これらの作品の教材としての価値は一体どんなところにあるのだろうか。そして、これらの作品を教材として取り上げたときにこれをどんな角度から扱っていくべきであろうか。これらが本研究の動機・目的である。

なお、筆者は文章表現全体を表現主体の認識的側面（＝叙述内容面）と言語構造的側面（＝言語形式面）とから捉え、この両者を一体的に把握していくべきであると考えている。そして、教材としての価値も文章の叙述内容面と言語形式面とが緊密に結びついているところに見出していくべきであると考えているのである。

そこで筆者は文章における叙述内容面と言語形式面とを一体的に捉えるために「表現構造」という概念を措定している。これは、①発想・着想、②構成・配置、③表現・修辞という三層から成り立っていると考えている。①の〈発想・着想〉は文章の表現過程全体に密接に関わるものであり、表現主体の認識的側面を含むものとして捉えている。②の〈構成・配置〉、③の〈表現・修辞〉は、①を支えるものであり、同時に①に規定されて選択された形式的側面であると考えている。文章はこれらの三層がより緊密に結びついて一定の緊張状態が生まれるのである。波多野完治はこれを「緊張体系」[10]という概念で規定した。

本小論では①〈発想・着想〉面に中心を置いて、これと②〈構成・配置〉面、③〈表現・修辞〉面とがどのように結びついているかを見ていくことにする。したがって、本小論ではすでに教科書教材として採用されているもの以外にも可能な限り多くの杉みき子作品を視野に入れて考察を進めていくことにしたい。

二　発想・着想に関して

表現における〈発想・着想〉という概念に関して筆者は、すでに表現教育・作文教育の立場から考察を加えたことがある。[11]発想・着想という概念は古典修辞学の第一部門で「INVENTIO」（＝アイディアの発見）として重視されていたものに符合する。その実態は文章・作品という客観的な存在になる以前の主観的・内面的な過程であって容易には捉えがたいものである。しかし、これが表現に点火する極めて力強い創造的なエネルギーをもった精神作用であると考えられる。

倉沢栄吉は「発想」について、「文章を書こうとするときから書き終わるまでの過程に、さまざまな形で終始働きつづける表現のエネルギーで、特に主題をきめ、構想をたて、語句を選択して、最終的には叙述された文章（作品）に結晶して残」るものであるとして、次のように規定している。[12]

発想は、筆者の思考の様式とか志向性と考えられ、筆者の年齢、生まれおちてその年齢に至るまでのさまざまな人生経験、おかれた環境、従事してきた仕事、身につけた教養などからくる筆者のものの見方・考え方――巨視的にものをみる人か微視的にものをみる人か、すなおに直線的に考えようとする傾向であるかないか、クールにみつめるたちか、それともウエットな、情的なたちか、ていねいにくり返すタイプか、あっさり軽いタッチでいくタイプか、論理的に積み重ねていく思考をするか、おおまかにいいきってしまうかなど――と言えましょう。

このように規定して、「発想」は文章表現のあらゆる過程に働いているものであると述べているのである。この実体は書き手の人生経験の層や教養の深さに根ざした認識的側面であって、表現と深く関わっているものであるというわけである。したがって、この発想面（＝認識的側面）を表現形式面からさかのぼって捉えていくことによって、そこに書き手の人間を想定していくことも可能なこととなろう。そして、ここに教材価値なるものを表現主体の認識面と言語形式面との一体的関係として捉えていくことの意義も存在すると考える。

以下、まず杉みき子作品の創作の原点とも言える発想・着想に関して杉みき子本人が語るところを中心に見ておこう。なお、本小論で用いる〈発想・着想〉という用語について筆者が拙著『国語科教材分析の観点と方法』（平成二年二月、明治図書）において行った定義を次に提示しておこう。

発想・着想＝書き手の内部に胚胎した制作の動機・目的。様々な事物・事象（＝もの・こと）の中から価値ある題材を発見する心的な過程。また、この題材を効果的に展開していくための素材（＝事実や意見・感想）の取り上げ方・焦点のあて方、さらに読み手を説得するための記述・叙述上の力点の置き方、表現面への方向づけなど。

三　杉みき子作品における創作の原点としての発想・着想の源

――自転車に乗りながらバックミラーをのぞくと、そこには見も知らぬ美しい街が映っている。はて、と思って、自転車をとめ、よくよく見ると、映っている家のひとつひとつ、木の一本一本、こちらに向かって歩いてくる人のひとりひとり、それらは確かに、かたちはありのままなのだけれど、細かいところが微妙にちがう。――

杉みき子の表現について考えるときに、彼女自身が語っているこの文言[13]は極めて示唆的である。杉は実景とバックミラーの世界とを見比べる。そして「現実の世界より、バックミラーの世界のほうが、生き生きと美しい」という実感を抱く。このことを杉は「小さく限られた空間に意識を集中して見るときの現象」であると説明する。創作もこのバックミラーの世界のようなものではないかと言う。例えば、リアリズムの作品の場合でも、現実をそのままだらだらと書き並べただけでよい作品ができるはずはなく、「作者の目が、素材をいったん濾過し、取捨選択し、焦点をしぼることによってこそ、現実をより鮮明に表現することができる」と言うのである。

杉みき子は現実をより鮮明に映し出すこのバックミラーを「現実と創作の接点」に見立てて、これが作者の心の中にもあると言うのである。杉はこの心の中にあるバックミラーに与える名を「想像力」と見なしている。表現における発想・着想とはこの心の中のバックミラーとしての〈想像力〉のことと言ってもよいだろう。つまり、杉みき子の発想・着想とは、例えば、ありふれた風景の中に新しい発見をさせてくれるバックミラーのようなものであると言うこともできるであろう。

ところで、先に書き手の発想というものがその人生経験の層や教養の深さに関わってくるものであると述べた。これらの内実をもう少し詳しく見てみると、杉みき子の場合、①幼時体験・読書体験からの発想、②故郷の風土・風景からの発想、などを挙げることができる。

以下、これらの観点から杉みき子の発想・着想に関して探りを入れていってみよう。

(1)　幼時体験・読書体験からの発想・着想

『小さな雪の町の物語』（昭和四十七年二月、童心社）という掌編集に「きまもり」という一編がある。「きまもり」とは〈なりくだもの〉を収穫する際に最後に残しておく実のことである。年老いた一人の雪国の女が生まれた土地と家をひっそりと守っていく話である。老女は少女の頃より自分の生まれた土地と家とに強い愛着を抱き、その気持ちを支えに穏やかながらも一途な一生を生き抜き、老いてなお子どもたちに引き取られることを拒み続けている。老女は柿の木に一つだけ残った実を眺めながら、自分をこの柿の実と同じ木守りだと思う。

ひとつ残ったきまもりがけさも赤い。ことし、あのひとつの柿の実がきまもりになって残ったのは、偶然だろうか、と加代は考える。偶然かもしれない。けれども、もしかしたら、一本の木になるたくさんの柿の実の中に、ひとつだけ、一生その木を守って朽ちてゆくように運命づけられた実があるのではなかろうか。加代にはどうもそんな気がしてならない。

この作品の中心素材は他ならぬ老女と、もう一つこの「きまもり」である。この二つの素材は老女が自分のことを柿の木に一つだけ残った木守りと同じだと思うことで分かちがたく結びついている。老女は「もしかしたら、一本の木になるたくさんの柿の実の中に、ひとつだけ、一生その木を守って朽ちてゆくように運命づけられた実があるのではなかろうか」と思う。

老女と木守りとをこのように結びつけているところにこの作品を制作した動機があると見ることができよう。この作品の制作動機は明確である。それは先の老女の言葉によって表明されている。杉のこの制作動機は学齢前後の頃に読んだ沖野岩三郎による低学年向けの童話集の中にあった「きまもり」という短編によっていると考えられる。「木の守り」という「素朴《そぼく》で実のある言いかた」が強く心に残っていたからであるという。やがて、この言葉に対する印象が杉自身の境遇と共鳴し合って次のような象徴的な意味合いを帯びるようになったという。(14)

わたしはひとりっ子なので、よそへは行けないのだということは、子どものころからよく聞かされており、若いときにはそれに反発もしたものの、自分の性格のなかにはかなり強い土着性があり、生まれ育った風土への愛着もある。こうした外からの条件と内からの欲求がいっしょになって、結局、ここに永住する運命であった。

で、自分はきまもりだ、と思ったのである。家ということにはこだわらないが、この雪の下の町を守りつづける、町のきまもり。おこがましくも、そう思った。

幼児期の読書体験を自らのひとりっ子という境遇に重ね合わせたところから、「きまもり」という一つの言葉に対する想いが少しずつふくらみ続け、やがて一編の作品に結実したという例である。「きまもり」という言葉の特殊な意味を一人の人間の運命や生き様に結びつけるという発想を見出すことができよう。

なお、杉みき子の場合、「きまもり」という言葉の例のように「ふと心にとどめた一つのことば」が核となってそこから一編の作品が出来上がってしまうことがよくあるという。こうした経緯について杉は次のように述べている。[15]

私の場合、はっきりしたテーマで、ちゃんとした構想のもとに書きはじめるということは、めったにありません。たいがい、一片の雪みたいに、ちらっと心をかすめることばや場面があって、そのまわりで心を遊ばせているうちに、なんとなく小さな雪玉みたいなかたまりができる。その雪玉をころころころがしていると、これまたいつのまにか、大きな雪だるまができあがっているという寸法です。

これは「わらぐつのなかの神様」という作品の構想過程について言及した文言であるが、この場合の制作の動機も一つは「ざるの中の神様」という東北地方に伝わっている言い伝えの中の言葉であり、もう一つは幼児期の体験として印象深く残っていた次のような情景であった。[16]

暗いがんぎの下の店さきに、赤い鼻緒の雪げたが、まるでそこだけ光り輝くように置かれている場面でした。むかし学校へのゆきかえりに、いつも見ていた情景です。そのころの子どもは、もうみんな長ぐつで、雪げたなどはく機会はありませんでしたが、それでもふと手を出したくなるほど、その雪げたは魅惑的に見えたのでした。

こうして、雪国に身近なもので、古くからの民具と考えて「ざる」が「わらぐつ」に替えられ、この「わらぐつ」に対応するものとして赤い鼻緒のきれいな雪下駄が設定されたのである。

なお、杉の述懐によれば、実はこの「わらぐつのなかの神様」に登場する若い大工さんの話は小川未明の童話「殿様の茶碗」の次のような話からヒントを得たという。[17]

町一番の有名な焼物師が、殿様に茶碗を献上する。軽くて薄いことこの上なしという極上品なのだが、殿様はその茶碗で食事をするたび、手をやけどしそうな熱さに閉口する。この殿様がある時旅に出て百姓家に泊まると、そこのおじいさんが、ありあわせの厚手の茶碗に熱いおかゆを盛ってくれた。殿様はこの普通の茶碗のおかげで快く食事をすませ、いくら有名な焼物師でも、使う者の身になって使いやすく作るという〈親切心〉がなくては何の役にも立たないのだ、と感じ入る。

杉は、この筋書きについて全く無意識であったという。先の「きまもり」の話では意識して発想したのであるが、こちらの場合には全く無意識からの発想であったというのである。幼児期の読書体験からの発想の顕著な事例と言えよう。

もう一つ、幼時体験・読書体験からの発想として、杉は様々な作品に繰り返し出てくる「〈遠くの火（灯）〉」という素材について触れている。この素材を取り上げた動機の一つは、小学校六年の頃に読んだ国木田独歩の小説集に収録されていた「たき火」と「忘れ得ぬ人々」という二つの作品であるという。さらに、この二つの話がなぜか心に残っているところへ、たまたま修学旅行があって妙高高原の燕温泉へ行った帰り、駅のホームから紫色のたそがれの中で見た情景についても触れている。その駅のホームから遙かな山腹に見たちらちら燃えているたき火の明かり、そこへ夕もやの中から現れた一つの人影がゆっくりとたき火に近づいて、しばらく手をかざしてやがてまたゆっくりと去っていったその情景がいつまでも心に焼き付いていたというエピソードである。

杉はこうした体験が、「白い夜のなかを」[18]という作品では最後にいっせいに町の灯りがつく場面となって描かれ、「火をありがとう」[19]では少女がひたすら火を追い求める場面として描かれ、「なんにもだいらのこだまたち」[20]では妖精が山火事の幻を見せるという状況設定を生み出していると述懐している。[21]

杉にはまた、「幼時体験の心象スケッチ」という発想から書かれた『白いとんねる』(昭和五十二年九月、偕成社)という小品集がある。これは杉自身の子ども時代の記憶をほとんど素材のままの形で作品にしたものである。この小品集のタイトルで示している「とんねる」とは雪国特有の防雪設備である「がんぎ」(=一階の屋根の庇を長く延ばしてその下を通路にしたもの)と「がんぎ」との間を移動する際に使う道路の雪の中に掘られた通路のことである。

杉はこの「とんねる」が「なんとも胸のわくわくするような、ふしぎな世界だった」として、その幼時体験を次のように語っている。[22]

こちら側から雪のとんねるをのぞきこむと、向こうの出口の馬蹄形の視野に区切られて、向かい側のがんぎの一部分が、ちょっとだけ見える。それはふだん見なれた商店の売り台のはしっこにちがいないのに、いつも見るのとは、なんとなくちがっていた。

この現象について杉は、例のバックミラーの原理と同じに、「限定された視野がつくり出す一種の錯覚」であろうと考え、「多元宇宙」の世界に見立てている。このエピソードも杉の創作の原点を暗示するものとして興味深い。様々な事物・事象の中から価値ある題材を発見する方法、その際の様々な事物・事象は一見何の変哲もないものである。しかし、スポットの当て方次第で変幻自在の様相を呈してくるのである。そこに新しい発見がある。

このように、杉みき子の幼時体験・読書体験はその創作の原点としての発想・着想の源となっているのである。

(2)　故郷の風土・風景からの発想・着想

——おしゃれな少女が自分にいちばんよく似合う衣装や身のこなしを本能的に知っているように、土地というものも、どこの土地にせよ、それぞれ自分の身をかざるにふさわしい季節を持っている。

この町は、自分にもっともふさわしい衣装として、冬という季節をえらんだ。

くもり日の似合う町である。長いがんぎに寄りそわれた木造の家なみは、この町に城のあった数百年のむかしから、すこしの変化もなく、低い空の下でまどろんでいるように見えた。——

『小さな雪の町の物語』（昭和四十七年二月、童心社）という小品集の巻頭の一編「冬のおとずれ」の冒頭の一節である。

杉みき子の故郷は新潟県の高田市（現在は直江津と合併して上越市の一部となっている）である。現在もその生まれ故郷に住んで創作の筆を執っている。杉みき子作品に見られる様々な発想はこの生まれ故郷の風土と風景とに源を発している。越後高田は世界一の深雪地帯に属しているという。この事実を杉は自ら『雪国文化誌』（市川健夫著、NHKブックス）によって確認している。これによると、シベリアのウラジオストックの最深積雪量が四十七センチであるのに対し、高田はなんと三七七センチということである。[23]

杉はこのような雪深い故郷の冬の季節のことを「自分にもっともふさわしい衣装」に喩え、「この町のもっと

も美しい季節」と考えているのである。そして、このような季節に恵まれた場所を次のように讃えている。(24)

雪がつもってしまうと、わたしの家の小路などは自転車もきかないから、いやでもおうでも自分の足で歩くことになる。したがって、詩もたくさん拾えるというわけだ。雪がつもるということは、周囲がまったく新しい世界になるということで、毎年のこととはいえ、そのたびに新しい発見がつぎつぎと出てくる。また、雪が消えるときも同様に、周囲がまったく新しい世界になるわけだから、雪国の人間は年に二回ずつ新鮮な経験を味わう特権を持っているということで、まことにありがたい。

この言葉に象徴されるように、杉作品の多くはこの生まれ故郷の自然と人事とを題材化している。とりわけ、その風土の中でも冬の季節、雪の下に埋もれた町の生活から多くの題材が採られている。代表的な作品集のタイトルにも『雪の下のうた』『小さな雪の町の物語』『白いとんねる』といった名称が与えられている。

「春のあしおと」(『小さな雪の町の物語』所収)という掌編の発想は雪どけの頃に残雪が造り出す形に基づいている。山の残雪の形を様々なものの姿になぞらえて、春の農作業などの目安にすることは雪国によくある昔からの習わしである。高田では四月から五月にかけて、その南にそびえる妙高山に〈はね馬〉と呼ばれる跳躍する馬の形、その手前の南葉山には〈種まき馬〉とか〈種まきじいさん〉とか呼ばれる大男の形が山肌にあらわれるという。この二つを組み合わせて書いた作品の一つが「春のあしおと」なのである。

杉はかつて自分の女学校時代の思い出を語る中で、この妙高山に関して「南越後の象徴として、鋭さと優美さとを兼ねそなえたこの美しい山は、まことに少女たちの理想そのもののように見え」たと述懐している。(25)

さて、この「春のあしおと」という小品の内容とはこのようなものである。夜遅く、人気のない町を歩いていた少年がひづめの音と、早く行こうと促す男の声を聞く。しかしその姿はなく、人と馬の気配だけがかたわらを通り過ぎる。翌朝、妙高山と南葉山の山肌に浮かび上がった〈はね馬〉と〈種まき男〉の姿に、少年は昨夜の不思議な体験の答えを見る。

杉の作品には他にも何度かこの妙高山のはね馬が出てくる。『朝やけまつり』（村山陽・画、昭和五十年十二月、童心社）という童話では、高田の城跡から見える美しい妙高山の姿が描かれ、シブキという名の美しい白馬が毎年、山と海とを行ったり来たりする話が語られている。

また、『小さな町の風景』（昭和五十七年九月、偕成社）という作品集では、故郷の風景を手掛かりに〈坂〉〈商店〉〈塔〉〈木〉〈電柱〉〈鳥〉〈橋〉〈海〉などの風景そのものを主人公にするという発想を採っている。杉はこれらの故郷の風景に寄せる思いを巻頭の〈はじめに〉という言葉で次のように歌っている。

ここは　わたしの町／小さな旗《はた》をたてる
ここは　わたしの町／小さなくつで歩く
ここは　わたしの町／小さな歌がひびく
ここは　わたしの町／大きなにじがかかる

杉はこのような思いで故郷の町の風景から様々な題材を掘り出していったに違いない。杉はこの作品集の〈あとがき〉でも、この町には「まだまだたくさんの話が埋《う》まっているはずで、これからも、楽しみにそれを掘《ほ》りだしていきたい」と語っている。これは自分の町に限ったことではなく、「どんな町でも、どんな村でも、それを聞きだし見つけだそうとする心さえあれば、身のまわりのすべての風景《ふうけい》が、いつも声のない声で語りかけてくれているのがわかるでしょう」とも述べている。

なお、杉は別なところでも「人間は、〈今いるところ〉をたいせつにしなくてはならない」と述べ、「その土地に現実に腰をすえ、その土地での暮らしを少しでもよりよいものにしていこうという気持ちでまむかうとき、風土は必ずその耳になにかを語りかけてくれることだろう」[26]と言及している。

以上見てきた言葉に、故郷の風土や風景をこよなく愛し深く見つめ、そこから発想していこうとする杉みき子の姿勢が端的に現れていると見ることができよう。

四　表現過程における発想・着想

杉みき子の発想や着想がその幼時体験・読書体験や故郷の風土・風景と深く関わって胚胎しているものであることは、これまで見てきたところから明らかであろう。そこで次に、こうした発想・着想が具体的な一編一編の作品のどこにどのように生かされているかについて見ていってみよう。もとより、発想・着想というものは作品創作のあらゆる過程に作用していくものと考えることができるので、ここでは便宜的に〈作品の題名〉〈題材〉〈構成〉〈表現〉などの観点から、作品を構想する際に働いた発想・着想にスポットをあてて見ていくことにする。

(1)　題名における発想・着想

杉みき子の作品の場合、その生まれ故郷高田の風土や風景からの発想・着想が深く関わっているということを先に明らかにした。実は、この高田という杉の故郷の地名は、今はこの世にない。先にも少しふれておいたが、この高田は港町としてひらけた隣の直江津と合併して上越市という新しい地名に切り換えられてしまったのである。昭和四十六年のことである。この時、杉は郷土の新聞に、「高田市がこの地上から消えてなくなってしまうことは、自分が生まれ故郷を失うほどの思いである嘆き(27)」と書いたという。これまで見てきた杉の郷土への思いからすれば、この嘆きもよく理解できよう。

杉のこのような思いや嘆きは作品集『小さな雪の町の物語』や『小さな町の風景』などのタイトル〈小さな町〉という発想に無縁ではないであろう。〈町〉という普通名詞にあえて〈小さな〉という形容詞を付けなければならなかった杉の胸中をよぎったものは何か。それは、小さなものへの哀惜の情である。時世の流れに見捨てられ、無視され、疎まれていくものを愛おしむ心である。冬には雪にすっぽりと埋もれ閉ざされてしまう高田という土地、そこは余人にとって住みづらい、取るに足らない町かもしれないけれど、自分にとってはいつでも新しいものを掘り出させ発見させてくれる、こよなく豊かな場所だと思うその心が〈小さな町〉という発想を生み出したのであろう。

杉のこうした思いは、一つ一つの作品にも、例えば「小さなおもちゃ屋」「小さな小さな橋」といった形で現れている。また、題名として〈小さな〉という形容詞がついてはいなくても、タイトルに使われている〈もの〉〈こと〉の多くは、小さくてささやかなもの、ありふれたものが多いのである。これも杉の〈小さな……〉という発想に由来するものと思われるのである。

(2)　題材における発想・着想

杉みき子作品における題材の多くが生まれ故郷の自然と人事とによっていること、そして、これらの題材の多くが杉自身の幼時体験・読書体験や故郷の風土・風景から発想されたものであることについては、すでにいくつかの具体例と共に見てきた通りである。そこで、ここでは杉作品における特徴的な題材から窺える発想の傾向についで見ておこう。

その一つ、残り少ない人生を人々から見捨てられていこうとしている土地や家を守りながらひっそりと送っている老人・老婆の話。先にもふれておいたが、『小さな雪の町の物語』の中に収められている、年老いてなお一人ひっそりと家を守っていく老婆を描いた「きまもり」の話。同じ作品集の中の「ゆず」という話。こちらは、道案内をしてくれた少女へのお礼にと老女がくれたすがすがしい〈ゆず〉の香りが題材となっている。意外な、それでいて他の何物にも替え難いような貴い感謝の心が〈ゆず〉の香りに託されているという発想の妙。さらに、「ともしび」という作品では、とある山道で道に迷った女教師が戦争に行ったまま帰らぬ息子を待ち続けている老母の家のともしびによって救われるという話。そして、「おばあちゃんの家の雪段」では、雪国の務めである毎朝の道踏みと雪段づくりをするおばあちゃんの話。

また、『小さな町の風景』では〈坂のある風景〉という章に、「遠い山脈」という一編がある。一人の老人が新聞配達の少年に一定の場所のある位置からしか見えない美しい峰を一生心に温め続けてきた貴重な財産として譲り渡していく話である。

こうした老人や老婆たちは雪国の厳しい生活にじっと耐えて生き抜いてきた人たちである。杉はこの人々に雪国の生活の象徴を見ている。この人々は雪国の誇りでもある。それ故、これらの話には、この人々を畏れ敬い慈しむ作者の並々ならぬ心が色濃く滲み出ている。

ところで、この『小さな町の風景』の中に描き出される様々な風景、それらは一つ一つが日常見慣れた何気ない風景である。こうした何気ない見慣れた風景がある日不意に親しみ深いものに思われてくる。そうした風景がいみじくも作者自身の生活のひとこまひとこまにおけるエピソードや思いと見事に溶け合っていくからである。

そこには、作者の「どんな町でも、どんな村でも、それを聞きだし見つけだそうとする心さえあれば、身のまわりの全ての風景が、いつも声のない声で語りかけてくれているのがわかるでしょう」という発想に基づく世界がある。そこで、そうした風景の一つ一つが一編の主人公になっていったのである。

こうしたものを題材としている例をもう一つ。『ぼくとあの子とテトラポッド』（昭和五十八年九月、学校図書）という童話がある。杉はこのテトラポッドとの出会いについて、次のように語っている。[28]

水平線にいま夕日が沈もうとして、さかんな夕やけが空と海とをまっ赤に染めていた。大きく弧を描いて海岸線を走る列車の窓からは、波うちぎわに並んだテトラポッドの群れが、ひと目で見わたせる。夕日がみるみる沈んで、その影が完全に波の中に没しようとする一瞬、テトラポッドたちはそろって入り日に顔を向け、ふいに白い炎の一団となって燃えあがった。それはまるで、このコンクリートのかたまりたちが、とつぜん、白いしなやかな衣装をまとったコーラス隊に化身して、入り日をたたえる荘厳な合唱を天地にひびかせているように見えたのである。

そのときふいに、テトラポッドは悲しかろうと思った。身を挺してなぎさの砂に埋もれて、海岸の侵蝕をけんめいに防ぎとめているのに、人間どもにうとまれて、踏みつけにされて。せめてこんな美しい夕方には、その悲しみを歌にして、夕日にうったえずにはいられないのだろう、と。

日本海の直江津の海を秋の夕方に列車で通った時の体験である。このことがあってから杉は、それまでの海の荒廃の象徴とも見えた「異形の石塊に対して、生きものと接するような親しみ」を覚えはじめたという。こうして、テトラポッドに縁の下の力持ちならぬ海の下の力持ちという象徴を見て、その姿に「なにがしかの勇気をかきたてられる」というのである。こうした思いは、言うまでもなく越後高田の風土にしっかりと根を下ろして生活してきた杉みき子自身の姿勢から自然に生まれてくるものなのであろう。これも、杉の場合の題材の発見過程として興味深いところである。

(3)　構成における発想・着想

杉みき子の作品では、しばしば極めて特徴的な構成のパターンが採られる。〈現在―過去―現在〉という三つの場面から成るいわゆる額縁構成である。杉はこうした構成を採る理由に関して次のように述べている。[29]

子どもたちにとってはやや古い時代の話を書く場合、現在から入って、登場人物の昔がたりというかたちで話をすすめ、終わりにまた現在とむすびつける、というかたちを私はよく使います。子どもにとってあまりなじみのない時代のことを、できるだけ身近に感じてもらいたいためです。この話では、それに加えて、今まで三人称で語られてきた人物が、結末でとつぜん語り手に変化するという、ちょっとしたおどろきを組み立てました。

額縁形式の構成の効果は、文字通りあたかも額縁に入れた絵が浮き上がって見えるのと同じように、〈現在〉に挟まれた「昔がたり」の部分があたかも現在の出来事のように生き生きと再現されるというところにある。子どもたちにはあまり馴染みのない時代の出来事でも身近なことのように感じられるのである。

ところで、この引用文中の「この話」というのは、小学校五年の教科書に採用されている「わらぐつのなかの神様」（『かくまきの歌』昭和四十五年、学習研究社、所収）という作品のことである。この作品では、マサエという女の子のおばあちゃんが娘だった頃の昔語りの場面を中心に挟んで、その前後が現在の場面という構成になっている。おみつさんは、赤いつま皮の雪げたを買うために、ぶかっこうながらも履く人の身になって心をこめてわらぐつを作る。その心のこもったわらぐつに目を留めて、いつも買ってくれるようになった若い大工さん。やがて二人は結ばれる。

第三の場面で、マサエはこうして結ばれた二人が実は、自分の祖父母であることを知り、新たな感慨を持つ。第一の場面で、マサエと祖母のやりとりの中に、まず、「やだあ、わらぐつなんて、みったぐない」という、外見の格好にとらわれるマサエの態度が示される。これに、祖母は「わらぐつはいいもんだ」と、その実用的な面を強調して、第二場面での自分の思い出に重ねていくという仕組みになる。そして、第三場面では、昔語りを聞いたマサエの驚きと感動のうちに、第一場面でのマサエの考え方や態度とは明らかに異なる面が対比的に描かれていく。つまり、こうしたマサエの心の変化を通して、第二場面での昔語りを現在の世界に引き戻してくるという効果を上げているわけである。

作品構成における杉のこのような発想は、「春さきのひょう」(同前書所収)や「屋上できいた話」(『雪の下のうた』昭和四十一年、理論社、所収)、「ともしび」(『小さな雪の町の物語』)などにおいても採られている。

「春さきのひょう」は、母が二人の息子に語って聞かせる話の形となっている。若い時病院の看護婦をしていた母が入院患者の一人だった父と結ばれることになった経緯が語られる。母が父と結ばれるきっかけになったのが春先に降ったひょうである。物語の方も、たまたま降った雹を二人の男の子が洗面器にかき集める場面から始まっている。そこから戦時中の苦しい生活の様子、敵機の来襲によって危うく九死に一生を得た話などと共に、春先に降った雹が縁で現在の父と結ばれることになった経緯が語られていくのである。

また、「屋上できいた話」でも、母が戦時中の学徒動員で工場で働かされていた女学生の頃の思い出を娘に語る話となっている。戦時中は、敵に知られては都合の悪いようなところを高い場所から見下ろしてはいけないことになっていた。それを、ふとした好奇心から友だちと二人して工場の屋上に上ってしまう。そこを工場の人に見つかってしまう。友はその責任を自分一人で負って、自らは破滅の道へと引かれていく。この友に対する心の痛みを通して、人間の生き方を母が娘に伝えるという物語となっている。

これらの物語では、老婆といい、母といい、一様に雪国の厳しい生活に耐えて生き抜いてきた人々が主人公である。この人々は、身をもって雪国の生活の伝統を守り、語り伝えてきた人々でもある。そこで語られる話は、全て次の代を担っていく少年少女に向けられている。そして、当然のように、この両者の間には世代間の断絶がある。価値観の相違がある。杉は、こうした世代間の断絶の壁を取り払い、自然な形で老婆や母の昔語りが若い世代の子どもたちに伝わるようにという意図から額縁形式の構成を採ったのである。

(4)　表現技法における発想・着想

杉みき子は、作品制作の際の〈表現技法〉という問題に関して次のように述べている。[30]

私はもともと短い文章が大好きで、切りつめられるだけ切りつめた文章の中に、いかに充実した内容をもりこむことができるか、それをくふうすることがこの上ない楽しみです。この場合も、よけいな形容をいっさいそぎおとし、主語もできるだけ省いて、最小限のことばの中に、主人公の心理とその場の情景が浮かび上がってくるようにつとめました。また、この場合にかぎりませんが、ことばに内在するリズムを生かすこと、センテンスの終わりは、なるべく同じ字がつづかないようにすること（……した。……あった。……見た。などと続けることは避ける。ただし、効果的にするためにわざと重ねる場合はもちろん別。「夏の夜」の「うれしい」のくりかえしなど。）にも、いつも気をつけています。

杉は、別なところで、自分が文章を書く場合には徹底した推敲が必要であるとし、そのことが文章を書く一つの楽しみにもなっていると述べている。杉は、推敲の際、「無限に存在することばの組み合わせのなかから、その場合にぴったり合った唯一のことばを見つけ出すこと」について、「女の衣装選び以上に、わたしには楽しい」[31]とまで述べている。文末表現を同じ調子の繰り返しにならないようにすること。余計な形容をそぎ落とし、主語もできるだけ省いて、ことばを可能な限り切りつめること。創作に当たっての杉のこのような表現技法上の工夫・配慮は「簡潔で、平明で、正確で、達意の文章」、そして「文章にリズムがあること」、さらに、杉個人としてはこれらに「詩情」が加わること、これらの要素を兼ね備えているものを理想の文章とするという[32]、その確固たる文章観に基づいていると言ってよい。文章の理想としては、これ以上に望むべきものはないであろう。最後に、「達意」というひと言を含めているのを見れば、杉の文章表現技法への力の入れようがどれほどのものであるかは歴然としている。

杉みき子作品の表現技法の種々相に関しては、再び機会を設けて詳細に考察を加えることにして、ここでは「にじの見える橋」という作品の中の表現技法面に関して見ておくことにしよう。特にここでは、表現技法面に現れた発想・着想ということであるから、作者が読み手の興味を惹きつけていくためにどんなところに力点をおいて、どこを浮き立たせて叙述していったかという面に中心を置いて考察していくことにする。「にじの見える橋」という作品には、何もかもうまく行かないでふさぎ込んでいる少年が、思いがけずに見た橋の上からの虹をきっかけにして心のわだかまりがとけ、その心に明るさが戻ってくるという話が描かれている。

この作品では、「にじ」を中心として、「雲」や「雨」などのいわゆる〈空模様〉が「少年」の心を象徴し暗示している。冒頭の「雨がやんだ。／頭上の雲が切れて、わずかな青空がのぞく。」という部分では、まず、この物語の展開がそれとなく暗示されている。一筋の希望の光がさしている。そして、「雨は、自分の上にばかり降るような気がする」とあって、少年の全てがうまくいかずにもやもやとしたうっ屈した気分が示され、「灰いろの空」が、そのはればれとしない心を象徴している。また、その「灰いろの空」を「ほんの一部分」ではあるが、「あざやかにまたいでいる」ところの「にじ」も、少年の心のわだかまりがとけ始めていることの象徴となっている。

やがて、少年は「国道を横ぎる歩道橋」の上に立って、「国道の真正面から立ちのぼっている」ところの「にじ」を「このはなやかな橋のはじめから終わりまで」といった具合に見渡すことができる。ここに、少年の心のわだかまりは完全に消え去って、明るい心持ちになっていることが暗示されている。因みに、このような〈空模様〉の描写には、「灰いろの空」に対して「赤、黄、緑、太いクレパスでひと息にひいたような線」という形で、無彩色と有彩色との際立った対比が行われている。

こうした風景描写の表現が、少年の心の状態を見事に描き切っているのである。このことは、この作品題の「にじの見える橋」が、平素は気にも留めることのない「歩道橋」であるにもかかわらず、「はなやかな橋」に喩えられている「にじ」と同様に、仲違いをしていた「少年」とその「友だち」との心を結ぶ〈かけ橋〉としての象徴となっていることにも通じている。

また、この作品では、特定の人物を設定せず、「少年」という普通名詞で具体的な人物像をぼかし、象徴的な人物像に仕立てている。この、誰にでも当てはまりうるという類型性が読者に対して、逆に「少年」という一般的人物への同化を容易にしているのである。つまり、この「少年」の内面のドラマへ読者を自然に引き入れる作用を生み出しているのである。

ところで、この作品では会話文を「　」でなく、――（ダッシュ）によって表している。内言（心内語）の部分を「　」でなく、――によって表すことは珍しくない。しかし、ここでは、明らかに声に出している会話の部分をも――で表しているのである。一般に、文章の中では、地の文を〈素地〉とすれば、会話文は〈図柄〉に相当するものと考えることができる。「　」書きの会話文は、そこだけ図柄として浮き上がって感じられるのである。これを――書きで表すと、自ずと会話の部分が地の文にとけ込んで、感じとしては目立たない沈んだものとなる。この作品が「少年」の心持ちの微妙な変化を描いているだけに、この――による会話文の表し方は、この作品全体の内面のドラマを静かに盛り上げるのに効果的な役割を果たしていると言えよう。杉みき子自身が創作に際して工夫しているという「詩情」を添えるその方法の一つにこのような表現技法が挙げられるであろう。

さらに、「少年」の〈見る〉という行為の描き方にも少年の心の変化を読み取ることができる。少年の心のもやもやが晴れないうちは、「どうでもいいような目でながめて」いるが、「――にじだ、にじだ。」という子どもたちの声に誘われて、「思わずふりかえって、……見あげると」となる。やがて、「自分でも思いがけない衝動にかられて、あたりを見まわした」となり、「すこし背のびしながら身をのりだすと、……ひと目で見わたすことができた」という具合に変化していく。こうした表現の変化に、少年の内面のドラマが的確に描き出されていく。

「にじの見える橋」という作品におけるこのような表現技法面の工夫が、一貫してその叙述内容と緊密な関係の下に行われていることは明らかである。以上は、杉みき子作品の個々の表現技法面における方向づけ（＝発想・着想）の顕著な事例である。こうした事例を見ても、杉が作品の細部にわたる表現の一つ一つにどれほど周到な配慮をしているかが窺えるのである。

五　杉みき子作品の教材価値

以上、杉みき子作品の教材としての価値に関する考察を、その創作の原点であるところの「発想・着想」という側面から行ってみた。この考察で試みたように、表現主体の「発想・着想」の諸相は杉みき子の人生経験から生まれ故郷の風土や風景までと、極めて広範な土壌に胚胎している。したがって、その実体を厳密に把握していくには幾多の困難が伴う。とはいえ、この「発想・着想」面には、表現主体の認識の方法・内容が如実に現れてくる。そこで、こうした諸側面を具体的な文章・作品の中の題名・題材・構成・表現技法面から考察していくことによって、表現主体の〈人間〉に迫っていくことも可能となる。

実は、教材としての優れた価値とは、文章・作品の中での広い意味での表現面（題材や構成面も含めた）が表現主体の「発想・着想」（＝認識）面とどの程度緊密に一体化されているかというその程度量にあると言えるのである。

杉みき子作品の場合、これまでの考察に見られるように、こうした意味での教材としての価値を見事なまでに兼ね備えていると言えよう。さらに各論として、第四節で試みてきたような考察を杉みき子の個々の作品に沿ってより詳細に行っていく必要がある。その作業の一端はすでに別なところで行っているが[33]、本書では割愛させて戴くことにした。

注

（1）光村国語教科書　小学五年

(2) 東京書籍国語教科書　小学五年
(3) 教育出版国語教科書　小学六年
(4) 学校図書国語教科書　小学六年
(5) 日本書籍国語教科書　小学六年
(6) 光村図書国語教科書　中学一年
(7) 光村図書国語教科書　中学一年
(8) 教育出版国語教科書　中学一年
(9) 光村図書国語教科書　中学一年
(10) 「緊張体系」という考え方は、波多野完治の「文章心理学」理論の中心的概念である。詳しくは本書の第I部第五章「波多野完治『文章心理学』の研究」を参照せられたい。
(11) 拙稿「作文教育における『発想・着想』論の史的考察—作文指導過程・方法の再検討—」(日本教育大学協会第二常置委員会編『教科教育学研究』第五集、昭和六十二年三月、第一法規出版)。
(12) 倉澤栄吉・青年国語研究会共著『筆者想定法の理論と実践』昭和四十七年十月、共文社、一九九~二〇〇頁。
(13) 杉みき子「体験と想像—想像力とは何か—」(『児童文学創作講座2表現とはどういうものか』昭和五十六年九月、東京書籍、一四〇頁)。
(14) 同前書、注(13)、一五三頁。
(15) 杉みき子「ざるがわらぐつに化けてから」(『国語学習指導書5年』昭和五十八年二月、光村図書、三二七頁)。
(16) 同前書、注(15)、三二七頁。
(17) 杉みき子「小さな雪の町から」(児童言語研究会編『国語の授業』第七十七号、昭和六十一年十二月、十四頁)。
(18) 「白い夜のなかを」(杉みき子著『雪の下のうた』昭和四十一年初版、昭和五十四年新装版、理論社、所収)。
(19) 杉みき子文・村山陽絵『火をありがとう』昭和四十八年十一月、童心社。
(20) 杉みき子文・村山陽絵『なんにもだいらのこだまたち』昭和五十一年二月、金の星社。
(21) 前掲書、注(12)、一七三頁。
(22) 前掲書、注(12)、一九三頁。

（23）杉みき子著『随筆集　がんぎの町から』昭和五十八年十一月、偕成社、三十四頁。
（24）前掲書、注（12）、一八七頁。
（25）杉みき子「妙高山のはね馬」（『中等新国語教師用指導書一上』昭和五十三年二月、光村図書、十八頁）。
（26）前掲書、注（12）、一九〇頁。
（27）古谷綱武「杉さんと郷土」（杉みき子・佐藤忠良画『小さな雪の町の物語』昭和四十七年二月、童心社、九十二頁）。
（28）前掲書、注（12）、一一四頁。
（29）前掲書、注（15）、三三八頁。
（30）杉みき子「『加代の四季』について」（『小学国語6年教師用指導書』発行年不詳、教育出版、五十頁）。
（31）前掲書、注（12）、二〇二〜二〇三頁。
（32）前掲書、注（12）、一五九頁。
（33）拙稿「杉みき子『小さな雪の町の物語』の表現研究(1)—教材研究の基礎作業—」（文学と教育の会編『文学と教育』第十七集、平成元年六月）。

第Ⅲ部　国語科授業研究論

――授業構想論・授業展開論・授業記録論――

第一章　読みの指導目標設定の手順・方法に関する一考察

――〈教材の核〉の抽出から指導目標へ――

一　本研究の目的

教育現場における「国語科教材研究」とは、〈何を〉〈どのように〉〈どこまで〉行うことになっているのであろうか。その実情は極めて曖昧な部分を含んでいる。例えば、読みの指導目標はどのような手順・方法を経て設定されているのだろうか。目標設定は指導内容の精選・重点化の上からは勿論、授業実践を方向づける方向舵として極めて重要である。しかし、この目標が単なるお題目に終わり、時にははっきりと明示されていない場合もある。

そこで、本小論では、広義の「教材研究」のプロセスにおいて読みの〈指導目標〉を設定するまでの手順と方法について、〈教材の核〉の抽出という段階を介在させる考え方を提案してみたい。

二　指導目標設定の手順・方法に関する実態とその考察

――教材「やまなし」を事例として――

教育現場では、読みの指導目標の設定をどのような手順・方法で行っているのだろうか。まず、この実態を教材「やまなし」（小六）に関する先行実践記録等によって調査してみた。対象とすべき先行実践記録の検索・収集を浜本純逸・宏子他編『文学教材の実践研究文献目録（一）』『同（二）』（共に溪水社刊）、及び望月善次「『やまなし』国語科教育／研究実践主要文献解題」（『実践国語研究別冊』第七十三号）によって行った。

なお、本調査で取り上げた文献は二十三編である。三十編を越える文献の中から原則として実践家による実践記録と見られるものを対象として選び出した。これらの文献は全てA～Wの記号で示してある。記号の順序は文献の発表年代順である。次に掲げるものが実態を調査した一覧表である。

【諸文献における指導目標の手順・方法に関する実態】

文献	総頁	文献の性格	教材分析の有無		学習者の読みの予想の有無		目標の明示の有無・目標のレベル（高・中・低）		教材分析と目標との相関
A	10	指導法研究	無	教材の概要のみ	無	要求される読みの水準のみ述べる	有	・単位の目標 ・レベル（中）	
B	26	授業記録	無	教材に対する所感（教材解釈？）	無		無	目標の明示はないが、それらしきもの五つの提示あり	
C	8	指導法研究	無	〈教材分析〉の観点のみ示す	無		有	・「本時の目標」のみ ・あいまい（不明）	
D	5	指導法研究	有	分析の結果を「意味・文章構造図」にまとめて提示	無		有	・「指導目標」 ・レベル（中）	
E	8	実践報告	無	視点・イメージ・モチーフなどの分析観点のみ提示、子どもたちの分析した内容	無		無	・「指導計画」のみ提示	

F	30	授業過程の研究	有	西郷竹彦の分析が土台となっている	有	子ども自身の問いの予想として	無	「指導目標」としての明示はないが、それと思われる記述はある	やや弱い
G	12	指導法研究	無	教材の特質が若干述べられている	無		有	・「指導目標」 ・レベル（中）	弱い
H	16	目標及び到達基準設定の研究	有	作品構造を図式化して表している	有	三行だけであるが、簡潔に記している	有	・「価値目標」「技能目標」「言語事項」 ・レベル（中）	緊密
I	16	広義教材研究	有	・作品解釈 ・「意味構造図」 ・「文章構造図」	有	「指導目標」と「指導内容」とを設定した後に提示している点は問題		・「指導目標」 ・レベル（中）	緊密
J	6	指導法研究	無		有	五行ぐらい	無		
K	7	実践記録	無	作品の特質について若干の言及有り	無		有	・「指導目標」 ・レベル（中）	
L	9	教材分析と発問研究	有	「発問課題」抽出を目的とした教材分析	無		有	・「指導目標」 ・レベル（中）	緊密
M	6	指導法研究（学習課題づくり）	無		無		無		
N	7	指導法研究（言語事項の扱い）	有	文章分析 作品分析	無		無		
O	7	指導案研究（指導法研究）	無	「指導案」の中に教材解釈のあらましを窺える	無		有	・「教材の目標」「本時の目標」 ・共にレベル（中）	極めて弱い
P	3	指導内容研究（人間認識力）	無	教材解釈のあらましのみ	無		無		

Q	10	指導法研究（語彙指導）	有	「文章の分析」図（語句を中心とした分析）	無		有	・「本時のねらい」のみ ・レベル（中）	緊密
R	53	指導法研究（発問・討論・評論文制作）	有	・作品研究 ・発問研究の形で教材分析が示される	有	〈発問〉に対する反応の形で予想	有	・「単元の目標」 ・一部に難有り	やや弱い
S	11	授業記録（全時間の授業方法）	無	教材解釈のポイントのみ	有	二、三行で	有	・「指導目標」 ・一部にやや難有り	
T	52	授業研究（全授業）	有	「やまなし」の文章構成のみ	無		有	・「指導目標」 ・レベル（中）	弱い
U	6	授業研究（一時間のみ）	無		無		無		
V	34	教材分析と授業研究	有	研究者の分析を参考にして授業者が教材解釈を行っている	無		有	・「目標」 ・レベル（中）	緊密
W	8 13	授業研究（全授業記録）	有	表現価値も内容価値との関連で見ていこうとする意識有り	無		有	・「指導目標」 ・「価値目標」レベル（高） ・「技能目標」レベル（中）	

読みの指導目標設定の手順・方法に関する実態はそれぞれの「文献の性格」によってある程度異なってくる。この点を考慮しつつ、調査結果についての全体的な考察を箇条書きで列挙してみる。

① 「文献の性格」の曖昧なものが多い。研究の中心が必ずしも明確でない。

② 「文献の性格」にもよるが、綿密な教材分析を行っている文献は少ない。作品解釈・教材解釈の概要を記

したものが多い。（雑誌掲載の記録の場合、紙幅の制限がきついので、教材分析の結果の表し方が問題となろう。）

③　前項目との関係から言えば、「教材分析」の中で「教材構造の図式化」「意味構造図」による図式化は意義深いと考えられる。

④　「学習者の読みの予想」のないものが多い。代わりに、初読時の〈読み〉の傾向を記したものが多い。指導過程・方法の事実を述べる段階でなら納得できるが、指導目標設定の段階ではこれはおかしい。目標設定の前段階には指導者による「学習者の読みの予想」が是非とも必要と言える。

⑤　設定されている「指導目標」のレベルは概ね妥当である。ただ、このことが直ちに授業実践を確かなものにしているという保証はない。一部に教師の作品解釈のレベルをそのままに目標化しているもの有り。なお、目標は「価値目標」と「技能目標」とに分けて表される傾向が強い。単元・教材の「指導目標」の場合は両者を一元化した目標化が図れないものか。

⑥　目標設定に至る手順・方法が具体的に読み取りにくい文献が多かった。

続いて、目標設定に至る手順・方法に関して一定の特質・意義の認められる文献について、若干の考察を加えておく。三編だけを抽出して考察を行う。

D文献＝鈴木昭治郎「一人ひとりの読みを生かす授業の組織化」（『実践国語研究』第九号、昭和五十二年九月）

この事例では、「教材について」という項目で指導者の教材分析の結果を主として〈叙述内容価値〉と〈叙述形式価値〉の両面から簡潔にまとめて記述している。その上で、教材の構造を「意味・文章構造図」にまとめて、その後の「指導目標」設定に結びつけている。ただ、目標に〈叙述形式価値〉の側面が配慮されていない点は残念である。教材分析の手順とその整理の仕方を評価したい。

Ｉ文献＝永田彰「やまなし（光村）」（野地潤家・瀬川栄志編『授業に生きる教材研究　小学校国語科・6年』昭和五十六年九月、明治図書）

この文献の場合、掲載書の編者の一人である瀬川栄志の方式になる次のような広義「教材研究」の手順に基づいて叙述されている。

1　教材の概要

2　教材研究　(1)　内容的価値の追求（「意味構造図」の作成を含む）　(2)　技能発見と精選の過程（「文章構造図」の作成を含む）

3　学習指導案の作成　(1)　指導目標　①価値目標　②技能目標　(2)　指導内容　(3)　児童の実態（反応の予想）　(4)　指導計画　(5)　本時の展開

この事例では、「2　教材研究（＝教材分析）」の段階で、「(1)　内容的価値の追求」のために、詳細な「意味構造図」作成を行い、「(2)　技能発見と精選の過程」（＝叙述形式価値の追求）で「文章構造図」作成を行っている。この方法は、教材分析の過程が図式化されて示されて参考になるものと言える。しかし、「3　学習指導案の作成」の段階で、「(3)　児童の実態（反応の予想）」より先に「(1)　指導目標」が設定されているのは若干問題を覚える。

Ｖ文献＝甲斐睦朗・加藤由美子「『やまなし』の分析と授業」のうち「授業実践記録」（甲斐睦朗編著『小学校文学教材の分析と授業』昭和六十二年八月、明治図書）

この文献では、教材分析と授業研究とが研究者と実践家との共同の形で分担されている。甲斐の「教材分析」は入念で申し分のないものであり、教材分析のよいお手本とも言える。

この教材分析を受けて、授業者が簡単な「教材解釈」を述べている。そして、これに基づく「目標」は大きく「1　言葉への感覚を豊かにする」「2　作品内容のイメージをふくらませていく」「3　作品内容を読み取る」という三つの観点から設定されている。これらの方向は概ね、甲斐の「表現あるいは情景のおもしろさの追求」という方向づけに従ったものと思われる。妥当な線と言えよう。

三　指導目標設定までの手順と方法（試案）

次に、こうした実態調査を踏まえつつ、〈読み〉の指導目標設定までの手順と方法について私見を述べてみよう。その前に、筆者は狭義の「教材研究」のことを「教材分析」と呼んできているので、この用語の定義づけを行っておく。

教材分析（教材の解釈を含む）

所与の教材の〈叙述内容価値〉や〈叙述形式価値〉を分析・解明し、教材の特質・意義を捉えること。分析の観点は、教材により異なることが多い。分析（総合を含む）の実際として、教材の意味構造や文章構造を総合化（図式化してもよい）して表す作業までも含める。学習者の読みの予想も行う。

「教材分析」とはいっても、そこには当然、意味内容の解釈も含められるし、総合化への作業も含められるのである。そこから、〈叙述内容価値〉や〈叙述形式価値〉の抽出を行う。さらに、〈教材〉としての分析なのだから、当然〈学習者の読みの予想〉も入ってくるべきである。

このような考え方に基づいて、改めて先行実践記録を見ていくと、いくつか不満な点が浮かび上がってくる。

例えば、分析結果を構造的に図式化して表すという作業を入れている文献は意外と少ない。二十三編中、四編のみである。あるいは、原稿化の前段階ではやっているのかもしれないが、具体的な形で示されていないのは残念である。

また、〈学習者の読みの予想〉について記載されている文献も七編だけで、決して多いとは言えない。この作業は、教材分析であれば当然なされていなければならないもので、「指導目標」設定にもっていくまでには、どこかに明示されるべきものと考えられる。でないと、教材分析の成果をより有効適切な「指導目標」の設定に結びつけていくことにはなるまい。文献中には、「教材分析と目標との相関」において〈緊密〉であると思われるものが何編かあったが、ここに掲げられた「指導目標」とても、指導に際して真に有効適切なものであるか否かは、〈学習者の読みの予想〉が適切になされていけば、指導者の作品解釈をそのまま目標化してしまうという事態も回避されてくるはずである。

さらに、教材分析の段階で〈叙述内容価値〉と〈叙述形式価値〉とが並列して記述されることが多いのであるが、これを一元的に把握して表すことができないものだろうか。現段階では、例外なしに並列的にしか表せていないので、〈叙述内容価値〉あるいは〈叙述形式価値〉のどちらか一方に偏った目標設定及び授業実践になる傾向があるのかもしれない。指導目標を単に内容価値面、形式価値面から並列的に書き表すだけでは、内容か形式かの二極対立的図式を克服することになっているとは到底思えないのである。

そこで、筆者は教材分析と指導目標との間に、〈教材の核〉の抽出という段階を設定したいと考えるのである。〈教材の核〉とは次のようなものである。[1]

教材の核＝教材全体を貫く骨格にあたるもので、教材全体の内容に比して、一般化・抽象化の進んだもの。そして、これを手がかりに教材内容に一貫した筋を通すことのできるもの。

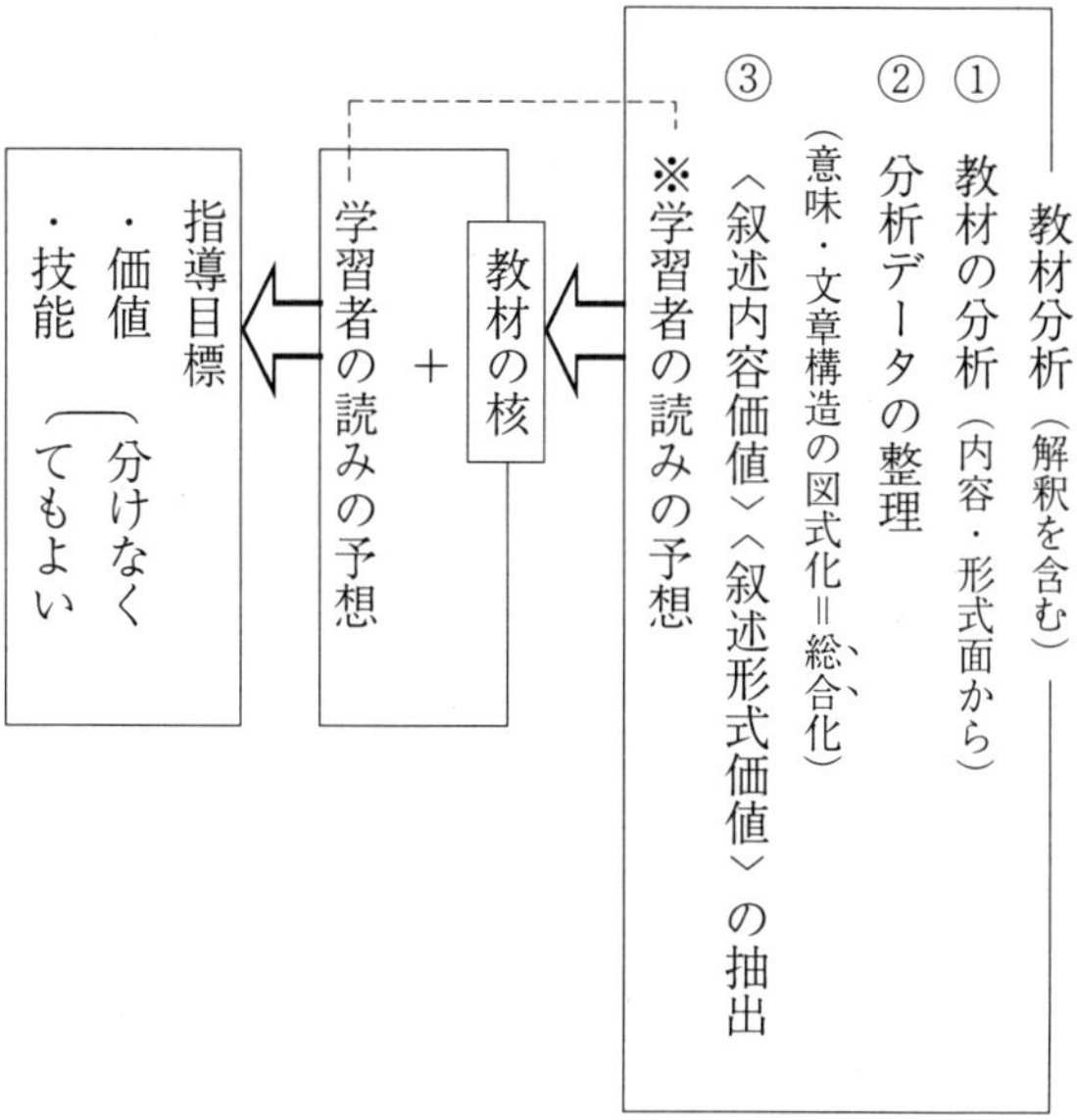

「教材分析」は〈分析〉のプロセスだけでなく〈総合〉化のプロセスでもある。総合化は、教材内容の一般化・抽象化のプロセスでもある。このプロセスで、〈叙述内容価値〉と〈叙述形式価値〉とは〈教材の核〉という形で一元的に把握されていくことになると考える。

筆者は、この〈教材の核〉という実体をブルーナーの言うところの「複雑な知識の根底にある構造[2]」という考え方と結びつけて把握している。学ばれたものは、このような単純化された構造の中で記憶の中に保持されていくものであるという考え方を支持するからである。

注

（1）〈教材の核〉の概念規定については、茨城大学教育学部附属中学校編『調和と統一のある人間形成をめざす教育課程の研究』（昭和五十一年五月、研究発表会要項）に示唆を受けている。

（2）J・S・ブルーナー著／鈴木祥蔵・佐藤三郎訳『教育の過程』昭和三十八年十一月、岩波書店、七頁、二十三頁、三十頁を参照。

第二章　説明的文章教材指導の問題点と授業構想論
――「ビーバーの大工事」を事例として――

一　説明的文章教材指導の問題点に関する考察
――「表現」概念と「情報」概念の交通整理を通して――

水川隆夫は「説明的文章指導の問題点」と題して、「形式的言語操作主義と内容主義」について論じている。(1)水川が論じているこの論点は、かつて大槻和夫が説明文教材指導の陥りがちな二つの偏向として取り上げた「ことばを操作するだけの操作主義的読み方の指導」と「文章そっちのけで、もっぱら書かれている内容を問題にする授業」(2)とに重なっている。

水川は、大槻によるこのような問題提起や渋谷孝が行った同様の問題状況に関する考察(3)を踏まえて、右の二つの偏向を克服する方途に関して「指導モデル」を提示しつつ検討している。

筆者が水川の考察の中で関心を持った部分は、右の二つの偏向の統一を目指して行われた各種の提案に関する検討を行った寺井正憲の論文における結論と、これに対する水川の批判である。以下、この部分を起点として説明的文章教材指導の問題点に関する考察を加えていくことにする。

寺井は、今日の説明文教材の読解指導の状況を捉えるために、認知心理学の概念を援用している。すなわち、「先行知識を母体としないで、文章の一語一語、一文一文の意味を積み上げていく側面」としての「ボトムアップ」と「読み手の先行知識を母体として、文章の情報を先行知識に組み込み、先行知識を組み換え、構造化させることで、意味のまとまりを作り上げる側面」としての「トップダウン」という概念である。この両概念を従来の「形式主義」と「内容主義」の読解指導に交差させることで、現在の課題が「形式や内容」への偏向だけでなく、「先行知識の関わりを閉ざしたボトムアップな思考」への偏向を改善するところにもあることを指摘した。(4)

寺井は、こうした問題意識に基づいて小田迪夫の「レトリック認識の読み」、西郷竹彦の「説得の論法」(表現・認識の方法)、藤井圀彦の「述べ方読み」などの提案を「修辞学的な読み」と呼んで、これに逐一検討を加えた。

その結果、寺井は「表現と内容の統一的な学習だけでは、説明的文章の読解指導の今日的な提案とはならない」とし、「今日、読み手の先行知識に文章の情報(表現も内容も含む)をいかに組み込んでいくか(トップダウンな思考の保証)が最優先の課題なのである」と指摘した。そして、右の三者のうちで、こうした課題をもっとも考慮して理論を構築しているのが小田迪夫であると述べている。これが寺井の第一の結論である。

また、寺井は、「指導の内容・方法」について、小田や西郷の提案では「従来文章論が担っていた形式部分の位置付けが明瞭でない」とし、「『修辞学的な読み』の指導と文章論的読解指導を比較した場合、後者は学問的根拠として文章論をもつが、前者には確立されたものがなく、その点理論として脆弱である」と述べて、「『説得』や『レトリック』と冠するならば、体系的な修辞学の研究成果を踏まえるべきであろう」と結論づけている。これが第二の結論である。

さらに寺井は、「修辞学的な読み」では「内容と形式の統一や先行知識の活用」という面で「表現の背後に筆者を想定していた」ことについて、「筆者という因子が、読み手と文章の間で行われる読みの過程に、どのように関係してくるかが明瞭ではない」と批判し、この問題を明らかにすることが今後の検討課題であるとしている。これが寺井の第三の結論である。

説明文教材の「修辞学的な読み」の指導に関する寺井の批判的な考察は、今後の説明文教材の指導の在り方を検討する際に避けては通れない有益な成果である。しかし、寺井によるこれら三つの結論に対しては筆者にも若干の異論がある。そこで、以下にいささかの私見を述べておく。

順序は不同になるが、まず、寺井の第二の結論について意見を述べておく。寺井は「修辞学的な読み」と「文章論的読解指導」とを比較して、後者が学問的な根拠として「文章論」を持ち、「前者には確立されたものがなく、その点理論として脆弱である」と指摘している。寺井は『説得』や『レトリック』と冠するならば、体系的な修辞学の研究成果を踏まえるべき」と結論づけている。寺井のこの結論はいささか危うい側面を含んでいる。まず、「修辞学」に比して「文章論」の体系性はそれほど確立されたものがあるのだろうかということである。また、国語科教育実践にとって「文章論」や「修辞学」は関連諸学である。これらの学問に仮に体系性らしきものがあったとして、それをそのまま国語科教育実践のための基礎論として持ち込むことができるかということである。

かつて西尾実は、「国語教育における『国語』」は「これまでの国語学のいう『国語』でもなく、言語学のいう『言語』でも」ない、「もっと複雑な、現実に生き働いて」いる「生態としての言語」なのであると指摘した。[5]西尾のこの指摘をまつまでもなく、国語科教育の基礎論は既成の関連諸学からそのまま求められるものではない。国語科教育実践の中から機能的に構築されていくべきものである。勿論、その構築の途上で関連諸学の研究成果に学ぶことはあってもよい。しかし、それは「修辞学的」「文章論的」というように、あくまでもその成果の一端を国語科教育実践の事実に照らしつつ取り入れていくことなのである。その結果初めて、これらの関連諸学の国語科教育実践への有効性も確かめうる。これら関連諸学の体系性を丸ごと導入することではない。したがって、予め「文章論」の研究成果を「修辞学」の研究成果と比較して、「修辞学的な読み」の指導に「体系的な修辞学の研究成果を踏まえる」ことを要求する必要はないだろう。

次に、寺井の第一の結論について意見を述べる。寺井は「修辞学的な読み」の指導の理念が「文章の表現面を尊重しつつ題材に冠する理解を促進する、つまり、筆者を想定し、筆者の取る視点に読み手を立たせ、そこから表現されている題材や表現自体を眺め、それらを統一的に理解、学習させるところにある」と捉える。そして、今日的な課題への対応としては、「表現と内容の統一的な学習だけ」では不十分であり、「読み手の先行知識に文章の情報（表現も内容も含む）をいかに組み込んでいくか（トップダウンな思考の保証）」（——線は大内による）が最優先されるべきであると結論づけた。

なお、寺井は小田迪夫の理念については、右の課題への対応がなされていると評価している。小田が「読むことの指導は、結局、書き手の認識の視点と読み手学習者の認識の素地（先行経験、先行知識や思考力レベルのありよう）を両極として、教材を学習者につなぐ作業である」として、「情報を読むことも、論理を読むことも、レトリックを読むことも、それらのために構成をとらえた要点・要旨を把握することも、すべてこの二極をつなぐ作業の過程に組み込まれるべきものである」（——線は大内による）と考えている点などを評価したのである。

寺井による小田の考え方に対する評価に対しては筆者も異論はない。筆者が意見を述べておきたいのは、右の引用箇所（寺井と小田の双方）で、——線を付した用語の概念に関わる点である。すなわち、この部分における「表現」と「情報」という用語の概念に関して意見を述べておきたいのである。この問題が寺井の第三の結論とも密接に関わっているからである。

国語科教育学の関連諸学の一つに「表現学」がある。この表現学を研究する組織に「表現学会」がある。筆者自身も会員の一人である。この学会が研究の対象分野として視野に入れているのは、機関誌『表現研究』に掲載された以下のような十の柱である。(6)

(1)　言語　―　表現の基底としての言語の論
(2)　視点　―　表現の機能としての視点の論
(3)　文芸　―　表現の味わいとしての文芸の論
(4)　認識　―　認識の型としての表現の論
(5)　意味　―　表現のささえとしての意味の論
(6)　文章表現法　―　文章の構造と叙述方法の論
(7)　文体　―　表現のすがたとしての文体の論
(8)　解釈　―　表現過程の再構成としての解釈の論
(9)　文章史　―　文章の成立の史的考察およびその方法の論
(10)　表現論史　―　表現についての論説の史的考察およびその方法の論

これらの柱を一瞥すれば、誰でも表現学全体の射程の巨大さに驚くことであろう。しかし、驚いてばかりではいられない。確かに、「表現」という用語は「文章史」や「表現論史」はおくとしても、その他の「言語」「視点」「文芸」「認識」「意味」「文章表現法」「文体」「解釈」などの概念をすっぽりと包み込んでいるのである。そして、我々が平素「表現」と呼んでいるのは、これらの概念の中のせいぜい「文章表現法」程度のものでしかないのである。

しかし、これでは「表現」という用語があまりにも貧弱となる。我々は本来、「表現」という用語を口にする時に、自ずからその基底にある「言語」や機能としての「視点」、または「認識の型」や「意味」、そしてその「すがたとしての文体」などを思い描くはずである。いや、そうあるべきである。

こうした考え方に立たないで、寺井が用いているように「表現と内容の統一的な学習」といった述べ方をしていくと、いたずらに我々の思考を混乱させていくことになる。「表現」は「内容」を包み込んでいるのである。しかも、この場合の「内容」とは、厳密には「表現のささえとしての意味」のことである。そして、さらに「表現」は右のような諸々の概念を包み込んでいる。単なる叙述形式だけを意味するものではないのである。

したがって、我々は寺井が用いた「表現と内容の統一的な学習」という言い方を水川隆夫が取り上げている「形式的言語操作主義」と「内容主義」との統一という問題意識に照らして、「形式と内容の統一的な学習」と言い改めるべきである。この場合の「形式」は表現における叙述形式のことであり、「内容」とは表現されている叙述内容（書き手の認識）のことであると理解すべきである。そして、寺井の結論の一部を「文章の叙述形式面を尊重しつつ題材に関する理解を促進する、つまり、筆者を想定し、筆者の取る視点に読み手を立たせ、そこから表現されている題材や叙述形式を眺め、それらを統一的に理解、学習させるところにある」と記述し直せばよい。他の部分も同様である。

なお、もう一つ問題とすべき部分がある。「読み手の先行知識に文章の情報（表現も内容も含む）をいかに組み込んでいくか」という部分である。「表現」概念を右のように捉えれば、寺井の言う「情報」とは表現における「叙述形式」と「叙述内容」のこととなる。ところが、小田は「情報」という用語を「情報を読むことも、論理を読むことも、レトリックを読むことも、それらのために構成をとらえた要点・要旨を把捉することも、すべてこの二極をつなぐ作業の過程に含まれるものである」という文脈の中で用いている。この文脈の中では、「情報」という用語は表現されている題材すなわち「叙述内容」のこと、小田の言葉で言えば「書き手の認識の視点」ということになる。

因みに、小田は別のところで「近年の説明文（説明的文章）の指導を前進させたのは、〝情報〟及び〝論法〟という概念である」と捉え、「表現内容を情報としてとらえ、表現形式を論法――説明文の説明・論証・議論・説得の論法――としてとらえ学ばせることが、説明文指導を改善する手だてとなると考える」（――線は大内による）と述べている。この文脈の中でも小田は、「情報」という用語を「表現内容」と捉えている。しかも、「表現形式」という概念を「論法」という用語で表し、「情報」概念の外側に設定している。

小田のこの「情報」概念と前記の寺井の「情報」概念とを比較すると、我々の思考は混乱する。両者の「情報」概念に明らかなズレがあるからである。寺井は「文章の情報」の中に叙述形式と叙述内容とを含めるという意味で「文章の情報（表現も内容も含む）」と述べている。一方、小田は「表現内容」という用語を「叙述内容」という概念に限定して用い、これを「表現内容を情報として」という言い方で表している。

以上のような「表現」概念、「情報」概念の混乱は小田や寺井にだけ見られる問題ではない。広く、我々全体に関わる問題である。そして、この問題を処理しておかないと、説明文教材で〈何を〉〈どう〉指導するかという問題点の究明は覚束なくなる。

筆者は「表現」概念を叙述形式としての説得の論法や各種の表現技法などの狭義の概念と捉えないで、叙述形式（論法・技法）と叙述内容（筆者の認識）とを一体的に含み、なおかつ、文体なども視野に入れた概念として捉えていくべきであると考えている。このように考えれば、先に見てきたような「表現」概念と「情報」概念との混乱を自ずと整えることができるからである。勿論、この場合、「情報」概念は「表現」概念とほぼ等しい概念となる。

さて、残るは寺井の第三の結論についての考察である。この結論が含んでいる問題は、先に述べたように寺井の結論と関わっている。すなわち、「表現」概念及び「情報」概念を前述したような立場で捉えれば、寺井の第三の結論である「読解指導理論内に筆者という因子を組み込む」ことに対する寺井の疑義との関係が生じてくる。

「表現」及び「情報」概念は、文体すなわち「筆者という因子」を含めているからである。

寺井は第三の結論の中で、「筆者という因子が、読み手と文章の間で行われる読みの過程に、どのように関係してくるかが明瞭でない」と批判している。これに対して、水川隆夫は寺井の意見にも一理あるとしつつ、「論説型の文章では筆者の意見が直接に表現されており、説明型の文章においても、筆者の主観が事象の選択、論理の展開、表現技法などにおいて、間接的に表れている」として、『筆者という因子』を全く排除することは不可能である」と述べている。(7)

この問題は、本研究の課題である説明的文章教材の授業構想に関わる問題であるので、以下に寺井の検討を踏まえながら考察を加えていくことにする。

二　説明的文章教材の指導において「筆者」を想定する必然性

寺井正憲による前述のような第三の結論は、先に述べたように「修辞学的な読みの指導の内容・方法」の検討を通して導き出されている。寺井はまず、「修辞学的な読み」の指導に共通する中心的な考え方が「表現の背後に筆者を想定する」ところにあり、いずれの提案でも「筆者意識を明確にすることによって、内容と形式の統一、あるいは先行知識の活用を図っている」と捉えている。そして、「内容と形式の統一や先行知識の活用のために、筆者を想定する必然性はあるのだろうか」と疑義を提示している。

寺井のこのような疑義に対して、筆者は「修辞学的な読み」の指導の提案に見られる「筆者という因子」が必要であるとの立場から、小田迪夫らの提案内容に沿いつつ寺井の疑義に答えていくことにする。

寺井は説明文教材の指導における「トップダウンな思考の保証」という問題意識に照らして、小田の「レトリッ

ク感応力の増幅」の指導と「書き手の視点に立つ」指導という提案を検討し、小田の以下のような考え方を引用している。(8)

そこで、書き手のレトリックに感応しにくい読み手学習者に、その感応力を増幅させる手だてがのぞまれることになる。つまり、教材の文体すなわち書き手のレトリックを読み手につなぐといった発想およびその実践力を指導者が持つ必要がある。

そして寺井は、小田のこの発言からは「なぜ感応力が必要かの理由が明瞭でない」と指摘する。しかし、寺井のこの疑問はどうも理解しにくい。なぜなら、寺井は小田の読みの指導に関する考え方に対して「表現活動を前提とすることで、対象の理解を優先しつつ、そこに表現に必要な言語知識（形式）を取り込んでいき、内容と形式の統一を図っている」と相応の評価を下しているからである。小田のこうした考え方と前掲の「読み手学習者」である子どもが説明文教材の「書き手のレトリック」には「感応しにくい」という考え方とを組み合わせれば、「読み手学習者」に「感応力が必要」である理由は十分に理解できるのではないか。

水川隆夫も、寺井の第三の結論に関わって「子どもの読みの目的は真直に文章の内容（現実）に向けられており、常に子どもを筆者の視点に立たせることは、子どもの自然な読みの姿勢に反していてむずかしい」と述べている。

確かに、子どもの読みの姿勢は水川が指摘するように文章の叙述内容に向かうことが圧倒的に多く、叙述形式にはほとんど向けられることがないのである。それを無理に叙述形式に向けさせようとすれば、これは批判されるべき「形式的言語操作主義」に陥る。それを避けるために小田は、「教材の文体すなわち書き手のレトリック」

に対する感応力を増幅させる手立てを講じる必要性を主張したのである。つまり、「筆者という因子」は「内容と形式の統一」を図り、「形式的言語操作主義」に陥ることを避けるための手段として必須なのである。

また寺井は、小田の「書き手の視点に立つ」指導の提案の中の次のような一節を引用している。(9)


明晰な思考とは、「思考のなかに、ある遠近法的な構成された空間をつくること」、ある視点から「ある風景を秩序立てて見ることができるように」することであるという、その視点の獲得によって、読みの思考は、文章表現が指示する対象世界の拡がりの方向に、ある秩序立った認識の風景を作りあげていく。それが書き手の対象認識の視点が明瞭にとらえられたときの読みの思考形成の姿である。つまり、視点が思考・認識を形成するのである。


寺井は小田のこの文言を引用した後に、小田が行った実践事例に関する考察部分を引用して、「小田は、書き手の視点に児童・生徒を立たせることで、トップダウンな思考を保証している」と評価を加えている。小田の「書き手の視点に立つ」指導の提案は、明らかに「表現の背後に筆者を想定」していて、読み手学習者の「先行知識の活用」という思考を保証しているのである。

ところが、寺井は「内容と形式の統一や先行知識の活用のために、筆者を想定する必然性はあるのだろうか」と疑問を提示して次のように述べるのである。(10)

例えば、小田は「じどう車のはたらき」の「つくり」と「はたらき」を筆者の視点とする。しかし、読み手は、別に筆者を想定することなしに、「つくり」「はたらき」を文章表現上の視点として捉え、文章の情報を構造化、体制化できるであろう。また、読み手は、「旅だつ種子たち」の擬人法のもつ意味を、筆者の認識の反映と想定することなしに、考えることができるであろう。

ここで寺井が指摘する「文章表現上の視点」という言葉は寺井のこの文脈では曖昧である。何を指しているのかが不明である。多分、書いてあるがままのことといった意味であろうか。しかし、この教材で決定的に大切なのは「はたらき」や「つくり」で自動車を比べるという書き手の認識の視点（認識の方法）なのである。そして、この「視点（認識の方法）」は言うまでもなく書き手の側にあるものである。そのことは、小田が引用している授業記録の中でも、子どもたちが自動車を比べる時には、例外無しに「大きさやはやさ」を基準に行っているという状況が明らかにされ、そうした状況との比較において教材の筆者が「はたらきやつくり」で比べているという事実が確認されていることからも理解される。だから、寺井の言う「文章表現上の視点」という言葉の意味が寺井の文脈からは曖昧となるのである。

また、前掲の寺井の「読み手は、『旅だつ種子たち』の擬人法のもつ意味を、筆者の認識の反映と想定させることなしに、考えることができるであろう」という考え方も理解しにくい。確かに寺井の考えている方法も可能である。しかし、小田は考察を加えた「旅だつ種子たち」の授業記録に対して、「一般の説明文教材の読みでは得られにくい情的な感動が教室を満たした授業である」と評価を加えている。

この授業で得られた「情的な感動」は、この題名の「旅だつ」という語句が「すでに、日本の伝統文芸独自の心情的意味を含有」していたことによって生み出されたのである。もとより、「旅だつ種子たち」といった題名を没個性的な表現と見なせるはずがない。当然、この表現の背後に「筆者」を想定せざるを得ないのである。したがって、授業での「情的な感動」は授業者が子どもたちの目を、この題名の擬人法に託されたそうした筆者の認識の視点にまで向けさせることでより高められたものと判断されるのである。

小田が指摘した「旅だつ」という語句に含まれる「日本の伝統的文芸独自の心情的意味」は、言わば子どもたちにとっての「先行知識」である。この「先行知識」を植物の「種子」に結びつけたのが筆者の認識の視点としての「旅だつ種子たち」という題名である。とすれば、寺井の「先行知識の活用に筆者を想定する必然性はない」とする判断は一方的であると言わざるを得ない。

以上、寺井正憲が「修辞学的な読み」の指導の提案に対して加えた考察を検討することによって、説明文教材で指導すべき教科内容の内実が浮かび上がってきた。それは、前節で考察した「表現」概念に含まれるところの①叙述形式（論法・技法）と②叙述内容（筆者の認識）、及び、③これらの背後に想定される筆者の認識の視点すなわち筆者の発想、④これらの全体的な姿としての文体である。

三　説明的文章教材において指導すべき教科内容

第一節と第二節において、寺井正憲が「修辞学的な読み」の指導の提案に対して加えた考察の検討を行ってきた。寺井の考察に関しては渋谷孝が「ここに提示された問題は、二十一世紀において広く深く検討される問題の一つになるであろう[11]」と指摘している。確かに、寺井の論考には本研究の課題にアプローチする上からも避けることのできない問題点が内在していた。

これまでの考察の結果、前節の最後に述べたように、説明文教材において指導すべき教科内容が浮かび上がってきた。しかし、これらの教科内容の内実はさらに細分化されたものでなければならない。また、それらの教科内容を取り出す方法についても明らかにしていかなければならない。以下に、その一端について述べていくことにする。

説明文教材において指導すべき教科内容を取り出すには、平素の実践指導の成果にまつことは言うまでもない。しかし、さらに関連諸学の研究成果からの援用も行わなければならない。ただ、現実には、第一節で取り上げた寺井の第二の結論にも見られるように、単一の関連諸学を国語科教育の基礎論と見なしてその体系的な成果をそのまま導入すれば事足れりとするような考え方が多い。改めて確認しておくが、どれほど優れた関連諸学の成果でもその体系性を丸ごと国語科教育の理論として取り入れることなど不可能なことである。可能なのは、その成果の一端を国語科教育実践の成果に照らしつつ取り入れていくことである。

こうした問題意識に基づいて、筆者はかつて国語科教育実践の事実・集積と様々な関連諸学とに学びながら、『国語科教材分析の観点と方法』という理論書を著した。実は、この書の中で取り上げた各種の「教材の分析観点」がそのまま説明文教材において指導すべき教科内容に該当すると考えている。

以下に、その分析観点の大項目と中項目までを列挙してみる。[12]（これらの項目の下位項目として取り出している約五十項目についてはここでは省略に従う。）

Ⅰ　教材の分析観点としての表現・修辞

1　表現方法　／　2　表現技法（修辞法）　／　3　文末表現　／　4　語彙・語句　／　5　句読法・表　記法　／　6　さし絵・写真・図表

Ⅱ　教材の分析観点としての文章構造

1　文章の構成・配置　／　2　主要語句の連鎖　／　3　視点

Ⅲ　教材の分析観点としての発想・着想

1　文章制作の動機・意図　／　2　題材・素材の選び方、とらえ方　／　3　構成意識　／　4　表現態度

右の項目中の「表現」という用語は、狭義の叙述形式のことを指している。そのことを「表現・修辞」というように「修辞」という用語と併置することで表したつもりである。なお、大項目の配列は、Ⅰ、Ⅱ、Ⅲと、微視的なものから巨視的なものへとした。ⅠとⅡまでは、「視点」などを除いて概ね叙述形式に関する観点である。また、「視点」とⅢにおける項目は、書き手の認識の視点すなわち「発想」面や「文体」に関わる観点である。中項目の下には、ほとんどの場合、それぞれいくつかの小項目が配置されている。そして、これらの小項目ごとに、実際の教材を用いて教材分析の実演を行い、その分析観点としての有効性を明らかにしている。これらの観点と分析の実際は、勿論、説明文教材においても適用されている。

以上の「教材の分析観点」について、補足的な考察を行っておく。

説明文教材の「修辞学的な読み」の指導の提案を行っている小田迪夫は、その自らの「修辞学的な読み」について、文体論や文章論を援用した教材分析論の立場と比較しつつ次のように述べている。(13)

修辞学は、元来、説得の技術学であった。説得は表現行為である。しかも、説得によって、表現の受け手に、何らかの変化をもたらそうとする行為である。一方、「理解」の指導もまた、表現の受け手である理解主体の変容を目的とする営みである。学習者が、理解学習を通して、何らかの形で学習以前とは変わることをめざしている。その意味で教材の表現を修辞学的観点から見ることを教材研究の一環に組み入れ、指導に生かすことができるのではないかと考えるのである。すなわち、その表現が内容（何が）を学習者に効果的

に伝え、新しい認識やそれに伴う感動をもたらすという形で学習者を変える可能性をどのように備えているかを検討すること、そして、そのような表現機能を発揮させる指導の手だてを講ずることを今後の実践の課題としたいのである。

ここには、なぜ修辞学的な立場を取るのかが「理解」指導の目的に照らして述べられ、同時に、その目的達成に向けた一段階である教材分析と授業の構想への基本的理念が述べられている。

小田が修辞学的な立場を取るのは、「理解」指導の目的が説得の技術学としての修辞学の目的に近似しているからである。修辞学も国語科教育学から見れば、関連諸学の一つである。しかし、修辞学は小田も指摘しているように、教材分析論に大きく貢献してきた文体論や文章論の祖でもある。その意味でも修辞学には、文体論や文章論に分化する以前の多面的な機能が内在しており、「その発想や原理」からは学ぶところも多いと言える。

実は、筆者が先の『国語科教材分析の観点と方法』における「教材の分析観点」を構想する際に主要な拠り所としたのは、波多野完治が精力的に紹介に努めた修辞学理論の中の「創構 Inventio／展開 Dispositio／表現 Elocutio／記銘 Memoria／演示 Actio」[14]の五部門であった。この五部門の中の三部門は、「創構」を「発想 Invention」、「展開」を「構成 Disposition」、「表現」を「修辞 Elocution」と言い換えることができる。これらの各部門を従来の教材分析論の成果を踏まえつつ、「発想・着想」「文章構造」「表現・修辞」と改め、設定の順序も微視的なものを先頭に立てて、前掲のようなⅠ、Ⅱ、Ⅲという項目として提示したのである。

したがって、筆者も小田の考え方には基本的に納得できる。ただ、筆者の場合、先にも述べてきたような理由から、たとえ国語科教育学の関連諸学の中ではかなり活用範囲の広いと判断される修辞学理論の場合でも、この理論だけからの全面的な導入ということはしていない。先の「教材の分析観点」にしても従来の国語科教育実践の成果に照らしつつ様々な関連諸学の成果を取り入れている。勿論、小田の場合も基本的な理念において修辞学理論からの援用を行っているものと判断される。

なお、筆者は小田による前掲の教材分析のための基本的理念である「その表現が内容（何が）を学習者に効果的に伝え、新しい認識やそれに伴う感動をもたらすという形で学習者を変える可能性をどのように備えているかを検討すること」にも概ね賛成したい。しかし、叙述形式としての説得の論法や表現技法が、単に付加的な技術・技巧でないことは言うまでもないが、また、単に効果的な伝達の手段だけではないことも新しい修辞学（レトリック）理論が明らかにしているところである。すなわち、波多野完治や佐藤信夫が明らかにしてきたように、「文章修飾の創造」は「新しい考え方の創造[15]」であり、「レトリック」は「発見的認識の造形[16]」と考えられるのである。

したがって、こうした考え方を受ければ、叙述形式としての説得の論法や表現技法を「効果的に伝え」るという「伝達機能」面からのみ捉えていくといった印象を与えないように配慮すべきである。むしろ、叙述形式が叙述内容を効果的に伝える面を持つと同時に、書き手の思考・認識の発見ないし創造の形なのだということを強く打ち出していくべきである。確かに、小田の文言にも「新しい認識やそれに伴う感動をもたらすという形で」とあるから、多分、その考え方は筆者の考えるところと一致していると判断する。

そこで、筆者はこうした考え方を強く打ち出すために、教材分析と授業の構想のための基本的理念を次のように設定しておくことにする。

> 文章教材の叙述形式が、単なる言葉の装いとしてでなく、叙述内容と一体となって書き手の発見的認識のすがたを表しているのだということを明らかにすること。また、教材のそのような構造が、読み手学習者に

対して効果的な伝達の機能として作用しているのだということを理解させる手立てを講じること。

当然のことであるが、文章は叙述形式だけで効果的な伝達機能を発揮しているのではない。叙述内容と一体となって効果的な伝達の機能を持ち得るのである。しかも、その両者が一体となったところに何らかの意味で発見的・創造的な認識のすがたが読み取れなければ真に効果的な伝達の機能は持ち得ないのである。

そして、このような文章こそが国語科の読みの学習指導教材として相応しいのであり、このような意味での効果的な伝達の機能こそを正しく明らかにすることこそが望ましい教材分析の作業なのである。また、教材のこのような構造が読み手学習者に適切に理解できるような手立てが講じられた時に、読み手学習者の中に新しい認識や知的感動が生み出されるはずなのである。

四　説明的文章教材から教科内容を取り出す方法――教材「ビーバーの大工事」を用いて――

ではここで、実際に説明文教材「ビーバーの大工事」(東京書籍、平成三年度版)の教材分析の一端を提示し、指導目標の設定を行ってみよう。教材分析の成果に基づいて指導目標を設定することで、先に示したような教材分析の基本的理念を実践的に裏づけたことになると考えられるからである。

なお、教材分析の観点及び方法は、先に掲げた拙著『国語科教材分析の観点と方法』に従う。

(1)　学習者の読みの予想

《着眼点》学習者が興味・関心を抱くところを中心に
・ダムを作って、川の流れを止めるなんてビーバーはかしこい。
・長さ四五〇メートルのダムなんてとても信じられない。
・木をくわえたまま泳げるなんてびっくり。
・五分間や十五分間ももぐれるなんてすごい。
・ダムを作るというところがおもしろい。
・ビーバーは、何も使わないで工事をするのでおもしろい。
・どのくらいの時間で木が倒れるのか。
・さらに短くされる木の長さは？
・いったいどのくらいの時間でダムと巣ができるのか。
・大きなあらしがきて、巣がこわれたらどうするのか。
・泳ぎのうまい動物が来たらどうするのか。

なぜ「学習者の読みの予想」を行うのか。学習者である子どもの立場で教材を捉え直すためである。教育は子どもの目の高さに立つところから始まる。これができなければ、読みの指導もできない。

また、子どもが興味・関心を示すところ、疑問に思うところは書き手の発見的認識が叙述されているところが多い。自分の発見的認識を伝達しようとしてその文章を書いているはずだからである。そして、その発見的認識は何らかの特徴を持った叙述形式として現れているはずである。書き手はその発見的認識を適切に読み手に伝達しようと努める。その努めた結果が叙述形式の上に反映されているはずだからである。

例えば、子どもが「長さ四五〇メートルのダムなんてとても信じられない」と読んだとする。実は、この文章を通して書き手がもっとも述べたかったことがこのような驚異的なダムを作ってしまうビーバーという動物の習性なのである。そして、こうしたダム作りのプロセスに書き手の発見的認識も何らかの叙述形式と共に現れてきているはずである。ということは、こうしたダム作りのプロセスを説明するための叙述形式に着目することで、教材分析の着眼点（＝切り口）を把握することが可能となるのである。

要するに、「学習者の読みの予想」は教材分析の切り口を学習者の視点（＝思考）に沿う形で把握するための作業なのである。

(2) 教材の分析

① 表現・修辞面の分析

声喩＝比喩法の意味と役割

・ガリガリ、ガリガリ。
・……木が、ドシーンと　地ひびきを　たてて　たおれます。
・……下あごの　するどい　歯で、ぐいぐいと　かじって　いるのです。
・ドシーン、ドシーン。
・……短く　かみきり、ずるずると　川の　ほうに　ひきずって　いきます。
・……後ろ足で、ぐいぐいと　からだを　おし進めます。

「声喩」（＝オノマトペー）は人物や事物・事象の様子、状態を〈音声化〉した表現で具体化しようとする描写的な機能を有する表現技法である。

この教材は日本では直接目にすることのできないビーバーという動物の習性を小学校の二年生の子どもたちにも理解しやすいように説明した文章である。

「ガリガリ」とか「ぐいぐい」という声喩は木の幹をかじる状態・様子を音声化することでこの動物がかなり強い歯を持っていることを具体的に表している。「ドシーン」という声喩はビーバーがかじって切り倒した木の大きさを想像させる。また、「ずるずる」という声喩はかみ切った木の大きさとビーバーの強い力とを想像させる。

要するに、これらの声喩は、学習者の「ダムを作って川の流れを止めるなんてかしこい」といった読みに対応して、ビーバーという動物の特殊な驚くべき性質を具体的に理解させる役割を果たしている。

直喩＝比喩法の意味と役割

・するどくて　大きい　歯は、まるで　大工さんの　使う　のみのようです。
・おは、オールのような　かたちを　して　いて、上手に　かじを　とります。
・それは、まるで、水の　上に　うかんだ　島のようです。

「直喩」は比喩法の一種である。比喩の技法については、波多野完治が「たとえ（比言）はじぶんのあらわしたい具体的な環境に対して、社会的語彙のなかに適当なものがない場合、または、社会のなかの単語では不充分だと感じられる場合におこってくる手法[17]」であると定義している。

「直喩」とは、喩えとして用いられるものと、喩えられるものとの二つがあからさまに比較されていて、受け手がひと目で比喩であると分かる特定の言語形式（「ちょうど……のよう」「まるで……みたい」など）を備えている修辞法である。

右の「まるで大工さんの使うのみのようです」という比喩は、学習者の「ビーバーは何も使わないで工事をするのでおもしろい」とか「どのくらいの時間で木がたおれるのか」といった読みに対応して、その読みを補う表現となっている。つまり、ビーバーの歯がいかに鋭くて並外れて大きいものであるかを具体的に表しているのである。

また、「おは、オールのようなかたちをしていて」という比喩は、学習者の「いったいどのくらいの時間でダムと巣ができるのか」といった読みに対応して、その巣の大きさとビーバーという動物の生態の凄まじさとを理解させる役割を果たしている。

要するに、これらの比喩には、ビーバーという動物の不思議な性質とその驚くべき生態に対する書き手の発見的認識が表されているのである。そして、こうした書き手の発見的認識に目を向けさせることによって、読み手学習者の知的感動を揺さぶることができる。

数詞の意味と役割

・……みきの　まわりが　一メートルも　ある　大きな　木が
・一度　もぐった　ビーバーは、ふつうで　五分間、長い　ときには　十五分間も　水の　中に　います。
・……ダムの　中には、高さ　二メートル、長さ　四百五十メートルも　ある　大きな　ものも　あったと　いうことです。

「数詞」は名詞の一種であり、ものの数量や順序を表す言葉である。「数詞」がもっともよく使用されるのは、説明的な文章である。

右の数詞は、基本的には木の幹の大きさやビーバーが水中にいる時間、ダムの規模を「説明」するという機能を有している。そして、これらの数値はいずれも結果的には、ビーバーという動物の不思議な性質とその驚くべき生態に対する書き手の発見的認識とそれらを実証的に記述しようとする書き手の表現態度とを表しているのである。

こうした書き手の発見的認識や表現態度に目を向けさせることによって読み手学習者の知的感動を揺さぶり、実証的な記述姿勢を学び取らせることができる。

現在形止め＝文末表現の意味と役割

一部の例外を除いて、文章中のほとんどの文末表現が「ほとりです。」「たおれます。」「泳いで　いきます。」「できあがります。」といったように、〈現在形止め〉となっている。

「現在形止め」の文末表現には概ね、①現時点における動作や物事の状態を叙述する場合、②時間にかかわりなく、一般的、習慣的、普遍的な事物・事象を叙述する場合、③「歴史的現在」（＝過去の出来事などを、現にいま体験しているかのような気持ちで表現する）の場合、などの用法がある。

この教材文中の現在形止めの文末表現は、右の②と③の用法として意識的に用いられている。例えば、「おし進めます。」「かじを　とります。」「かためて　いきます。」「水の　中に　います。」などは、一般的、習慣的な事象を説明しているので②に該当している。したがって、この教材のほとんどの場合は②に該当していることになる。説明文教材に多く見られる文末表現である。

ところが、この教材の始めの部分では、「ビーバーが、木の　みきを　かじって　います。」「大きな　木が、ドシーンと　地ひびきを　たてて　たおれます。」「ちかよって　みますと……下あごの　するどい　歯で、ぐいぐいと　かじって　いるのです。」といった文が出現している。この部分では、いま筆者が現にその場に居合わせて、ビーバーが木をかじって切り倒しているところを見ているような形で叙述されている。つまり、筆者は読み手が現に今ビーバーが木を切り倒している現場に居合わせているかのような気持ちになれるような書き方をしているのである。したがって、この部分だけは、③の文末表現に該当しているのである。

授業でこれらの文末表現を取り上げる際に注意しなければならないのは、この②と③の文末表現の違いを授業者が明確に自覚しておくことである。その上で、③の文末表現の独自の意味と役割とを「過去形止め」にした場合との比較において理解させていくことである。

② 文章構造面の分析

文章題の意味と役割

・「ビーバーの大工事」という文章題は、この説明文の題材でもある。

「文章題」は文章の〈顔〉であり、〈看板〉であり、〈呼び込み〉の機能をも果たしている。それは、文章の題材や素材を表していたり、文章の中心的内容と深く関わっていたりすることが多い。

「ビーバーの大工事」という文章題の場合はこの説明文の題材を表している。「大工事」は「巣作り」を比喩化した表現である。この「巣作り」が長さ四百五十メートルにも及ぶ巨大なダムを作ることで川の水をせき止め、その中に島のような巣を作るといった大作業なので「大工事」という表現が選び取られたわけである。つまり、この「大工事」という言葉に、ビーバーという動物の生きるための知恵や工夫、その驚くべき生態に対する書き手の発見的認識が象徴的に現れていると見なすことができるのである。

なお、この「ビーバーの大工事」という文章題がこの説明文の「題材」も表していて、そこに書き手の発見的認識が〈象徴的に〉現れているということは、この「題材」を〈発想・着想〉面から分析することをも可能にする。

この〈発想・着想面の分析〉は筆者が立てている「教材の分析観点」では三番目の大項目となっている。この大項目の下位項目として「題材・素材の選び方、とらえ方」という観点がある。この題材・素材は、「ビーバーの大工事」の場合のように、文章の題名に現れてくることが多い。しかし、このことを最終的に確定できるのは、〈本文〉の内容との関わりにおいてである。

さて、書き手が題材をどのようなきっかけから選び、その題材について効果的に述べていくために素材をどのように取り上げているかということは、書き手の〈もの・こと〉に対する認識の仕方である。したがって、書き手の「題材・素材の選び方」を探ることで、文章内部から書き手の認識の仕方に迫っていくこともできるのである。

(3)　指導目標の設定

以上の「教材の分析」結果に基づいて、授業の構想作業の第一段階である「指導目標の設定」だけを行っておくことにする。この指導目標をどのように設定するかに、今後の説明文教材の指導の基本方向を示すことができると考えているからである。

次に示す「ビーバーの大工事」という説明文教材の指導目標は、第一節から第三節までに検討を加えてきた説明文教材の指導の在り方を踏まえて、従来問題となってきた「形式的言語操作主義」と「内容主義」という二つの偏向を克服する意図に基づいて設定するものである。

すなわち、先に設定した教材分析と授業の構想のための基本的理念に沿って、次のような目標を設定したのである。したがって、設定する際に留意した点は、教材の中の〈叙述形式〉と〈叙述内容〉とを教材分析の結果を踏まえつつ一元化して記述したことである。

①〈声喩＝オノマトペー〉がビーバーという動物の性格や仕事ぶりを表していることを理解させる。
②〈直喩〉がビーバーという動物の性質や生態に対する筆者の見方・考え方を表していることを理解させる。
③〈数詞〉がビーバーという動物の性質や生態に対する筆者の見方・考え方及び実証的に記述しようとする姿勢を表していることを理解させる。
④〈現在形止め＝文末表現〉がビーバーの行動をあたかもいま目の前で見たり聞いたりしているかのような気持ちにさせていることを理解させる。
⑤〈文章題〉がビーバーという動物の知恵や工夫や生態に対する書き手の見方・考え方を象徴的に表していることを理解させる。

これらの指導目標の中に用いられている〈声喩〉〈直喩〉〈数詞〉〈現在形止め〉〈文章題〉といった用語については、その用語や概念を直接指導しようとするものでないことを断っておかなければならない。教材の中に出てくる叙述形式そのままを取り上げて、その種の言葉遣いがどのような意味内容と結びついているのかを様々な言語活動の場面を設定することで徐々に理解させていくのである。

しかも、この種の叙述形式は他の教材にも繰り返し出現するものであるから、この「ビーバーの大工事」という教材だけで完全に理解させなくともよい。教材を替えて繰り返し指導して理解させていけばよいのである。

なお、この指導目標を一時間一時間の授業の中で、どのように達成させていくかという課題については、説明文教材の授業展開論として改めて論じていかなければならない。

注

（1）水川隆夫著『説明的文章指導の再検討』平成四年八月、教育出版センター、一六五～一七四頁。
（2）大槻和夫「説明的文章の授業の現状と問題点」（太田昭臣・大西忠治編著『中学国語の授業　古典と説明的文章』昭和五十八年、あゆみ出版、一二三～一二九頁）。
（3）渋谷孝著『説明的文章の教材本質論』昭和五十九年七月、明治図書、第Ⅲ章、第Ⅳ章、第Ⅵ章など。
（4）寺井正憲「説明的文章の読解指導における現状―『修辞学的な読み』の指導に関する問題」（『文教大学国文』第十八号、平成元年三月、十五～二十九頁）。
（5）西尾実著『国語教育学の構想』昭和二十六年一月、筑摩書房、二八七頁。
（6）表現学会「迎二十年の記」（表現学会編『表現研究』第三十七号、昭和五十八年三月）。
（7）前掲書、注（1）、一七二頁。
（8）小田迪夫「説明文の指導を見直す」（日本国語教育学会編『月刊国語教育研究』平成二年二月号、三～七頁）。
（9）小田迪夫著『説明文教材の授業改革論』昭和六十一年四月、明治図書、一一〇頁。
（10）前掲誌、注（4）、二十頁。
（11）渋谷孝編著『国語教育基本論文集成15国語科理解教育論⑸説明的教材指導論Ⅱ』平成六年、明治図書、六二一頁。
（12）拙著『国語科教材分析の観点と方法』平成二年二月、明治図書、〈目次〉から。
（13）小田迪夫「表現学を生かした『理解』の指導―中学校―」（『表現学大系総論篇第三巻・表現学と国語教育』平成三年十二

月、教育出版センター、五十五～六十二頁)。

(14) 波多野完治「表現学と修辞学」(表現学会編『表現研究』第六号、昭和四十二年九月、八～二十四頁)、同著『文章心理学大系6現代レトリック』(昭和四十八年、大日本図書、五頁)。

(15) 波多野完治著『文章心理学大系2文章心理学の理論』昭和四十一年九月、大日本図書、一五二頁。

(16) 佐藤信夫著『レトリック認識』昭和五十六年十一月、講談社、五～十五頁。

(17) 波多野完治著『文章心理学大系1文章心理学〈新稿〉』昭和四十年九月、大日本図書、二十四～二十五頁。

第三章　文学的文章教材の教材分析から授業の構想へ

――「白いぼうし」（あまんきみこ作）を事例として――

一　「白いぼうし」の書誌

原作は童話雑誌『びわの実学校』第二十四号（昭和四十二年八月）に発表されたものに手が加えられ、昭和四十三年に出版された『車のいろは空のいろ』（ポプラ社）という処女童話集に収められた作品である。この童話集には「白いぼうし」を含めて八編の短編童話（①小さなお客さん、②うんのいい話、③白いぼうし、④すずかけ通り三丁目、⑤山ねこ、おことわり、⑥シャボン玉の森、⑦くましんし、⑧ほん日は雪天なり）が収められている。童話集の表紙を開けると、見開きに立て看板風の一枚の地図が描かれている。地図の中には、本教材にも登場する「菜の花橋」や団地や堀もある。一連の短編童話の主要モチーフは、タクシー運転手の「松井さん」が不思議な人物（多くは動物の化身）を車に乗せて、その前後に不思議な出来事が起こるというところにある。

「白いぼうし」が初めて教材化されたのは、昭和四十六年版の光村図書と学校図書の教科書からである。昭和五十年代に迎えるいわゆるファンタジー教材の最盛期のさきがけともなった教材である。

二　「白いぼうし」の教材分析

「白いぼうし」はファンタジー作品であるということが殊更に強調されるきらいがある。大切なのは、この作品を学習者がどう読むかということである。そこから教材化の作業も始まる。そして、その次にこの作品に教材としてのどんな価値を見出すかが分析考察される。勿論、国語科としての教科内容を踏まえ、どのような言語技能を育成するかを念頭において教材としての価値を抽出するのである。

以下に、「白いぼうし」を用いて教材分析の観点と方法とを提案していくことにする。ここで行う「教材分析」の観点と方法は全て拙著『国語科教材分析の観点と方法』（平成二年二月、明治図書）に拠っている。その詳細については拙著を参照していただければ幸いである。

ここでも「白いぼうし」の全授業計画の構想に直結する教材分析を行っていくことにする。言うまでもないことであるが、分析は叙述形式面と叙述内容面とを一体的に把握しながら行われる。したがって、分析作業には当然のことながら当該箇所に関わる解釈作業が併せて行われることとなる。

分析の結果、得られたデータを比較し関係づけて整理・総合化を行う。つまり、〈分析⇅総合〉過程を重視する。これらの作業を経て、教材価値を明らかにする。国語科としての「教科内容」を踏まえ、どのような言語技能を育成するかを念頭において教材価値を抽出するのである。

なお、教材分析に先立って必要となるのは、この作品を学習者である子どもたちがどのように読むかを予想することである。この作業をまず最初に行っておきたい。

（1）　学習者の読みの予想

ここでの「学習者」とは対象学年である小学校四年生一般を指す。したがって、作品解釈を述べるものではないから、殊更に穿った読みをする必要はない。彼らがこの作品に抱く興味や疑問を予想して列挙すればよい。

・松井さんのやさしさに好感がもてる。
・女の子は一体だれだったのだろう。どこへ行ってしまったのだろう。
・男の子は、ぼうしをあけた時、ちょうのかわりに夏みかんが入っていてどう思うだろうか。
・「よかったね。」「よかったよ。」という言葉はだれがだれに言った言葉だろうか。

右に掲げたものは主な予想のみにとどめた。

（2）　教材の分析

①　〈表現・修辞〉面の分析

「比喩法（声喩）」（描写的な機能）

・にこにこして答えました。　・はっとしました。　・ちょこんと置いてあります。　・ふあっと何かが飛び出しました。　・ひらひら高くまい上がると　・じろじろ見ながら　・ぐいぐい引っぱってきます。
・みるみる後ろに　・ぽかっと口を　・ぼんやり見ているうちに

「声喩」の出現率はかなり高い。この「声喩」は人物や事物・事象の様子、状態を感覚に訴えて具体的に表現する描写的な機能を有する。この話には非現実的で幻想的な出来事が起こるが、それでいて妙に生々しく現実的な情景や気分が感じられるのはこの「声喩」の働きにもよる。

「比喩法（直喩）」

・まるで、あたたかい日の光をそのままそめつけたような、見事な色でした。

この「直喩」では、「夏みかん」を「日の光」に喩えているところから、この「夏みかん」が母親の心の温かさを象徴していると解釈できる。

「指示語」

・「これは、レモンのにおいですか。」
・「……この車にのせてきたのですよ。」
・「この子は、どんなにかがっかりするだろう。」
・運転席から取り出したのは、あの夏みかんです。

このような「指示語」が数多く使用されている。「これ」「この」といった近称の指示語は単に記述された内容を指し示すだけでなく、〈親しみ〉の気持ちが込められていることがある。「あの夏みかん」の場合も、「あの」には〈すでに読者の皆さんがごぞんじの〉といった語り手の気持ちが込められている。単に文法的な意味だけでなく、こうした登場人物や語り手の気持ちまで読み取らせていくべきである。

「色彩語」

・レモン　・夏みかん　・白いぼうし　・シグナルの赤、青　・なみ木の緑　・もんしろちょう　・赤いしゅう糸　・あたたかい日の光　・菜の花横町　・水色の新しい虫とりあみ　・やなぎのなみ木　・小さな野原　・白いちょう　・クローバーの青　・たんぽぽ　・シャボン玉

ここで言う「色彩語」とは、直接、色彩の名前を表すものでなくても、例えば「レモン」や「夏みかん」のように自ずと色彩を連想させるものも含む。この出現率もかなり高い。全体的に明るく淡いパステルカラーの色調を作り出していると言えようか。これらの色彩語がこの作品に絵本を見るような視覚的な効果をもたらしていると言えよう。

「表記法」

「よかったね。」
「よかったよ。」
「よかったね。」
「よかったよ。」

「表記法」は普通、漢字・ひらがな・カタカナなどの「文字体系」と、「句読法」などのくぎり符号である「非

文字体系」とに分けて考えられている。「表記法」は単なる形式の問題でなく表現の問題である。ここに書き手の表現意識や文体が表れていることに注意しなければならないのである。

この部分の段違いの表記の仕方には、「ちょう」がひらひらと高く低く舞い飛ぶ様子が視覚的に描き出されていると見なすことができる。また、「よかったね。」が高い部分に表記されていることから、その声も一段と高い複数の人物のそれを想像させる。「よかったね。」と低く表記されている部分からは逆に一人の人物の声が聞こえてくるような感じをもたらしている。つまり、この段違いの表記の仕方によって音声の強弱感が聴覚的に描き出されていると見なせるのである。

② 〈文章構造〉面の分析

「反復の筋」（松井さんの言動の反復）

・にこにこして答えました。
・「……においまでわたしにとどけたかったのでしょう。」
・「あまりうれしかったので、いちばん大きいのを、この車にのせてきたのですよ。」
・「おや、車道のあんなすぐそばに、小さいぼうしが落ちているぞ。風がもうひとふきすれば……」
・「せっかくのえものがいなくなっていたら、この子は、どんなにかがっかりするだろう。」
・ちょっとの間、かたをすぼめてつっ立っていた松井さんは、何を思いついたのか、……。
・松井さんは、その夏みかんに白いぼうしをかぶせると、飛ばないように、石でつばをおさえました。
・「ふふっ。」
ひとりでにわらいがこみ上げてきました。

「松井さん」の外面的な言動をこのように反復叙述する「反復の筋」は、松井さんの〈無償の行為〉〈無垢なやさしい人柄〉を描き出そうとしていると解釈できる。

「伏線」（女の子の正体）

「道にまよったの。行っても行っても、四角い建物ばかりだもん。」

つかれたような声でした。

「ええと、どちらまで。」

「え。――ええ、あの、あのね、菜の花横町ってあるかしら。」

「菜の花橋のことですね。」（中　略）

客席の女の子が、後ろから乗り出して、せかせかと言いました。

「早く、おじちゃん。早く行ってちょうだい。」


「伏線」とは、「主筋」（メインプロット＝表の筋）に対して〈アンダープロット＝裏の筋〉〈隠された筋〉のことである。この伏線は松井さんの車に乗ってきた女の子の正体を暗示する役割を担っていて、読者に対して一種のサスペンス効果をもたらしている。

「サスペンス」の語原は「サスペンダー＝ズボンつり」などと同様に、〈吊り上げる〉という意味からきている。この場合に吊り上げるのは、読者の心である。読者の心を引っかけて妙な気分にさせるのである。読者はこの部分を通過する時、無意識のうちに心に〈ひっかかり＝サスペンス〉を感じるのである。

物語・小説の文章には時々こうした「筋立て」が仕組まれていることを理解させておくこともあってよいだろ

う。勿論、授業の中では〈伏線〉という用語では難解な感じを与えるから〈ひっかかり〉とでも指導しておけばよいだろう。

「題名と本文との関係」（象徴的な意味）

・「白いぼうし」は、この話の中の不思議な出来事を引き起こすきっかけとなっている。
・このぼうしは、「風がもうひとふきすれば、車がひいてしまうわい。」という松井さんのやさしい気持ちによって、一連の出来事を引き起こしている。
・松井さんのこの気持ちが、ぼうしの中にいたもんしろちょうを助けることになる。
・また、ちょうのかわりに、松井さんのおふくろさんが届けてくれた大切な夏みかんをちょうをつかまえた男の子にあげることになる。

「白いぼうし」という「題名」は、これを本文との関係から分析すると、この物語の一連の出来事を連結する小道具としての役割を担っていることが読み取れる。「白いぼうし」は松井さんの〈無垢なやさしい人柄〉を象徴しているのである。

③〈発想・着想〉面の分析

「題材・素材の選び方、とらえ方」（登場人物の設定の仕方）

〈タクシーの運転手さん〉
・お客さんを乗せるタクシーに夏みかんの香りをのせる。

・「白いぼうし」が車にひかれるのを助ける。
・夏みかんを、逃がしたちょうの代わりにおいていく。
・おんなの子をただでのせてしまう。
〈おかっぱの小さなかわいい女の子〉
・正体不明の女の子
・料金も支払わずにいつの間にか消えてしまう。

タクシーの運転手の松井さんの四つの行為は、いずれもまったくの無償の行為である。お客さんをタクシーに乗せて料金をいただくという有償の行為とは無関係の行為である。この松井さんという人物設定は、タクシーの運転手さんということで、現実感を感じさせる。しかし、おかっぱの女の子は正体不明の非現実的な人物である。もんしろちょうの化身と思わせるような筋立てとも関係して、幻想的な雰囲気を醸し出している素材である。

(3)　分析データの整理・総合化

以上の分析から得られたデータを簡単に整理する。

全体の「筋立て」(プロット)から着目すべき点は、やはり運転手の松井さんの言動である。そこで、松井さんの外面的な言動を手掛かりに松井さんの内面的な部分(本質)を捉えようとした。この部分を松井さんの〈やさしさ〉と捉えてもよいが、それだけではやや一般的に過ぎよう。一歩深めて、その無償の行為に着目していきたい。そうした行為に支えられた〈無垢なやさしさ〉と捉えたい。

また、題名「白いぼうし」の意味を松井さんの〈無垢なやさしさ〉の象徴とも捉えることができようし、この作品世界の現実的な部分と非現実的な部分とを結びつける小道具としての役割を果たしているとも考えられる。

さらに、文章中の表現技法や語句・語彙に目を向けると、声喩や色彩語が効果的に使用されていて、この作品をファンタスティックな独自の世界に仕立てていることが分かる。登場人物の設定の仕方にも特徴がある。松井さんという人物がどこにでもいるタクシーの運転手という職業についていること。もう一人のおかっぱの女の子が途中で消えてしまう不思議な人物であるということである。

(4) 教材価値の抽出

国語科の教材価値は本来、述べられている事柄・内容（＝叙述内容）とそれを包んでいる表現技法（＝叙述形式）との一体的関係において捉えられるべきものである。したがって、ここでもそうした形で教材価値を抽出すべきであろう。しかし、そうした一体的な表し方は、授業の〈目標〉を設定する際に試みることにして、ここでは叙述内容と叙述形式の両面から取り出しておくことにする。

「教材価値」

〈叙述内容の価値〉
・松井さんの無償の行為に象徴される無垢なやさしさ
・現実と非現実とが交錯する不思議な世界
・パステルカラーの色調に象徴されるさわやかさ

〈叙述形式の価値〉
・松井さんの言動を中心にその人柄を浮き彫りにする反復の筋と非現実的な出来事を描き出す伏線の効果
・比喩法、表記法、色彩語などの視覚的な効果

三　「白いぼうし」の授業の構想

(1)「授業の構想」の手順

国語科授業の構想（＝指導的研究）は概ねつぎのような手順で行う。

①　学習者の実態把握（＝学習者研究）
②　指導内容の検討
③　指導目標の設定
④　指導計画の立案
⑤　指導過程（＝本時の計画―目標と展開）の検討

詳細は拙著『国語科教材分析の観点と方法』（明治図書）に譲るが、本小論でも基本的に右の手順を踏まえて授業の構想を行うことにする。

①の「学習者の実態把握」に関しては、当該学級の担任教師が行うものである。したがって、本小論では省略に従う。

②の「指導内容」とは、「白いぼうし」という教材の中から取り出せる普遍的・客観的な「教科内容」のことである。これは、先の教材の分析に際して取り上げた観点である様々な表現技法のことである。これを教材の叙述内容に沿って一体化して、一単位時間に一つという割合で取り出すのである。例えば、「〈比喩法〉が人物（＝

松井さんのお母さん）の人柄を暗示していること」といった具合にである。これが「教科内容」（＝各種の表現技法）と教材内容とを一体化した「指導内容」ということになる。

なお、国語科の場合、「教科内容」として二通りのものが考えられる。一つは先に取り出した教材の分析観点としての様々な表現技法のことである。もう一つは、毎時間の学習活動の中から取り出される〈話す〉〈聞く〉〈読む〉〈書く〉といった各種の言語技能のことである。

後者の四つの言語技能に関しては、それぞれの技能の育成を目指して取り立てて指導が行われることもある。「話すこと・聞くこと」「書くこと」「読むこと」の領域別指導がそれである。しかし、これらの言語技能は、毎時間の国語科の学習指導の中で満遍なく行われていくものでもある。

本教材の指導は、「読むこと」の領域の指導であるから、「指導内容」は教材の叙述形式である表現技法について叙述内容と一体化させて取り出すことになる。したがって、言語技能面の「指導内容」は表立てて取り上げてはいないが、右の指導を行うことを通して併せて行うこととする。

そのために、実際の授業場面では、前後左右の子ども同士による話し合い活動、様々な形態での読みの活動の保障、ワークシートなどを活用しての書く活動の保障などを意図的に行っていくことが必要となる。

では次に、②の「指導内容」の検討と、③の「指導目標」の設定とを併せて、④の「指導計画」の立案までを行ってみよう。

(2)　「指導内容」の検討と「指導目標」の設定及び「指導計画」の立案

「指導計画」を全十時間として立案してみよう。

第一時　全文を通読して、学習課題を設定する。

「学習課題」は学習者が教材に対して、①興味・関心を持ったところ、②疑問を持ったところ、などから設定させる。しかし、授業者も予め「学習者の読みの予想」の作業を通して、この「学習課題」を想定しておく。その上で、授業者の「指導課題（指導内容）」は可能な限り学習者の「学習課題」（授業者の想定した）に重ね合わせる方向で設定する。

第二時　〈会話〉の表現が人物（松井さん・しんし）の性格・人柄を描き出していることを理解させる。

〈会話〉の表現は語り手のやりとりを引用したものである。〈会話〉の表現は、地の文における〈語り〉〈説明〉〈描写〉の場合のように、語り手が直接叙述する形ではなく、登場人物の言葉自体を語り手が捉えた表現である。登場人物の言葉がそのままの形で叙述されるため、人物の言葉自体の描写であるということもできる。したがって、〈会話〉の表現には人物の内面や性格・人柄までも具体的に描き出す機能があると言える。作文学習における会話文指導とも関連させたい。

第三時　〈反復の筋〉が人物（松井さん）の性格・人柄を描き出していることを理解させる。

〈反復の筋〉には、人物の行為の反復、人物の呼称の変化を伴う反復とがある。ここで注意しておきたいのは反復という現象が単純に繰り返し叙述されるのではなく、少しずつ変化を伴って叙述されているという事実である。繰り返し叙述されているものは、その作品の展開上、重要なものである場合が多い。〈反復の筋〉はその重要なものを読者に気づかせる手法である。

「松井さん」の性格・人柄については、この段階では、児童の一般的な実態から〈やさしい人〉〈純真な人〉〈子どもみたいな人〉〈想像力の豊かな人〉といった面を読み取らせるようにしたい。

第四時　〈比喩法〉が人物（松井さんのお母さん）の人柄を暗示していることを理解させる。

〈比喩法〉は自分の表したい具体的事象に対して、社会的な語彙の中に適切なものがない場合、または、社会の中の言葉では不十分だと感じられる場合に生じる表現技法である。〈比喩法〉には様々な種類がある。本時で取り上げるものは「直喩」と呼ばれているものである。

〈比喩法〉には、この表現に関わる人物（語り手も含む）のものの見方・考え方・感じ方、人柄などが表されていることが多い。

本時で取り上げる〈比喩法〉は「まるで、あたたかい日の光をそのままそめつけたような、見事な色でした。」である。この表現に「松井さん」のお母さんの人柄（「日の光」から連想できる意味として、〈母親の心の温かさ〉が読み取れる）が表れていることを可能な範囲で理解させたい。

第五時　〈伏線〉が人物（女の子）の正体や物語の展開を暗示していることを理解させる。

〈伏線〉とは文字通り、主筋の下に伏せられていて文章中のところどころにしか顔を出さない隠された筋のことである。その役割は読者の興味・関心を刺激しながら、主筋の展開に読者を無意識のうちに引き込んでいくところにある。

この〈伏線〉指導のために強いて「女の子」の正体が〈ちょうの妖精〉であると決めつける必要はない。しかし、こうした解釈に導く一つの有力な根拠がこの〈伏線〉にあること、しかも、物語や小説の中にはこのような表現上の仕組みが存在して前述したような読者への働きかけをしていることを理解させておく必要はあろう。

また、この〈伏線〉指導とは別に、「女の子」の存在自体が「松井さん」の想像上の産物であるという解釈の方向に子どもたちの読みを揺さぶることがあってもよいだろう。授業者としてはそれぐらいの柔軟な読みの方向をもって授業に臨むことも必要である。

> 第六時　〈表記法〉が情景（複数の音声・音声の強弱）を視覚的に描き出すために用いられていることを理解させる。

〈表記法〉は普通、漢字・ひらがな・カタカナなどの「文字体系」と、句読点などの区切り符号である「非文字体系」とに分けて考えられている。〈表記法〉は単なる形式の問題でなく、表現の問題である。ここに、書き手の表現意識や文体が表れていることに注意しなければならないのである。

本時で取り上げる〈表記法〉は、右の表記法の概念よりもさらに広い。結末部分「よかったね。」「よかったよ。」というひらがなの段違い表記の箇所である。この部分は教材分析のところでも述べたように、複数の「ちょう」が高く低く舞い飛ぶ様子が感じられるところである。同時に、「ちょう」たちの声の強弱も感じられるところでもある。〈表記法〉がこのような視覚的効果を意図して用いられていることを理解させるのである。

> 第七時　〈冒頭〉と〈末尾〉の照応が作品全体を《さわやかさ》という印象で統一していることを理解させる。

文章はしばしば〈冒頭〉部分と〈末尾〉部分とが何らかの形で照応していることがある。そのことで文章はより統一性を持つことができるからである。

この作品の場合は、「夏みかん」のさわやかな〈におい〉で始まり、かすかな残り香の〈におい〉で終わっている。「夏みかん」という素材の重要性もそこにある。

この表現機構を理解させることは、作文指導の〈書き出し〉と〈結び〉の照応の指導と関連させていくことになる。

> 第八時　〈色彩語〉が作品全体の《明るさ》と絵本を見るような視覚的な効果を表していることを理解させる。

〈色彩語〉とは、文字通り文章中で用いられている色彩を感じさせる語句のことである。〈色彩語〉は視覚に訴える語句であるから、一定の描写的な表現効果を持つ。

〈色彩語〉を分析する際には、その色彩の背後に潜んでいる意味を捉えることである。〈色彩語〉はしばしば作品世界全体を彩る役割を持つ。また、ある場面や人物を印象づけたりすることがある。

〈色彩語〉についての感じ取り方には児童の中でも必ずしも一様でない面があろう。したがって、特定の感じ取り方を強いることがあってはならない。《明るさ》という捉え方も一つの捉え方であり、これを正解として指導していく意図はない。〈色彩語〉の意味と効果に目を向けさせていくところに主眼がある。

第九時　〈題名〉が作品の筋立てと密接に結びついている素材によって表されていることを理解させる。

〈題名〉は言わば文章の〈顔〉であり、〈看板〉であり、〈呼び込み〉の機能をも果たしている。本時では、「白いぼうし」という題名が付けられた理由を、同じ作品中の一素材である「夏みかん」との役割の違いなどを考えさせることで理解させたい。

〈題名〉がどのような理由によって付けられるのかということは、作文学習の際に自分の書いた文章にどんな手順で題名を付けるのかということと重ね合わせて指導することができると考えた。

第十時　学習のまとめと反省を行い、発展読みへの課題を持つ。

「発展読み」への課題としては、同一ジャンルの作品（ファンタジー作品）や同一作家の作品・作品集へ方向づけをする場合などが考えられる。

本時では、同一作家の別の作品にふれさせ、読書への関心を高めさせることにした。

(3)　「指導目標」設定の趣旨について

右の「指導計画」にある「指導目標」を一見して、その目標の異様さに驚く読者も多いと思う。従来の実践事例では、そのほとんどが次のような「指導目標」となっていたからである。

第三時　もんしろちょうの代わりに夏みかんを置く松井さんの様子や心情を読み取る。

この例では、「指導内容」が教材の叙述内容をそのまま読み取らせる形となっている。したがって、一単位時間の目標としては、叙述されている事柄・内容を読み取ることが前面に打ち出されている。勿論、このことを通して表現技法などの仕組みを理解させ、各種の言語技能の習熟を目指しているのであろう。しかし、結果的には単に事柄・内容をなぞるだけの読みに陥っている場合が圧倒的に多いのである。

こうした問題を回避するためには、「指導内容」を国語科の「教科内容」を踏まえて教材の叙述内容と一体化して把握し目標化していくべきなのである。本小論の「授業の構想」では、こうした方針に基づいて「指導内容」の検討を行い従来は見られなかった独自の「指導目標」を設定して「指導計画」を立案することを試みた次第である。

第四章　読みの教材研究に関する実態的研究

――「わらぐつの中の神様」（杉みき子作）の教材研究史研究を通して――

一　本研究の目的

本研究は読みの同一教材に関する教材研究史を辿り、その到達点と課題とを究明しようとするものである。教科書の教材も時代と共に移り変わる。数年で差し替えられる教材も多い。しかし、中には十年以上も生き残っている教材がある。当然、多くの教師によって指導が試みられてきている。優れた教材研究、実践記録も数多く生み出されてきている。ところが、残念なことに、こうした実践研究には史的蓄積による成果を踏まえた事例がほとんど窺えないことも事実である。(1)したがって、同じ教材でありながら十年を隔ててもその実践にさほどの進歩・発展が見られないという事実がある。

確かに、教育の実践研究には単純に史的な蓄積を図れない面がある。教材は不変でも教授主体と学習主体とは絶えず流動的な関係に置かれているからである。教材研究は絶えず、現実の学習者を念頭において行われる。この点、作品（文章）研究とは根本的に異なる。学習者が異なれば、教材研究の内容にも差異が生じることもある。とはいえ、基本的な部分において極端な差異が生じるわけでもない。とりわけ、教材分析の結果得られる教材解釈の部分には、深化する面はあっても差異が広がるということは少ないと思われる。実践研究にも史的蓄積による深化・発展を期することができるはずである。そのためにも、教材研究の手順・方法を早急に確立していくことが求められる。手順・方法が人により区々であってはその内容面における史的蓄積も図れないからである。

こうした前提に立って、以下、「わらぐつの中の神様」に関する教材研究史を辿り、本教材に関する教材研究面での到達点と課題とを明らかにしたい。また、この作業を通して〈教材研究〉のより望ましい手順・方法に関する実態的考察を行っていきたい。

二　教材研究史研究の方法

従来行われているこの種の研究では、一つの教材に関する実践史研究という形を取ることが多い。授業にもっていくまでの全ての準備という方向での「教材研究」から具体的な授業実践の結果までの一連の過程を考察の対象とするものである。(2)授業実践あっての教材研究であるから、理想としては当然、実践の到達点と課題との究明にまで向かうべきであろう。しかし、文献の性格を見ると、教材研究までの内容のものが大半である。これに実践の結果を考察するに足る授業記録等の部分が追いつかない現状にある。そこで、現段階においては便宜的に、「実践史研究」から「教材研究史研究」を独立させ、この方面での研究を徹底させていくことにも相応の意義があるものと考えている。

さて、個々の「教材研究」文献に考察を加えていくに際しては、便宜的に以下のような教材研究の手順を想定してみた。個々の文献が必ずしも全準備的な意味での教材研究の条件を満たしているわけではない。したがって、本研究では授業構想に至る教材研究の標準的な手順を踏まえて、個々の文献に示されている教材研究の様々な局面が把握できるような仮説的〈手順〉を設定してみたのである。

【教材研究の手順】

A　作品・文章分析（作品解釈を含む）

B　教材分析（教材解釈を含む）

①　教材の分析

②　分析データの整理・総合化

③　学習者の読みの予想

④　教材価値（叙述内容価値・叙述形式価値）の抽出

C　授業の構想（＝指導的研究）

①　指導目標の設定

②　指導内容の検討

③　指導計画の立案

④　指導過程・方法の検討（本時の計画―目標と展開）

D　授業の展開

①　授業実践の記録

②　実践後の考察

以上の観点の他にも加えるべきものがあるかもしれない。しかし、実際に個々の文献に当たってみると、それらの内容は概ね以上の観点のいずれかに該当する。やや性質を異にする内容もあるが、先行文献の考察は大筋において以上の観点で十分に間に合うはずである。

なお、本章の〈注〉の後に掲げた三十四編の【考察対象文献】に関しては、それぞれ右の「考察の観点」（＝教材研究の手順）のどの部分を含むものであるかを、「A」とか「B―①」とかの記号で明示してある。この実態からも分かるように、実際には「A」、「B」、「C」、「D」の全ての観点を網羅している文献は皆無である。紙幅の都合という物理的な制約による場合を考慮するとしても、ここに教材研究の手順がいかに区々であり、曖昧且つ思いつき的なものであるかが歴然としてくるのである。

こうした問題点を見据えつつ、以下、それぞれの「考察の観点」にしたがって見ていくことにする。ただ、本章末に掲げた対象文献を見れば分かるように、本教材に関しては「A」の観点での研究は含まれていない。また、「C」と「D」の観点からの考察は、この後の第五章で別途「『わらぐつの中の神様』の授業実践史研究」として考察を加えることにしたい。そこで、本章で考察していく観点は「B―①」から「B―④」までとなる。

三　教材「わらぐつの中の神様」の分析に関する考察

本節では、教材の分析（＝B―①）の観点から考察を加えていく。教材「わらぐつの中の神様」が具体的にどのような観点から分析されていくべきかについて見ていくことになる。従来、教材研究の中でも教材をどんな観点から分析していけばよいか、そのための観点が筋道立てて示されることは少なかった。今日、圧倒的に多いのは内容面に関する解釈中心の分析である。表現の細部を分析していくのに際して重要な点は、その部分の内容面との関わりである。細部の分析がどんなに綿密になされても単に文法論的な意義づけだけでは〈教材の分析〉としては用をなさない。表現論的、意味論的、文章論的、文体論的な意義づけが必要である。

以下、こうした面で特色ある〈教材の分析〉がなされている文献を中心にして、そこで用いられている〈分析の観点〉ごとに考察を加えていくことにする。

(1)「構成」に関する分析

本教材の特色の一つにその特異な構成を指摘できる。この点を特に重視して分析を加えている文献は多い。それらの文献は概ねこの「構成」という観点を〈文章の構造〉としての側面から「筋」や「題名（＝文章題）」、「冒頭」「末尾」等と絡めて扱っている。これらの観点は分析の観点としてより具体的であり、機能的でもある。そこで、これらの観点を「構成」から切り離して別個に検討を加えていくことにする。

「構成」の観点を取り出して分析を加えている文献として、［四］・［六］・［七］・［九］・［一二］・［一三］などを挙げることができる。このうち、本教材が〈現在―過去―現在〉といういわゆる「額縁構成（＝額縁形式・額縁構造）」をとったものである点を明確に指摘しているのは文献［六］・［九］・［一二］である。このような特殊な構成を持った作品を教材にして扱う場合、その特徴を指導にどう生かすかという方向での分析は重要である。

文献［四］では、この物語の中心部分を「おばあちゃんの回想談」におく。導入部では子どもたちもマサエと同じ立場に立って「わらぐつ」の中に「神様」がいるという「なぞ」がどう解き明かされていくかを目を輝かせて追いかけ、結末ではあっと驚かされ、納得させられるという、「教材としてはあまり類例のない入り組んだ二重の構造」であると指摘している。(3) 第一話、第三話の位置づけ、効果については文献［三］も同様の指摘をしている。そして、やはり中心部分を第二話におく。

これに対して、文献［三］では、従来の実践報告や教材論には回想の第二話に重点を置いた読みが多くて、「前後の額縁部分、特に前半部第一話に注意を払う扱い」がほとんどないとして、「第三話から再び第一話に戻る読みも必要ではないか」と指摘する。(4) その方法としては、第三話を読んでから第一話に戻って、お母さんの「――

そういえば……」という「伏線の表現」や「マサエとおみつさんの生活態度の違い」とか、「神様に対するマサエとおばあちゃんの態度の違い」、「おじいちゃんの半生についてとかの問題」等に結びつけて指導するというものである。

確かに、第一話と第三話の額縁部分を単に構成の上から第二話を導き出す導入的役割とか、読者をマサエの行為や言葉の中に引き入れるという表現効果の面からだけ把握するのでは、教材分析としては不十分と言わなければならない。内容面からこれら三話の構造を吟味していく際に、第一話と第三話とは、第二話と関わってより重要な役割を果たしている点が明らかとなるはずである。そしてその点を明らかにしていくためには、やはり「筋（＝プロット）」という側面からの分析の観点が必要となる。

(2)　「筋（＝プロット）」に関する分析

「筋」は前述の「構成」概念とは一線を画する。「構成」は明らかに形式概念である。「構成」が文芸・非文芸いずれの文章にも存在するのに対して、「筋」は文芸の文章に独自の概念と考えられる。「筋」概念はなかなか複雑であり諸説があって、これまでその意味するところは必ずしも一定していない。筆者はかつてこの概念に関して諸説を取り上げて考察を加えたことがある。その結果、文学的文章におけるこの「筋」というものを具体的に捉えるための観点を次のように設定した。[5]

- 主筋（メインプロット）
- 伏線（アンダープロット）
- 対比の筋―性格（人物）の対比、事物・事象の対比

［反復の筋―行為の反復、人物の呼称の変化を伴う反復

以下、これらの四つの観点から検討を加えていくことにする。

① 「主筋（メインプロット）」に関する分析

「主筋」とは、単に出来事の展開の筋だけでなく、時間・空間（＝いつ、どこで）、人物（＝だれが）、出来事（＝なにを、どうした）の三つの要素の絡み合い、関わり合いのことと考える。当然この観点からは、人物同士の絡み合い、人物の性格や心理面と行為との関わり合い、あるいは状況（＝環境）と行為との関わり合いなどが分析されていくことになる。「主筋」の主筋たるゆえんは、基本的に作品全体を貫いていくところにある。

本教材に関する教材分析の事例では、登場人物の言動と性格との関係を中心に〈場面割り〉をし、〈あらすじ〉を辿りつつ一定の解釈を加えていくという部分を含むものが数多く見られるが、この部分を「主筋」に該当するものと見立てておく。このような部分をもつ文献として、四・五・一〇・一七・二〇・二三・二八・二九・三〇などを挙げることができる。

文献四では、マサエ・おばあちゃん・おみつさん・大工さんなどの人物の性格が人物の言動を中心とした物語の展開に即して分析されている。文献一〇では、教材の分析に該当する部分が「内容の構造」「文章構造図」として図式化されていると見てよいだろう。この方法は単に文章で筋を辿ることに比べて、複雑に絡み合う「筋」本来の姿を視覚的に現す点で有効であると考える。

文献一七は、「主筋」の分析としては甚だ不十分であるが、「筋の運び」について「謎解きの楽しさ[6]」を味わわせてくれると評価を加えている。文献二〇・二三・三〇などは、単に物語の粗筋を辿りながら部分的に解釈を加えるだけの内容である。ここに、「主筋」を分析する際の問題点が看取される。人物の行為と性格との関わり、状況

と行為との関わりなどを相関的・構造的に把握していくのでなければ、分析としては意味のないものとなってしまうのである。

② 「伏線（アンダープロット）」に関する分析

「伏線」とは、文字通り主筋の下に伏せられていて、文章中のところどころにしか顔を出さない筋のことである。その役割は、読者の興味・関心を刺激しながら主筋の展開に読者を無意識のうちに引き込んでいくところにある。作品を読み進めていく時に、一見、主筋の展開の上からは外れているような不自然に見える部分を通過することがある。「おや?」「おかしいな?」と思いながら先を読み進めていく。やがて、作品中の事件や人物の行動が急展開をみせる場面などで、その不自然さ、謎が解けていく。こうした部分を「主筋」に対して「伏線」と称する。

このような特徴を持った筋に関して言及している文献は一・一六・三四だけである。この内、前二者は西郷竹彦の言及による。

西郷一では、作品の冒頭でマサエのおじいちゃんが雪の降る中をみんなに笑われながらおふろに出かけていったことがさりげなく述べられているが、このことが最後の場面で「ある意味をもってくる」と指摘している。(7) また、西郷一六では、やはり第一話の中でマサエのお母さんが「……そういえば、おじいちゃんは、おふろ、おそいわね。こんでいるのかしら。」という部分で「伏線を張る」という手法が用いられていると指摘している。(8) これからおばあちゃんがする昔語りとおじいちゃんが何か関係があるということをこの時点ではマサエも読者も知らない。だから、なぜ「そういえば」なのか不思議なのである。この点がこの物語を最後まで読み進めていくと明らかになってくる。文献三四が指摘する部分も概ね同様である。

このように、「伏線」に当たる部分は、一見気づきにくいが、主筋の展開からは外れているような不自然な形を取るので、読者がその部分を通過する際には、無意識のうちにもある心理的なひっかかりを感じる。読者に対しては一種のサスペンス[9]（宙づり、どっちつかずという心理）効果をもたらす。

こうした筋が単に表現上の効果という以上に重要な意味を持つのは、「伏線が張られている」部分がしばしば作品全編の内容から見て一定の中心的な要素につながっていくことが多いからである。本教材の場合、「伏線」部分に登場する「おじいちゃん」（＝昔語りの中の「大工さん」）が極めて重要な人物であり、その部分にこの人物の〈一本気な人柄〉が表れていて人物像を把握する上での拠り所となる部分ともなっている。

以上の理由から、「伏線」も教材の分析観点として重要な意義を有すると言える。

③　「対比の筋」に関する分析

「対比の筋」は、主筋の一部と考えることもできるが、教材の分析観点を具体的にしていく便宜上、特に取り立てておくことにする。対比的に叙述されている〈もの・こと〉で特に重視したいのは、性格・人物像である。また、場面や状況などを作品の構成の上から対比していく場合も注意して捉えていきたい。

こうした観点から分析している文献として、[一]・[六]・[七]・[一二]・[一五]・[一六]・[二一]・[二四]・[二五]・[二六]・[三一]などを挙げることができる。

文献[一]では、「スキーぐつとわらぐつとのイメージの対比」「マサエとおばあちゃんのわらぐつに対する認識とおみつさんのおとうさんのそれとの違いの対比」「おみつさんの雪げたに対する認識とおみつさんのおとうさんのそれとの違いの対比」の三組の対比が指摘されている。そして、文献[一六]では、こうした対比によって、要するに「両者の認識のちがい、ものの本質とか価値に対する認識のちがい、つまり価値観のちがい」が示されていると指摘し、こうした意味の対比に注目させるべきだと述べている。これらの対比がまさしく「作品全編のモチーフ」になっているところが大切なのだとも指摘する。[10]

文献六・二四・二五・二六は、文献一・一六の筆者である西郷竹彦が主宰する文芸教育研究協議会に所属する教師によるものであり、概ね同様の見解を表明している。

文献七では、「わらぐつや雪げたに対する各人の考えが、大変はっきりしていること」を本教材の特色と指摘し、この二つの〈もの〉に対する登場人物それぞれの考え方を一覧表に整理して示している。[11] この分析の仕方は具体的であり、授業の構想にも直結していく有益な方法と言える。なお、文献一では、こうした部分について〈もの〉と〈人物〉との「形象相関性」という問題を提示し、これを「〈もの〉を描いて人物像を示すという方法」であると指摘している。

文献三では、特に対比という面からの指摘ではないが、「おばあちゃん、お母さん、マサエ」という家族構成の中に「三世代の女性」という構成が存在するという事実について触れている。また、第一話の「マサエの甘えた言葉」と第二話の「おみつさんの考え方」とを対比的に捉えている。[12]

なお、筆者は、以上の対比の他にも話の組み立ての上から、第一話の〈現在〉の場面と第三話の〈現在〉の場面との間に、マサエという人物の「わらぐつ」というものに対する認識の変化を中心とした対比が存在すると考えている。

ともあれ、以上の「対比の筋」から言えることは、こうした筋の仕組み方が相異なる〈もの・こと〉を並べることでいずれか一方を強調し、より強い印象を読者に与える利点を持っているということである。そして、その際に強調される面が本教材の場合のように、人物の認識の違いやものの本質・価値の違いに置かれている場合が多いとすれば、この観点も重要なものと見なすことができる。

④　「反復の筋」に関する分析

「反復の筋」も主筋の一部と考えてもよいが、便宜上取り立てて提示しておく。反復的に叙述されているもので特に重視したいのは、人物の行為と人物の呼称である。その際、注意したいのは、そこでの反復という現象が単純に繰り返し叙述されるのでなく、少しずつ変化を伴って反復されているという事実である。繰り返し叙述されているものは、言うまでもなくその作品の展開上重要なものである場合が多い。反復はその重要さを読者に気づかせる手法である。そうした反復は筋の中で展開される。変化のない反復では、筋の展開を単調にし効果的とは言えない。

本教材に関しては、〈人物の呼称〉が変化を伴って反復されている点を指摘する文献が若干見られる。文献[三]・[六]・[二六]である。いずれも文芸研の物であり、[三]と[二六]は西郷竹彦による論考である。西郷は文献[三]で「視点論」の立場から第二話の中のおみつさんと大工さんの運命的な出会いの場面で、「〈若い男の人〉〈どうやら大工さんらしく〉〈若い大工さん〉〈大工さん〉という人物の呼称の変化」が存在することを指摘している。

西郷はこうした文章表現の違いが「視点論」の立場からは、文章の中の「遠近法」の問題につながることを指摘している。[13] 確かに、この場合にもおみつさんの視角から大工さんが近づいてくる様子が描かれていて、二人の人物の運命的な出会いを盛り上げ、大工さんという人物を印象づける効果をもたらしている。ただ、この場合はそれ以上に作品全編の内容に深く関わっていくものではないように考えられる。[14]

以上見てきたように、文芸作品における「筋（プロット）」は単なる「構成」以上に複雑な内実を持つものであり、文芸作品の教材分析の観点としては、欠かせないものである。本教材の場合、なお一部の人々の手によってであるとはいえ、こうした観点からの分析が作品全編の中心的な内容と関わったところでなされてきている点、好ましいことと言える。

(3)　「題名（＝文章題）」に関する分析

文章における「題名」の役割の重要性を疑う者はいないと思う。にもかかわらず、従来、教材研究の段階で「題名」のもつ役割や機能に関して周到な分析を行っている事例を見ることは稀であった。その点、本教材に関しては、「題名」について言及している文献が[一]・[二]・[四]・[六]・[二〇]・[二一]・[二九]・[三〇]と多い方と言えるかもしれない。本教材の題名の特異性によるせいであろう。

文献[一]では、この「わらぐつの中の神様」という題名が読者に対して「おや？」と思わせ、「はて？」と物語への期待をそそっているとする。つまり、〈わらぐつ〉と〈神様〉というあまりふさわしくない取り合わせで読者の好奇心に訴えようとする作者の意図が窺えると指摘する。[15]

ところで、この題名では「神様」という言葉が明らかにこの作品の主題や作者の意図につながっていると思われる。この「神様」の意味について、文献[四]では、「まごころ」「誠意」「真実なもの」といった意味に解するのが妥当であろうとしている。[16] 文献[二〇]では、「誠実なおみつさんの行為」「若い大工さんの仕事に対する熱意」「二人の心のかよいあい」「本物を見極める心」というように物語の内容に即した意味づけを行っている。[17] 文献[二一]は「誠実な人間性」と解している。いずれの解釈も妥当なものと言える。

文献[三〇]では、さらに物語の内容につく形で「わらぐつ＝わらぐつをつくった人」及び「雪げた＝雪げたを買ってくれた人」と解している。[18] これだと子どもたちには、それなりに分かりやすい面もあるが、作品の主題や作者の意図に迫り得たものとはなっていない。やはり、この場合の「神様」はものごとの本質・価値及び人間の心や生き方といったものの〈象徴〉としての意味を表していると解釈すべきであろう。

本教材の題名のもつ意味は極めて重い。したがって、題名と本文内容との関わりという点では、やはり、文献[四]・[二〇]・[二一]のような実際に象徴している意味のレベルまで明らかにしておかなければ、分析としては十分なものとは言えないであろう。

(4)「冒頭」に関する分析

文章の「冒頭」の重要性については、国語学者・時枝誠記が指摘して以来、多くの人の注目するところとなっている。[19] 文章の継時性・線条性という本質に基づいて、その冒頭部分の重要性が指摘されたわけである。時枝は文章の全体的印象が全体の通読によって同時的に把握されるものでなく、文章の冒頭に示されることが多いとしている。

本教材の場合、「冒頭」部分の分析を行っている文献は、[一]・[二]・[四]・[一六]・[一八]・[一九]などである。西郷竹彦[一]では、第一話全体を「冒頭の場面」と捉えて、この場面に「たくみなさそいの工夫」が存在していることを具体的に指摘している。同じ西郷[一六]では、この冒頭部分が客観的に決まっているものでなく、読み手がそれなりの理由で決めていけばよいと述べている。

文献[一六]の方では、冒頭でまず時・所がさりげなく語られていて、主に人物の紹介がなされているとする。〈おばあちゃん〉〈おじいちゃん〉という「人物の呼称」については、それらが「マサエとの関係」で決まっていること、〈おとうさん〉が泊まり番ということで一応この物語から外されていること、〈おじいちゃん〉はふろ屋へ出かけたので、もしかしたら後で帰ってくるかもしれないという予想のもとで紹介されているということなどを捉えて、こうした冒頭の役割・機能を読者に「心づもり」「心構え」をさせるという意味で、「読者に対するオリエンテーション」と規定している。[20]

また、文献[一]も[一六]も共に冒頭の一節が結末の一節と照応している事実を指摘している。ふろ屋に出かけていた〈おじいちゃん〉が帰ってくるという一節である。ここで注目すべきは、最初、寒い中をふろに出かけていく

〈おじいちゃん〉のことをみんなと一緒に笑っていた〈マサエ〉の「態度の変化」である。この点に関して、文献[一]では「マサエのおじいさんという人物に対する認識の変化を示すばかりでなく、〈もの〉というものに対する真の価値は何かについてのマサエの認識の変化を示すもの」という解釈を提示している。

冒頭部分の重要性も、以上のようにその部分の表現上の効果としての側面と同時に、文章全体の意味・内容との関わりで捉えていくところにあると言えよう。

(5)　「視点」に関する分析

文章における「視点」という考え方は、時間性・線条性を本質とする一次元の世界に〈遠近法〉（＝奥行き）という空間性をもたらす画期的な観点である。「視点」によって与えられた空間性によって人物の位置関係が明らかとなり、人物の内面の把握を適切に行うことを可能とすること、それ故、作品を深く豊かに享受することができることになり、極めて有益な観点であることが明らかにされてきている。[21]

本教材でこの「視点」という観点から分析を行っている文献は、[一]・[三]・[五]・[六]・[九]・[一〇]・[二六]・[二九]である。これらのうち、[一〇]を除いて他は全て文芸研関係のものであり、特に中心的となるのは、西郷竹彦の[一]・[三]・[二六]であり、他の文献への影響も大きい。そこで、以下、これらの文献を中心に検討を加えていく。

文献[一]では、〈現在―過去―現在〉の三話が第一話で「マサエの視角」から第二話で「おみつさんの視角」に転換し、第三話で再び「マサエの視角」に戻るといった形で構成されていて、このような視角の転換によって「読者の認識もみごとに変革させられる」というところにこの作品の説得性・虚構性があると指摘している。

文献[三]では、第二話の昔語りの場面で「すべて話者の《外の目》がおみつさんという人物の《内の目》によりそいかさなっているところで（つまり、おみつさんの視角ということ）おみつさんの心情、内面は読者に手にとるようにわかるのですが、相手の大工さんの心情、内面は皆目わからない」と分析している。[22] 西郷は文献[一六]で、このおみつさんの方を「視点人物」「見ている方の人物」、相手の大工さんの方を「対象人物」「見られている方の人物」と規定している。[23]

ところで、西郷は文献[三]と[一六]で、視点論の立場から「人物と読者の関係」の中に四種の型、①「人物も知らない、読者も知らない」、②「人物は知らないが読者は知っている」、③「人物は知っているが読者は知らない」、④「人物も知っている、読者も知っている」があるとして、第二話の中でおみつさんの編んだ〈ぶかっこうなわらぐつ〉をいつも大工さんが買ってくれることを、「人物は知らない。読者も知らない」という関係にあると述べている。これは話者が人物に寄り添って語っているから、人物が分からないところは読者も分からないという関係が生じるということである。こうした関係によって、「それぞれ読者がイメージを作るときのイメージの作り方にちがいが出てくる」と指摘している。そして、このような「仕組」によって読者がその部分に興味・関心を引き起こされるというはたらきを「仕掛」のはたらきをもっていると規定している。

こうした「人物と読者との関係」は初読と再読の場合では、条件が違ってくるので作品に対する読みの体験が異なってくる。そこで、初読の段階で「人物×—読者×」であったものが、再読では「人物×—読者○」に変わるのであるから、初読の時に読み取ることのできなかった部分の方にも十分目を向けさせていくことができるというわけである。この方法は授業論との関係で重要な考え方となろう。

(6)「表現方法」に関する分析

ここでは、狭義の「表現方法」ということで、「叙事」「説明」「描写」「会話」などと、「間接話法」、「文末表現」などについて見ていく。これらの表現方法について言及している文献は、[一]・[一六]・[一七]・[三]・[二四]・[二九]と極めて限られている。これらのうち、西郷竹彦による文献㈠・㈥では、第二話の部分で「叙事」「説明」「描写」「会話」などに関する分析を行っている。

文献㈥を中心に見ていくと、まず、「説明」については「――むかし、この近くの村に、おみつさんというむすめが住んでいました。おみつさんは、とくべつに美しいむすめというわけでもありませんでしたが、……」という部分を話者の「説明」に当たる部分と規定している。これに対して、「さて、このおみつさんが、ある秋の朝、町の朝市へ、野菜を売りにでかけました。もう冬が近いので、すれちがう人たちも、なんだか気ぜわしそうにまえかがみなって歩いていきます。（中　略）目についたのです。」までを「叙事」とする。叙事については「物語る」とも言うとして、「説明」の表現との違いについては、「叙事」のところでは「でかけました」「歩いて行きます」「はやくなりました」「町へ入ると」「その前をとおる」「ふと足をとめました」「目についた」というように、「おみつさんの行動が語り進められている」、つまり話が動いているとし、「説明」の部分は話が動いていないというように区別している。

また、「描写」の表現については、これも「説明」と同様に話が動かない箇所であるとして、「白い、かるそうな台に、ぱっと明るいオレンジ色のはなお。上品なくすんだ赤い色のつまかわは、黒いふっさりとした毛皮のふちどりでかざられています」といった部分を提示している。「雪げた」の様子が目に見えるように描かれているところである。そして、この「描写」の表現の目的に関しては、この雪げたの描写に即して「雪げたのひじょうに美しいイメージがよくわかる」と同時に、「その雪げたの価値、ねうち」が分かるもの、すなわち「そのものの本質・価値とかかわってなされるべきもの」であると規定している。だから、ただ何でも詳しく描かれていればよいというものではないとする。

なお、もう一つの「さて、やっと一足つくりあげてみると、われながら、いかにもへんなかっこうです。

（中　略）じょうぶなことは、このうえなしです」というわらぐつについての描写の部分では、ここで描かれているわらぐつのイメージがおみつさんの人物像に重なってくるところから、「ものを描いて人間を表現する」という目的をもっていることも指摘している。

ところで、「会話」の表現については、人物の言葉をそのまま描写したもので、その意味では描写の一種とも言えよう。文献〔一六〕では、この「会話」の表現についてはふれていない。その代わり、「（こんどもうまく売れるといいけど）」といった（　）書きで出てくる「心内語」や「ひょいと顔をあげてみると」というように「心の中のことば」が直接地の文に出てくるところ、さらに「まあ、どうでしょう」というような「おみつさんの心の中のつぶやき」が直接地の文に出てくるという一種の「間接話法」について言及している。

こうした特殊な表現方法については、まず最初の「（こんどもうまく売れるといいけど）」では、読者がおみつさんと距離をおいていることを示し、次の「ひょいと顔をあげてみると」では、おみつさんその人になっていて、「まあ、どうでしょう」という心の中のつぶやきが話者の言葉である地の文の中に表れている。つまり、読者が人物にぴったりと重なってしまったことを意味していると分析している。視点論に立って話者と人物との関係を捉えた周到な考察となっている。文章表現の機微を捉えさせるのには格好の観点と言えよう。

なお、「会話」の表現に関して、文献〔三〕では、会話文の標準語（マサエのお母さん）と方言（おばあちゃん）の使い分けに三世代の家族の人間関係を分析して示している。また、第一話の中に現れる会話文十五回の主体の数によって、前半から後半にいくにしたがっておばあちゃんの会話が多くなることから、マサエ中心の物語が次第におばあちゃん中心に移っている点を押さえて、この物語の主役がおばあちゃんであるとする。

「文末表現」については、文献〔一六〕で第一話中の「現在形文末」についての言及が見られる。普通、物語は過去形で語られることが多いが、本教材の場合、過去形文末の中に交互に現在形文末が出てくる。この点について、

「文末のくり返しの単調さを救うこと」と「その場に臨んだ感じ」という二つの「表現の効果」を指摘している。以上のような表現方法に関しては、主に表現上の効果という面にその眼目があるものの、「描写」の表現のように作品内容の中心部分と深く結びついていくものもあり、粗略には扱えない分析観点である。

(7)「語句・語彙」に関する分析

一つの語句の意味や一連の語彙が作品全体の内容に深く関わっていたり、作品の中の重要な事実に結びついていることは決して珍しいことではない。それは、これまで見てきた分析観点の多くがこうした語句の意味や語彙的な事実のもとに作品内容と深く関わり、表現上の注目すべき効果につながっていたことからも自明のことである。

そこで、本項でははじめから意識的に「語句・語彙」という観点で教材分析を行っている文献のみを取り上げて検討を加えておくことにする。該当する文献は[一一]・[一三]・[二一]・[二三]・[二七]である。決して多いとは言えないが、いずれも注目すべき教材分析が行われていると思われる。

文献[一一]は「文脈に沿ってことばの意味を理解」させることに主眼をおいた教材研究の一端が紹介されている。例えば、第三話の末尾の一節の「赤いつま皮の雪げたをかかえたまま」とか、「げん関へ飛び出していきました」という動作の意味を「さげる」「持つ」とか「歩く」とは異なった意味として捉えさせ、そこにマサエの気持ちを読み取らせることができるとしている。(24) こうした語句に対する着目の仕方は授業の構想にも直結していく実際的で重要な方法である。現場の教材研究では、もっとこうした方向での教材分析が必要であろう。

文献[一三]は、読解活動の成果を「物語の続きを書く」という形で文章表現に結びつけていく指導の在り方に言及したものである。ここで着目されているのは、本作品中に三回出現している「(顔が)赤くなる」という語句である。おみつさんが若い大工さんから自分の作ったわらぐつを所望されて、「赤くなりながら、おずおずとわらぐつを差し出しました」という部分、二つ目は「大工さんはちょっと赤くなりました」という部分、三つ目が「白いほおが夕焼けのように赤くなりました」という部分である。これらの〈赤面〉に関する叙述が「この物語のテーマを支えて全編に漂っている情調をよく表現している」と指摘している。この物語の情調とは「プラトニック・ラブ的な情調(25)」ということである。重要な指摘であると言える。

文献[三]では、一つ目が第一話に出てくる「この寒いのに――」という言葉からその寒さがどのようなものかを文章中の他の表現に求められていく方法、二つ目は第三話でのマサエの「変なの、教えてくれたっていいでしょ」というセリフから、「あら、じゃあその大工さんて、おじいちゃん」という驚きの気持ちのセリフへの変化の中に、マサエのこれからの生き方に大きな影響を持つものを読み取っている。三つ目は「カッカッと雪げたの雪をはらう音がしました」という箇所に、おじいちゃんの一本気な性格、過去幾十年間もの真っ直ぐな生き方が現れているようだとする指摘がなされている(26)。

文献[三]では、「言葉を大切に深く読み取る力をつける」ということに主眼をおいて教材分析がなされている。例えば、「おみつさんの雪げたへの執心ぶり」を表した言葉を文章中から取り上げて、その執心ぶりと平素のおみつさんの人柄の一端を表している言葉とを比較し、その間の大きな差異に着目している。

文献[二七]では、「豊かな読みをめざす語彙の指導」と銘打った実践研究の一環としての教材分析であるだけに、語彙指導として扱える語句を系統立てて把握している。選び出された語句は以下のようなものである(27)。

〈読み取りに大切な語句〉

(ア)　心情を表す語句（やまやま・言葉をにごす・まじまじ・きょうしゅく・目をくりくりとさせる）

(イ)　情景を表す語句（しんしん・気ぜわしい・朝市）
(ウ)　主題に迫る語句（くるくると働く・すい付けられる・心をこめる・おずおず・たのもしい・神様）
(エ)　難語句（めいしん・正真正めい・くすむ・よそおい・あけすけ）
〈語彙指導として発展的に扱える語句〉
（不細工・おずおず）
〈使い方に慣れさせたい語句〉
（言葉をにごす）

語句・語彙に焦点をしぼった教材分析をするだけでも豊かな読みにつながる授業の構想が十分に行えるということを実感させてくれる事例である。

以上の分析事例からも、教材分析の観点として、「語句・語彙」という面はもっともっと重視されていかなければならないということが理解される。

(8)　「主題・思想・典型」に関する分析

これらの分析観点を全面に押し出しているのは西郷竹彦を主宰とする文芸研の面々である。ただ、「思想」についての分析は文献[五]・[一六]、「典型」については[五]のみで少ない。多いのは「主題」についての分析で、文献[五]・[六]・[七]・[九]・[一〇]・[一六]・[一七]・[二七]・[三〇]において言及されている。うち、文芸研関係のものは[五]・[六]・[一六]だけで、他は全て独自の立場からの主題分析である。

まず、文芸研の「主題・思想・典型」の分析から見ていこう。文芸研では、主題が「それを主題として読みとる主体的な読者にとってこそ在る」のだとし、「作品のトータルイメージであり、決して抽象的な概念ではない」とするが、教育的・社会的必要から敢えてこれを「一般化、概念化して、三行か四行の抽象的な文章におきかえる」ことをするとしている。厳密には、「括弧つきの主題」であるとする。また、文芸作品の思想については、作者の思想とは区別し、主題は一つでも、その作品の生み出す思想は様々に存在し得るとする。そこで問題にすべきは、「どれが中心的な思想であり、あるいは当面する課題にこたえる思想」であるかということであるとする。さらに、「典型」については「人物としての典型」と「状況としての典型」との両面から考えられていて、前者は「作品が自分にとってどういう意味をもつものか、人物たちの生き方と自分の生き方とを結びつけ重ね合わせてみる」こと、後者は「作品に描かれている時代とか社会とか状況とかと、今日私たちがおかれている状況とを重ね合わせて」みることであると考えられている。[28]

こうした考え方のもとで、文献五では、「主題」を「マサエの人物や物に対する認識の変化」とし、「思想」を「外見、見かけで人間や物を見てはならない。その本質をとらえよという思想」と捉えている。「典型」については「マサエの中に、読者の姿が、投影されている。おみつさん、若い大工さんの真の人間性（愛）にふれながら、読者自身が、人間の生き方について問いなおすことの願いがこの作品のなかにこめられている」と分析している。[29]

また、文献六では、「主題・思想」と抱き合わせにして、一つは「労働とは何か、働くとはどういうことか」「そこに心がこもること。これが労働というものだということ」「そのような仕事をする人間が本当にねうちのある人間だということ」を挙げ、もう一つは「相手の人間的なねうちを認識する。そしてお互いに相手の人間のねうちがわかる。そしてお互いに相手を尊敬し合う。ということが土台になった愛情というもの」が指摘されている。

以上の分析内容では、かなり幅のある多様なものとなっている点に特徴を認めることができる。

こうした把握の仕方に対して、対照的なものは文献[七]・[一七]・[二七]・[三〇]などで、これらの文献では、一様に「主題」として、「心を込め、使う人の身になって作られたものこそ、本当に価値のあるものであり、本物を見極めることが大事なことだ[30]」といった捉え方になっている。このような捉え方は文献[五]の場合の「思想」のそれと重なるものである。

また、文献[一〇]では「主題」が「教材を流れる三代にわたる登場人物の心の結びつき」に集約されているとして、その把握の仕方に関しては「柔軟に考え」て、「しみじみと読み、ほのぼのと感じる温かな心の結びつきが読み手にとらえられればいいのではないか」といった見解を示している[31]。

以上のように、「主題・思想・典型」という分析観点については、「主題」一つを取ってみても、その定義方法自体に大きなズレを感じさせられる。読みの学習指導の中で、「主題」を巡る方向での授業の構想には、困難な問題が立ちはだかっていると考えられる。これらの観点自体が「教材の分析」のための観点として果たして欠くべからざるものであるか否かという問題も含めてなお教材研究上の大きな課題と見なしておいてよいだろう。

(9)　その他の観点からの分析

これまで見てきた分析観点以外でも、細かなもので落ちているものがあるかもしれない。特に、狭義の表現方法・表現手段や語句に関するもので取り上げておくべき観点があったかもしれない。

ここでは、これまでの観点に含めることのできなかったもので、一つだけ是非とも取り上げておきたかったものがある。「他教材との関連」という観点である。この観点について言及しているのは文献[六]である。実際に吟味されている項目としては「(1)　構成のおもしろさで読者をひきつける教材」「(2)　題名のふしぎさで読者をひきつける教材」「(3)　人物と物との関係をつかませる教材」「(4)　人物と読者との関係についてわからせる教材」の四つである。[32]発展教材の探究としての意義と同時に、本教材の「教材の核」が適切に押さえられている点にも意義を認めたい。

なお、ここで言う「教材の核」のことを筆者は「教材全体の骨格にあたる内容、より一般化・抽象化を進めた内容」と規定している。[33]これを的確に把握することが指導目標・内容の焦点化・重点化を図ることに通じると考えている。これまで検討を加えてきた様々な観点からの分析の成果も、これらが統一的・構造的に整理されていかなければ「授業の構想」に本当に生かすことはできない。右に述べた「教材の核」という概念は教材分析の成果を真に「授業の構想」に生かしていくための結節点になるものと考えている。

要するに、本教材の場合、これまで検討してきた分析観点のうち、特にどれとどれを用いて分析していけば「教材の核」を抽出することができるか、こうした点も今後に残された教材分析の課題である。

また、具体的な観点に照らして適切な「教材の分析」「教材解釈」を行っている事例がいかに少ないことか。本教材の場合、綿密な「教材の分析」の成果と見なされるものの多くが西郷竹彦による研究事例に占められている。在来の教材研究の方法・内容がいかに貧弱であったかを垣間見た思いがする。

四　分析データの整理――教材構造の把握――

前節で見てきた教材の分析もただ多くの観点から数多くのデータが得られたというだけでは不十分である。データ相互の有機的なつながりが把握されなければならない。指導の重点化・焦点化を図るためである。分析の結果得られたデータをそのままことごとく指導に供することは不可能である。また、その必要もない。

分析データを「授業の構想」に生かしていくために、それらを構造的に整理していくことが必要となる。ここから当該学年としての「教材価値」も抽出していけるのである。そこで、ここではこのデータ整理を〈教材構造の把握〉と呼んでこれに類する作業がどのように行われているかを見ておく。

こうした作業（※四九九頁B―②）を行っている文献は極めて少ない。文献[一〇]・[一一]・[一五]・[一七]のみである。まず、文献[一〇]では、教材のもつ「内容的価値の追求」の一環として「内容の構造」が〈場面の推移〉に準じて一覧表の形でまとめられている。「内容的価値の展開」の部分が構造的に把握されていると見なすことができる。さらに、「基礎的技能、基本的能力の精選・構造化」のために「文章構造図」が作成されている。養われるべき中心技能として、「人物の気持ちの動きや場面の情景を読み取る」が設定されているので、構造図も意識的に人物の気持ちや情景が描かれているところを中心に表されている。教材価値を追究する方法としてこうした構造図を書いてみる方法は誰にでも可能な有効なものと言える。ただ、「内容の構造」の図と「文章構造図」とを相関的に一本にまとめて表す方法も工夫されてよいかと思われる。

文献[一一]・[一五]・[一七]はいずれもマサエとおみつの心の動きに焦点を当ててそれぞれの人物の気持ちを読み取る上で必要と思われる叙述が構造的に記されている。文献[一七]の場合、記されている叙述箇所が文の形ばかりでなく、語句を押さえる形でまとめられている点に特色が見られる。この事例のように、大切な語句を中心に〈教材の構造〉を把握していくという方法も、指導の重点化・焦点化を図る上からもっと行われていってもよいと考えられる。

五　学習者の読みの予想

教材研究が作品・文章分析と決定的に異なるところは、前者が学習者の読みを前提として教材を分析していくところにある。学習者が所与の教材のどんなところに興味・関心を示すか、疑問を抱くところはないかと予想を立てるのである。こうした予想は教材分析の全過程で絶えずなされていくべきものである。しかし、実際には従来の教材研究では意外にその点が自覚されていないことが多い。そのために、大人のレベルでの作品分析（＝作品解釈）がそのまま教材解釈に置き換えられてしまっている事例が少なくない。こうした弊害をなくすために筆者は、教材研究の中の〈教材分析〉の過程に敢えて〈学習者の読みの予想〉を行う段階を設定している。

本教材に関する教材研究事例の中で、こうした面からの記述（※四九九頁B—③）が何らかの形で窺える文献は、二・四・五・一〇・一四・一六・一七・二四・二八などである。実は、これらのものも注意して見ていかないと、それと思われる記述が読み取れないようなものが多い。明らかに〈学習者の読みの予想〉を記したと思われるのは文献二・四だけである。前者は「学級の子どもたちとこの作品」、後者は「子どもの理解」という見出しのもとに読みの予想を行っている。

まず、学習者が抱くであろう疑問点に関しては、文献二が「おみつと大工との純粋でひたむきな心のふれあいがわかるだろうか」という点を自分の学級の子どもたちの実態に即して予想している。[34] また、文献四では、①「わらぐつ」の価値や「雪げた」にあこがれる娘心、②「神様」の意味、③「おばあちゃんたち」の若い頃の人生観、などが現代の子どもたちには分かりにくいのではないかという点を挙げている。[35] いずれも現代の子どもの実態を踏まえた貴重な予想と言える。こうした予想をしっかりと立てて、〈授業の構想〉へとつなげていくのとそうでないのとでは、教材研究の質に大きな差異が生じてこよう。

その他の文献では、概ね学習者である子どもたちが、登場人物の一人マサエの立場に立って、「おみつさん」や「若い大工さん」の美しい心に触れ、好意を抱き大きな感動を抱いていくであろうと予想を立てている。中には、第一話と第三話での「おじいちゃん」の捉え方について、その人物像を深く関係づけた読みができないのが普通であるという予想を立てているのもある。しかし、このように、学習者の読みの深まりが不足しがちな点や理解しにくい面などを予め探っておくという意味での〈読みの予想〉は意外と少ない。

今後、こうした面からの〈学習者の読みの予想〉を明確に自覚した形での〈教材分析〉が必要とされよう。

六　教材価値（叙述内容価値・叙述形式価値）の抽出

「教材価値」とは所与の教材から学習者の発達課題に即して抽出し得る叙述内容的・叙述形式的価値のことである。教材価値は本来、教材の分析作業を経て、分析データの整理・総合化の上に抽出していくのが望ましいと考えられる。

以下、本教材の場合の教材価値、及びその抽出方法に関して考察を加えていく。なお、先行文献では教材価値と明示して抽出している場合が極めて少ない。次の表は、その抽出の実態である。

文献	叙述内容価値	叙述形式価値
四	○	○
七	○	○
一〇	○	○
一四	△	△
一五	△	△
一六	△	△
一七	○	○
一八	○	○
一九	○	△
二〇	△	
二三	△	
二四	△	△
二六	△	△
三一	△	

○印の文献は明らかに〈叙述内容価値〉〈叙述形式価値〉と意識しての記述が見られるもの、△印は明示的ではないが、それと思われる部分を含むものである。△印の多くは教材解釈と思われる部分に読み取れる場合が多

い。

〇印の文献を中心に見ていくことにする。文献四は〈叙述形式価値〉を「特異な構成」として示し、三話構成によってマサエと同様、読み手の子どもたちにも「人間の生き方というもの、人と人との結びつきということ、人生の幸せということなどに対して、少しずつ目を開いていくということになる」として、〈叙述内容価値〉と一体的に教材価値を抽出している。なお、〈叙述内容価値〉に関しては別途、「味わわせる視点」として「神様」という言葉の意味するものを中心に「まごころ」「誠意」「真実なもの」などを抽出している。

文献七では、「教材の特色」という観点から「文章構成」「ものに対する登場人物の考え」「文題」がはっきりしている点を指摘している。[36] これらの点を〈教材価値〉に該当するものと考えてよいだろう。

文献一〇では、「内容的価値の追求」として「働くことを愛し、相手の立場になって考え、人間の値打ちは外観でなく何よりも心だと思っているおみつと大工さんの人柄や行動に、マサエが強く感動し、自己変容していく過程」を抽出している。また、〈叙述形式価値〉としては「基礎的技能、基本的能力の精選・構造化」の一環として「物語の構成や優れた描写」などが抽出されている。[37]

文献一七では、「作品の持っている魅力」として、「描かれた世界」「全体の構造や筋の運び」「情景や人物の描写」「会話」「物語の主題」などが抽出されている。[38]

文献一八では、「言語能力の観点」（＝叙述形式価値）として「登場人物の心の動きや物語としてのすじの展開」が、「教材内容の観点」（＝叙述内容価値）として「物を作るには、使う人の身になって丹精こめて作らなくてはならないとか、欲しいと思う物を手に入れるには、それ相応の努力をしなければならないといった考え方」「本当の心の通い合いが真実の愛に結びついていくという人物の心の動き」などが抽出されている。[39]

文献一九では、「教材の特性」として「作る人の心のありようで価値を決める」というように〈叙述内容価値〉

が抽出されていて、この中に「文章構成」や「描写」面の〈叙述形式価値〉が若干抽出されている。(40)

以上見てきた〈教材価値〉はそれぞれの観点に基づいて意識的に抽出されたものとして評価できる。残念なのは以上の文献の多くが〈教材の分析〉などの作業を綿密に行った上で〈教材価値〉を抽出したようには見えないことである。そのことは、これらの〈教材価値〉が先に第三節で検討を加えてきた〈教材の分析〉に見られる成果を必ずしも十分に踏まえたものとなっていないからである。

例えば、〈叙述形式価値〉としては単に額縁形式と呼ばれる特異な「構成」面だけでなく、この作品の「物語の筋」(＝主筋・伏線・対比の筋・反復の筋)、三話の場面に応じて変化していく「視点」の意義なども意識的に抽出しておかなければ、人物像の読み取りや人物の認識の変化の読み取りなどを適切に行わしめる〈授業の構想〉が果たせないはずである。「題名」や「冒頭」などのもつ特別な意義についても抽出したいところである。筆者は本教材の国語科教材としての優れた価値が〈叙述内容価値〉〈叙述形式価値〉の一体的な結びつきにあると考えている。それ故、本作品の中心的な意味・内容と深く結びついていると思われる以上のような〈叙述形式価値〉については、より周到に抽出しておきたいと考えている。

いずれにしても、甚だしい事例では一教材についての〈教材価値〉が〈あらすじ〉を辿るだけで一切示されることもない現状がある。そうした現状を踏まえて教材の緻密な分析の必要性を強く主張せざるを得ないのである。

七　到達点と今後の課題

本研究は教材「わらぐつの中の神様」の教材研究史を辿り、その到達点と課題とを究明しようとするものであった。考察の中心は〈教材分析〉過程の中でも特に〈教材の分析〉(＝B―①)の段階に置かれた。ここで、〈教材の分析〉のための具体的な観点が数多く明らかにされてきたのは教材研究の手順・方法上の大きな成果と言える。

本教材の場合、今後の課題として残されている重要な課題は、これまでの〈教材分析〉成果を生かして具体的な〈授業の構想〉へつなげていくための結節点すなわち〈教材の核〉（＝教材全体の骨格にあたる内容、より一般化・抽象化を進めた内容）をどう設定するかというところにあると考えられる。

注

（1）こうした問題提起を明確に行ったものとして、第七十回全国大学国語教育学会（昭和六十一年八月）における研究発表・望月善次「『川とノリオ』（いぬいとみこ）実践・研究史の問題点―史的蓄積非成立の実態をめぐって―」がある。（この問題提起の一端は、望月善次「教材『川とノリオ』の研究―先行研究無視を否定したい―」大西忠治／科学的読みの授業研究会編『国語教育評論』七号、昭和六十二年八月、で論じられている。）

（2）「実践史研究」という形での研究事例としては、例えば①萬屋秀雄「『川とノリオ』授業研究―実践事例の検討を通して―」（『鳥取大学教育学部研究報告・教育科学』第二十二巻第一号、昭和五十五年七月）、②浜本純逸・森田信義・東和男編『作品別文学教育実践史事典』（昭和五十八年九月）などがある。

（3）文献[四]、一〇三～一〇四頁。

（4）文献[三]、一二二頁。

（5）拙著『国語科教材分析の観点と方法』平成二年二月、一三七～一四六頁。

（6）文献[一七]、二十四頁。

（7）文献[一]、一一八頁。

（8）文献[一六]、一六六～一六七頁。

（9）「サスペンス」に関しては、波多野完治著『文章心理学〈新稿〉』（昭和四十年九月、大日本図書）などが参考になる。

（10）文献[一六]、七十二頁。

（11）文献[七]、七十二頁。

(12) 文献［三］、一二二頁。
(13) 文献［三］、七～八頁。
(14) 「人物の呼称の変化」の重要性に関しては、『西郷竹彦文芸教育著作集』四巻、十二巻、十八巻、別巻Ⅲ巻などで繰り返し言及されている。
(15) 文献［一］の(二)、一一七頁。
(16) 文献［四］、一〇九頁。
(17) 文献［二〇］、四十四頁。
(18) 文献［三〇］、三十三頁。
(19) 時枝誠記著『国語学原論続篇』（昭和三十年六月、岩波書店）、同『文章研究序説』（昭和三十五年九月、山田書院）。なお、近年の「冒頭」研究の成果として、相原林司著『文章表現の基礎的研究』（昭和五十九年一月、明治書院）を挙げることができる。
(20) 文献［一六］、六十九～七十一頁。
(21) 「視点論」に関する文献として次のようなものが参考になる。
①川端康成著『小説の構成』昭和十四年八月、三笠書房、②大場俊助著『小説論序説』昭和四十二年五月、芦書房、③甲斐睦朗他著『文学教材分析の観点と実際』昭和五十四年四月、明治図書、④『西郷竹彦文芸教育著作集』九巻、十七巻、別巻Ⅱ巻など、⑤井関義久著『国語教育の記号論』昭和五十九年五月、明治図書、⑥『現代教育科学』昭和六十三年五月号、特集「『視点』は文学の授業をどう変えたか」。
(22) 文献［三］、九頁。
(23) 文献［一六］、一四三頁。
(24) 文献［二］、四十九頁。
(25) 文献［二二］、一三六～一三七頁。
(26) 文献［三］、一二二～一二六頁。
(27) 文献［二七］、一七六～一七八頁。
(28) 西郷竹彦編『季刊文芸教育・文芸教育辞典』二十一号、昭和五十二年八月、明治図書、一〇一～一〇六頁、一一六～一二〇頁。
(29) 文献[五]、七十〜七十一頁。
(30) 文献[七]、七十三頁。
(31) 文献[一〇]、一五四〜一五五頁。
(32) 文献[六]、一四七〜一四八頁。
(33) 前掲書、注(5)、三十三頁。
(34) 文献[二]、五十五頁。
(35) 文献[四]、一一〇〜一一一頁。
(36) 文献[七]、七十一〜七十二頁。
(37) 文献[一〇]、一〇八頁、一一三頁。
(38) 文献[一七]、二十三〜二十六頁。
(39) 文献[一八]、二〇〇頁。
(40) 文献[一九]、三十一〜三十二頁。

【考察対象文献】

[一] 西郷竹彦「文芸における伝達性と虚構性(一)・(二)」(『教育科学国語教育』昭和五十二年二〜三月号、一一七〜一二五頁、一一七〜一二五頁)。　[B—①]
[二] 市村征一「わらぐつの中の神様」(『国語の授業』三十号、昭和五十四年二月、五十三〜五十八頁)。　[B—①、B—③、C—①、C—③]
[三] 西郷竹彦「文芸の授業と視点論」(『季刊文芸教育』二十六号、昭和五十四年五月、六〜二十一頁)。　[B—①]
[四] 今井鑑三「文学教材の解釈」(今井鑑三著『授業に生かす教材解釈』昭和五十五年三月、明治図書、一〇三〜一一一頁)。　[B—①、B—③、B—④]
[五] 土屋幸彦「『わらぐつの中の神様』の授業」(西郷竹彦監修・文芸研編『文芸の授業・小学校五年』昭和五十五年四月、明治図書、六十二〜一〇四頁)。　[B—①、B—②、B—③、C—①、D—①、D—②]

六　福間トキ子「『わらぐつの中の神様』の授業」（西郷竹彦監修・岡山文学教育の会著『文芸教材の系統指導』昭和五十五年八月、明治図書、一四二～一五八頁）。　［B―①、B―②、C―①、C―③、D―①、D―②］

七　田村貞司「『わらぐつの中の神様』の学習指導」（輿水実編『到達基準を明確にした国語科授業・小学校5年』昭和五十六年三月、明治図書、七十一～八十四頁）。　［B―①、B―④、C―①、C―②、C―③、C―④、D―②］

八　岩田道雄「文学作品の教材分析はどうあるべきか」（『国語の授業』四十五号、昭和五十六年八月、一〇四～一〇七頁）。［B―①］

九　太田茂他「主題を確実に理解しながら読む」（藤原宏監修・新潟県国語教育実践研究会著『国語科教材研究から授業展開へ』昭和五十六年九月、明治図書、一五二～一六三頁）。　［B―①、C―③、D―①］

一〇　帆足文宏「わらぐつの中の神様」（野地潤家・瀬川栄志編『授業に生きる教材研究・小学校国語科5年』昭和五十六年九月、一〇七～一二二頁）。　［B―①、B―②、B―③、B―④、C―①、C―②、C―③、C―④、D―①、D―②］

一一　大石律子「ことがらをつないだり重ねたりする読み」（『実践国語研究』二十八号、昭和五十六年十一月、四十八～五十三頁）。　［B―①、B―②、C―①、C―③、C―④、D―②］

一二　藤原和好「心理主義批判」（藤原和好著『文学の授業と人格形成』昭和五十六年十二月、部落問題研究所、九十六～一〇五頁）。　［B―①］

一三　井上敏夫「物語の続きを書く」（『実践国語研究』三十四号、昭和五十七年九月、一三三～一三九頁）。　［B―①］

一四　中瀬千秋「子どもの側に立つ読みを大事に」（『実践国語研究』四十号、昭和五十八年七月、四十八～五十三頁）。　［B―③、B―④、C―①、C―③、C―④、D―①、D―②］

一五　井藤英子「書くことを取り入れた読むことの指導」（『実践国語教育情報』創刊号、昭和五十八年七月、八十七～一〇六頁）。　［B―①、B―②、B―④、C―①、C―③、C―④、D―①、D―②］

一六　西郷竹彦「わらぐつの中の神様」（同著『認識・表現の力を育てる文芸の授業』昭和五十九年二月、部落問題研究所、六十一～一七六頁）。　［B―①、B―②、B―③、C―④］

一七　桜井丞「五年生の文学・読解の授業」（野地潤家・青木幹勇編集・解説『国語子どもの教え方・教師の導き方5年』昭和五十九年六月、国土社、二十一～三十九頁。　［B―①、B―③、B―④、C―①、C―③、C―④、D―①、D―②］

一八　沢田保彦「文学教材の実践展開例」（藤原宏他編著『小学校文学教材指導実践事典・下4・5・6年』昭和五十九年六月、

二〇〇～二〇五頁）。　［B―④、C―①、C―③、C―④］

〔一九〕春原秀一「物語文教材『わらぐつの中の神様』の教え方」（中西一弘編著『小学5・子どもを生かす国語の教え方』昭和五十九年九月、明治図書、三十一～四十六頁）。　［B―④、D―①、D―②］

〔二〇〕原善夫「わらぐつの中の神様」（『月刊どの子も伸びる』昭和五十九年十一月号、四十二～五十六頁）。　［B―①、B―④、C―①、C―③、D―①、D―②］

〔二一〕甲斐睦朗「『わらぐつの中の神様』の温かさ」（『実践国語研究』五十一号、昭和六十年一月、一二一～一二六頁）。［B―①］

〔二二〕藤本茂夫「言葉を大切に深く読み取る力をつける物語文の授業」（国語教育を学ぶ会編『子どもが生きる授業・国語五年』昭和六十年二月、小学館、八十～一〇一頁）。　［B―①、D―①、D―②］

〔二三〕江口肇「児童の側に立った学習課題作り」（『実践国語研究』五十三号、昭和六十年五月、四十八～五十三頁）。　［B―④、C―①、C―③、D―①、D―②］

〔二四〕藤井敏彦「小学校五年　わらぐつの中の神様」（『季刊文芸教育』四十六号、昭和六十年五月、七十二～七十四頁）。［B―①、B―③、B―④、C―①］

〔二五〕安永史子「小学校五年　わらぐつの中の神様」（同前誌、七十五～七十七頁）。　［B―①］

〔二六〕高橋浩一「小学校五年　わらぐつの中の神様」（同前誌、七十八～八十頁）。　［B―①］

〔二七〕浜松市上島小学校「発展的に扱える語句の指導」（甲斐睦朗監修・上島小学校著『豊かな読みをめざす語彙の指導』昭和六十年八月、明治図書、一七四～一八三頁）。　［B―①、B―②、C―④、D―①］

〔二八〕佐伯匡文「構成について」（西郷竹彦監修・文芸研編・佐伯匡文著『文芸研授業研究ハンドブック①教材分析の仕方』昭和六十年九月、明治図書、九十一～九十七頁）。　［B―①、B―③、B―④、C―④］

〔二九〕北九州文芸研「『わらぐつの中の神様』で労働をどう教えるか」（『季刊文芸教育』四十八号、昭和六十年九月、一〇四～一〇九頁）。　［B―①］

〔三〇〕土井捷三「わらぐつの中の神様」（『月刊どの子も伸びる』一〇四号、昭和六十年十二月、二十八～三十四頁）。　［B―①、C―③］

〔三一〕三嶋慈子「『わらぐつの中の神様』の学習と子どもたち」（『月刊どの子も伸びる』昭和六十一年三月号、三十一～四十三

頁)。［B—④、D—①、D—②］

〔三二〕猪鼻恒憲「わらぐつの中の神様」(『国語の授業』七十七号、昭和六十一年十二月、十九～二十三頁)。［B—①、C—②、C—④］

〔三三〕甲斐睦朗・浅井佐知子「『わらぐつの中の神様』の分析と授業」(甲斐睦朗編著『小学校文学教材の分析と授業』昭和六十二年八月、明治図書、一〇二～一三九頁)。［B—①、C—①、C—②、C—③、D—①、D—②］

〔三四〕本多博行「『わらぐつの中の神様』で『分析の技術』を教える」(『教育科学国語教育』昭和六十二年九月号、五十二～五十六頁)。［B—①、C—①、C—③、C—④、D—①］

第五章　読みの授業の構想及び展開に関する実態的研究
――「わらぐつの中の神様」（杉みき子作）の授業実践史研究を通して――

一　本研究の目的

本研究は読みの同一教材に関する授業実践史を辿り、実践面での到達点と課題とを究明しようとするものである。

考察の対象とする教材は「わらぐつの中の神様」（杉みき子作）である。前章では、本教材に関する教材研究史を辿り、その到達点と課題を明らかにした。本章では本教材に関する〈授業の構想〉及び〈授業の展開〉に関する考察を行っていくことになる。すなわち、前章では「A　作品（＝作品解釈）・文章分析」及び「B　教材分析（＝教材解釈）」に関する考察を三十四編の文献を対象に行った。本章では、五十二編の実践記録文献を対象として「C　授業の構想（＝指導的研究）」及び「D　授業の展開」に関する考察を行う。

これらの考察の観点については、前章でも掲げたが（四九九頁参照）、本章でもCとDの観点のみ再掲しておく。

C　授業の構想（＝指導的研究）

①　指導目標の設定

②　指導内容の検討

③　指導計画の立案
④　指導過程・方法の検討（＝本時の計画―目標と展開）
D　授業の展開
①　授業実践の記録
②　実践後の考察

二　「わらぐつの中の神様」の授業の構想に関する分析・考察

(1)　指導目標に関して

本章の最後に掲げた全五十二編の文献中、〈指導目標〉ないしそれとおぼしきものが明示されているのは二十四編である。授業実践研究を主眼としている文献が大半であるだけに、この数値は不可解である。指導目標不在の実践は舵のない船と同じである。指導目標の意義が確認されなければならない。

さて、二十四編の個々の文献について、目標設定の方向を調べてみた。次頁に掲げた一覧表は各文献の指導目標の方向を分析した結果である。

一覧表で分かるように、同一教材の指導でもその目標の方向はかなり多方面にわたっている。指導目標は三つのないし四つの目標から成ることが多いのであるが、その方向は価値目標と技能目標に分かれている。両者を組み合わせて設定している場合もある。全体的に見て、多くの文献に見られる目標の方向、例えば、価値目標の場合の「物の本当の価値」「人と人との心の通い合い」、技能目標の場合の「人物の心の動きや考え方の読み取り」「物語の構成・筋、優れた表現の読み取り」などは概ね妥当なものと言えよう。

指導目標の特徴に関する分析

	特徴	文献番号
価値目標	物の本当の価値	一〇・一二・一五・二五・二八・三一・四一・四五
	人と人との心の通い合い	一〇・一六・二六・二八・四一・五一
	人生の温かさや深さ	一五・五二
	人間の真実を美として体験認識させる	四・五
	人間愛・家族愛	二八
	大工さんとおみつさんとの愛	三〇
	おみつさんの誠実と大工さんの情熱	三〇
	人間の思いやりやさしさ	四五
目標	人間の心の動きや考え方の読み取り	一〇・一一・一五・一二・一三・二五・二六・二七・二八・三八・四一
	物語の構成・筋、優れた表現の読み取り	七・一〇・一一・一二・一三・二六・二七・三〇・四五
	場面の情景の読み取り	一〇・二八・四一・四九・五二
	すぐれた表現を自分の表現に生かす力	一六・二六・三四・三八
	主題の読み取り	七・二八・三四
	人物の認識の仕方の読み取り	四・一三・二五
	朗読する力	二八・四九
	感想をまとめる力	三・五二
	人物と物との関係の読み取り	四・五

技能	作品の構想の工夫の読み取り	四・五
	読者と作中人物の関係の読み取り	四・五
	作者のものの考え方の読み取り	四・九
	表現上の工夫の読み取り	五〇
	表現読みの力	二
	話し替えをする力	二
	人物の気持ちを文章化する力	二
語句事項	語句の役割の理解	一〇・一六・二一・二六・二八・四五・五二
	語感・言葉の使い方に対する感覚についての関心	三四・四九
態度目標	進んで読書に親しむ態度	五二

課題としては、今後このような教材の場合、読書的な態度目標がもっと明確に出てきてもよいと思われる。また、中には数は少ないが小学校五年生を対象としての目標にしては、かなりレベルの高いものが見受けられる点が気になる。学習者の実態認識が基本的なところで大きくズレているのではないかと思われる。例えば、文献四で「授業のねらい」として「ゆたかなイメージによって人間の真実を〈美〉として切実に体験させる」という文言が見える。理念としては理解できるが、一教材を対象としての授業の目標として観念的過ぎるのではないか。

目標設定の方法として参考になるのは、文献一〇の事例である。詳細な教材研究に基づいて「内容的価値の追究」「基礎的技能、基本的能力の精選・構造化」がなされ、これによって「価値目標」「技能目標」とが抽出されている。文献三五の事例では、価値目標とは別に「文意の確認において、作品の主題を、『ものの本当の価値＝心のこもったもの』『神様＝心のこもったもの』のことばでまとめることができる」という「到達基準」が設定されている。技能目標にもこれとは別に、「①人物の気持ちがよく表れている会話や情景、行動をとらえることができる」といった具体的な「下位技能」が四つほど設定されている。[1] 目標をより実践に即したものとし、評価に結びつけやすいものとしている点、評価できる。

なお、目標の表現の仕方という点では一つ一つの事例に多くの問題点が指摘できる。極端に抽象度の高い言葉は避けたい。一教材の学習指導では達成が不可能と思われるレベルの目標も設定すべきではない。次に掲げる文献四九の事例は、平易な表現で到達基準もとらえやすい内容で示されているので参考にしたい。[2]

・表現に即して、登場人物の心情や場面の情景を豊かに想像することができるようにする。
・美しく、的確な表現を読み味わうとともに、言葉を生かした朗読ができるようにする。
・描かれている事柄の裏にひそむ作者のものの考え方を読み取り、自分自身の考えを持つことができるようにする。
・語感・言葉の使い方に対する感覚をみがき、言葉についての関心を深めさせる。

指導目標の文言の一語一句には、授業者の授業技術・姿勢などが象徴的に映し出されてくるものと見られる。目標が具体的で焦点化されており、学習者の実態に即した的確なものとなっている実践事例は指導の展開にも優れた面が窺える。

(2)　指導内容に関して

本教材で〈指導内容〉に相当するものが抽出されているものは、文献三・七・一〇・三・一五・四六・四九の七例である。しかし、そのおさえ方は全て異なる方法を取っている。

文献三は「学習指導要領」の「内容」と全く同じものが「指導事項」として五つ示されている文献七は「指導過程」として五つ、文献一〇は「主な学習内容」として九つ、文献三は「授業の特徴」という部分に「指導過程」の形で三つ示されている。文献一五は「指導事項」として五つ、文献四六も「指導事項」として二つ、しかし、これは実際には〈教材内容〉となってしまっている。文献四九は「教材について」という部分で、「(1)教材内容の観点から」「(2)指導の方針」の二つの方面から押さえている。この事例では、〈教材内容〉と〈指導事項〉が別々に捉えられている。

以上の事例から言えることは、〈指導事項＝国語科として指導すべき事項〉と〈教材内容＝教材に叙述されている事柄・内容及び表現方法〉とが截然と区別されていないことである。それ故、実態としては〈指導事項〉か〈教材内容〉のどちらか一方に偏ってしまうことが多い。仮に〈指導事項〉として押さえるなら、それはひとまず「学習指導要領」の「内容」項目を参考にしておいてよいであろう。しかし、これだけでは指導教材独自の内容である〈教材内容〉の面が欠落してしまう。

そこで、これらの両面を共に生かしていくために、〈指導事項〉と〈教材内容〉との双方を含む概念を設定しておかなければならない。筆者はこれを〈指導内容〉という用語で表したいと考えている。〈指導内容〉は国語科として指導すべき事項も、教材独自の内容も共に踏まえて抽出されていく。したがって、この〈指導内容〉に基づいて指導計画の骨格が設定できることになるのである。

(3)　**指導計画に関して**

〈指導計画〉は指導目標の達成を図る上でより効率的なものでありたい。入念な教材分析とこれに基づいた焦点化・重点化された目標設定が必要なことは言うまでもないことである。指導内容も目標との関わりでより精選されたものでありたい。指導目標と指導内容とが適切に設定されてはじめて〈指導計画〉も有効なものとして立案できる。

ところが、実際にはこの三者の関連性の極めて弱い実践事例が多い。次の一覧表は本教材の場合のこうした傾向の一端を分析・整理したものである。

指導計画全体の傾向に関する分析

文献	時間	計画全体の傾向	文献	時間	計画全体の傾向
二	10	並列的	二六	8	収束的
五	10	収束的(並)	二七	10	収束的
七	12	収束的	二八	12	収束的(並)
八	10	並列的	三〇	11	収束的(並)
一〇	13	収束的(並)	三一	10	収束的(並)
一一	12	収束的(並)	三二	10	収束的
一二	9	収束的	三四	10	収束的(並)
一五	10	収束的	三五	10	収束的
一六	12	収束的(並)・発展的	三九	15	収束的(並)
一七	10	収束的	四一	10	収束的

一八	9〜10	収束的	四三	10	収束的
二二	9	収束的(並)	四五	11	収束的(並)
二三	10	収束的(並)・発展的	四九	12	収束的
二四	12	並列的	五〇	12	収束的
二五	10	収束的(並)			

右の一覧表で、「収束的」というのは、計画全体が「主題」の把握とか「学習課題」の解決という方向に収束していく傾向を示すものである。「並列的」というのは、物語の「場面」に沿って順次読み進めていくといった傾向を示す。「収束的(並)」というのは、計画の一部が数時間にわたって「場面読み」となっていて、その部分に関しては並列的な傾向を示しているものである。「発展的」という言葉が入っている計画は概ね、同一傾向の他の作品を発展的に読書させる計画が入っている場合を示す。

因みに、「並列的」は十パーセント、「収束的」は八十九パーセントの比率である。ただし、この中には「収束的(並)」という事例が四十五パーセントの比率で入っている。

問題なのは、この「収束的(並)」という事例である。これらは物語の場面展開の筋にしたがって、叙述内容を読み進めていく時間を五時間前後とっている場合が多い。第一次で初読の感想の発表などを行い、第二次にこの「場面読み」を入れるのである。ところが、計画で見る限り、第一次の子どもたちの初読の感想の傾向が第二次の「場面読み」と有機的に結びついていない場合が多い。さらによくないのは、第三次として、取って付けたように物語の「主題」を読み取る活動が入ってくるのである。この活動は、必ずしも第二次の「場面読み」と収束的な形で結びつけていくとばかりは言えないのである。

第三次あたりに「主題」の読み取りを設定している文献は[一〇]・[一一]・[一二]・[一五]・[一六]・[二〇]・[二七]・[二八]・[三一]・[三二]・[三四]・[三九]・[四三]・[四五]・[五〇]である。比率は五十二パーセントである。因みに、本教材の教材研究の部分を確認してみると、右の文献のうち、「主題」に関する考察がなされていた文献は[一〇]・[三九]の二つだけである。授業者が「主題」の考察を明確に行っていないのに、「主題」指導ができるはずもないのである。「主題」という概念自体も今日までのところ、小・中学校の国語科教育では高度に過ぎて問題が多すぎると思われる。筆者は「主題」の読み取りという学習活動を安易に設定したくないという立場である。

以上の事柄からも分かることであるが、問題となるのは何に向かって収束させるかである。要は、できる限り「主題」以外のもので「指導内容」に即した分かりやすいものにすべきであるということであろう。「学習課題」を設定させている事例（[一二]・[一六]・[一七]・[三二]・[三五]・[四一]）も見られるが、これらのうち、[一二]・[一六]・[三二]などは最終的に「主題」に収斂させているので、「学習課題」の設定とは矛盾する場合も想定できる。

さて、参考までに右の文献中、特徴的な〈指導計画〉の事例について骨組みだけを次に掲げてみる。

〈文献[三五]〉[3]

1　教材を調べ、全文を通読する　……………………………　一時間
2　文意を想定する　…………………………………………　一時間
3　文意に従って各部分を精査する　………………………　五時間
4　文意を確認する　…………………………………………　一時間
5　技能や文型・語句・文字の練習　………………………　一時間
6　まとめ・評価　……………………………………………　一時間

〈文献四二〉[4]

(1) 第一次………全文を通読して課題を設定する（二時間）

(2) 第二次………「わらぐつの中の神様」を読む（六時間）

(ア) おばあちゃんが「わらぐつの中に神様がいなった話」をするようになったのはなぜか。（一時間）

(イ) おみつさんは、なぜ、わらぐつを作り始めることになったか。（一時間）

(ウ) おみつさんの作ったわらぐつが、わかい大工さんだけに買いとられていったのはなぜか。（一時間）

(エ) わかい大工さんが、おみつさんをおよめにしたいとまで思うようになったのはなぜか。（一時間）（本時）

(オ) おみつさんは、大工さんのところへおよめにいって、どのように幸せにくらしたか。（一時間）

(カ) 何が、おみつさんとわかい大工さんを結びつけたのか。（一時間）

(3) 第三次………練習と評価（二時間）

〈文献四三〉[5]

① 読み（黙読・音読）

② 語句調べ

③ 三つの場面に分ける・その構成の確認

④ 登場人物を検討する

⑤ 三人称何視点で書かれているか

⑥ 話者の位置はどこか

⑦ 対比されている物を検討する

⑧ 「スキーぐつ」「わらぐつ」「雪げた」の象徴性を検討する

⑨　主題を検討する
⑩　評論文を書く

これらの事例に若干の補説をする。文献[三五]は輿水実を中心とした「基本的指導過程」方式に基づく実践である。三読法を基盤に据えている。この事例では、指導過程が「文意」の「想定→精査→確認」と貫かれている点と、精査段階での「場面読み」が多くの場合必ずしも順序通りでなく、「②の場面→①→③」という順序で進められている点とに特徴がある。精読段階での読みは、二度目、三度目の読みであることが多いのであるから、このように場面の順序を無視した読みがもっとあってもよいと思われる。

文献[四二]は第二次の精読段階が、第一次で設定された学習課題に基づいて構成されている。学習課題が全く〈教材内容〉だけで設定されている点が気になるが、六つの課題が指導目標の達成に向けて収束的に設定されているところが参考になろう。

文献[四三]は教育技術の法則化運動に所属している教師の計画である。所要時間が一切示されていない点が問題であるが、各過程での読みの成果が最終的に「評論文」に収束するところに特徴がある。文章にまとめることによって読みを深めること、つまり読みが書くことに包摂されていくという形になっているところに特徴がある。

(4)　指導過程・方法に関して

〈指導過程〉は普通、「本時の展開」「本時の授業案、指導案」の形で表されることが多い。以下、この〈指導過程〉を、①「本時の目標」の妥当性、②「本時の目標」の達成を図るのに適切な「展開」が組み立てられているか、という二点から検討しておこう。

文献の性格にもよるが、〈指導過程＝本時の計画〉が示されているものは意外に少ない。また、実践記録としては扱い時間数や何時間目の授業案なのかも必ず明記するようにしたい。

指導過程の分析

文献	本時の計画時間	①目標の妥当性	②展開の妥当性	文献	本時の計画時間	①目標の妥当性	②展開の妥当性
七	8／12	○	○	二五	2／10　5／10	△○	△○
一〇	7／13	○	○	二七	6／10	△	△
一一	8／12	○	○	三一	5／10	○	○
一二	?	○	○	三六	?	△	△
一六	8／12	○	○	三八	7／11	○	○
二一	3／9	○	○	四五	全11時間分	?	?
二二	5／10	△	△	五〇	6／12	○	○

右の表によれば、「本時の目標」は概ね達成可能なものが示されているが、中には△印をつけたもので、本時一時間分の目標としては焦点がぼやけていたり、目標とするだけの必然性のないものもある。こうした問題は先の指導計画の問題との関係もあると思われる。つまり、物語の筋を場面に即して五、六時間もかけて読み取らせていくような指導展開が、学習としては前後の関連性に乏しい指導過程を作りだしてしまうことになるのである。こうした授業は、学習者にとって目的の曖昧な無意味なものとなる。指導展開も無理にこじつけたようなものになりがちで、妥当性を欠くものが多い。

「本時の目標」として、具体的で学習者の発達段階も十分に考慮された形で設定されている事例である文献

三を紹介する。(6)

1　わらぐつを作るおみつさんの姿から、見かけよりも使う人の身になって真心をこめて作る誠実な人柄を読み取るとともに、おみつさんの作るわらぐつは、その人柄をそのままに表していることを読み取ることができるようにする。

2　おみつさんのわらぐつ作りに対する考えや人柄について、自分の考えを書いたり、吟味し合ったりして読み進めるとともに、おみつさんの心情をおしはかりながら音読できるようにする。

目標項目は一つでも二つでもよいと思うが、記述の仕方は右の事例のように平易で、あくまでも一時間の授業で達成可能なものでありたい。

三　「わらぐつの中の神様」の授業展開に関する分析・考察

教材「わらぐつの中の神様」の授業の展開が何らかの形で報告されている文献は本章で取り上げた全五十二編のうち、三十七編である。これらの文献で本当に厳密な分析・考察に耐えられるものは数少ない。多くの文献が、本章末に掲げた【考察対象文献】一覧の「D—①」の後に（　）書きで添えた但し書きからも分かるように、（一部抜粋）、（抄録）、（要約）などから成っている。断片的な実践記録なのである。中には、実践研究として何を研究対象に据えていたのか、指導の手立て・工夫として何を行ったのかがいささかも読み取れない文献もある。要するに、独立した一実践記録としての考察に耐えられるものが数編しか見当たらないのである。そこで、本章においても一部の実践を除いては、基本的に各授業記録全体を相互に比較するという方法を取らずに、各記録の中に共通して存在している問題点をいくつか抽出して考察を加えていくことにする。

(1)　認識と表現の力を育てる指導――西郷竹彦（文芸研）の実践指導――

国語科の目的を「認識と表現の力を育てる」ところにおいている文芸研（文芸教育研究協議会　会長・西郷竹彦）は本教材を対象とした教材研究・授業実践研究を数多く行っている。実践記録が報告されている文献は[一]・[六]・[四]・[五]である。これらの実践の集大成ともいうべき実践が文献[五]である。全十五時間分の全授業記録（一部省略もあると思われる）が掲載されている。以下、この文献を中心に認識と表現の力を育てる指導の在り方を検討していくことにする。

①　「認識の方法」の指導

西郷竹彦は「ものごとの本質なり人間の真実なりがわかる」というときに「認識」という言葉を使用すると述べている。[7]また、この「認識」の力を育てるには「認識の方法」を教えることが必要であるとする。[8]そこで、どんな認識の方法を教えようとしているのかが問題となるのである。

西郷は認識の方法の最も基本的で有効なものを「反復」（＝類比）と「対比」とにおいている。これにもう一つ「関連づけ」という方法も提示している。本教材全体もこうした認識の方法でできているので、本教材を読んでいくということは、叙述されている事柄・内容を「読解」していくことでなく、こうした認識の方法を学び取っていくことだとする。

西郷が「反復」と「対比」の方法とを認識の方法としてより有効なものとする理由は、「ものごとの本質や人間の真実」が「反復現象する」ものであり、「対比」の方法は「その本質を浮き彫りにして強調するはたらき、役割をもって」いるという考え方に立っているところにある。すぐれた文芸作品は人間の真実やものごとの本質を語ろうとするものであるから、当然、こうした反復や対比の方法を数多く使っているとする。したがって、こうした作品を読ませるということは、そこに述べられている事柄・内容を「読解」させることではなく、反復や対比といった認識の方法を学び取らせていくことであるとする。

西郷のこうした考え方は「わらぐつの中の神様」の指導においても貫徹されている。そこで以下、西郷がこれら三つの「認識の方法」を実際にどのように指導しているかという点を明らかにしておくことにする。

ア「反復」の方法の指導

西郷は「反復」の方法の指導を人物像を捉える指導に結びつけて行っている。マサエとお母さんとのやりとりの場面で茶の間のこたつにぬくぬくと入っているマサエに対して、台所で水仕事をしているお母さんの様子が反復・強調されているところを次のように指導している。(9)

T　水仕事をしているお母さんに、茶の間のこたつで本を読んでいるマサエが、自分のスキーぐつがかわいているかみてくれとたのんでいるのですね。話者のどんな気持ちがあるのか、なぜわざわざこんなふうに語っているのか。

美隆　お母さんはまだ台所にいて仕事が終わっていなくて、忙しくしているお母さんに自分のスキーぐつがかわいているか見てくれといっているので、マサエはわがままだと思います。

麻理　お母さんは台所で仕事をやっているのに、マサエは仕事をしているお母さんにくつがかわいているかどうかたのむのはおかしいと思って、それを強く言いたいのだと思います。

ここでは〈地の文〉に「台所」とか「水仕事」という言葉が繰り返し出て来るところに着目させて、話者の人物に対する「気持ち・態度・評価」を読み取らせることで、「反復」の方法の表現上の効果に気づかせようとしている。お母さんが台所で冷たい水仕事をしている様子を反復表現することで、逆にマサエのわがまま、甘えん坊な人物像を読者に対して強調しているということを理解させようとしているのである。「反復」の方法が人物の本質を浮き彫りにしていく過程に気づかせていくわけである。

イ　「対比」の方法の指導

本教材の指導の中で西郷が行っている「対比」の方法の指導は、全授業過程の中でも特に重要な位置を占めていると見なすことができる。それは「対比」の方法自体に人物像や人物のものの見方・考え方を浮き彫りにする目的があるわけで、本教材はこうした面での指導を行うのに格好な教材となっているからである。

西郷が取り上げている「対比」の方法の指導では、まず「反復」の方法の指導でも見ておいたマサエとお母さんの人物像の対比である。「反復」の方法で浮き彫りにされた人物の本質が対比的に設定されている部分を捉えさせるのである。また、マサエとおばあちゃんとのやりとりの場面では、二人の人物の〈わらぐつ〉に対する見方・考え方の対比を捉えさせる。

おみつさんの人物像を読み取る場面では、その人物像を表現している「説明」の方法に着目させて、「特別美しいむすめというわけでもありませんでしたが」の「が」という逆接の接続助詞を対比的な意味を持つ言い方として扱っている。つまり、この場合には、「が」をはさんで前後の内容が対比されているわけで、この方法で後の部分の「体がじょうぶで、気立てがやさしくて、……」を強調しているということを理解させている。

さらに、全授業の最後の十五時間目のところでは、おばあちゃんから聞いた話によって、「〈結び〉のマサエのものの見方・考え方」が〈書き出し〉のそれと変わっていた点を捉えさせることで、そこに「対比」の方法が用いられてことに気づかせている。具体的には、〈結び〉の部分のマサエのせりふ「この雪げたの中にも、神様がいるかもしれないね」の「にも」の一助詞に着目させる方法で指導している。

以上のような指導事例から、西郷竹彦の文芸教育論においては、「反復」と「対比」の方法の指導が「認識の方法の指導」としていかに重要な意味を持っているかが納得されよう。確かに、本教材の場合、とりわけ「対比」の方法が効果的に用いられていて、この方法によって人物像や人物のものの見方・考え方を浮き彫りにして強調することに成功している。したがって、文芸作品の中で、こうした「対比」の方法、「反復」の方法がどのように用いられ、どのような効果を上げているかを吟味させることで、「認識」(＝ものごとの本質なり人間の真実なりが分かる)の方法を身につけさせていくというねらいに迫ることが可能となるであろう。

ウ　「関連づけ」の方法の指導

「認識」の方法の指導として、もう一つ「関連づけ」の方法について見ておく。西郷はこの「関連づけ」という方法を「本来関係があるもののその関係の発見」としての「関係づけ」と明確に区別して、「関係のないものを関係づける」という、極めて高度な思考操作であるとする。この「関連づけ」の方法は、文芸研では小学六年生の学年課題にしているとのことであるが、本教材の場合でも七時間目でこの方法を理解させる指導を行っている。

実際の指導場面では、「わらぐつという物のイメージ」と「おみつさんという人物のイメージ」とを「重ね合わせ」「ひびき合わせ」るという形で行っている。この両者が「どういうふうに似ているかな」という発問を行い、「みかけは悪いけど価値があるというところ、じょうぶというところが似ている」という捉え方を子どもたちから引き出しているのである。確かに、やや高度な思考操作であり、子どもたちにも容易に理解できた部分ではないようであった。そこで、西郷はとなりの人どうしで教科書を取り替えさせ、その教科書とそれを使っている人とをひびき合わせ、重ね合わせて、使っている人が勉強家かまじめな人かどうかということを判断させている。「関連づけ」の方法を喩えを使って分かりやすく指導したのである。(10)

こうした形で、物と人間とを「関連づける」方法、すなわちものの見方・考え方の一つである認識と方法とを指導しているのである。西郷はこの方法を「象徴」という用語とも結びつけて、この用語の意味を「イメージで関係づけて、ある意味を生みだす」ことと規定し、この際の関係づけが直接には関係ないものどうしの関係づけなので、これを「関連づけ」という用語で表すことにしたと説明している。(11)

この「関連づけ」の方法も先の「反復」「対比」と同様、認識の方法の指導として注目に値するものと見なすことができる。特に、従来は「象徴語」「イメージ語」などの指導として行われていた指導事項を明確に「認識の方法の指導」の一環として位置づけた功績を評価したい。

②　「表現の方法」の指導

これまで見てきた「反復」や「対比」の方法も一つの表現の方法である。その意味で、「表現の方法の指導」は決して「認識の方法の指導」と切り離して存在し得るものではない。西郷にとって、「表現の方法」を指導するとは、「表現の本質」を指導することにつながっている。単なる技術の理解にとどまるものではない。そして、「表現の本質」を教えることは「認識の力」をつけることにつながっているのである。したがって、「表現の方法」の指導は「認識の方法」の指導と密接に結びついているのである。

「表現の方法」の指導で特に重視されているのは、「会話・物語る（＝叙事）・説明・描写」の四つの方法である。四つの表現方法の本質を表現されている内容と結びつけながら指導していくのである。本教材の場合、特に綿密になされているのは「描写」表現の指導である。「雪げた」の描写の部分を、その後おみつさんが雪げたを欲しくてたまらなくなっていく心の動きと関係づけながら指導している。(12)

T　こういうの何て言いましたか。雪げたの本質というのは、雪の中ではいて歩く道具というのが本質でしたね。これは、雪げたの、こういうのは何って言ったかな。前のわらぐつのところで勉強したね。
敏治　ねうち（小声で）。
T　うん、ねうちっていうのは、他の言葉でいうと……。
堅太　価値。
T　そうよく覚えてたね。価値（板書）だね。（中　略）そうすると、この描写は、どういう描写（板書）なのかな。この雪げたという物の、何と、何を表しているのでしょう。
敏治　雪げたの様子と価値。
T　その様子を表しているんだけども、この様子を表すことで、何を表現しているのかな。この描写から何がわかるのかな。雪げたの……。
　理絵　本質と価値。

　雪げたの描写の表現の部分に即して、描写表現の本質を指導している部分である。このような指導事例からも分かるように、表現方法の指導も、例えば、描写という表現方法が描写の対象となっているものの本質・価値を表す方法であるという事実までを捉えさせようとするものである。つまり、表現の本質を指導するということになっているのであるから、この場合は表現についての認識の方法の指導ということになるのであろう。
　以上見てきたところによって、西郷竹彦の提唱する「認識と表現の力を育てる指導」とは、表現されている内容の中にものごとの本質・価値、あるいは人間の真実がどのように認識されているか、どのように表現されているかを読み取らせていくことであるということになろう。つまり、作品中に用いられている「認識の方法」「表現の方法」を理解させていくことによって、認識と表現の力を育てていくということになろう。西郷によるこのような指導実践は、「認識の方法」「表現の方法」を、一貫して、表現されている内容との関係で捉えさせていこうとしている点、しかも、こうした指導の観点・方法が他の教材の場合にも普遍化し得るものである点で、国語科授業実践史上、注目に値する事例と言えよう。

(2)　語句・語彙に着目した指導

作品全体の中で特に重要な役割を担って使用されている語句に着目させて、作品の重要な展開部分、あるいは作品全体の展開と結びつけていく授業構成が見受けられるようになってきた。本教材では、文献[八]・[一五]・[三五]・[三六]・[四〇]・[四九]などがこれに該当する。このうち、授業実践の中心が明らかに語句・語彙の指導に置かれている文献[三六]・[四九]を対象として考察を加えておく。

文献[三六]では、「発展的に扱える語句の指導例」として「おずおず」という語句を取り上げて、おみつさんの気持ちが落胆から希望へと変化していく過程を読み取らせようとする事例が報告されている。[13]

はじめに、この場面でのおみつの気持ちの変化を予想させてから、次のように読み深めていった。

T　大工さんに、「見せてくんない」と言われた時のおみつの気持ちのわかるところはどこですか。

C　「おみつさんは、～差し出しました。」というところだと思います。(中略)

T　それでは、「おずおず」を他の言葉で言い換えてみましょう。

C_1　「おどおど」です。

C_2　「いやいや」です。

C_3　「どきどき」です。
C_4　「おそるおそる」です。
C_5　「じわじわ」です。

これらの言葉を、文にあてはめ音読し、どの言葉が「おずおず」と同じ心情の時に使えるか調べた。

人物の心情の変化を読み取る過程に語句・語彙の指導を位置づけて、語感を磨き、語彙の拡充を図ることを目指したものである。一語句に着目した指導が確かで豊かな読みを保障し、さらに語彙指導に結びついている事例として注目させられる。

文献㊇では、「(ア)情景を表す語句（しんしんと・つうんと）」「(イ)心情を表す語句（くるくると・すいつけられたように・おずおずと・まじまじと・目をくりくりさせて）」「(ウ)生活様式に関わる語句」「(エ)その他おさえたい言葉（しっかりしっかり）」といった語句に着目した事例が報告されている。全十二時間の授業の抄録の形での報告であるが、全授業にわたって一語句の使い方に着目させることで作品の豊かな読み、語感を磨くことが保障されているものとなっている。

従来、作品における一語句の重要性を自覚させる指導が十分であったとは言えない。抵抗語句や難語句を取り立てて指導することはあっても、作品全体の上から特に重要な役割を担っている語句に着目させる指導は十分でなかったと言える。その意味で重要語句を中心とした一語一句を大切にする指導がもっと行われるべきであり、このような指導の方向にこそ国語科教育実践の要が存在すると言ってもよいだろう。

(3)　課題解決学習の指導

学習者の「主体性」を尊重するという考え方から、初読の感想などによって共通の学習課題を設定し、それを解決させていくという実践が広く行われている。本教材では、文献[三]・[七]・[二三]・[二五]・[四二]などがこれに該当する。筆者はこの課題解決学習が全面的に否定されるべきであるとは思わないが、若干気になる問題点を指摘することができると考えている。その問題点の一端についてはすでに言及したことがある。[14]そこで、ここではやや極端な事例によって、さらにこのような学習指導に伴う問題点の一端を明らかにしたい。

文献[一七]の場合、「子どものための学習課題」を生み出すところに特に重点を置いた「組織学習」の事例を報告している。その指導過程は次のようになっている。[15]

(1)　わからない漢字や語句の学習。
(2)　段落分け、小見出しをつける学習。
(3)　あらすじをノートに書く。
(4)　全文をよみ、学習課題を探す。(以上が個人学習)
(5)　探し出した課題を発表し、整理する。
(6)　整理された課題について、自分の考えをノートに書く。
(7)　自分の考えをもとにして、友達と話し合う。そして更に深い考えとか新しい考えをノートに書く。
(8)　一斉学習の課題をつくる。(以上が組織学習)
(9)　課題について全員で追求する。(一斉学習)
(10)　感想を書いたり、主題を考える。(整理学習)

この指導過程を見ると、「学習課題づくり」の部分が「組織学習」としてかなりのウェイトを占めていることが分かる。あたかも「学習課題づくり」がこの学習の中心に該当するかのようである。

この「組織学習」に入る前の「個人学習」の段階での個人の学習課題は「(1)　言葉の意味はわかるが、内容的にわかりにくいところ」「(2)　登場人物がどうしてそんな行動をしたのか考えてみたいところ」「(3)　大切だと思うところや、みんなでもっと深く考えてみたいところ」を見つけ出して教科書に傍線を引く作業を行わせる。この際に、主題は「思い出話」の部分にあるとして、この部分に限定して課題を探させている。

次に、傍線を引いた部分をノートに全て書き出させ、「(1)　どうして登場人物は、そういうことを言ったりしたりしたのだろう」「(2)　その行動や言葉には深い意味が含まれていないだろうか」という観点で課題化させていくのである。そして、こうして作られた課題が発表されて黒板に三十程整理されて列挙される。これをさらに、十一の課題にしぼる。整理された課題について子どもたちはそれぞれに自分の考えを書き加えていくのである。さらに、友達と話し合い深められた考えなどをノートに書き込んでおく。

このような作業に全十六時間のうちの十時間を費やしているのである。そして、この後で、さらに十一の課題を六つにしぼってこれを以下のように五時間で「一斉学習」として検討している。

（一時）　雪げたを見つめながら、おみつは、何を考えていたのだろう。
（二時）　雪げたを買ってほしい気持ちをおさえて弟や妹をなだめたり、わらぐつを編んでいるおみつの心の中を考える。
（三時）　おがみたいようなうれしさの中味を考える。
（四時）　大工は、どうしてわらぐつを買い続けたのだろう。

（五時）　大工の話をこっくりこっくりとうなずきながら聞いていたおみつの心の中を考えよう。

以上の「組織学習」「一斉学習」の流れを見て言えることは、学習課題づくりそのものが指導の中心になっていることである。そして、読み取らせるべき事柄・内容のほとんどはこの十時間を費やしての「組織学習」（＝課題づくり）において捉えられてしまっているのである。もはや、さらに五時間を費やして「一斉学習」の下で右の学習課題を解決する必要があるのかということである。これらの学習課題はいずれも事柄・内容を読み取るというレベルのものばかりである。

「組織学習」から「一斉学習」へと十五時間、子どもたちは黙々と「主体的」に学習を進めていったことになるのだが、これは大変根気の要る作業である。苦役的作業とも言える。学習されていく内容が子どもたちの認識のレベルを堂々巡りしていくだけだからである。学習をより高いところへ引き上げてやろうとする指導者側からの働きかけが積極的になされていないのである。こうした指導が容認されていくと、学年の発達段階を踏まえた指導も覚束なくなるだろう。因みに、この実践事例には指導目標も指導計画も明示されていない。あるのは、「組織学習」と称されるものの手順だけである。この実践事例には課題解決学習が陥りやすい陥穽が極端な形で現れていると見なすことができよう。

四　到達点と今後の課題

本研究は教材「わらぐつの中の神様」の授業実践史を辿り、実践面での到達点と課題とを明らかにしようとするものであった。考察の中心は、やはり「授業の実際」の部分にあったが、同時に「授業の構想」過程に関しても可能な限り考察を加えてみた。これによって、従来、授業実践事例の研究においてはとかく不問に付されることの多かった「授業の構想」過程の諸問題に幾分なりとも照明を当てられたのではないかと思っている。

最近、授業者の教材解釈と発問研究との関連を巡って論争が行われている。[16] この論争が提起している問題の一端は「授業の構想」過程にあると思われる。本研究のように、一教材に関する授業実践研究の文献に関する悉皆調査を行ってみると、授業者の言及・考察が不十分になる箇所はこの「授業の構想」過程であると痛感せざるを得ない。とりわけ問題を感じるのは、〈指導内容〉が明確に把握されていないことである。〈指導目標〉〈指導計画〉が明示されていない文献も決して少なくないのであるが、〈指導内容〉に至っては数えるほどしかない。

この〈指導内容〉とは単に教材に叙述されている事柄・内容だけでなく、国語科として指導すべき内容のことである。当然、学年の発達段階を考慮した上で設定されるべきものである。しかも、これは当該する〈指導目標〉を達成させる上で必要にして十分なものが求められる。したがって、この〈指導内容〉は教材分析の段階で抽出された〈教材価値〉(＝叙述内容価値・叙述形式価値)と密接につながってくるものである。教材が分析され、教材に関する然るべき解釈が加えられ、その後に抽出された〈教材価値〉に基づいて〈指導内容〉が設定されると考えてもよい。

筆者はこのプロセスが国語科教材研究において、従来あまり明確にされてこなかったのではないかと考えている。事実、本教材に関する文献の中でもこのプロセスに関して言及しているものはほとんどない。実は、〈教材価値〉の抽出から〈指導内容〉の設定へと切り結ぶこのプロセスこそ一時間一時間の〈指導過程〉における発問研究に直結する部分なのである。このプロセスの十分な考察が実際の授業を支える中心発問の設定に結びついてくるのである。

従来の授業実践研究関係の文献だと、その内容の大半が〈指導過程〉の部分を中心とした「授業の構想」過程の概要と実際の授業の抄録ないしは要約であった。また、教材研究関係の文献を見ても、その内容のほとんどは教材内容のあらましか、教材解釈の断片が叙述されているだけである。その教材の特性に応じた観点からの〈教材の分析〉や〈分析データの整理・総合化〉、あるいは〈学習者の読みの予想〉などが適切になされている事例は極めて少ない。まして、〈教材価値〉が明確に把握されているという場合など稀なことである。

このような教材研究や授業実践研究の事例からでは、教材解釈と発問研究との関連を明らかにしている部分を見出すことはできない。そして、この部分が客観的に明らかにされないために、教材解釈と発問研究とのどちらが主か従かといった議論が起こるのである。

この授業実践史研究から、今後の授業実践研究においては「授業実践の記録及び考察」の部分の記述方法に関して工夫の余地があること、また、広義の教材研究の段階では〈教材分析〉と〈授業の構想〉とを切り結んでいくプロセスの研究の充実を期していくべきことを訴えておきたい。

注

（1）文献㉕、八十五～八十六頁。
（2）文献㊾、一一七頁。
（3）文献㉕、八十六～八十七頁。
（4）文献㊷、九十一頁。
（5）文献㊸、五十七～五十八頁。
（6）文献㉓、四十一頁。
（7）文献⑲、四十八頁。
（8）文献㊼、一〇八頁。
（9）文献㊼、二十七頁。

(10) 文献〔五二〕、一二五〜一二九頁。
(11) 文献〔五二〕、一八五〜一八六頁。
(12) 文献〔五二〕、八十五〜八十六頁。
(13) 文献〔三六〕、一八一頁。
(14) 拙稿「『手ぶくろを買いに』授業実践史研究」(『秋田大学教育学部紀要―人文科学・社会科学』第三十九集、昭和六十三年七月、三十八〜三十九頁)。
(15) 文献〔一七〕、四十五〜四十六頁。
(16) この論争は「教材研究と発問づくり」との関係を巡って、教育技術の法則化運動(代表・向山洋一)と文芸教育研究協議会(会長・西郷竹彦)の間で行われたものである(『授業研究』昭和六十三年四月号、同誌、三三〇号、昭和六十三年十月号を参照)。

【考察対象文献】

〔一〕西郷竹彦「『わらぐつの中の神様』の授業」(『西郷竹彦文芸教育著作集』第十四巻、昭和五十二年九月、明治図書、九十一〜一四五頁)。　［D―①］
〔二〕市村征一「わらぐつの中の神様」(『国語の授業』三十号、昭和五十四年二月、五十三〜五十八頁)。　［B―①、B―③、C―①、C―③］
〔三〕岡本博幸「国語科授業における設問の工夫」(飛田多喜雄／藤原宏編『新国語科教育講座⑥授業研究編』昭和五十四年五月、明治図書、一三三〜一四四頁)。　［C―②、C―④、D―①(実践の要約)］
〔四〕土屋幸彦「『わらぐつの中の神様』の授業」(西郷竹彦・文芸研編『文芸の授業　小学五年』昭和五十五年四月、明治図書、六十二〜一〇四頁)。　［B―①、B―②、B―③、C―①、D―①(全授業分の抄録)、D―②］
〔五〕福間トキ子「『わらぐつの中の神様』の授業」(西郷竹彦監修・岡山文学教育の会著『文芸教材の系統指導』昭和五十五年八月、明治図書、一四二〜一五八頁)。　［B―①、B―②、C―①、C―③、D―①(一部の抄録)、D―②］
〔六〕加藤憲一「『わらぐつの中の神様』の授業」(『季刊文芸教育』三十一号、昭和五十六年一月、七十二〜八十七頁)。［D―①(西郷竹彦二時間分の抄録)、D―②］

七　田村貞司「『わらぐつの中の神様』の学習指導」（輿水実編『到達基準を明確にした国語科授業　小学校5年』昭和五十六年三月、明治図書、七十一～八十四頁）。　[B—①、B—④、C—①、C—②、C—③、C—④、D—②]

八　太田茂他「主題を確実に理解しながら読む」（藤原宏監修・新潟県国語教育実践研究会著『国語科教材研究から　授業展開へ』昭和五十六年九月、明治図書、一五二～一六三頁）。　[B—①、C—③、D—①（概要のみ）、D—②]

九　天野源四郎「文学教材の発問」（須田実編著『国語科わかる発問の授業展開　小学5年』昭和五十六年九月、明治図書、五十～五十九頁）。　[C—④]

一〇　帆足文宏「わらぐつの中の神様」（野地潤家・瀬川栄志編『授業に生きる教材研究　小学校国語科5年』昭和五十六年九月、明治図書、一〇七～一二二頁）。　[B—①、B—②、B—③、B—④、C—①、C—②、C—③、C—④、D—①（一時間の抄録）、D—②]

一一　大石律子「ことがらをつないだり重ねたりする読み」（『実践国語研究』二十八号、昭和五十六年十一月、四十八～五十三頁）。　[B—①、B—②、C—①、C—③、C—④、D—②]

一二　末延弘之「主題をおさえて『わらぐつの中の神様』—第五学年」（瀬川栄志・大分市小国研編著『基礎・基本・発展の体系化と国語科授業開発』昭和五十八年二月、明治図書、一四一～一四七頁）。　[C—①、C—②、C—③、C—④、D—①（板書のみ）、D—②]

一三　齋藤喜博「『わらぐつの中の神様』の介入授業」（齋藤喜博著『わたしの授業』昭和五十七年二月、一茎書房、二六一～二七七頁）。　[D—①（齋藤の介入授業の記録）]

一四　西郷竹彦「『わらぐつの中の神様』の授業」（『西郷竹彦授業記録集①文芸の授業』昭和五十八年四月、明治図書、一二〇～一四三頁）。　[D—①（西郷の二時間分の授業の抄録）、D—②]

一五　中瀬千秋「子どもの側に立つ読みを大事に」（『実践国語研究』四十号、昭和五十八年七月、四十八～五十三頁）。　[B—③、B—④、C—①、C—②、C—③、C—④、D—①（一時間の抄録）、D—②]

一六　井藤英子「書くことを取り入れた読むことの指導」（『実践国語教育情報』創刊号、昭和五十八年七月、八十七～一〇六頁）。　[B—①、B—②、B—④、C—②、C—③、C—④、D—①（一時間の抄録）、D—②]

一七　山本建明「『わらぐつの中の神様』における組織学習の実践」（国語教育を学ぶ会編『学習課題を生み出す組織学習』昭和五十八年九月、明治図書、四十五～六十七頁）。　[C—③、D—①（授業各部分の抄録）、D—②]

（一八）川野理夫「わらぐつの中の神様」（川野理夫著『小学校文学作品の授業5・6年』昭和五十八年十月、あゆみ出版、二〇七～二九六頁）。［C―③、D―①（六時間の全記録）］

（一九）西郷竹彦「わらぐつの中の神様」（西郷竹彦著『認識・表現の力を育てる文芸の授業』昭和五十九年二月、部落問題研究所、六十一～一七六頁）。［B―①、B―②、B―③、B―④、C―④］

（二〇）木野和也「子どもの心は〝引く〟扉」（『教育科学国語教育』昭和五十九年五月号、五十七～六十二頁）。［D―①（一部抜粋）、D―②］

（二一）清水茂「学び手を育てる授業の成立」（『月刊国語教育研究』昭和五十九年五月号、二十二～二十七頁）。［D―①（一部抜粋）、D―②］

（二二）沢田保彦「文学教材の実践展開例」（藤原宏他編著『小学校文学教材指導実践事典　下4・5・6年』昭和五十九年六月、教育出版、二〇〇～二〇五頁）。［B―④、C―①、C―③、C―④］

（二三）桜井丞「五年生の文学・読解の授業」（野地潤家・青木幹勇編集・解説『国語子どもの教え方・教師の導き方　5年』昭和五十九年六月、国土社、二十一～三十九頁）。［B―①、B―③、B―④、C―①、C―③、C―④、D―①（一時間の抄録）、D―②］

（二四）高松紀子「五年の国語の授業」（『季刊文芸教育』四十三号、昭和五十九年七月、二十五～四十八頁）。［C―①、C―②、C―③、D―①（一時間の抄録）、D―②］

（二五）藤川博昭「『わらぐつの中の神様』の授業展開」（輿水実監修・須藤久幸他編『国語科の基本的指導過程入門　小学5年』昭和五十九年七月、明治図書、八十四～九十三頁）。［C―①、C―③、C―④］

（二六）井上喜代佳「生き生きと読ませるための指導の工夫」（『実践国語研究』別冊③、四十七号、昭和五十九年八月、六十五～七十一頁）。［C―①、C―③、D―①（授業の要約）］

（二七）長澤和彦「言葉のもつ意味を考えた読み取り」（同前誌、七十二～七十八頁）。［C―①、C―③、C―④、D―①（一時間の抄録）、D―②］

（二八）高村悦志「指導過程に即した基本発問の工夫」（『実践国語研究』四十八号、昭和五十九年九月、四十八～五十三頁）。［C―③、D―①（一時間の抄録）、D―②］

（二九）春原秀一「物語文教材『わらぐつの中の神様』の教え方」（中西一弘編『小学5年　子どもを生かす国語の教え方』昭和五

十九年九月、明治図書、三十一～四十六頁)。　[B—④、D—①（授業の要約）、D—②]
(三〇) 原善夫「わらぐつの中の神様」(『月刊どの子も伸びる』昭和五十九年十一月号、四十二～五十六頁)。　[B—①、B—④、C—①、C—③、D—①（一時間の全記録）、D—②]
(三一) 藤本茂夫「言葉を大切に深く読み取る力をつける物語文の授業」(国語教育を学ぶ会編『子どもが生きる授業　国語五年』昭和六十年二月、小学館、八十～一〇一頁)。　[B—①、D—①（数時間分の抄録）、D—②]
(三二) 岩井成道「確かな言語能力を育てる学習指導の組織化」(『月刊実践国語教育情報』昭和六十年四月号、三十九～四十三頁)。　[C—③、C—④]
(三三) 江口肇「児童の側立った学習課題作り」(『実践国語研究』五十三号、昭和六十年五月、四十八～五十三頁)。　[C—①、C—③、D—①（抄録）、D—②]
(三四) 有定稔雄「教材意味探究の読みを」(『実践国語研究』五十四号、昭和六十年七月、一一〇～一一五頁)。　[B—①、C—①、C—③]
(三五) 東和男「(高学年) 考えさせることを大切に」(『教育科学国語教育』昭和六十年七月号、五十七～六十二頁)。　[C—③、D—①（数時間分の抄録）、D—②]
(三六) 浜松市立上島小学校「発展的に扱える語句の指導」(甲斐睦朗監修・上島小学校著『豊かな読みをめざす語彙の指導』昭和六十年八月、明治図書、一七四～一八三頁)。　[B—①、B—②、C—④、D—①（一時間の抄録）]
(三七) 佐伯匡文「構成について」(西郷竹彦監修・文芸研編・佐伯匡文著『文芸授業研究ハンドブック①教材分析の仕方』昭和六十年九月、明治図書、九十一～九十七頁)。　[B—①、B—③、B—④、C—④]
(三八) 山本名嘉子「学習ノートによって学習のしかたを育てる個別指導」(同著『国語科個別指導入門』昭和六十年十月、明治図書、一二七～一四一頁)。　[C—①、C—②、C—④、D—①（一時間の抜粋）、D—②]
(三九) 土井捷三「わらぐつの中の神様」(『月刊どの子も伸びる』昭和六十年十二月号、二十八～十四頁)。　[B—①、C—③]
(四〇) 佐々木俊幸・西尾一「わらぐつの中の神様」(佐々木俊幸・西尾一共著『分析批評による「やまなし」への道』昭和六十一年二月、明治図書、七十二～八十頁)。　[D—①（五・六年生合同授業の抄録）]
(四一) 大西久一「『わらぐつの中の神様』の指導」(同著『「読みとり方の指導」の展開』昭和六十一年二月、明治図書、八十九～九十七頁)。　[C—①、C—③、D—①（一時間の抄録）、D—②]

㊷ 三嶋慈子「『わらぐつの中の神様』の学習と子どもたち」（『月刊どの子も伸びる』一〇七号、昭和六十一年三月、三十一～四十三頁）。　［B―④、D―①（指導の要約）、D―②］

㊸ 佐々木俊幸「『分析批評』は『山場』の常識を覆す」（『教育科学国語教育』昭和六十一年五月号、五十六～六十一頁）。［C―③、D―①（二時間の要約）］

㊹ 平澤勝郎「持続・発展する学習課題を作り出すために」（『実践国語研究』六十号、昭和六十一年五月、四十八～五十三頁）。　［D―①（一部抜粋）、D―②］

㊺ 伊庭郁夫「わらぐつの中の神様」（須田実編著『文学教材の授業選集4巻・物語教材②小学5年』昭和六十一年十月、明治図書、八十五～九十九頁）。　［B―①、B―③、C―①、C―③、C―④］

㊻ 猪鼻恒憲「わらぐつの中の神様」（『国語の授業』七十七号、昭和六十一年十二月、十九～二十三頁）。　［B―①、C―②、C―④］

㊼ 吉永幸司「深く読み、考える力を育てる発問」（『実践国語研究』六十二号、昭和六十一年七月、九十三～九十五頁）。［D―①（一部抜粋）、D―②］

㊽ 畦浦敏彦「作者の意図を考え、文章にまとめさせる指導」（全国小学校国語教育研究会編集協力『小学校の国語科教育』二十五号、昭和六十二年七月、明治図書、一〇八～一一一頁）。　［C―④］

㊾ 甲斐睦朗・浅井佐知子「『わらぐつの中の神様』の分析と授業」（甲斐睦朗編著『小学校文学教材の分析と授業』昭和六十二年八月、明治図書、一〇二～一三九頁）。　［B―①、C―①］

㊿ 本多博行「わらぐつの中の神様で『分析の技術』を教える」（『教育科学国語教育』昭和六十二年九月号、五十二～五十六頁）。　［B―①、C―①、C―③、C―④、D―①（一部抜粋）］

(51) 文芸研編『西郷竹彦文芸の授業入門』昭和六十二年九月、一～三〇八頁。　［D―①（全十五時間分の全授業記録）、D―②］

(52) 千葉美保子「学ぶ構えと意欲を持たせる課題づくり」（全国小学校国語教育研究会編集協力『小学校の国語科教育』二十七号、昭和六十三年二月、一〇六～一〇九頁）。　［C―①、D―①（一部抜粋）、D―②］

第六章　国語科教師の専門的力量の形成に資する授業記録

一　本研究の目的

授業を実証的に研究していこうとする際に欠かせないものは授業記録である。授業記録には機器を用いて作り出すものもあるが、現実に我々の目に触れる多くは文字によるものである。授業の研究もこの文字による記録に依拠している場合が多い。

この文字による授業記録には、授業を研究していこうとする場合の様々な問題点が指摘できる。筆者自身が試みた「授業実践史研究」(1)——前章でもその一端を取り上げた——においても、数多くの授業記録の文献に接してそれらの記録としての不備・問題点を強く感じている。

また、この文字による授業記録の記述者のほとんどは授業者自身である。その記述には少なからぬ労力を伴う。記述者が授業者自身である場合、この事実は無視し得ない問題の一つとなる。労多くして実りの少ない授業記録でも困るのである。

言うまでもなく授業記録は、記述者である授業者自身の授業実践に関する力量を高め、教師としての成長に資するものであることが望ましいのである。一方、それは授業自体の成否はともかくとして、多くの人の目に触れる形で公にされた時に、何らかの意義・価値を有するものであることが望ましいとも言えるのである。

以下、授業記録に関するこうした問題点の検討を行いながら、その望ましい在り方を探っていくことにする。

二　「授業記録」とは何か

(1)　「授業記録」の性格

「授業記録」と呼ばれているものが授業の実証的な研究にとって必要不可欠な基礎資料であることに疑いを入れる者はいないだろう。授業研究と授業記録とは不即不離の関係にある。それ故、授業記録の性格はいわゆる「授業研究」の性格に規定されていると言える。そこで、授業研究の性格について若干の考察を加えておくことにする。

授業研究の性格とは、授業を研究する科学の性格という意味である。授業は自然現象とは異なって「時代、社会、文化と深いかかわりをもつ人間的な事象」である。授業は「授業者による創造的な活動」であり、「科学的創造」であると共に「芸術的創造」でもある。したがって、授業には「さまざまな質の違い」が存在する。授業は一般性に基づく部分も多いが、一つ一つの授業は決して繰り返されることのない、「一回性をもつ歴史的な出来事」なのである。(2)

そこで、授業を研究する際には、様々な現象の中から一般化できる法則などを抽出する「実験的目的」を優先させるよりも一回一回の授業の創造的な側面を把握していこうとする「歴史科学的目的(3)」の方を大切にしていくべきであるということになる。

また、授業研究では、授業の観察者に基本的に二つの立場が存在する。一つは「科学的」「客観的」に授業を研究しようとする「観察的立場」、もう一つは授業の観察者が授業の中の授業者や子どもたちの立場に「観念的な自己」(＝頭の中で想像され、現実の自己とは異なる様々な立場に立つことのできる自己)を移しつつ観察して研究する「主体的立場」である。前者の立場は基本的には物事を研究対象とする自然科学に範を取るところから出発している場合が多く、後者の立場は人間を対象とする人間科学にその源を発する場合が多い、と考えられている。(4)

以上見てきたように、「授業研究の科学」を「自然科学」とは異なる「歴史科学」的なものと捉え、授業の観察者の立場を「主体的立場」においてみると、授業記録の記述方法にも自ずと一定の方向が浮かび上がってくるはずである。

ところで、授業記録といえば、そこに授業の全てが記録されているものと考えがちである。しかし、授業の完全な記録は不可能である。一時間の授業の中で教師と子ども全員が個々に、あるいは協同して作り出す「外部観察可能な事実」は膨大である。これら全てを記述することはほとんど不可能である。その上、この「外部観察可能な事実」に対して与える「意味としての事実」は「視点の数」だけあることになる。また、「外部観察不可能な子どもの頭の中の出来事」も膨大である。これらの全てを記述することは到底不可能である。さらに、「記述すべき対象である意味・観念としての事実」そのものも極めて流動的で不確定なものであり、これらを客観的に記述することはおよそ不可能である。(5)

一般意味論の「地図は現地ではない」という命題を引き合いに出すまでもなく、授業記録は授業そのものではない。それは「授業そのものの事実の一部分を報告し、それについて論じたもの」、つまり「①授業事実の報告と②授業論との二部分を含む文章」であるということになる。(6) したがって、授業記録における「事実」とは記述者の〈授業論〉を含んだ「自覚された『授業』(7)」であり、記述者に「解釈されることによって『発見』されたもの(8)」であると考えられるのである。

要するに、授業記録は授業の「事実」そのものでは決して有り得ないということである。このことも、授業記録の在り方、その記述方法を考えていく上で極めて重要なことである。

さて、以上の考察をさらに一歩進めてみると、そこに授業記録の根本的性格があらわれてくると思われる。授業記録の性格は歴史家の「歴史叙述」の方法に極めて類似しているということである。歴史家は「史実（歴史的事実）を事実の中から選び出す」仕事を行う。次に、「集められた歴史的事実を使って、それを組み合わせ、組み立てて、一定の歴史像を構成する」ことを行う。この時に歴史家にとって大切なのは、「史料の精神を読み取って歴史的背景にまで関連づける創造的な想像力」であると言われている。[9] 資料をただ並べるだけでは歴史の姿は浮かんでこないからである。

歴史家は歴史の真実をもっともよく表していると思われる史実を史料の中から選び出し、これらを構成することで歴史の真実に迫ろうとする。そこには、当然「歴史家の価値意識」と創造的な想像力が発揮される。授業の場合もこれと同様である。〈授業の真実〉をもっともよく表していると思われる授業そのものの事実の一部分が選び出される。その際に、「記録者の価値意識＝教育観」が関与してくる。[10] また、これらの授業事実の部分部分が構成される際には、やはり記述者の創造的な想像力が発揮されることで授業の真実があらわれてくることになるのである。

このように、授業記録の根本的性格は一回性の歴史的な出来事としての授業事実の中から〈授業の真実〉を明らかにしていこうとするところにあると考えられるのである。

(2)　「授業記録」の目的と意義

先に、授業記録の根本的性格を歴史家の歴史叙述の方法に重ねて考察してみた。授業記録の一般的な目的はこの授業記録の根本的性格に概ね重なると見なすことができよう。一回性の出来事としての授業事実の中から〈授業の真実〉を明らかにしていくことが授業記録の目的なのである。そして、〈授業の真実〉を明らかにし得る授業記録こそが研究者にも実践者にも教師の実践の質を高め、専門的力量を形成していくための豊かな手掛かりを与えてくれる優れた資料となるのである。

ところで、先に引き合いに出した歴史叙述の方法の場合、歴史家はこの叙述の中から「未発の可能性」[11]を掘り出そうとする。「未発の可能性」とは実際に実現された事実に対して、実現をみることなく可能性のままに消えてしまったもののことである。授業の場合も、この「未発の可能性」を掘り出すことが必要となろう。授業は一回性の歴史的な出来事であるから、実現された事実よりも実現されなかったいくつかの事態の方に教師の専門的力量の形成への鍵が潜んでいると見なすこともできるのである。

授業記録のこうした目的を教育現場で有効に生かしていった実践者がいる。かつて、群馬県の島小学校などの実践で名の知られた斎藤喜博である。斎藤は校長として島小に赴任した際に教職員に対して授業記録を書いて提出することを求めた。斎藤の意図は、「記録がとれるということは、教師に解釈する力とか、発見する力とか、疑問をもつ力とか、感動する力とかがなければできない」ことで、こうした力をつけることで、職員の実践の質を高めていくというところにあった[12]。

斎藤喜博の授業記録の考え方に基づいて、明確な目的意識のもとに授業記録をまとめていった教師がいる。島小で初めて斎藤につかえた武田常夫である。武田は、はじめいろいろな教科・領域の実践記録をまとめていたが、次第に対象を国語科に限定していくようになる。それは「教科のもつ深さ広さにおそれをいだき、自分の無力に心底からおののくようになっていた」からである。

武田は一貫して「書くことによって自分をあきらかにするという態度」「自己凝視・自己否定のいとなみ」として授業記録を書き続けていく。その中で、武田は成功したことよりも「失敗した事実」の方に「真に大事にしなければならないと思われる貴重な内容」が多く含まれていることを発見していく[13]。

一般的に、文章を書くことは自我を解放し、自分の行為を対象化して、思考や認識を鍛えることに寄与すると考えられている。教育実践を文章にまとめていくことにも、自己を凝視し、内省し、実践の到達点を明らかにし、教師としての自己の確立に寄与するといった利点があると思われる。しかしまた、実践の記録を書き続けるということがいかに大変な仕事であるかということは、斎藤喜博の下で授業記録を書き続けた教師達によっても述懐されているところである。(14)

武田常夫の場合も決して例外ではなかった。武田も「どうしたらどうなったという具体の乏しさ、書くに足る事実の希薄さ」のためにいつでも呻吟しつつ記録をまとめていたことを率直に告白している。そして、その度に斎藤校長からは「そのむなしさに耐えぬくことをさけてなにが生みだせるものか」「いいものができたら書こうなどと気どった考え」は捨て去ることだと言われて、「なにも持っていないからからっぽな自分を徹底的にしぼりだし、えぐりだし、いじめぬくことのなかからはじめてひとかけらの事実がとりだせるのだ」と教え諭されたとも述懐している。こうした苦闘の中から、武田にも「書くということは自己の確認であり、凝視であり、発見である」という認識が育まれてきたのである。(15)

斎藤喜博や武田常夫たちのこのような授業記録に関する考え方やその実践を見ていくと、授業記録というものが確かに授業者としての専門的な力量の形成に大きく寄与しているということができるのである。

三　「授業記録」の記述方法に関する問題

授業記録の目的や意義について考察してきた後で、どうしても検討しておかなければならないのはその記述方法の問題である。これまでの考察から、もはや授業記録の中心課題が記述方法にあることは誰の目にも明らかだからである。

(1)　国語科「授業記録」の一般的実態――「白いぼうし」(小四)の授業記録の場合――

ここでは、授業記録の記述方法をめぐる問題の所在をより具体的にするために、現実に諸雑誌・諸本などで目にすることの多い授業記録の実態を検討してみることにする。

検討する対象は国語科教材「白いぼうし」(あまんきみこ作)の授業記録である。対象文献は一部のものを除いて全て浜本純逸・宏子他編『文学教材の実践研究文献目録(二)』『同(三)』(共に溪水社刊)によって収集したものである。なお、本調査で取り上げた文献は十五編である。五十編ほどの文献の中から、「授業過程」の部分の記録などを含んでいる点などの一定の調査の条件を満たしているものだけに限定して取り上げてある。これらは一〜一五の番号で示してある。記号の順序は文献の発表年代順である。調査事項は「『白いぼうし』授業記録の分析」一覧を参照せられたい。

分析・調査の観点は、次に示すように、A〜Cのような項目のもとに、それぞれ本来の授業記録が具備しているるべきであると思われるものを網羅的に設定してみた。ただ、それらの観点は記録の性格・目的に応じて取捨選択されてよいものであり、いつでも全ての観点を具備していなければならないならないというものではない。しかも、これらの観点はどこまでも筆者が現時点において仮説的に考えているものであり、絶対的なものとは考えていない。

A　授業以前の記録

①作品・文章分析、②教材分析、③授業の構想過程(目標・内容・計画・指導過程・方法)

B　授業過程の記録

①教師の指導活動（指導言＝発問・指示・説明・助言・板書など）、②教師の指導活動の意図（意味）、③子どもの学習活動（学習言＝発表・朗読・討論・ノートなど）、④子どもの学習活動の意味（教師の解釈）、⑤教師と子どもの〈非言語的行動〉や〈情意的反応〉（＝机間指導・うなずき・表情・ざわめき・笑い・沈黙・つぶやき……）、⑥教師・子どもの〈非言語的行動〉や〈情意的反応〉のもつ意味

C　授業後の考察の記録

・指導の反省・評価・今後の課題

「白いぼうし」授業記録の分析

文献	頁数	文献の性格	A 授業以前 ①	②	③	B 授業過程の記録 ①	②	③	④	⑤	⑥	C 授業後の考察の記録	記述型
一	7	「あらすじ」の捉え方				○	○	○				○	解説型
二	7	板書の工夫			○	○	○	○				○	解説型
三	43	文芸体験の読み		○	○	○	○	○	○	○		○	解説型
四	4	学習作文			○			○	○			○	解説型
五	5	学習作文			○			○				○	解説型
六	12	心情・人柄の読み			○	○	○	○				○	解説型
七	11	発問研究		○	○	○	○	○				○	T—C型
八	17	関連・系統指導研究				○	○	○				○	解説型

九	10	基本的指導過程の実践			○	○	○	○	○				解説型
一〇	6	「SD法」の活用			○	○	○	○				○	部分描写型
一一	11	指導過程研究			○	○	○	○					部分描写型
一二	6	二次感想の活用			○	○		○				○	部分描写型
一三	8	分析批評の実践			○	○	○	○		○		○	解説型
一四	10	心情の把握		○	○	○		○				○	解説型
一五	20	学習課題作り		○	○	○	○	○	○			○	解説型

以上が分析・調査の結果である。この一覧表に基づいて、以下、若干の考察を加えておくことにする。

これらの文献は、ほとんどが〈T―C〉だけの記録というものはなくて、〈解説〉の中に部分的に〈T―C〉が挿入されている型となっている。問題はこれらの〈解説〉の中味である。また、「部分描写型」の記録の場合も描写の部分は必ずしも授業の一場面を生き生きと描き出し得ていると思われるものは皆無と言ってよい。〈解説〉の中味であるが、その大半は「B―①」の教師の指導活動を正当化するためのものである。その記述内容も一括してCの授業後の考察の部分にまとめて書かれていることが多い。〈T―C〉の間に挿入していく方法が工夫されてもよいと思われる。

さらに、残念なのは「B―④」の子どもの学習活動の意味についての解説が極めて少ないことである。また、「B―⑤」や「B―⑥」の教師や子どもの内面についての言及がほとんどと言ってよいぐらい見られない点に、今日の授業記録の最大の問題が窺える。これらの記述がないために、授業の具体的な場面や雰囲気、教師の内面や学習者の状況（表情や心理状態）などが少しも浮かび上がってこないのである。要するに、授業過程の〈言語的行動〉だけしか記録の表面に出てこないのである。そのために、〈解説〉も皮相なものとならざるを得ないのである。

全体として見たときにも、最大公約数的な一般論や成功談に終始している授業記録がほとんどなので、第三者が読んでもあまり惹きつけられることがないのである。まことに残念であるが、これが今日夥しく産出されている授業記録の現実である。[16] このような実態をなんとか改めていくことができないものであろうかということが筆者の問題意識である。

(2)　「授業記録」の記述方法に関する諸論

以上見てきたような実態を踏まえて、ここで改めて授業記録の望ましい記述方法について考察を加えていくことにする。

授業記録とは、すでに見てきたように授業の事実そのものでは決して有り得ない。授業においては、観察可能な事実も観察不可能な事実もあまりに膨大である。記述者はその膨大でしかも一回性の歴史的な事実の中から限られた一部分しか報告することができない。一部分の事実で〈授業の真実〉を表現しなければならないのである。ここに、授業記録の記述方法に関する独自の意義が存在する。文章表現の世界は言うまでもなく、線条的・時間的に展開される一次元の世界である。これに対して、授業の事実は上下・左右・奥行きをもった空間的な三次元の世界である。両者は次元が異なるのである。ここに授業記録の記述方法の難しさがある。記述者は創造的な想像力によって〈授業の真実〉を表現していくことが求められていると言える。現実には文芸家に近い表現技術も求められていると見ることができるのである。

このことを研究者や実践者の諸論も暗示している。勝田守一は教育実践の記録が「強調と省略」という修辞技法を含んで成立すること、それ故、「記録の文芸性」が指摘されるのも道理があること、しかし、「実践記録」は「フィクション的性格」をもつとはいえ、どこまでも「事実の記録」であり、「典型化」といっても「事実の積み重ね」の中で「強調と省略」が行われるべきであると述べている。(17)

同様の指摘は坂元忠芳にも見られる。坂元は「教育実践記録」の表現で第一に重要な点として、教師と子どもの交流を表す「生き生きとした会話の表現」を挙げ、第二に「子どもの内的矛盾や、教師自身の内的矛盾を示す典型的な場面」を的確に選び取り、それを「生き生きと表現する」ことを挙げている。こうした考え方は一時間の授業の記録にも当てはまることである。坂元もまた、実践記録の表現の「芸術性や文学性」の不可欠であること、しかしそれは決して「独りよがりなもの、虚偽化されたもの」であってはならないと主張する。(18)

一方、斎藤喜博は具体的な記述方法に関して、「できるだけ理屈を言わないで、具体的に生き生きと描写する」「やさしいわかりよい文章でかく」「自分のことでも、遠慮しないでかく」「よい文章や、よい実践記録を読んで、自分の文体をつくる」といった方法・姿勢を示し、(19)さらに「もっと子どもの表現を描写する」「自分の心の中を明確にかく」といった具体的な指示も出している。(20)

また、近年では、藤岡信勝が「授業記録」を記述内容の段階的な把握に基づいて四つの種類に弁別して示している。①「T—C型授業記録」、②「部分描写型授業記録」、③「授業解説型授業記録」、④「授業批評型授業記録」である。①は「発語行為の記述」のみのタイプ、②は「発語内行為・発語媒介行為・言語外行為の記述」を含むタイプ、③は「発言内容の文脈的意味の記述・授業の構造連関の記述」を含むタイプ、④は「授業の評価・批判・代案を含む記述」のタイプ、として弁別されている。藤岡によるこれら四つの「授業記録」型の弁別は「T—C型」の問題点を克服していこうとする歩みの中でなされるようになったものである。(21)

なお、右の記述内容を示す三つの用語「発語行為」「発語内行為」「発語媒介行為」はイギリスの哲学者オースチンの概念に基づく。「発語内行為」とは発語行為と発語内行為を遂行することによって結果的に遂行された行為のことである。

さらに、付言しておけば、近年、教育現場で活況を呈している教育技術の法則化運動の中では、実践記録を「法則化論文」の形で書きとめることが奨励されている。論文は分かりやすく具体的に書くことがモットーとされ、「発問・指示を明確に」「子どもの反応を書く」「結果を示す」「代案を示す」などと、様々な工夫が見られる。サークルごとに論文の書き方を切磋琢磨して研究している姿から授業記録の在り方に新しい展望を切り拓いていく可能性が窺える。[22]

以上の諸論を踏まえ、次にこれらの考え方に近い形で授業記録を記述している事例を検討することで、その望ましい在り方を探っていくことにする。

四　教師の専門的力量形成に資する授業記録を目指して
——武田常夫の「授業記録」事例の検討——

斎藤喜博の指導の下で授業記録を書き始めた教師の一人であった武田常夫は、先に見てきたように書くことを「自己の確認であり、凝視であり、発見である」という認識に基づいて「真の授業者」を目指しつつ記録を書き続けた。武田が記録の記述に当たって心がけた点は、「実践の内容やイメージや精神の輪郭がありありとうかがえるような個性的なことばを生み出し」ていくことであった。[23]

以下、武田が記述した「大造じいさんとガン」の「授業記録[24]」を分析してみることにする。

授業はつぎへ進む。わたしは、つぎのように板書した。

①残雪は、大造じいさんのおりの中で、ひと冬をこしました。

「②大造じいさんは、おりの中の残雪を、どんな気もちで介抱したろうね。どんなことばをかけたろうね」

「③はやくなおってくれ！」

「ゆっくり休んで、丈夫になれよ！」

「うんと食べて力をつけるんだよ！」

④教室のあちらこちらからのびのびした子どもたちの声がひびいてきた。⑤わたしの問いがやさしい、ということもあるだろう。しかし、わたしは子どもたちのこうした生き生きとした反応がさきほどの学習を契機として生まれていることを思い、あのふかい沈黙が、空虚な沈黙ではなかったことをあらためて思ったのであった。

⑥わたしは、そうした子どもたちの考えにゆっくりうなずきながらきいていた。そして最後に、

「大造じいさんは、残雪を、まえのがんのようにおとりにしようという気があったろうか？」

ときいた。⑦そのときほとんど全員の子が憤然としたように、

「ない！」

と口をそろえて言った。

「どうして？」

「がんの頭領だから……」

「おとりにしようとしたって、残雪はそんな鳥じゃないこと分かっているから……」

「うん」

とわたしは、うなずいた。⑧子どもたちのなかに、いまの答えに満足できないもだえのようなものがかすか

にきざしているのがわたしには感じられた。⑨そのとき道隆という、ふだんめったに口をきかない子が手をあげた。

「ただの鳥に対しているような気がしなかったからだと思います」

「⑩でも道隆くん、それは、手をのばしたときだけとちがう?」

⑪わたしは、はたして道隆がこの反論に耐えて、反撃してくれるかどうか不安であった。⑫道隆はじっと遠くを見つめるような表情で考えていた。⑬わたしはいのるような気もちでつぎのことばを待った。（中　略）

典子の朗読が終ったとき、もうこれで十分だとわたしは思った。⑭ふたりの朗読は、大造じいさんのそれぞれの鳥に対する異なる姿勢を通して、二羽のがんのそれぞれの姿を鮮明に描き分けてくれたのである。⑮道隆の発言は重治の発見を誘発し、〈ただの鳥〉という問題を媒介として展開された残雪とよばれる雄々しいがんのイメージは、ここにきて、ほとんどわたしの予想をはるかにこえた拡がりと深まりをともなって子どもたちのなかに入っていったのであった。

（文中の傍線①～⑮は大内。）

右の傍線部分について分析を加えていくことにする。

①は板書内容、②は発問（指導言）、③は発表（学習言）の記述である。③の「!」という句読法（パンクチュエーション）の使用も効果的である。

④は「学習者の状況」の描写である。

⑤は教師の解釈による「学習活動の意味」と非言語的行動・情意的反応である学習者の「沈黙」のもつ意味とについて記述されている。こうした部分は授業者でなければ捉えきれない。

⑥は「教師の〈非言語的行動〉」の記述、⑦は「学習者の〈情意的反応〉」（この場合は学習活動としての意味をもつ）

の記述となっている。これらの記述は、一般の記録にはほとんど見られないものである。

⑧は「学習者の〈情意的反応〉のもつ意味」に関する教師の解釈の記述である。学習者の状況を「もだえのようなものがかすかにきざしている」といった比喩を用いた内面の描写表現に注目しておきたい。

⑨は「学習者の学習活動（発表）」の記述である。「ふだんめったに口をきかない子」といった説明表現に注目しておきたい。

⑩は「教師の指導活動（切り返しの発問）」の記述である。

⑪・⑬は共に「教師の内面の〈自己描写〉」である。これも武田の記録に見られる独自の記述である。

⑫は「学習者の〈情意的反応〉の描写」である。学習者の反応の様子を「じっと遠くを見つめるような表現」と比喩的に表現している点に注目しておきたい。

⑭は「学習者の学習活動（朗読）の意味」についての教師の解釈を記述している。また、⑮は「学習者の学習活動（発言）の意味」と「教師の指導活動（切り返しの発問）の意味」とについての教師の解釈を記述している。この部分には授業過程への評価や指導活動に対する自己批判が記述されている。この記録の性格を「授業批評型」にまで高めている重要な部分である。

以上見てきたように、武田常夫の「授業記録」は教師や子どもたちの言語的行動の他に、一般には言語化することの困難な対象である「授業者の意図・判断・感情」「子どもの表情や心理状態」「教室の雰囲気[25]」など、つまり、教師や学習者の〈非言語的行動〉や〈情意的反応〉〈内面の状況〉などを生き生きと描き出している。

その特色は、こうした武田独自の記述内容によることは勿論、①～⑮までの記述に見られるような記述内容の構成の仕方、また、教師と学習者との直接話法や、④、⑧、⑫、⑬などに見られる〈比喩〉の技法による描写的性格の強い表現にあると言える。

とりわけ、武田の記録には〈比喩〉の技法が夥しく用いられている点に注目しておきたい。武田はこの〈比喩〉の技法による記述方法を島小の授業を参観に来校したことのある大江健三郎の〈比喩〉を駆使した見事なルポルタージュに学んだという。そして、武田の感覚で捉えられた「既存の言葉では表わせない程新しいものであった」授業の事実を「正確に伝達しうる独自の〈表現〉を求めた」とされている。(26)

この〈比喩〉という表現技法について、文章心理学者の波多野完治は「自分のあらわしたい具体的環境に対して、社会的語彙のなかに適当なものがない場合、または、社会のなかの単語では不充分だと感じられる場合におこってくる手法」であると説明している。(27)授業記録の表現にとっても極めて有効な手法であると言えるのである。

五　〈授業批評〉としての授業記録へ

授業記録の性格や記述方法をめぐる様々な考え方を辿っていくと、そこに授業記録という用語自体の問題が浮かび上がってくる。〈記録〉という言葉自体が様々な誤解を生んでいるように思われるのである。授業記録は本来、授業実践の結果をただ単に記録し、保存しておくといった消極的な意味のものではない。それは実践者にとっては勿論のこと、研究者にとっても、究極的には教師の専門的力量の形成に資するものでなければならないのである。だから、授業記録の主体は授業者自身にあるべきものである。授業記録は機能的に見れば、授業者自身による〈授業批評〉であるべきなのである。

さて、授業記録を以上のようなものとして考えるならば、それは必ずしも網羅的で逐語的なものである必要はない。授業における典型的な場面、例えば、指導意図とのズレが生じて授業展開が思いがけない方向にもつれ込んでしまった場面、授業者自身の力量の未熟さや弱さが露呈してしまった場面などを選び取って記述してもよいのである。

記述される内容は、第三節で掲げた分析の観点のB項目、すなわち「教師の指導活動」「学習者の学習活動」の他に、「指導活動の意図」や「学習活動の意味」、「教師と学習者の非言語的行動」や「情意的反応」及びその「意味」などを骨格として構成すべきであろう。この他に、「指導内容・方法に関する評価・批判・代案」などを具体的に含めていくことも必要なこととなろう。

記述に際して用いられる表現方法としては、教師や子どもの発言を「直接話法」の「会話」表現とし、部分的に「会話」表現を他の文の中に含める「間接話法」なども取り入れていくべきである。こうした方法は、授業場面を生き生きと描き出す上で効果を発揮する。

また、従来の記録にはほとんど見られなかったものであるが、可能な限り教師の内面の「自己描写」、子どもの表情や心理状態、教室の雰囲気などの「描写」や「説明」の表現を取り入れていきたい。要するに、授業過程における授業者及び学習者の内面を描き出していくことに力点をおいていきたいと考える。

叙述全体としては、適宜「強調と省略」といった表現技法も必要であり、生き生きとした「描写」表現を成立させるために、比喩法や情態の副詞などを効果的に使用することも積極的に心がけていくべきである。

なお、念のために付言しておけば、記述の信頼性を保証する手段として、学習者のノートやビデオ、テープレコーダーなどの記録も併用し、記録の対象とする授業はできるだけ第三者（他の教師や研究者など）の参観していたものとするのがよいであろう。

今後は、以上の考え方に立った、教師の専門的力量の形成に資することのできる授業者自身による〈授業批評〉としての授業記録が数多く産出されていくことを期待したいものである。

注

（1）拙稿「『手ぶくろを買いに』授業実践史研究」（『秋田大学教育学部研究紀要』第三十九集、昭和六十三年七月）、拙稿「『わらぐつの中の神様』授業実践史研究」（『秋田大学教育工学研究報告』第十一号、平成元年四月、本書第Ⅲ部第五章に収録）。
（2）吉田章宏著『学ぶと教える』昭和六十二年九月、海鳴社、七十八～七十九頁。
（3）波多野完治「『第二期斎藤喜博全集』第一巻〈解説〉」昭和五十三年十月、国土社、四七四～四七五頁。
（4）吉田章宏著『授業を研究する前に』昭和五十二年九月、明治図書、九十二頁。
（5）藤岡信勝「実践記録の記述の仕方」（『日本教育技術学会第二回大会発表要旨集』昭和六十三年十一月、十二～十三頁）。
（6）宇佐美寛「文章としての授業記録―大西忠治氏の『思い入れ読み』を排す」（『現代教育科学』昭和五十四年四月号、九十五頁）。
（7）宇佐美寛著『授業にとって「理論」とは何か』昭和五十三年九月、明治図書、二一二頁。
（8）前掲誌、注（5）、十三頁。
（9）色川大吉著『歴史の方法』昭和五十二年十月、大和書房、十九～二十二頁。
（10）柴田義松「なんのために書くか」（『季刊文芸教育』二十五号、昭和五十三年一月、二十六頁）。
（11）前掲書、注（9）、二十四頁。
（12）斎藤喜博著『島小物語』昭和三十九年七月、麦書房、二十五頁。
（13）武田常夫「授業実践記録の書き方―国語科授業の場合」（中内敏夫他共著『教育実践記録の書き方』昭和四十一年六月、明治図書、三十一～四十三頁）。
（14）斎藤喜博編『島小の女教師』昭和三十八年四月、明治図書、十八～十九頁、三十六頁、一二三～一二四頁。
（15）武田常夫著『授業の発見』昭和五十一年六月、一茎書房、二十三頁。
（16）このことは注（1）に掲げた「授業実践史研究」を行った体験からも言えることである。
（17）勝田守一「実践記録をどう評価するか」（『教育』昭和三十年七月号、『勝田守一著作集』第三巻、昭和四十七年六月、国土社、所収、八十六～八十九頁）。
（18）坂元忠芳著『教育実践記録論』昭和五十五年七月、あゆみ出版、二四八～二五六頁。
（19）前掲書、注（12）、一八四頁。

(20) 前掲書、注(14)、十八頁。
(21) 前掲誌、注(5)に付けられた発表資料に記載。
(22) 向山洋一編『応募論文の書き方』昭和六十三年三月、明治図書、などを参照。
(23) 武田常夫著『真の授業者をめざして』昭和四十六年八月、国土社、一八〇頁。
(24) 武田常夫著『イメージを育てる文学の授業』昭和四十八年八月、国土社、十七～二十一頁。
(25) 鶴田清司「授業記録と教師の成長」(東京大学教育方法学研究室・吉田章宏編『学ぶと教えるの現象学的研究』昭和六十二年六月、九十頁)。
(26) 同前誌、注(25)、九十二頁。
(27) 波多野完治著『文章心理学〈新稿〉』昭和四十年九月、大日本図書、二十四～二十五頁。

あとがき

本書は「まえがき」にも述べたように、私が国語科教育学の研究に志した時から今日までのほぼ二十年間にわたる遅々としたささやかな歩みをまとめたものである。本書はこれまで刊行してきた私の単著としては九冊目にあたる。前著八冊は、『国語科教材分析の観点と方法』（平成二年二月、明治図書）という一書を除いて全て作文教育関係の書ばかりであった。これらの単著以外の共編著や学術論文などには他の分野に関する研究もある。それらの研究論文の大半は私が昭和六十一年四月から平成十二年三月まで奉職した秋田大学在任中の十四年間に執筆したものである。この度の出版に際しては、一部を書き改めたり、場合によっては大幅に改稿もした。

以下、参考までに本書の各部分を構成している論考の初出（原題・発表年月・掲載誌名）を掲げておくことにする。

第Ⅰ部　表現教育史論・表現教育論

第一章　「昭和戦前期綴り方教育の到達点とその継承を巡る問題」（東京学芸大学国語国文学会編『学芸国語国文学』平成八年三月）。

第二章　「田中豊太郎綴り方教育論における『表現』概念の考察」（全国大学国語教育学会編『国語科教育』平成元年三月）。

第三章　「綴り方教育史における文章表現指導論の系譜—菊池知勇の初期綴り方教育論を中心に—」（『秋田大学教育学部研究紀要・教育科学』第四十七集、平成七年一月）。

第四章　「秋田の『赤い鳥』綴り方教育―高橋忠一編『落した銭』『夏みかん』の考察を中心に―」(秋田経済法科大学法学部編『秋田論叢』第十三号、平成九年三月)。
第五章　「波多野完治『文章心理学』の研究―作文教育基礎理論研究―」(全国大学国語教育学会編『国語科教育』第三十三集、昭和六十一年三月)。
第六章　「波多野完治の綴り方・作文教育論」(解釈学会編『解釈』三八五集、昭和六十二年四月)。
第七章　「時枝誠記の作文教育論」(解釈学会編『解釈』三九六集、昭和六十三年三月)。
第八章　「作文教育の基礎理論研究―新しいレトリック理論の受容―」(『茨城大学教育学部附属中学校研究紀要』第十三集、昭和六十年三月)。
第九章　「作文教育における『描写』の問題」(今井文男教授古稀記念論集刊行委員会編『表現学論考・第二』昭和六十一年四月、中部日本教育文化会)。
第十章　「作文教育基礎理論としての文章論」(永野賢編『文章論と国語教育―東京学芸大学停年退官記念論集―』昭和六十一年十一月、朝倉書店)。
第十一章　「文章表現教育の向かう道」(田近洵一編『国語教育の再生と創造―21世紀へ発信する17の提言―』平成八年二月、教育出版)。
第十二章　「『語りことば』論序説―『語りことば』の発見―」(文学と教育の会編『文学と教育』第十四集、昭和六十二年十二月)。
第十三章　「『三人寄れば文殊の知恵』―話し合いの内容・形態と人数との相関の問題―」(茨城「国語」談話会編『授業実践「国語」』第七集、平成十三年八月)。

第Ⅱ部　理解教育論―教材論・教材化論・教材分析論―
第一章　「国語科教材分析の基礎論構築のために(Ⅰ)―文体論の立場と方法―」（日本読書学会編『読書科学』第一二二号、昭和六十二年十二月）、「国語科教材分析の基礎論構築のために(Ⅱ)―国語科教育への文体論の受容―」（同前誌、第一二三号、昭和六十三年四月）。
第二章　「山本周五郎『鼓くらべ』教材研究―文体論的考察を中心に―」（文学と教育の会編『文学と教育』第六集、昭和五十八年十二月）。
第三章　「賢治童話における〈わらい〉の意味―クラムボンはなぜ〈わらった〉のか―」（解釈学会編『解釈』昭和六十三年十一月）。
第四章　「木下順二民話劇の表現構造―『聴耳頭巾』を中心に―」（表現学会監修・田中瑩一編『表現学大系各論篇・第二十三巻・民話の表現』昭和六十三年十一月、教育出版センター）。
第五章　「柳田国男『遠野物語』の表現構造―教材化のための基礎作業―」（文学と教育の会編『文学と教育』第十二集、昭和六十一年十二月）。
第六章　「杉みき子作品の表現研究―教材化のための基礎作業―」（文学と教育の会編『文学と教育』第十五集、昭和六十三年六月）。

第Ⅲ部　国語科授業研究論―授業構想論・授業展開論・授業記録論―
第一章　「読みの指導目標設定の手順・方法に関する一考察―〈教材の核〉の抽出から指導目標へ―」（日本国語教育学会編『月刊国語教育研究』一九四集、昭和六十三年七月）。
第二章　「説明文教材において補足すべき情報と補足の方法」（平成六年度科学研究費補助金・総合研究(A)研究成果報

告書・研究代表者井上尚美『文章読解過程における情報補足に関する実験的国語科授業研究』平成七年三月)。

第三章　「白いぼうし（あまんきみこ)」(国語教育研究所編『国語科教材研究大事典』平成四年、明治図書)、「『白いぼうし』の授業の構想」(拙編著『実践国語研究別冊・「白いぼうし」の教材研究と全授業記録』一一九号、平成四年八月)。

第四章　「『わらぐつの中の神様』教材研究史研究」(秋田大学教育学部教育研究所編『研究所報』第二十六号、平成元年三月)。

第五章　「『わらぐつの中の神様』授業実践史研究」(秋田大学教育学部附属教育工学センター編『秋田大学教育学部教育工学研究報告』第十一号、平成元年五月)。

第六章　「国語科授業記録についての一考察—教師の専門的力量形成のために—」(日本国語教育学会秋田県支部編『研究紀要Ⅰ・国語教育研究』平成元年三月)。

本書に収録した論考以外にも取り上げたいものがいくつもあった。しかし、紙幅の関係でそれらは全て割愛せざるを得なかった。

第Ⅰ部「表現教育史論・表現教育論」は私の主たる専門領域であるため収録論考が多くなった。それでもなお、この領域には以下のような割愛せざるを得なかった論考が数多くある。

①作文教育教育における『描写』論の史的考察」(『秋田大学教育学部研究紀要—人文科学・社会科学』第三十七集、昭和六十二年二月)。

②「作文教育における『発想・着想』論の史的考察—作文指導過程・方法の再検討—」(日本教育大学協会第二常置委員会編『教科教育学研究』第五集、昭和六十二年三月、第一法規)。

③「作文教育における『構想』論の史的考察」(『秋田大学教育学部研究紀要—人文科学・社会科学』第三十八集、昭和六

十三年二月）。
④「作文教育における『構成』論の史的考察」（『秋田大学教育学部研究紀要―人文科学・社会科学』第四十集、平成元年二月）。
⑤「作文教育における『表現』論の史的考察」（『秋田大学教育学部研究紀要―人文科学・社会科学』第四十一集、平成二年二月）。
⑥「総合的言語技術教育としてのディベート―国語教育におけるディベートの有効性と検討課題―」（『授業づくりネットワーク別冊・教室ディベートへの挑戦』第五集、平成八年十月、学事出版）。

第Ⅱ部「理解教育論―教材論・教材化論・教材分析論―」に収録されている論考の多くは私の単著『国語科教材分析の観点と方法』（平成二年二月、明治図書）を構築するための基礎作業として執筆されたものである。

なお、第Ⅱ部第四章の「民話劇」・「戯曲」の表現に関する考察を行った論考として「戯曲『夕鶴』の表現構造―その教材論的考察―」（文学と教育の会編『文学と教育』第七集、昭和五十九年七月）がある。同第六章の「杉みき子作品の表現研究」に関する論考として「杉みき子『小さな雪の町の物語』の表現研究(1)―教材研究の基礎作業―」（文学と教育の会編『文学と教育』第十七集、平成元年六月）がある。いずれも割愛せざるを得なかった。

また、第Ⅲ部「国語科授業研究論―授業構想論・授業展開論・授業記録論―」に収録されている論考は全て〈読み〉の領域のものばかりである。〈書くこと・作文領域〉における授業研究論は以下のような単著及び単編著において論じているので本書では思い切って割愛することにした。

①単著『発想転換による一〇五時間作文指導の計画化』平成三年六月、明治図書。
②単著『思考を鍛える作文授業づくり』平成六年六月、明治図書。
③単著『「見たこと作文」の徹底研究』平成六年八月、学事出版。

④単著『作文授業づくりの到達点と課題』平成八年十月、東京書籍。
⑤単著『「伝え合う力」を育てる双方向型作文学習の創造』平成十三年三月、明治図書。
⑥編著『書き足し・書き替え作文の授業づくり』(『実践国語研究』別冊、一五六号、平成八年二月、明治図書)。
⑦編著『新しい作文授業・コピー作文がおもしろい』平成九年七月、学事出版。
⑧編著『コピー作文の授業づくり―新題材38の開発―』(『実践国語研究』別冊、一八〇号、平成十年一月、明治図書)。

なお、第Ⅲ部第三章に収録した「白いぼうし」の授業研究については、私の単編著『「白いぼうし」の教材研究と全授業記録』(『実践国語研究』別冊、一一九号、平成四年八月、明治図書)において詳しく論じている。併せて参照戴ければ幸いである。

第Ⅲ部第四章及び第五章に収録した単一教材に対象を据えた「教材研究史研究」「授業実践史研究」については、他に以下のような論考があるが、紙幅の関係で割愛せざるを得なかった。

①「国語科教材研究の手順・方法に関する実態的研究―『手ぶくろを買いに』教材研究史研究を通して―」(『秋田大学教育学部教育工学研究報告』第十号、昭和六十三年四月)。
②「『手ぶくろを買いに』授業実践史研究」(『秋田大学教育学部研究紀要―人文科学・社会科学』第三十九集、昭和六十三年七月)。

第Ⅲ部の「国語科授業研究論」には他に以下のような論考がある。

①「国語科授業批評と授業者の力量形成―武田常夫の国語科授業批評―」(『秋田大学教育学部教育研究所所報』第二十七号、平成二年三月)。
②「国語科『授業の構想』と『教材解釈』『教材分析』―武田常夫の実践事例から―」(『秋田大学教育学部教育研究所所報』第二十八号、平成三年三月)。

本書に収録した論考を執筆してきた過程では多くの先学同友諸兄から数限りないご指導ご鞭撻を賜った。本書を成すに当たって心より御礼を申し上げたい。

とりわけ、恩師の井上尚美先生には私を国語科教育学の道に導き入れて戴き今日まで親身なご教導を頂戴している。思えば、私の初めての出版となった『戦後作文教育史研究』（昭和五十九年六月、教育出版センター）のために井上尚美先生より身に余る「序文」を添えて戴いてから二十年の歳月が流れている。この間に出版させて戴いた『国語科教材分析の観点と方法』（平成二年二月、明治図書）や『思考を鍛える作文授業づくり』（平成六年六月、明治図書）等においても先生のご研究から貴重なご示唆を頂戴している。改めてその学恩の重さをかみ締めている次第である。

私はこの二十年間、全国大学国語教育学会において毎年二回ずつ研究発表を行ってきた。本書に収録した論考の多くも本学会での発表内容を基にまとめられてきたものである。本学会に入会したばかりの頃は居並ぶ諸先達の前で未熟な研究発表を行っていた。当時、本学会の理事長を務めておられた野地潤家先生も私共の分科会で自ら率先垂範ご発表をされていた。国語科教育学の研究に向かわれる野地先生のその真摯なお姿に深い感銘と勇気とを与えて戴いた。同じ分科会で野地潤家先生のご発表を拝聴させて戴けたことも大変光栄なことであった。

また、本学会の分科会において共に綴り方・作文教育の分野に関する研究発表を続けてこられた兵庫教育大学教授の菅原稔先生からは発表の度に手厚いご教示を頂戴している。得難い同学の畏友として感謝申し上げている。

なお、「まえがき」にも述べておいたように、本書に収録した論考のほとんどは前任校の秋田大学在任中にまとめたものである。秋田大学在任中には、宮城教育大学教授であられた渋谷孝先生や岩手大学教授の望月善次先生より絶えず心のこもったご教導と励ましの言葉を頂戴した。両先生とは多くの仕事でご一緒させて戴き秋田での生活における楽しい思い出となっている。とりわけ『戦後国語教育実践記録集成〔東北編〕』全十五巻（明治図書）の共同編集の際にはひとかたならぬお世話を頂戴した。この機会に心より御礼を申し上げる次第である。

秋田での十四年間を通して公私にわたりお世話になった方々は数知れない。ここにその方々のお名前を記すことは控えるがこの場をお借りして心より感謝を申し上げたい。

そして最後に、是非ともこの方のお名前を挙げさせて戴かなければならない。

元秋田市立明徳小学校長・故千葉信一郎先生である。千葉先生は私が秋田を離れることになった年に亡くなられた。八月に東京で開催された全国大学国語教育学会が終わって秋田に戻ったその日に千葉先生の訃報を受けた。いつものように学会の報告を兼ねてお伺いする予定であった。結果的に私は千葉先生に秋田を離れることを告げないままとなってしまったのである。

私は千葉信一郎先生のお宅を度々訪問させて戴いた。先生は秋田県はもとより日本の教育の行く末をいつも案じておられた方であった。それで、先生のお宅を訪問するといつも教育の話題に花が咲いてついつい時の経つのも忘れて長居をさせて戴いてしまった。先生にはしばしばご懇切なお手紙も頂戴した。このお手紙にも私はどれほど励まされ力づけて戴いたことであろう。これらのお手紙の数々は今もファイルに収めて大切に保管している。

千葉信一郎先生とは平成五年に日本教育技術学会秋田大会を開催させて戴いた。大会開催に至るまでの一年半程は秋田の十四年間で最も充実した楽しい日々であった。秋田の先生方と共に何度も授業研修会を行った。泊まりがけで授業研修会を行ったこともある。その折には千葉先生と来たるべき大会への想いを夜更けまで語り合った。

千葉信一郎先生は私に教育は人との出会いであるということを改めて身をもって教えてくださった方である。

千葉信一郎先生は私にとって秋田の慈父であった。そして私は「千葉学校」の門下生の一人でもあった。そんな私に対しても千葉先生はお手紙の中で「先生とのつながりだけは、何にもまして強めていきたいものです。それが私にとっての貴重な生きがいの一つですから」とまで仰って下さった。先生からのこのお言葉を私は胸に刻んで終生忘れることはないであろう。

秋田を離れて早四年が過ぎてしまった。遅ればせながら本書を千葉信一郎先生の御霊に捧げさせて戴こうと思う。

本書の刊行に際しては、溪水社社長木村逸司氏に格別のご高配を賜った。編集の福本郷子氏には大変行き届いた校正をして戴いた。末筆ながら心から御礼を申し上げる次第である。

平成十六（二〇〇四）年一月三日

大内善一

〈そ〉

〈著者紹介〉

大　内　善　一（おおうち・ぜんいち）

【略歴】

昭和22（1947）年２月20日、茨城県に生まれる。

東京学藝大学教育学部国語科卒業後、国公立小学校、中学校教員等を経て東京学藝大学大学院教育学研究科修士課程国語教育専修修了。秋田大学教育学部教授を経て、現在茨城大学教育学部教授。国語科教育学専攻。日本学術会議教科教育学研究連絡委員会委員、中学校学習指導要領（国語）作成協力者等を務める。

【所属学会】

全国大学国語教育学会（理事）、日本国語教育学会（理事）、日本言語技術教育学会(理事)、日本教育技術学会（理事）、表現学会（編集委員）、日本読書学会、他。

【単著】

『戦後作文教育史研究』（昭和59年、教育出版センター）、『国語科教材分析の観点と方法』（平成２年、明治図書）、『発想転換による105時間作文指導の計画化』（平成３年、明治図書）、『戦後作文・生活綴り方教育論争』（平成５年、明治図書）、『思考を鍛える作文授業づくり』（平成６年、明治図書）、『「見たこと作文」の徹底研究』（平成６年、学事出版）、『作文授業づくりの到達点と課題』（平成８年、東京書籍）、『「伝え合う力」を育てる双方向型作文学習の創造』（平成13年、明治図書）。

【単編著・共編著】

『「白いぼうし」の教材研究と全授業記録』（『実践国語研究』別冊119号、平成４年、明治図書）、『国語教育基本論文集成』（第８巻・第９巻、平成６年、明治図書）、『戦後国語教育実践記録集成〔東北編〕』全16巻（平成７年、明治図書）、『書き足し・書き替え作文の授業づくり』（『実践国語研究』別冊156号、平成８年、明治図書）、『新しい作文授業づくり・コピー作文がおもしろい』（平成９年、学事出版）、『コピー作文の授業づくり―新題材38の開発』（『実践国語研究』別冊180号、平成10年、明治図書）、『国語科メディア教育への挑戦』第３巻（平成15年、明治図書）。

国語科教育学への道

平成16年３月１日　発行

著　者　大　内　善　一

発行所　株式会社 渓 水 社
広島市中区小町１－４（〒730－0041）
電 話（082）246－7909
FAX（082）246－7876
URL http://www.keisui.co.jp/

ISBN4－87440－810－9　C3081